**PIERRE JOSSE**

# CHRONIQUES VAGABONDES

## Petit dictionnaire insolite des rencontres et itinéraires d'un Routard

hachette

*À Martine, Vincent, Thomas et Christine pour leur affection, leur soutien moral sans faille, leurs encouragements et leur tendre indulgence pour tous ces jours passés loin d'eux et les nombreuses heures scotché à l'ordi…*

# DE L'AUTRE CÔTÉ DES GUIDES...

## (préface de Jean-Didier Urbain)

*L'appel de l'espace se trouve en nous.*
*Cela pourrait s'énoncer comme une loi*
*malheureusement incontournable :*
*tout voyage a un horizon verbal.*

**Jacques Meunier,**
« Pour partir, il faut un pré-texte »,
in *Le Monocle de Joseph Conrad,* Paris,
Éditions Payot & Rivages, 1993, p. 11 [1987].

– Des guides « à l'ancienne » aux guides « à la sauce routarde » jusqu'à ces « archives du cœur » – qui sont au récit de voyage ce que la nouvelle est au roman –, voilà le chemin d'écriture au bout duquel se situe l'ouvrage de Pierre Josse. Ces « archives » relatent les aventures de l'auteur, vécues sur divers modes, en divers lieux et face à divers gens, tandis qu'il élaborait des guides « à sa sauce ».

– De l'anecdote troublante à la péripétie bouleversante, ce chemin conduit à un recueil alphabétique d'impressions donnant sa part à une dimension cachée qui nous rappelle, si « à l'ancienne » soit-il, que derrière chaque guide, il y a d'abord un voyage, et donc un voyageur, avec en bout de route une histoire en embuscade. Certains la raconteront un jour. D'autres jamais. Mais ce jour est arrivé pour Pierre Josse...

– On aurait pu le prédire !

– Quoi donc ?

– Eh bien que Josse en viendrait au récit et à écrire ces *Chroniques vagabondes.*

– Pourquoi ?

– D'abord, parce qu'il faut rajouter une étape sur son chemin personnel.

Pierre a publié, il y a dix ans, un ouvrage intitulé *Les Sites coups de cœur*[1]. On y sent déjà le désir de dire quelque chose d'autre, de plus, jusque-là empêché par l'impératif d'utilité de l'écriture des guides de voyage, principe qui laisse peu de place à l'expression des émotions. Dans ce livre, en forme d'atlas sentimental, la proportion entre conseils pratiques et réflexions personnelles s'inverse totalement. Cette inversion annonce la suite.

– C'est tout ?

– Non ! Parce qu'il faut se rappeler aussi, et surtout, que Josse est de ceux qui participèrent à la libération de l'écriture du guide de voyage.

– De quoi ?

– D'une norme rédactionnelle séculaire.

– Quand ?

– Aux alentours des années 1970. C'est à ce moment-là qu'ils ont commencé à soustraire ce *vade-mecum* du touriste d'un carcan littéraire imposant un discours d'autorité qui prescrivait ce qu'il faut voir et faire en voyage. Un ton tranchant et une prose convenue à l'appui, le tout au service d'une prétendue découverte objective du monde. Pourtant, au XIX$^{e}$ siècle, des voix s'élevèrent déjà contre la vision normée du monde et le style autoritaire des propos de ce « compagnon de route » prétendant être aux touristes ce que Bible ou Coran sont aux pèlerins. Cette prétention fit de ce guide moins un mode d'emploi qu'un tyran portatif redoublant la dictature *in situ* de ces cicérones qui, au nom de la légitimité indigène ou savante, confondent si souvent information et propagande, didactique et dogmatisme.

– Mais rien n'y fit ?

– De fait, ces premières critiques ne modifièrent guère les rigidités acquises. Si bien qu'un siècle plus tard, dans les années 1950, quand Roland Barthes s'en prit aux guides de son temps, héritiers de cette tradition, il semble encore se battre contre ce vieil obstacle qui voit le guide toujours prétendre à l'objectivité et perpétuer sans état d'âme un discours détaché des réalités sociales et politiques présentes du pays, comme d'ailleurs du vécu personnel du voyage, tout cela étant gommé au nom d'une culture immuable faite de monuments et de paysages[2].

– Pourquoi ce rappel ?

– Juste pour souligner ici l'importance de la rupture historique que Pierre Josse, avec d'autres, provoquera et imprimera à l'écriture des guides, et donc à la littérature de voyage. Car les guides, pas de débat à ce sujet, appartiennent de plein droit à cette littérature, au même titre que les récits, qu'ils soient carnets, journaux, lettres, chroniques, impressions et autres...

– Comment advint la rupture ?

– De diverses contre-cultures (de la *Beat Generation* pour le Routard, mais aussi de la *hip* ou du situationnisme). On vit ainsi des « modernes » opposer à la rigueur et la sécheresse académique des « anciens » l'argument du libre choix et de l'autonomie, initiant une pratique indépendante et sensible du voyage. En fait, un usage alternatif et un rapport modifié au monde fondés sur une subjectivité enfin reconnue et assumée, avec ses partis pris, ses amours et ses détestations. Avec ses engagements aussi. Un nouveau modèle.

– Et les guides ?

– En écho à cette rupture de fond, la forme suivra. Ce nouveau rédacteur de guide rompt avec un style « neutre », en « il » et « on » (discours froid, distant, en apparence de stricte information) au profit d'un style « impliqué », en « nous » et « vous », voire en « je » (discours chaud, passionné, de témoignage personnel et même de connivence).

– Et alors ?

– Cette révolution émotionnelle du guide le rapprochera du récit. Et dès lors, entre une littérature descriptive du projet et de l'action : de l'avant et du pendant du voyage (prime fonction de conseil du guide), et une littérature narrative de l'après : du souvenir et de la rétrospection (rôle originel du récit), une frontière littéraire va perdre de sa netteté. À l'appui, on verra apparaître un usage également modifié du guide.

– Lequel ?

– Il va désormais pouvoir se lire (c'est un signe) à toute heure, tant par ceux qui ne voyagent pas, que par ceux qui ont déjà fait le voyage. Cette littérature, au départ d'anticipation, en est ainsi venue à combler, comme le récit de voyage, aussi bien les rêves d'ailleurs du casanier que la nostalgie de l'ailleurs du voyageur au retour[3]...

– Et Pierre Josse dans tout cela ?

– Il aura donc contribué à repousser l'horizon verbal du guide traditionnel vers le récit.

– Comment ?

– D'abord, en le mâtinant d'indices et en l'émaillant d'apartés qui, notations, impressions ou réflexions personnelles, ont contribué par intermittence au rapprochement du guide avec l'autobiographique et laissé entrevoir çà et là, au-delà de l'objet du voyage, une expérience. Un vécu. Des émotions. Un voyageur. Un homme et ses « coups de cœur ».

– Et ensuite ?

– Seulement voilà. Même repoussé, un horizon en cache toujours un autre. Et au-delà de ce second horizon verbal, il y en a encore un autre, face cachée du guide, et il est narratif. C'est celui des histoires vécues lors de l'élaboration du livre mais qui ne peuvent s'y raconter après.

– Dommage, non ?

– En effet ! Comme l'écrivit Alain Borer à propos de *Rimbaud en Abyssinie,* « un voyage sans récit est une histoire perdue »[4]. Voilà bien une raison pour laquelle l'auteur de guides s'est transformé ici en narrateur. C'est afin que son trésor d'histoires ne se perde pas. Et pour ce sauvetage, Pierre Josse a choisi d'indexer de A à Z quarante ans de voyages, proposant ainsi un abécédaire qui entraînera le lecteur, depuis la lettre d'entrée de son choix, dans les coulisses du voyage, de l'autre côté du guide, pour de bon sur le versant personnel de l'expérience et de l'autobiographie, avec ses secrets, ses surprises, ses situations cocasses, ses hasards et ses joies... Merci.

***Jean-Didier Urbain***

Jean-Didier Urbain
Docteur en anthropologie, Professeur en Science du Langage à l'Université Paris-Descartes/Sorbonne.
Sémiologue et ethnologue du voyage et des mobilités.

Il est, entre autres, l'auteur des ouvrages suivants, publiés chez Payot :

- *L'Archipel des morts,* 2005
- *L'Idiot du voyage. Histoires de touristes,* 2016 [1991]
- *Sur la plage. Mœurs et coutumes balnéaires (XIX^e^/XX^e^ siècles),* 2016 [1994]
- *Le voyage était presque parfait. Essais sur les voyages ratés,* 2008
- *Au Soleil. Naissance de la Méditerranée estivale,* 2014

[1] Pierre Josse, *Les Sites coups de cœur,* Paris, Éditions du Chêne, 2006.
[2] Cf. Roland Barthes, « Le Guide Bleu », in *Mythologies,* Paris, Le Seuil, 1957.
[3] C'est, entre autres, ce qu'a montré Sandrine Prod'homme, avec les résultats d'une enquête auprès des lecteurs de guides, dans *Le Touriste et l'Étranger : images, visages et usages du guide,* thèse soutenue à Versailles en 2005.
[4] Alain Borer, *Un Sieur Rimbaud – La terre et les pierres,* Paris, LGF, 1989 [Éditions Lachenal et Ritter, 1984].

*Roc'h Trévezel, les monts d'Arrée,*
*Finistère, les monts de mon inspiration…*

# INTRODUCTION

Pierre Josse a eu plusieurs vies, sans compter ses vies antérieures, trois comptabilisées avec certitude jusqu'à présent : chat, Juif et Irlandais... Il a vagabondé dans un peu tous les milieux et toutes les époques, voyagé dans plus de 100 pays et exercé de nombreux métiers, dont l'éclectisme l'étonne encore aujourd'hui. Sans oublier l'engagement politique. Tout ça a diablement et joyeusement rempli son existence. Et il prétend qu'il n'en est encore qu'au début, ayant pour modèle Théodore Monot qui, à 90 ans, herborisait encore dans les dunes mauritaniennes...

L'un de ses derniers boulots (rédacteur en chef des Guides du Routard pendant plusieurs décennies) lui a donné l'idée de raconter les milliers... allez, disons les quelques centaines d'aventures, anecdotes de voyage, rencontres extraordinaires avec des gens ordinaires, incroyables découvertes de cultures et de traditions étonnantes. Sans compter les nombreuses situations drôles, palpitantes, grotesques ou inavouables – elles ne seront pas dans le livre – qu'il a connues. Y compris les infortunes et les galères (se muant, avec le temps, en de chaleureux souvenirs). Bref, de celles qui marquent une vie.

Bien sûr, le Guide du Routard lui servit d'instrument exceptionnel pour s'éclater en voyage, faire connaître au public les pays et les modes de vie, susciter le désir de s'y rendre, les faire aimer... Mais il laissait peu d'espace pour le vécu personnel, les émotions singulières, les réflexions et partis pris politiques, les désaccords et les états d'âme, qui n'avaient guère leur place dans un guide de voyage grand public...

Alors, aujourd'hui, l'envie vient à Pierre Josse de raconter ce qui était inracontable à l'époque. Attention, pas en récit linéaire, sans rien de chronologique, pas du tout une autobiographie à l'ancienne. Non, non, plutôt une succession de petits voyages, d'incursions, d'errements, de dérives, d'anecdotes inattendues, pour étonner, surprendre, amuser le public. Et, pourquoi pas, susciter en lui des vocations. Ou provoquer aussi chez les lecteurs (-trices) le désir de vivre quelques trucs chouettes à leur façon, leur souffler que tout est possible, que tout peut arriver dès qu'on sort de chez soi dans un esprit d'aventure. Quand on décide que chaque rencontre sera digne d'intérêt, chaque situation enrichissante...

En outre, ces récits de plaisant vagabondage se déroulant sur plus d'un demi-siècle, ils évoqueront des contextes historiques qui raviveront la mémoire des anciens, et peut-être même leur permettront de revivre leurs propres souvenirs, des émotions, des moments de bonheur sommeillant dans leurs aires mémorielles... Autre apport important, le rappel des tranches d'Histoire, des situations sociales, politiques, d'un temps où la technologie était moins avancée, tout ce que les moins de 20 ans n'ont pas pu connaître... Par exemple, l'ancêtre du charter pour étudiants fauchés – pléonasme classique ! – c'était le bateau (14 jours pour aller à New York !) Ou encore, la façon de voyager d'alors, muni d'un couteau suisse et de bouts de ficelle, sans portable, sans tablette, sans écran d'aucune sorte, sans applis, sans Skype, etc.

Le ton de ces récits ? Eh bien, puisqu'il ne s'agit pas de grands actes héroïques, mais plutôt de petits faits, d'anecdotes, de *short stories* pour passer un bon moment de lecture, il sera léger, décontracté, jamais dramatique, teinté au contraire d'un humour malicieux un peu distancié. Une ironie de bon aloi (enfin, l'auteur l'espère !)... Sans jamais se prendre le chou, en visant uniquement à partager avec le public de belles tranches de vie, de bons moments de découverte et de rencontre. Et qui sait, peut-être même pour susciter chez lecteurs et lectrices l'envie de vivre, eux aussi, de superbes aventures... Les leurs !

# Philippe Gloaguen, Pierre Josse

## *DEUX ROUTARDS RETORS*

DR

Regardez bien ces deux hommes. Ils sont dangereux. A droite, Philippe Gloaguen, le chef. A gauche, Pierre Josse, son bras droit. A côté d'eux, les limiers du Michelin et du Kléber-Colombes peuvent aller se rhabiller. Leur bible, « *Le guide du routard* », né en 1973 et vendu aujourd'hui à 140 000 exemplaires.

Si vous allez en Inde, ne racontez pas d'histoire à Gloagen en lui indiquant le petit restaurant pas cher. Il y a été avant vous et ira après vous pour vérifier vos informations.

Si vous allez à Belfast, ne bidonnez pas le prix des taxis collectifs de Falls road. Josse suit leur évolution penny par penny, heure par heure, ou presque. Leur guide n'est pas un guide. Pas de vieilles pierres, pas un soupçon d'objectivité. Il n'indique pas les palaces mais les bouts de banquettes usées où l'on se réchauffe quand tombe la pluie. Il ne parle pas des rues passantes mais déniche une ruelle inconnue aux odeurs nouvelles.

L'édition 81/82 vient de sortir : Europe du sud, Afrique, Asie du sud-est, Inde, Moyen Orient, Pérou, Bolivie, Equateur, Mexique, et le reste. L'un des livres les plus plagiés d'Europe. Josse est aujourd'hui en train d'écumer le Canada et Gloaguen est à Paris pour quelques secondes.

**S.Ch**

*1981, notre premier article dans* Libé, *signé Sorj Chalandon*

# AVANT-PROPOS

Je suis né un 20 octobre, comme Arthur Rimbaud… Pas la même année, c'eut été une coïncidence extraordinaire !

Né un 20 octobre également, Stéphane Hessel. Troublant, je n'ai cessé toute ma vie d'être révolté par l'injustice.

Le même jour qu'Alphonse Allais… Je n'en tire prudemment aucune conclusion, Freud ayant écrit un jour : « Quand on s'aperçoit que l'on a de l'humour, déjà on n'en a plus ! »

Le même jour que Jelly Roll Morton. Piano, piano, sinon ça va jaser ! Si ça avait été Gustav Mahler ou Arvo Pärt, ça m'aurait tout autant plu.

La même putain de nuit noire et blanche que Jean-Pierre Melville. J'ai une passion pour la photo humaniste et les couleurs entre chien et loup de Robert Doisneau et de Willy Ronis, mais je n'ai jamais porté le « doulos »…

La même nuit poisseuse qu'Elfriede Jelinek aussi, d'ailleurs née presque la même année que moi. Récompensée du Prix Nobel de littérature pour « le flot de voix et de contre-voix dans ses romans et ses drames qui dévoilent avec une exceptionnelle passion langagière l'absurdité et le pouvoir autoritaire des clichés sociaux ». Pas d'illusions, je n'aurai pas le Nobel.

Je ne crois guère au déterminisme astral…

Quoique !!

# A COMME…

## AH ! TOUT CE QUE JE DOIS À MA MAMAN
(ou un p'tit tour dans le passé pour comprendre le présent !)

« L'image des mamans, c'est comme le bon vin, ça se bonifie avec le temps ! » (vieux proverbe moldave ou hongrois.) Ma maman à moi, comme la vôtre sans doute, occupa une place importante dans mes choix d'existence et y joua même un rôle décisif. Curieux, non ? Mais je ne l'ai clairement compris qu'après de nombreuses années. Il me fallut d'abord liquider le lourd contentieux que les enfants de ma génération – celle de 68, mais vous l'aviez deviné – entretenaient avec leurs parents. Pour faire court : une bonne éducation catho, puritaine et bourgeoise. Tous les mots « sales » comme « pipi », « caca » étaient remplacés par de ridicules euphémismes comme « petite ou grosse commission »… Bannies aussi, bien sûr, toute éducation comme toute évocation sexuelles…

À ce propos, j'avais découvert un gros mot, « soutien-gorge », dans un illustré – *Hourrah !* – à la rubrique Bricolage. On y expliquait que pour confectionner je ne sais plus quel objet, il fallait employer un large élastique ou une bretelle de soutien-gorge usagé ! Je demandai donc à ma maman si elle possédait une vieille bretelle de… Et bing ! Une beigne en retour avec interdiction de prononcer ce vilain mot.

Comme le reste, l'éducation était, bien sûr, spartiate. Coucher de bonne heure, interdiction de parler entre frères après extinction de la lumière, stricts horaires de repas, les mains sur la table et le dos droit au risque de prendre un coup de fourchette dans les reins… Comble de raffinement éducatif, la cuisine était d'une extrême banalité, se déclinant de rustique à exécrable. Un insipide florilège allant de la purée de tapioca à l'œuf dur/salade, en passant par le bol de Floraline et le yaourt maison trop liquide. Pour varier le tout, les dîners étaient parfois agrémentés de pâtes ratées au « beurre » (de la simple crème de lait battue énergiquement les jours d'austérité, en beurre artisanal). Les jours de liesse, un modeste steak ou une cuisse de poulet faisaient leur apparition sur les assiettes… Pour économiser l'huile, le même morceau de gras de viande était utilisé dans la poêle aussi longtemps qu'il pouvait rendre son « jus »… Ladite poêle, jamais nettoyée, présentait au fil des ans un aspect noirâtre de plus en plus « culotté » ! La pointe d'un couteau y faisait apparaître un empilement de croûtes sédimentées.

À présent, je pense que cette éducation gastronomique, aussi frugale sur le plan des saveurs que riche sur le plan bactériologique, me permit depuis mon plus jeune âge de développer des anticorps qui me préservèrent pendant plus de 50 ans de toute intolérance alimentaire, ainsi que de divers types d'intoxication…

Au chapitre « vêtement », le terme « spartiate » ne me semble pas assez fort. Notre mère avait le génie de la récup' tous azimuts. J'ai ainsi le souvenir de lourds manteaux trop longs, de pantalons trop larges ou tirebouchonnant… Mais c'est au rayon « chaussures » que je dois mes souvenirs les plus amers, quand je repense à ces grosses pompes à bouts ronds percés de lignes de petits trous en forme de croisillons, cadeau d'un oncle aux goûts antédiluviens. Goûts totalement décalés et désastreux quand la mode chez les ados de mon âge était plutôt aux élégantes chaussures à bout pointu « à l'italienne » ! Mes « grolles de clown » me valurent quelques sarcasmes humiliants en cour de récré.

Mais réflexion faite, je ne saurais en tenir rigueur à maman. Bien que cela me coûte un peu, je dois reconnaître que son austérité m'a rendu un sacré service. J'ai pris ainsi l'habitude de m'habiller sobrement pour ne consacrer à la fripe qu'un budget extrêmement limité, n'achetant que le strict nécessaire dans les *thrift shops* de Londres, Dublin ou New York. Ce qui me permit de consacrer efficacement mon argent à des activités plus nobles, plus dignes d'intérêt, comme le cinéma, le théâtre, la photo, les loisirs, la gastronomie et… les voyages !

Je pourrais bien, en raclant les tiroirs de ma mémoire, charger mon récit de quelques pages larmoyantes de plus, énumérer la litanie de tous les interdits, articles du règlement familial répressif, tabous divers qui encadrèrent pour mes frères et moi, notre adolescence. Oui, bien sûr. Mais à la longue, je finirais par passer pour un ingrat, un mauvais fils, et, de surcroît, ennuyer le lecteur. Ou la jolie lectrice... Et puis est-il bien utile de trop alourdir le navire quand on embarque pour des voyages au long cours ?

## CONTES POUR ENFANTS OU RÉCITS DE VOYAGE ?

Au fil des années, la vie s'étant chargée de liquider le contentieux attaché à mon enfance, et étant sans doute d'une nature heureuse, je finis par n'être habité que par mes souvenirs les plus importants, en tout cas les plus joyeux. Les récits de voyage de maman, narrés avec beaucoup de tendresse, mêlés parfois d'élans passionnés, étaient de grands moments d'évasion. Dans des évocations de traversées océanes, je naviguais avec elle de ports mythiques en côtes sauvages. J'embarquais à bord de luxueux paquebots, de rustiques cargos... Ces formidables images marquèrent durablement mes souvenirs, au point de chasser, au fil du temps, les scories les plus négatives. Outre le partage de ses voyages exotiques, ma mère m'entraîna également sur les fantastiques chemins d'un imaginaire familial nourri par les aventures de mes lointains ancêtres. Ma mère m'apprit ainsi que, par elle, je descendais – en ligne directe s'il vous plaît – d'un certain Jean-Baptiste-Louis Gresset, écrivain-poète-auteur dramatique, élu à l'Académie française en 1748 et ennemi de Voltaire. Virant bigot à la fin de sa vie, mon aïeul s'attira les foudres de l'ermite de Ferney pour avoir vu dans la poésie un art dangereux... Étonnant et triste revirement d'un homme qui, dans sa jeunesse, avait écrit des choses plaisantes, comme le poème *Ver-Vert* encensé par Rousseau (et récité par maman à notre demande) ; il y narrait les aventures d'un perroquet quittant sa jungle pour aller égayer les mornes journées d'un couvent de bonnes sœurs :

*Gras comme un moine, et non moins vénérable,*
*Beau comme un cœur, savant comme un abbé,*
*Toujours aimé, comme toujours aimable (...)*
*Heureux enfin, s'il n'eût pas voyagé*

Le facétieux volatile avait, au cours de son long périple maritime, mémorisé les jurons et plaisanteries salaces des matelots, qu'il restitua intégralement devant les bonnes sœurs horrifiées. Le perroquet avait été réexpédié incontinent dans son pays. Et moi, fier de posséder un ancêtre aussi brillant que coquin, je laissais mon esprit prendre son envol vers les lointaines régions de la création littéraire...

## AU BON TEMPS DES COLONIES !

D'autres voyages rêvés en compagnie de membres de ma famille me permirent de parcourir presque entièrement la carte des anciennes possessions françaises et de ce que l'on appela un temps « notre empire colonial. » Le lieutenant-colonel Edouard Gresset, né en 1870 et mort en 1954, avait embrassé la carrière militaire et servait dans l'artillerie coloniale. Il participa à la « conquête » de Madagascar et à la déposition de la reine Ranavalona III avec le général Gallieni en 1896. Nommé lieutenant, il se maria, eut un fils – mon oncle Pierre – et partit en mission à Pékin pour défendre la concession française à la tête de 1 300 soldats français. Ma grand-mère et le petit Pierre alors âgé d'un an, en visite à Pékin en 1900, eurent le « privilège » d'arriver en pleine révolte des Boxers. Les huit concessions étrangères – entre autres française, russe, anglaise, japonaise, américaine, allemande – furent assiégées par les révoltés nationalistes, encouragés en sous-main par l'impératrice douairière Cixi. Ce furent les fameux « 55 jours de Pékin », immortalisés au cinéma par Nicholas Ray (avec la sublime Ava Gardner). Partant un matin rejoindre ses soldats, mon grand-père confia à ma grand-mère un revolver garni de deux balles en lui disant : « Au cas où les Boxers réussiraient à pénétrer dans la concession française et attaqueraient le logement, il y a une balle pour l'enfant et une pour toi ! ». Beaucoup de maisons furent attaquées ce jour-là et leurs habitants massacrés, mais la lourde porte de mes grands-parents résista aux coups des insurgés. Dépités, les Boxers y mirent le feu, mais celui-ci s'éteignit rapidement. Je fus, bien sûr, terriblement impressionné par ce récit. Et encore plus par le suivant…

Tenez-vous bien : au cours de la Première Guerre mondiale, en poste à Verdun en 1916 au plus fort de la bataille, mon grand-père, alors capitaine, reçut l'ordre de quitter le front. Il s'agissait d'aller mater une révolte d'« Annamites », comme on disait à l'époque, en Indochine. Grand-père Edouard refusa, arguant qu'il ne pouvait, par solidarité, quitter ses camarades en pleine bataille. Il fit donc traîner son départ. Au point que le bateau sur lequel il devait embarquer à Marseille avec les troupes coloniales, partit sans lui et sauta sur une mine en pleine Méditerranée. Il n'y eut aucun survivant. Menacé du conseil de guerre pour refus d'obéissance, il se résolut finalement à prendre le bateau suivant et rejoignit l'Indochine pour casser de l'Annamite. Maman ne précisa pas si ce fut à contrecœur… Je ne saurai donc jamais s'il gîtait quelque sentiment anticolonialiste au fond du cœur de mon grand-père. En revanche, il est certain que s'il était parti avec le premier bateau, je ne serais pas là pour vous raconter son histoire.

De fait, mon grand-père resta de nombreuses années en Indochine où, sur la fin de sa carrière, il devint attaché militaire du gouverneur du Tonkin. Ma mère y passa ses années d'enfance, prenant le bateau en moyenne une fois par an pour la France. « Un mois de merveilleux voyage », disait-elle, décrivant les escales aux noms mythiques : Haiphong, Singapour, Malacca, Colombo, Aden, le passage du canal de Suez, Marseille… C'est ainsi que ma jeunesse fut autant égayée par la flamboyance des bougainvillées que baignée par la fragrance des frangipaniers, sur fond de pousse-pousse, de cohues tonkinoises et d'élégantes soirées de la Coloniale. Au cours de l'une d'entre elles, ma jeune fille de mère dansa avec l'empereur Bao Dai…

L'imaginaire des récits liés à cette épopée coloniale était rehaussé par les nombreuses photos sépia décorant le couloir de l'appartement que nous occupions durant ma jeunesse rue des Vinaigriers, dans le X^e^ arrondissement de Paris. C'est pourquoi, lorsque je débarquai pour la première fois à Hanoï, les lieux, les rues, les bruits de la rue, l'atmosphère générale me furent d'emblée familiers. N'étais-je pas tout simplement de retour au pays ?

## PASSAGE DE LA LIGNE ! UNE MÈRE DÉJÀ UN POIL BORDERLINE...

Sur le grand mur du couloir, décoré d'images diverses des temps anciens, l'une d'elles frappa mon imagination plus que les autres. C'était un parchemin illustré d'un immense Poséidon, dieu de la mer, des océans en furie et des tremblements de terre du panthéon grec. Majestueusement perché sur un trône, il était entouré de tritons, naïades et néréides aux formes plantureuses, aux seins fermes, agressifs, incitatifs – sur ce point, mes souvenirs ne restent pas trop flous ! – à en provoquer les premiers émois sexuels. La scène possédait indéniablement un caractère magique et onirique. « Le certificat du passage de la Ligne », nous confia un jour maman. Il était délivré à tout passager d'un navire franchissant l'équateur. L'occasion d'une belle bacchanale à bord, durant laquelle le « pacha » se déguisait en Poséidon et ses officiers en tritons et néréides. Le nom de ma mère y figurait en belles cursives, dont le violet virait au parme avant de s'effacer doucettement. Ce certificat magique, à mes yeux plus prestigieux que n'importe quel diplôme, avait été obtenu lors d'un voyage vers Pointe Noire au Congo en 1937.

L'année précédente, maman avait été l'une des premières adhérentes des auberges de jeunesse, tout juste créées par Léo Lagrange sous le Front populaire. Cette année-là, sac au dos, elle partit sur les routes yougoslaves en terre battue... Vous avez dit atavisme ?

De la fenêtre de notre chambre, je pouvais rêver de voyages en observant le canal Saint-Martin et les lourdes péniches remontant son cours. Encore une façon de m'évader de la lourde ambiance familiale. Je suivais des yeux ces péniches glissant au loin sous la passerelle vénitienne de la Grange aux Belles, à hauteur de la rue de Marseille, là où s'élevait mon école maternelle en brique rose. Peut-être était-ce une sorte de souvenir subliminal du départ de mon grand-père pour le Tonkin. Parfois, en quelques minutes, sans faire le moindre effort, mon imaginaire emporté par le sillage des péniches me faisait débarquer dans les effluves d'épices du port d'Aden, parfois au-delà...

Quand j'y repense, c'est bien à ma mère que je dois ma passion des voyages. Car c'est elle qui sut préparer le terrain. Abreuvé de rêves autant que de récits de voyage, je devais bien un jour prendre la mer ! Ce fut sur le *Seven Seas*, à l'âge de dix-sept ans et demi, pourtant encore bien loin de ma majorité (21 ans à l'époque !).

« *Go West Young Man!* », me cria cette mère étouffante et... tellement imprévisible. Au point de ne pas craindre de me voir partir seul, si loin, si longtemps, sur des océans sombres et agités...

À posteriori, sacrée *mother*, comment t'exprimer aujourd'hui ma reconnaissance ?

## DES CANTIQUES AU ROCK'N ROLL...

« J'avais dix-sept ans, je ne laisserai personne dire que ce n'est pas le plus bel âge de la vie »...

Affectueux détournement du camarade Paul Nizan. Au fond, 17 ans, pour un garçon, c'est peut-être l'âge fondateur de l'existence. Pour comprendre quelles racines ancrent mon existence – je dirais même mon destin – de *hobo*, de chemineau, de traîne-savates sur terre, sur mer et dans les airs, sans doute faut-il que je revisite mon histoire : enfance, adolescence, engagement politique, vie militante et syndicale, difficile intégration au monde adulte... Une telle introspection pourrait à elle seule faire l'objet d'un livre. Un autre livre. Serais-je sûr pour autant de rencontrer le public aussi intimement que j'espère le faire avec mes récits de voyage ? Qui sait...

Pour l'heure, il faut que je fasse un aveu de taille. Je dois ma destinée, eh oui, en grande partie, c'est inouï... aux dirigeants ensoutanés de la bonne vieille paroisse de Saint-Laurent. Je m'explique : tout le monde aura, bien sûr, remarqué cette belle église néo-gothique qui fait face à la gare de l'Est (Paris X$^{e}$). Eh bien, c'est là que, pendant 8 ans, je fis les apprentissages spirituels qui formèrent mon approche future du monde et des gens. Enfant de chœur émérite, arrivé au grade honorable de céroféraire – celui qui tient les cierges –, j'aspirais vivement à devenir thuriféraire, vous savez, celui qui agite l'encensoir fumant pour chasser le diable et les mauvais esprits. Ce que, par ailleurs, je n'ai jamais cessé de faire...

Membre actif du patronage de la rue du Terrage qui dépendait de la paroisse, ainsi que des Cœurs Vaillants, tendance « dure » du scoutisme catholique depuis l'âge de 9 ans, j'avais gravi consciencieusement toutes les étapes de la hiérarchie de mon mouvement, parvenant au stade tout à fait mérité d'aide-moniteur de colonie de vacances.

Sur le plan culturel, je n'avais rien d'une grenouille de bénitier. Plutôt enfant de mon temps, adorant le rock : Elvis « The King », Gene Vincent, Chuck Berry, Carl Perkins, Vince Taylor, Dion di Mucci, Brenda Lee et par-dessus tout l'immense Ray Charles, LE géant. Puis vinrent les Stones, les Animals, etc. Je partageais mes « convictions » musicales avec une sympathique bande de la gare de l'Est qui avait son QG au café *Les Sportifs*, à l'angle de la rue Ciboure et du faubourg Saint-Martin, disparu depuis...

## AH ! COMMENT EN VOULOIR AUX CURÉS ?

Activités paroissiales et vie spirituelle n'étaient, ni pour moi ni pour mes copains, en contradiction avec notre vie sociale ou nos goûts culturels. Nous n'étions nullement des jeunes confits en dévotion, honteux de notre sexualité. Nous étions déjà rodés à l'organisation de « boums », dont certaines, mémorables, ont laissé aux voisins de nos immeubles respectifs des souvenirs pas toujours teintés d'indulgence ni de nostalgie... Pour autant, mon ressenti d'adolescent n'était pas exempt de questionnements et de contradictions que sous-tendaient états d'âme et sentiments refoulés.

Au passage, je fus victime, comme beaucoup de jeunes catholiques de mon époque, des agissements de prêtres pédophiles. Bon, je m'en suis bien sorti, mettons ça sur le dos d'une initiation insolite, passons...

Grand, beau et fier gaillard de 17 ans – si, si ! – d'1m83, je vivais plutôt bien les contradictions entre une éducation aussi puritaine que culpabilisatrice, et les pulsions de mon corps, découvrant que le sexe et les nanas, malgré les interdits, c'était génial. J'entamais donc une relation presque torride avec la fille, du même âge que moi, de la principale dame patronnesse de la paroisse Saint-Laurent. Nous connûmes un flirt « poussé », comme on disait à l'époque, expression qui laisse toute sa place à l'imagination du lecteur... Je m'arrêtais toutefois à la porte, si j'ose dire, du crime final. Ces jeux, somme toute bien innocents, constituaient cependant une grave atteinte au carcan de bonnes mœurs dans lequel la plupart des familles entendaient enfermer leur progéniture, si possible jusqu'au mariage. Bref, quand cela se sut, je vous laisse imaginer le coup de tonnerre au sein de la communauté laurentienne ! Je devins le pestiféré, le Diable, suborneur de jeunes filles odieusement salies, manipulées et arrachées brutalement à leur destin de femmes exemplaires (vouées à transmettre à leur tour de grands principes moraux à leur descendance). Le criminel que j'étais fut *ex abrupto* ostracisé... si ce n'est *ex cathedra*, du haut de la chaire.

La première sanction tomba : j'étais exclu du staff du mouvement et, bien entendu, de l'organisation de la prochaine colonie de vacances. Hors de question qu'un pervers comme moi donne le mauvais exemple à de jeunes âmes innocentes !

Lorsque j'y repense, je crois que cela ne me traumatisa pas trop. Finalement, je vécus même ma mise à l'écart comme une sorte de délivrance, prélude à un salutaire envol.

Je quittai les Cœurs Vaillants sans regret et rejoignis peu de temps après les Éclaireurs de France, dont la laïcité de bon aloi correspondait finalement bien mieux à mes convictions philosophiques et idéologiques naissantes. Chassé d'un nid de corbeaux, d'accord, mais il n'était pas pour autant question que je renonce à l'envol vers la liberté que je poursuivais au sein du scoutisme, notamment à travers la découverte de la nature, la vie au grand air, les notions d'effort et la camaraderie. C'est ici que j'ancrais définitivement en moi les valeurs de sociabilité, solidarité et fraternité, ces fabuleuses valeurs qui furent mes repères tout au long de ma passionnante existence.

## DIS PAPA, C'EST LOIN L'AMÉRIQUE ?

Cette reconversion allait entraîner de remarquables conséquences. À l'approche des vacances, je lus dans le journal de ma nouvelle tribu que le Council on Student Travel, sis rue Pierre Charron – au n° 49 si je me souviens bien –, proposait des voyages à « prix jeunes » aux étudiants, ainsi que des séjours et programmes culturels aux États-Unis, ouverts aux organisations de jeunesse hexagonales. Le thème d'une de ces propositions attira tout de suite mon attention : « Camp Counselor » dans un des camps de scouts ou de la YMCA (*Young Men Christian Association*) américaine. Ce job de « conseiller » consistait à animer des activités de toutes sortes : échanges culturels entre ados, présentation de l'histoire et des traditions de notre pays, sorties nature, sport, soirées folkloriques... Les droits d'inscription et les frais de transport étaient extrêmement modérés. La nourriture et le logement étaient pris en charge, et l'on proposait de surcroît un peu d'argent de poche délivré chaque semaine avec, cerise sur le gâteau, un week-end d'intégration dans une famille américaine. Wouuaaah, le « truc de rêve » !

Le programme était de 4 à 6 semaines au choix, avec possibilité d'excursions payantes mais bon marché dans tous les États-Unis à l'issue du stage. Mon choix se porta donc sur un camp de scouts dans la Forestburgh Park Reservation, une magnifique forêt à une centaine de kilomètres à l'ouest de New York, dans les monts Catskill, proche de la petite ville de Monticello. La proximité de New York, cette ville mythique, ne fut pas, bien entendu, étrangère à mon choix... « Envoyez acte de candidature, CV et lettre de motivation à telle adresse et nous jugerons de votre dossier », disait l'annonce...

## UN SIGNE, LE BATEAU S'APPELAIT « SEPT MERS »...

Et là, moi qui cheminais vers l'agnosticisme, je dus croire au miracle. Le dossier était accepté et le départ pour New York fut programmé depuis Le Havre en juillet 1962 sur le *Seven Seas*, un gros cargo reconverti en charter étudiant.

À l'époque, le bateau coûtait encore trois fois moins cher que l'avion. C'était le mode de transport privilégié par les étudiants et les premiers Routards au long cours.

À cette perspective d'aventure transatlantique s'ajoutait le fantasme d'une Amérique en pleine révolution culturelle. Le mouvement *beatnik*, Kerouac, le rock, le jazz, le cinéma, la lutte pour les droits civiques des Noirs américains, tant de symboles de la culture d'outre-Atlantique que nous allions être amenés, non plus à imaginer et à rêver, mais à vivre en live...

En 1962, la guerre du Vietnam était encore balbutiante avec à peine 15 000 conseillers militaires envoyés par Kennedy, élu deux ans auparavant. Et l'on n'en parlait guère. Je dis ça pour ceux qui s'imaginent que nous aurions dû culpabiliser de partir au pays du « Grand Satan », de l'ennemi impérialiste.

Aux yeux des potes de ma bande dans le secteur de Gare de l'Est, je fis plutôt figure de héros : le premier pionnier local partant à la découverte du Nouveau Monde...

Quelques années plus tard, je croisai un beau jour le curé qui m'avait « licencié ». Il tenta de changer de trottoir. Mais moi, me plantant devant lui, je forçai son regard et les poings sur les hanches, avec un léger sourire, sur un ton ferme mais sans animosité, je lui balançai : « Ne pensez pas m'avoir puni ! Au contraire, je tiens vraiment à vous remercier d'avoir pu échapper à votre embrigadement et à un long destin de vie gâchée. Si, si ! Grâce à vous, j'ai découvert une autre voie, libératrice celle-là. Sincèrement... encore merci ! »...

# AMÉRIQUE

... Le *Seven Seas*, ancien cargo transformé en charter, appareilla... La peinture tenait la coque... *Gling ! gling !,* on pouvait entendre les boulons s'entrechoquer. Mais cela faisait partie du package, avec un nom pareil, chargé de tant d'images et de rêves. On partit du Havre, exaltés par la perspective de vivre des moments d'exception durant les 14 jours de la traversée. 14 jours qui se révélèrent, pour le gamin que j'étais encore à l'époque, d'une richesse et d'une intensité prodigieuses. Le monde entier était à bord, avec, pour occuper nos journées, des ateliers, des représentations de théâtre. Chorales et concerts le disputaient, dans la spontanéité, aux débats qui trahissaient déjà l'amorce d'une conscience politique. Ces échanges d'idées n'avaient rien d'austère. Ils avaient lieu au cours de *hootenannies* – nom d'origine écossaise signifiant « célébration » – rassemblement de chanteurs et de musiciens engagés reprenant les chansons de Woody Guthrie, Pete Seeger, Peter, Paul and Mary... Bob Dylan, qui venait tout juste de composer *Blowin' in the Wind*, n'était pas encore au programme. Joan Baez définissait le *hootenanny* comme le pendant folk de la *jazz jam session*. Les nôtres se prolongeaient par des discussions, des forums abordant politique et faits de société.

C'est à New York, la capitale intello des États-Unis, que le prodigieux ferment qui mit en effervescence l'Amérique et l'Europe au cours des années 1960 avait commencé à faire lever la pâte de la contestation tous azimuts. Les chansons exaltant les droits civiques et les luttes des peuples pour leur libération, que l'on reprenait en chœur, créaient une atmosphère de ferveur extraordinaire. Bon, allez, tous ensemble : « *This Land is your land, this is my land, you make me happy when sky is blue...* » ou encore « *We shall overcome, we shall overcome... one day, ay, ay, ay, ay!...* ». Je songe maintenant à cette belle phrase d'Eugène Guillevic : « Le monde est un concours de chant sans jury ni récompense... que la joie de chanter ! ». Certains *hootnannies* duraient toute la nuit et nous partions directement prendre notre petit-déjeuner à l'ouverture du restaurant, vers 7h. Puis nous regagnions nos cabines, certes épuisés, mais sur un nuage, chancelants de sommeil, gonflés d'amitié, d'émotion... Quelques passagers de première classe se mêlaient volontiers à cette plèbe étudiante et brouillonne, l'alchimie fonctionnait bien. Un soir, une cantatrice assez célèbre mais dont j'ai oublié le nom chanta un divin *Summertime* dont les notes me parviennent encore et enchantent délicieusement mon âme.

La direction culturelle du voyage éditait un journal quotidien où chacun pouvait écrire ses impressions, rapporter une anecdote, lancer un débat, dessiner... Les parois des cabines se couvraient de petites annonces, d'appels, de commentaires, de propositions en tous genres. De brûlantes histoires d'amour s'élaboraient dans toutes les langues, si j'ose dire. Car le *french kiss,* particulièrement apprécié à l'époque, était une valeur sûre. Ça haletait furieusement dans les coursives, dans les moindres recoins, sous les canots de sauvetage. Nos cabines collectives accordaient peu d'intimité pour ce type d'exercice.

Passé les premiers jours de mal de mer, la vie s'écoulait au rythme des bateaux croisés, des histoires d'amour éphémères, des gerbes de poissons volants, des morceaux d'iceberg en vadrouille et des baleines en migration. Pas d'île déserte en vue...

En effet, un fantasme né des récits de navigateurs hantait ma mémoire : qu'on fît naufrage et qu'on échoua sur quelque îlot désert, où j'eus été croqué le premier, étant probablement le plus jeune et le plus tendre sur les mille passagers à bord... Dans l'attente de ce très hypothétique festin, nous dégustions délicieusement le temps au fur et à mesure que nous approchions de cette terre promise. Cette mythique Amérique promise à notre ambitieuse jeunesse. Rétrospectivement, cette notion d'un temps aussi exaltant que riche en imaginaire reste l'un de mes plus émouvants souvenirs... Par quatre fois, j'eus le bonheur de traverser l'Atlantique en bateau.

Désormais, avec le triomphe de l'avion, hélas !, l'époque de ces mirifiques épopées maritimes est révolue.

## NEW YORK, NEW YORK !

Le dernier jour de navigation faillit bien être une nuit. Le bateau avait pris quelques heures d'avance, aussi le capitaine fit-il ralentir les moteurs pour nous réserver le spectacle de New York à l'aube. Encore merci, capitaine ! Je crois bien que nous étions tous sur le pont lors de ce moment historique. Agrippés au bastingage, nous guettions, éberlués et heureux, les premiers gratte-ciel de Manhattan. Puis, tout à coup, surgit la triste et grise silhouette d'Ellis Island et sa copine, la grande dame au flambeau, chef-d'œuvre de l'alsacien Bartholdi. Curieuse composition en vérité. J'appris bien plus tard que la mère de l'artiste avait prêté son visage à la statue, mais qu'une prostituée lui avait offert sa poitrine...

Notre première vision de New York fut comme un tableau de Turner. Des lumières irréelles jouant avec des lambeaux de brume s'effilochant au rythme de notre avancée, livrant des lignes hasardeuses d'une verticalité floue, hésitante... Grand moment d'émotion ! J'y allai de ma larme et je n'étais pas le seul – tel le héros du film *America America,* inspiré par la vie d'Elia Kazan, qui jeune, ému et joyeux d'aborder sa nouvelle patrie s'apprête pourtant à affronter la peu amène et humiliante visite sanitaire d'Ellis Island...

Notre arrivée sur la terre ferme se fit en fanfare. Au sens propre. Une spectaculaire et tonitruante clique musicale de scouts américains attendait les extatiques disciples européens de Baden Powell... J'étais heureux, le cœur étreint, fatigué, mais sans risque d'être terrassé par le *jet lag.* Un peu songeur, aussi. Qu'allais-je donc bien pouvoir apporter au Nouveau Monde ? Et qu'allais-je en ramener ? En écrivant ces lignes, je pense à Sigmund Freud, à son arrivée à New York, lors de son premier voyage. Pas de fanfare pour lui, mais de nombreux confrères impatients que leur soient révélés les arcanes de la psychanalyse. Il s'était étonné : « Ils m'applaudissent et pourtant je leur apporte la peste ! »...

La qualité des échanges durant ce séjour presque irréel dépassa largement toutes mes espérances. C'est un ado radicalement différent qui rembarqua après six semaines de rêve...

De nombreuses années plus tard, comme nous évoquions ensemble nos souvenirs d'adolescence avec François Jouffa, grand journaliste, fou de rock – il fut le premier Français à interviewer les Beatles – de musiques du monde et comme moi rêveur d'Amérique, nous découvrîmes stupéfaits – et avec quelle émotion ! – que nous avions fait, sur ce même *Seven Seas,* la même année, le même voyage initiatique. *Astonishing, isn't it?*

# APPALACHES

La Foresburgh Park Reservation se niche au sein des monts Catskill dans la partie nord des Appalaches, une chaîne de montagnes de près de 2 000 km de long et large de 200-300 km, qui s'étire, en partant du sud, depuis les collines de l'Alabama, jusqu'à l'estuaire du Saint-Laurent au Québec. Sur la route du *Summer Camp,* les habitants de la petite capitale locale, Monticello, me surprirent d'emblée par leur étrange allure et leur habillement. Les hommes étaient majoritairement coiffés de larges chapeaux noirs d'où émergeaient des mèches de cheveux en forme de papillotes. Leurs costumes étaient uniformément noirs. Ils portaient de lourdes redingotes, même par grandes chaleurs estivales... Je venais de découvrir les premiers Juifs hassidiques de mon existence. Nous n'étions pas loin également d'un tout petit village qui devait faire bruyamment parler de lui sept ans plus tard : Woodstock. Ah !, les « hasards objectifs », comme dirait mon ami Michel Lequenne (confirmant André Breton), l'un des plus grands spécialistes de Christophe Colomb.

Quant au camp, il était merveilleusement situé en pleine forêt au bord d'un lac. Une organisation centrale et, tout autour, séparée de quelques centaines de mètres, perdue dans la végétation, une demi-douzaine de petits « villages » de tentes pouvant accueillir chacune jusqu'à une trentaine de scouts. Ceux-ci arrivaient de tous les coins du New Jersey, dont la frontière n'était guère loin. Mon job consistait à visiter quotidiennement l'un de ces villages pour y organiser des activités scoutes traditionnelles : pas le montage des tentes que tous connaissaient, mais plutôt la façon de faire du feu chez nous, de construire les foyers et les feuillées – les toilettes en langage scout –, d'apprendre toutes sortes de techniques de nœuds, de recettes de cuisine et d'installations diverses. Expliquer également notre fonctionnement en France, nos sorties nature et sportives, nos activités théâtre...

L'animation se terminait à la tombée de la nuit autour d'un crépitant feu de bois par des récits de contes ou des déclamations de poèmes suivis d'un récital de chansons françaises, dont les plus populaires se révélaient sans surprise être *Alouette, gentille alouette, Frère Jacques* et *Il était un Petit Navire...* Moments de pur bonheur, de chaleureux échanges. Nul doute que mon désir de communiquer, de partager, de convaincre, qui devait se muer en véritable vocation quelques années plus tard, provient de ces moments chargés d'amitié, de partage et de complicité.

La dernière soirée du camp rassembla tous ces petits villages de toile dans une grande clairière, autour d'un *bonfire*, énorme bûcher qui s'embrasait toujours suivant un rite immuable. Sur l'immense rocher dominant l'assemblée, dans le halo de la lune, apparaissait un « mono » costumé en chef indien sous une lourde parure de plumes. Le silence s'imposait. Même les *racoons* se taisaient... Une voix puissante lançait quelques mots étranges, provenant sans doute d'un dialecte indien local. La cérémonie rituelle pouvait commencer. Une boule de feu descendait doucement du ciel sur un fil invisible et le tas de bois, préalablement aspergé de pétrole, s'enflammait brutalement tandis qu'une joyeuse ovation saluait les longues flammes s'élançant vers le ciel. Grand moment de fraternité, sans doute, mais hommage quelque peu décalé, folklorique et dérisoire aux peuples indiens décimés. Quelques danses au son des tambours complétaient cet hommage.

J'eus aussi la joie d'entendre, lors de deux veillées finales, de 200 à 300 *kids* crier en chœur : « *We want Pierre! We want Pierre!* »

**SAN FRANCISCOOOO, SAN FRANCISCO !**

Preuve que mon travail de *camp counselor* avait été apprécié, que le message était bien passé. Cela m'allait naturellement droit au cœur ! Soumis à pareille sollicitation, je n'avais qu'à bisser un petit conte ou une histoire drôle, suivi de l'inévitable *Alouette, gentille Alouette...* Ému, un poil fier, conscient qu'on me rendait affectueusement ce que j'avais donné, je fus au comble du bonheur, lorsque, à la fin du séjour, en guise de récompense, l'administration du camp vota de m'offrir une semaine de séjour en Californie. Un vieux DC3 m'emporta ainsi à San Francisco, avec une demi-douzaine d'autres *camp counselors* provenant d'autres camps du programme d'été.

Le retour s'effectua par bus avec la mythique compagnie Greyhound. 5 000 kilomètres d'émotions et le plein de merveilleux paysages. Nous étions logés dans des familles à chaque étape. À Cheyenne, nous fîmes halte chez le plus grand croque-mort de la ville. Au sous-sol de la demeure, on pouvait contempler une centaine de luxueux cercueils, certains déments. Du jamais vu ! À San Francisco, ma famille s'appelait Hemingway. Aucun rapport avec Ernest, mais tout de même, c'était encore un beau clin d'œil !

À New York, nous avons dormi au *Great Northern Hotel*, aujourd'hui disparu. Je me rappelle le prix exact de la nuitée : 2,50 $. Dernière petite cure de jazz sur Broadway au légendaire *Birdland*, dans une cave enfumée, après descente d'un abrupt escalier : délicieuse descente aux enfers. J'étais tombé également par hasard sur Gene Krupa, même pas en concert, animant seulement les après-midi du grand café *Metropole* devant quelques consommateurs éparpillés et peu attentifs. Je fus un poil choqué qu'un des plus grands batteurs de l'époque soit obligé de se produire ainsi, probablement pour des raisons alimentaires. Je mesurai alors combien le jazz aux États-Unis était dépourvu de la dimension mythique dont il bénéficiait dans la vieille Europe.

En concluant mes souvenirs de cette géniale année 1962, j'ai en tête, définitivement incrustées dans mon mental, deux chansons culte : *Fingertips – part I and II* –, le premier 45 tours de Little Stevie Wonder, et *I can't stop loving you* de Ray Charles, repassé depuis des centaines de fois tout au long de mon existence, sans jamais m'en lasser. Sorte de petite madeleine sonore, elle rejaillit en moi de façon régulière, dans un flot délicieusement nostalgique, souvenir impérissable de cette année exceptionnelle et fondatrice !

L'année suivante, je retournai aux States, cette fois pour un stage d'anglais dans une petite université du Midwest et l'une des plus anciennes (1804). À Oxford (si, si !), près de Dayton (Ohio) précisément. Beaucoup de choses à raconter là encore, mais il me faut songer à l'équilibre du récit. Juste une chose : j'assistai un soir, à Cincinatti, à un fabuleux concert en plein air de Dizzy Gillespie… J'en frissonne encore !

Ah, j'oubliais… Comment rendre grâce à maman de m'avoir permis d'entreprendre un si merveilleux voyage ? Il faut parfois beaucoup de temps, et en ce qui me concerne, parcourir beaucoup de kilomètres, pour enfin trouver ce qui, pourtant, est si évident. Je mentirais en prétendant avoir perçu tout de suite la portée de son très inspiré « *Go West Young Man!* » Et pourtant…

En tout cas, pour me rattraper, je lui dédie bien sûr ce livre…

# AVENTURES SUCCINCTES, NORMALES, VOIRE BANALES DEPUIS L'ARMÉE JUSQU'À MAI 68

Il me faut bien assumer une contradiction de taille : je n'ai pas de souvenirs négatifs de mon passage à l'armée malgré mon antimilitarisme viscéral. De 1964 à 1965, le service militaire que j'ai effectué, d'abord à Commercy puis à l'école d'artillerie de Châlons-en-Champagne, fut pour moi une indéniable école de socialisation au contact de jeunes venant de toute la France et de tous horizons. J'y ai aussi connu la rigueur des hivers en Champagne « pouilleuse », les manœuvres militaires par - 20 °C, les camps mythiques de Suippes, Mourmelon et Mailly le Camp, leurs rues de la Soif et leur redoutable charme exotique ! Autre élément positif de l'armée : j'y devins champion de tarot et j'en rapportai le permis de conduire...

## EN AVANT SUR LES ROUTES DE FRANCE

Au retour du service militaire, j'ai trouvé un job de décorateur-étalagiste chez Braun, la grosse boîte allemande connue pour ses rasoirs électriques et ses divers articles de petit électroménager. Une production en pointe pour son design dont la section esthétique industrielle du MOMA de New York offre de beaux exemples.

Je disposai d'une 4L Renault fourgonnette pour transporter le matériel. J'ai ainsi pas mal vagabondé en province pour faire la promotion de la marque, décorer les vitrines des petits et grands magasins, monter les stands de foire, etc. De 1965 à 1970, reconnaissante, l'entreprise m'a même autorisé à conserver le véhicule en dehors des heures de service, ce qui m'évitait d'avoir à en acheter un.

Un mariage et un bébé – ma fille Christine – ne m'empêchèrent pas de continuer à satisfaire ma passion des voyages durant les vacances. Toute l'Europe, la Turquie, Cuba, l'Afrique du Nord... Le reste de l'année, j'employais mes loisirs à satisfaire ma soif de culture au cinéma, au théâtre et surtout à découvrir le militantisme politique. Entré au Comité Vietnam national dès 1966, j'ai adhéré à la Jeunesse communiste révolutionnaire – JCR – d'Alain Krivine l'année suivante, histoire de préparer sérieusement les conditions d'une révolte de la jeunesse.

Mes conditions de vie à cette époque étaient précaires, mais guère plus que celles de nombreux Parisiens. Grâce à la loi de 1948 qui limitait l'augmentation des loyers, les personnes à revenu modeste – les travailleurs pauvres, quoi ! – pouvaient vivre à Paris. Ce qui n'est plus le cas aujourd'hui. Certes, les conditions de logement étaient souvent rustiques : absence de salle de bain dans les appartements, toilettes sur le palier, mais globalement on s'en sortait, du fait d'un coût des loyers proportionnellement bien plus bas qu'aujourd'hui. J'ai d'abord aménagé rue Château-Landon dans une chambre sans eau, sans cuisine, sans salle de bain et chauffé par un poêle à charbon. Ma fille prétend qu'elle n'en a pas souffert, mais elle n'avait que quelques mois... Les conditions de vie n'étaient guère différentes dans ce petit deux-pièces au 6e étage – bien sûr sans ascenseur – à l'angle de la rue Saint-Denis et de la rue Saint-Sauveur où j'ai habité de 1968 à 1972. L'endroit avait un certain charme. Et comment n'en aurait-il pas eu quand nous n'étions séparés du ciel et des étoiles que par une très légère couverture de zinc ? Seul inconvénient, nous habitions dans un frigo l'hiver et dans un four l'été. Ici, nous avions l'eau courante, mais toujours pas de cuisine ni de salle de bain. Quant aux toilettes, ils se trouvaient deux étages plus bas...

À l'époque, les halles – le ventre de Paris – étaient encore au cœur de la capitale, avec sa faune gouailleuse, ses forts des halles, ses bistrots populeux et son cortège de péripatéticiennes auprès desquelles l'actrice Shirley Mc Laine vint prendre modèle durant une semaine pour bien s'imprégner de son rôle dans *Irma la Douce* de Billy Wilder. Deux gagneuses encadraient d'ailleurs régulièrement ma porte d'immeuble et devinrent d'agréables commères me racontant les événements du quartier, notamment lorsqu'un monseigneur rendit son âme au diable dans un sombre bobinard voisin (voir chapitre « Montfa »). Un soir, l'une d'elles exhibait ses roberts avec une telle fierté que Christine – six ans à l'époque – me tira par la veste en rigolant et me dit : « Papa, regarde, on lui voit tous ses poumons ! »...

La vie s'écoulait ainsi benoîtement entre festivals Kenji Mizoguchi ou Godard, concerts de rock, activités et meetings politiques, soutien aux luttes des peuples opprimés – Vietnam, Afrique du Sud, guérillas sud-américaines... – jusqu'à ce putain de Mai 68 !

## MAI 68, QUELLE AVENTURE !

Pour résumer, ce furent deux mois de bonheur total, une vraie consolation de ne pas avoir connu la Commune de Paris ni la grande grève de 1936. Une jouissive atmosphère de liberté sans entraves, dans un Paris libéré des flics et de tout autre symbole de notre oppression (parents, curés, politiciens...). L'immense utopie que nous allions changer le monde, avec un sentiment de fraternité et de solidarité qui me donne, encore aujourd'hui, des frissons. Et avec ça, la réelle sensation d'être acteur de l'Histoire !

Dire que l'explosion se produisit sans que personne ne l'ait prédite ne serait pas tout à fait exact. Dès 1966, il y avait eu le fameux texte situationniste *De la misère en milieu étudiant* qui reprenait les grands thèmes de la contre-culture et de la gauche libertaire américaine. Le 21 février 1968, il y eut aussi dans Paris une gigantesque manifestation de solidarité avec le Vietnam. L'atmosphère y était survoltée et quelques pavés prirent leur envol dans des nuages de lacrymo en fin de parcours. Malgré ce signe avant-coureur, moins d'un mois plus tard, le 15 mars 1968, Pierre Viansson-Ponté écrivait son célèbre article du *Monde :* « Quand la France s'ennuie ! »... C'était une semaine avant le lancement, à la fac de Nanterre, du mouvement du 22 mars à l'initiative de Daniel Cohn-Bendit. Daniel Bensaïd et la JCR, totalement raccord avec ce collectif, étaient déterminés à combattre également la « misère sexuelle » étudiante en réclamant la mixité des cités U. Il y avait eu aussi l'attaque de l'American Express en soutien au peuple vietnamien, l'arrestation de notre camarade Xavier Langlade à la suite de cette action et l'agitation qui secouait les universités.

Depuis plusieurs semaines, la JCR préparait pour le 9 mai un grand meeting à la Mutualité sur le thème : « La Jeunesse de la révolte à la révolution »... Eh bien ce 9 mai, l'organisation offrit sa salle au mouvement. On ne pouvait rêver meilleure articulation ! Génial, non ?

L'héroïque nuit des barricades du 10 au 11 mai, rue Gay-Lussac, fut le point d'orgue de toutes ces semaines d'agitation. Je dois cependant avouer, quelque peu honteux, que mes camarades et moi-même érigèrent probablement la barricade stratégiquement la plus stupide de ces deux mois de lutte. Certes, elle montait haut et reposait sur de solides assises. Cependant, édifiée à l'entrée de l'impasse Royer-Collard, nous dûmes l'abandonner très vite au moment de l'assaut des forces de l'ordre : une vraie nasse ! Sans aucune possibilité de s'échapper par l'arrière ! Sur le plan de la poliorcétique – la science des sièges – nous avions à l'évidence encore bien des progrès à accomplir...

## DE L'AVANTAGE D'ÊTRE POLITISÉ !

En revanche, nous étions plus doués en matière de prédiction politique. Après l'immense succès de la manif du lundi 13 mai et l'annonce le lendemain que Sud-Aviation Nantes se lançait dans la grève (suivi de Renault Cléon près de Rouen), nous eûmes l'intime conviction que quelque chose de très important s'était enclenché et ne s'arrêterait plus ! Le mercredi 15 mai, déjeunant avec mes collègues de Braun – l'honorable entreprise qui m'assurait mon salaire et fournissait parfois à son insu les matériaux pour d'efficaces barricades (voir plus loin) –, je m'exclamai tout joyeux, dans un suprême état d'excitation : « Ça y est, on va vers la grève générale prolongée, c'est parti ! » Mon vieux pote Serge, qui travaillait dans le même service que moi et avec qui j'avais combattu lors de cette belle nuit du 10 mai, approuva également avec un large sourire... Immense éclat de rire des collègues, se moquant de nos talents de pythie à quatre sous...

L'histoire est parfois implacable dans sa logique, elle l'est plus encore dans son imprévisibilité !

## ENCORE UNE POUR LA ROUTE !

La grande manif qui partit de la gare de Lyon, le 24 mai, allait également m'apporter la preuve de mon inexpérience en matière d'émeute urbaine. J'étais très en retard et pour rien au monde n'aurais supporté de manquer le train de l'Histoire. Mais pas facile de se rendre à la Révolution quand le métro est en grève pour cause de révolution. Aussi utilisais-je ma fameuse fourgonnette de fonction pour rejoindre à temps mes petits camarades. Le seul problème, c'est que pour la première fois, la police attaqua la manif dès le début. Comme d'habitude, rudes affrontements et amorce de barricades défensives. Je vois encore le camarade Henri Weber, un grand carton dans les bras, nous distribuer de petites lunettes sous-marines pour nous protéger des gaz lacrymogènes. Quand soudain, une pensée terrible me tétanisa : « Ma voiture ? »... Hé oui, je l'avais garée dans une rue proche de la gare. Elle ne craignait en principe rien, les affrontements se déroulant toujours en fin de manif, loin du départ, mais quand même...

Je n'eus pas trop de mal à convaincre les manifestants, qui s'en étaient déjà emparée à des fins défensives, de me permettre de repartir avec. Mais je ne pus bien sûr éviter quelques quolibets et réflexions ironiques. Toute honte bue, j'allai la garer vers le quai de la Rapée, loin de l'action...

## EN GUISE DE CONCLUSION

Après Mai 68, le travail reprit. Ce fut, comme écrit sur une de ces belles affiches qui témoignent de l'incroyable créativité artistique de ces deux mois, « le retour à la normale », celui des moutons revenant docilement au bercail après avoir rêvé de grands espaces à l'herbe toujours verte, sans bergers ni bouchers... Je repris donc ma petite vie, allant, par les petits chemins de France, décorer à nouveau mes petites vitrines. Dans mes moments de liberté et de loisirs, l'objectif était désormais de militer à fond, dans la foulée du grand mouvement de Mai, pour transformer l'essai. Préparer un mouvement encore plus puissant qui balaierait définitivement ce vieux monde à l'agonie. Grâce à Edgar Faure, ministre de l'Éducation nationale, je pus m'inscrire à Vincennes-Paris VIII, seule université qui acceptait, après deux ans d'activité professionnelle, les non-bacheliers (voir chapitre « Vincennes-Paris VIII »).

Tant que j'étais décorateur-étalagiste, je ne ressentais aucune contradiction entre mes activités militantes et le boulot. Certes, je souffrais quelque peu du manque d'une réelle insertion sociale, mais j'étais bel et bien un travailleur manuel exploité. Il en fut autrement lorsque, stupidement, j'acceptai une importante promotion au sein de l'entreprise. Michel C., le patron de mon service – publicité, marketing, promotion des ventes – un type adorable, instinctif et plein d'humour, me proposa, vu mon dynamisme et mon entrain, de passer à la vente et de devenir... inspecteur commercial. Je devais visiter les grands magasins, les coopératives, les centrales d'achats, rencontrer les grands acheteurs et rapporter, si possible, de grosses commandes. Par la même occasion, je doublai presque mon salaire, avec en plus un salaire fixe garanti, non tributaire d'un pourcentage sur les ventes. L'offre était d'autant plus tentante que Braun mettait de plus en plus l'accent sur le design de ses produits et que la marque collectionnait de nombreux grands prix et *awards* d'esthétique industrielle. Bref, j'étais sincèrement fier, voire amoureux de cette marque qui dépassait dans mon esprit son caractère strictement commercial.

J'acceptai donc cette promotion, sans réaliser ce qu'elle allait introduire comme bouleversements dans mes choix d'existence. Servitudes : costard, cravate, chaussures cirées, attaché-case et, le pire, cheveux courts, bien rasé, propre sur moi. Ainsi qu'un véhicule digne de mon nouveau standing : une séduisante Simca Trianon – non, pas encore la Versailles ni la Chambord ! Contradictions : le décalage de plus en plus insupportable entre ma fonction de petit cadre d'entreprise – heureusement sans pouvoir de commandement – et mon implication dans un militantisme politique de plus en plus poussé. En outre, la majorité de mes collègues se révélaient fort peu progressistes et même, pour certains, très réacs. Tout cela devenait vraiment de plus en plus lourd à porter. Enfin, ayant repris depuis deux ans des études à Vincennes-Paris VIII, j'éprouvais de moins en moins d'intérêt pour ma besogne et manquais de motivation. Au bout de quelque mois de cette insupportable « double vie », la situation devint douloureusement schizophrénique… Mon moral commençait même à chuter. De son côté, très vite, la direction se rendit compte sur quel mauvais cheval elle avait misé. Le dynamisme manifesté lorsque je réalisais de jolies vitrines avait disparu et mon graphique de chiffre d'affaires en chute libre débordait désormais du cadre du tableau… Conséquence : je fus convoqué chez la direction. En plus de mon manque de motivation, je dus aussi avouer que, dans la journée, je prenais souvent des heures pour aller en cours à la fac. Réaction logique : « Mais on ne peut plus vous garder ! »… C'était la sentence libératrice que j'attendais secrètement, celle qui me permettrait de partir avec des indemnités. Ouf ! je n'avais pas eu à démissionner. Rétrospectivement, n'avais-je pas mis en place, inconsciemment, les conditions de mon éviction ? Quelle délivrance ! C'était la fin d'un cauchemar.

En ce début d'année 1971, centenaire de l'héroïque Commune de Paris, une nouvelle vie se dessinait à l'horizon… Une nouvelle aventure se profilait. Fleury-Mérogis… (voir chapitre « Aventures dans les geôles de la République »).

# AVENTURES DANS LES GEÔLES DE LA RÉPUBLIQUE

Je déclare parfois sur un air de fierté, au cours de certains dîners, que j'ai passé deux ans derrière les barreaux. Durant un court instant, je savoure l'expression de stupéfaction de mes commensaux avant d'expliquer que dans les années 1971-1972, je fus instituteur en prison !

Peu après avoir lamentablement échoué à prendre au sérieux mon boulot d'inspecteur commercial chez Braun – pas Eva, l'électroménager... – j'eus nécessairement quelques interrogations plus ou moins métaphysiques à propos de mon avenir, même si du point de vue financier, l'intérim m'assurait de quoi vivre frugalement. C'est alors qu'un ami me suggéra de postuler pour un poste d'instituteur au rectorat. À l'époque, le DUEL, devenu plus tard le DEUG, obtenu à Vincennes-Paris VIII au bout de deux ans de licence, suffisait en termes de qualification et de diplôme. On me précisa que mes chances augmenteraient si je mentionnais dans mes vœux d'affectation l'enfance inadaptée. Effectivement. À peine un mois après ma demande, je reçus une réponse positive de l'Académie de Paris.

L'affable inspecteur d'académie qui me reçut me donna le choix entre m'occuper de jeunes malades dans les hôpitaux ou de préadultes – 18-21 ans – en détention préventive à la prison, alors *high-tech*, de Fleury Mérogis. J'optais pour la deuxième proposition, aussi curieux que désireux de me confronter à une rude réalité sociale. J'allais être comblé. Après deux mois de stage dans les écoles primaires de la rue du Moulin-des-Prés et celle de Vandrezanne, dans le XIII$^{e}$ arrondissement de Paris (où je m'occupais de classes d'enfants en difficulté scolaire), ce fut le départ pour la taule.

Bizarre, le *turn over* d'instits tournait autour de 50 % d'une année sur l'autre. Autre sujet d'interrogation autant que d'appréhension, on exigeait de moi 18h de travail hebdomadaire au lieu des 27 heures réglementaires (payées intégralement). Je subodorais qu'il devait bien y avoir une bonne raison et que le boulot ne devait pas être facile facile...

**DÉFRICHAGE DES LIEUX...**

Première difficulté : l'accès au lieu de travail. Fleury, contrairement à son nom, n'avait rien d'un lieu bucolique. L'endroit se trouvait au milieu de nulle part, et je devais me coltiner plus d'une heure de transport, en train puis en car, pour démarrer les cours à 8h30.

Et comme il est presque aussi difficile d'entrer en prison que d'en sortir, il me fallait arriver au moins un quart d'heure en avance pour passer toutes sortes de contrôles. D'emblée, il me sembla que les gardiens mettaient peu d'empressement à nous accueillir. Des collègues me prévinrent que certains d'entre eux n'aimaient pas trop les instits. Une profession sans doute un peu trop intello à leur goût à une époque où « intello » rimait avec « gaucho ».

Les classes n'étaient pas surchargées : 15 élèves au maximum. J'officiais derrière de grandes baies vitrées donnant sur un couloir d'où les matons pouvaient assurer une surveillance constante. Quant aux motivations des élèves, elles étaient fort différentes pour chacun d'eux. Pour certains, c'était juste une occasion de sortir de leur cellule, de socialiser un petit peu, de se détendre, d'éviter de rester confiné 23h sur 24. Une respiration. Pour d'autres, c'était l'occasion exceptionnelle de faire les maigres études qu'ils n'avaient pu effectuer à l'extérieur et de tenter le certif ou le BEPC. Autre motivation, et non des moindres, la réussite à un examen octroyait trois mois de réduction de peine. Mais comment faire cohabiter des élèves aux motivations si différentes ? Comment éviter que le cours ne se transforme en chahut libérateur, empêchant ainsi les vrais élèves d'étudier sérieusement ? Certains collègues appliquaient une discipline de fer, n'hésitant pas à renvoyer en cellule les perturbateurs. J'optais plutôt pour un compromis négocié. Pour deux heures de cours, il fallait consentir à une heure et demie, parfois seulement une heure d'enseignement sérieux en anglais et un peu d'histoire et de géographie. Le reste du temps était dévolu à des discussions sur tous sujets, sachant que pas mal de ces gamins avaient un réel besoin de décompresser en s'exprimant personnellement. J'introduisis ainsi prudemment le social et la politique dans les cours. Je me savais particulièrement surveillé, ne doutant pas que l'administration avait bien dû apprendre que j'étais militant de Révolution ou en tout cas d'extrême gauche. L'hostilité de certains gardiens me le confirma. J'organisai parfois des discussions hautement politiques en relation avec l'actualité, et même des votes à bulletins secrets à l'occasion des grandes élections nationales. Je constatais que d'une classe à l'autre, les « votes » variaient énormément et me demandais si ce n'était pas là le résultat de l'influence de tel ou tel « leader d'opinion », en l'occurrence de quelque petit caïd parlant plus fort que les autres.

## DIFFICILE D'AVOIR À CHOISIR SON CAMP !

À l'occasion du dernier cours avant mon premier Noël à Fleury, j'avais apporté croissants, friandises et cigarettes à tous mes élèves. Comme on s'en doute, la réaction de l'administration fut des plus chaleureuses... J'eus droit à un sévère avertissement de la part du directeur du D4, l'aile de la prison où j'enseignais. Ce fut l'occasion d'une homérique joute verbale avec lui lors d'une réunion pédagogique. Pointant le doigt vers moi, il éructa : « Vous savez la différence entre vous et les prisonniers ? Non, répondis-je... C'est que vous, vous sortez le soir... ». Je répliquai avec un sourire ironique que c'était l'un des plus beaux compliments qu'on m'ait jamais fait ! C'est vrai que j'éprouvais spontanément plus de sympathie pour un Robin des Bois braqueur de banques – qui n'aurait pas fait couler le sang, bien sûr – que pour un directeur de prison jouissant d'un pouvoir et d'une autorité quasi illimités ! Au fond, voler une banque n'est sans doute qu'une forme de récupération sociale !

## UNE CLASSE EXCEPTIONNELLE !

Lors de la rentrée 1971-72, le directeur de l'enseignement à la pénitentiaire m'annonça : « J'ai deux nouvelles. L'une bonne : vous n'aurez cette fois que six élèves. L'autre mauvaise : ce sont les six plus grands assassins de l'année » ! Pas vraiment effrayé lorsque je pénétrai dans la salle de cours, mais ému, un poil curieux quand même, car certains d'entre eux avaient fait la une des journaux... Un chômeur italien avait occis un chauffeur de taxi à coup de tournevis ; un gamin de 16 ans avait tranché la gorge d'un postier pour lui piquer ses mandats... Mais c'est le dénommé Cosson dont le cas me fascina le plus ! Avec son pote Grenouille, ils écumaient les campagnes en voiture et, manifestant une haine incompréhensible du genre humain, abattaient froidement cyclistes ou pompistes à coups de fusil... L'histoire avait enflammé les journaux... Et puis un jour, Grenouille fut tué par le fils d'une des victimes lors d'une reconstitution. Cosson quitta la classe...

J'avais perdu un bon élève !

## UN EXAMEN QUI ME VALUT PRESQUE UNE MISE EN EXAMEN !

Cette courte expérience pénitentiaire ne fit, au final, que renforcer mon dégoût de l'injustice en même temps que de l'hypocrisie bourgeoise. L'isolement pour ceux qui refusaient l'uniforme carcéral (ils en avaient le droit étant seulement prévenus !), le mitard pour des peccadilles, les tabassages, les humiliations, les quartiers VIP pour les détenus riches et célèbres... Et puis, une dernière anecdote. À l'époque des examens, on m'avait envoyé surveiller une classe pour l'épreuve du BEPC à la prison de Fresnes. À un moment, je remarquai un garçon prostré, pleurant sur sa dictée. À mon approche, il releva la tête et je remarquai sa peau arrachée autour du cou. Il avait tenté de se pendre et était désespéré. N'en pouvait plus. Il n'aurait, me dit-il, jamais le BEPC, car il n'entendait rien à l'orthographe. Lui qui rêvait des fameux trois mois de réduction de peine... Son désarroi me toucha. Jetant un œil sur sa dictée, je notais effectivement un nombre significatif de fautes induisant immanquablement une note éliminatoire. Je lui indiquai discrètement quelques corrections puis j'oubliai l'épisode.

Quelques mois plus tard, je fus convoqué par mon inspecteur d'académie. J'en ignorais les raisons, espérant bien hasardeusement une promotion, des félicitations peut-être ? L'engueulade fut particulièrement sévère ! Complicité de fraude aux examens, menace d'annulation... L'affaire était d'importance. Abasourdi, je me demandai qui avait bien pu me balancer. Puis j'eus le fin mot de l'histoire : une visiteuse de la prison de Fresnes, pleine de bons sentiments autant que de grands principes moraux, femme de général de surcroît et paroissienne exemplaire, ayant eu vent de mon immoralité, m'avait dénoncé auprès de sa hiérarchie. Pour que la moralité soit sauve ? Pas du tout. À Fresnes, certaines visiteuses faisaient office d'instit et étaient très jalouses de notre statut... Surprise de la réussite de son élève qu'elle savait nul en orthographe, elle avait été convaincue que ce pauvre garçon avait été forcément aidé et le passa à la question. Naïvement, ce dernier avoua sa faute en même temps qu'il m'en rendait le principal coupable. Je niai bien entendu, me rappelant l'apostrophe de Lacenaire à la foule sur l'échafaud : « N'avouez jamais ! ». Cela ne suffit cependant pas. Mon statut très précaire d'instituteur « suppléant éventuel » aida bien sûr pour me signifier ma déchéance. Viré sur-le-champ.

**EN GUISE DE CONCLUSION...**

Je n'en éprouvai au final que très peu d'amertume. Négligeant de mettre en branle l'appareil syndical, je me sentis au final soulagé, et comme libéré. C'était bien le moins après ces deux ans passés une partie du temps derrière les barreaux. Éprouvé psychologiquement par les vives tensions dans le boulot, les rapports de force avec les petits caïds comme avec les matons, je commençais à craquer, écartelé entre mon devoir de maintenir une certaine discipline et mon désir de ne pas faire le garde-chiourme ; entre ma sympathie pour certains détenus et la pression de l'administration. Certains soirs, je n'en pouvais plus. Et j'avais par ailleurs du mal à digérer les repas que je prenais le midi à la cantine des CRS en face de la prison... Déprime qui montait inexorablement.

Après mon divorce d'avec l'administration, ce fut le retour à la case intérim. Pour commencer, deux mois à l'embouteillage chez Pernod à Montreuil. Des vapeurs délicieusement anisées hantent encore les souvenirs de cette période...

Il m'arriva par la suite de croiser d'anciens élèves taulards dans la rue, le métro. Les retrouvailles furent toujours chaleureuses, émouvantes. Ils me couraient après : « Prof, prof... ! ». Une forme de reconnaissance qui faisait chaud au cœur... Je me rappelle bien de Gérald, un détenu de l'aile D2, interdit de classe parce qu'auteur de plusieurs spectaculaires braquages et considéré comme dangereux. Malgré tout, il avait eu droit aux cours particuliers en cellule. Ensemble, nous étudiâmes avec passion Herbert Marcuse (*L'Homme unidimensionnel*), Wilhelm Reich et quelques autres auteurs culte de l'époque...

Lui, je le revis un jour dans une manif, portant haut un drapeau rouge. Il avait adhéré à la Ligue communiste révolutionnaire !

# AVENTURES DANS LA CLASSE OUVRIÈRE

Fin 1972, je fus donc contraint de quitter l'Éducation nationale. Dans un léger fracas mais sans perte pour ce qui me concerne. Les divergences entre mes conceptions de l'éducation et celles de l'administration étaient devenues trop fortes.

Je ne m'en retrouvais pas moins sur le carreau. « Que faire ? », comme aurait dit Vladimir Ilitch... Sans doute retrouver au plus vite un boulot. À l'époque, la chose ne semblait pas insurmontable. On était à la limite des Trente Glorieuses, mais on y était encore un peu pour ce qui concerne l'emploi avec 500 000 chômeurs « seulement », soit environ 3 % de la population active. Certains disaient qu'avec un million de chômeurs ce serait la révolution en France. On connaît la suite.

Ma qualité d'ancien de l'école des Arts graphiques Corvisart, amoureux des livres et de la lecture, m'attira tout naturellement vers l'imprimerie. Un de mes grands plaisirs était d'ouvrir un livre neuf et de m'envoyer en l'air en respirant l'encre encore fraîche... En quelques inspirations, pouvoir s'imprégner de l'esprit de l'ouvrage... Et puis mon orientation intéressait *Révolution,* ma petite organisation politique, désireuse de s'implanter dans l'imprimerie pour y établir des bases militantes.

Un copain y bossant déjà, je fis une première tentative d'embauche chez Georges Lang pour un essai d'un mois. C'était une grosse imprimerie située entre la rue Curial et la rue Archereau dans le XIX^e^ arrondissement. Elle éditait, entre autres, le très populaire et énorme catalogue de La Redoute. À cette époque, travailler dans l'imprimerie, c'était d'abord se confronter au bruit. Épouvantable ! Des rotatives hélio énormes, véritables paquebots avec ponts et bastingages, faisaient un bruit de turbine. L'imprimerie, c'est un peu comme l'artillerie ; il y a l'imprimerie légère et l'imprimerie lourde. Ce n'est pas pour rien qu'on appelle cette dernière le « labeur ». Pour un « bleu bite » non qualifié comme moi, l'affectation d'office était « receveur ». Pas très compliqué, mais sportif. Posté en tête de bécane, je devais réceptionner la matière imprimée et la poser sur des palettes. Ma première « roto » produisait justement le catalogue de La Redoute à 2 millions d'exemplaires. Impressionnant ! Mon statut de mercenaire précaire bon à presque rien supposait que je fus, sinon prêt à tout, du moins corvéable à merci. Je fus donc transféré ensuite sur la roto qui tirait le très populaire journal à sensation *Détective*, dont les « unes » sanglantes étaient souvent très trash... Un vrai cauchemar ! Les journaux sortaient en vrac à des cadences très rapides. Plié en deux, je devais, au jugé, faire des brassées d'une vingtaine de journaux, les poser sur la palette, puis retourner pour une nouvelle brassée et ainsi de suite. Rapidement, je perdis le rythme. Les brassées voltigeaient, retombant en pagaille sur le sol. À l'évidence, je n'étais pas doué pour ce job d'acrobate. Le chef me déplaça donc sur un poste de receveur moins « physique ».

L'aventure Georges Lang dura à peine trois semaines. Trop crevant. On travaillait en 3 x 8, à un rythme totalement déstructurant. La 2e semaine, je fus de l'équipe de nuit. Je passais mes journées à dormir, ayant à peine le temps de dîner avant d'embaucher à 22h. Au bout de trois nuits, j'étais un vrai zombie. Le soutier que j'étais devenu ne regretta pas de quitter son fond de cale. Premier échec pour mon entrée dans la classe ouvrière ! Je pouvais, peut-être, faire mieux !

## DRAEGER, LA « ROLLS » DES IMPRIMERIES !

La deuxième tentative fut effectivement la bonne. À Montrouge, rue de Bagneux (aujourd'hui rue Ginoux), à quelques minutes du métro Porte d'Orléans, l'imprimerie Draeger ne m'était pas totalement inconnue. Réputée pour la grande qualité de son travail, elle produisait de beaux livres d'art, notamment ceux, désormais célèbres, sur Dali, Picasso, Chagall et tant d'autres. Elle imprimait également du papier peint de luxe, des billets d'avion pour Air France, des tickets de PMU et *last but not least*, des francs CFA...

J'y pointais mon nez sans rendez-vous, la confiance en bandoulière, et sonnait à la porte de l'administration.

Le gardien : « C'est pour quoi ?
– Oh, presque rien, je viens voir s'il y a du boulot...
– Mais on n'a mis d'annonce nulle part, merci on n'a pas de besoins.
– Bon, j'ai vu de la lumière, je me suis dit : on ne sait jamais, un gars malade, un remplacement, et puis j'ai une gosse à nourrir et besoin de bosser...
Un moment d'hésitation, une éternité. À quoi tient un destin !
– Attendez, je vais voir... »

Cinq minutes plus tard, le gardien me conduisit jusqu'au chef du personnel. Bureau banal, étriqué. Lui, la cinquantaine, grand, maigre, un poil dégarni, fine moustache sur un visage austère, costume sans âge. Il aurait obtenu sans peine un rôle d'acteur secondaire dans un film des années 1930-1940, genre Dalio en plus grand.

« Mais pourquoi nous ?, me demanda-t-il, l'air étonné.
– D'abord, un vieux proverbe moldave (plutôt hongrois, je crois) dit : "Qui ne tente rien n'a rien !". Ensuite, vous avez une super réputation. Vous produisez de la belle ouvrage ! »

Ces compliments faits, il me fallait, pour être crédible, ne pas me contenter d'être trop flatteur, au risque que le DRH se demande : quel est donc cet individu qui veut être embauché uniquement pour la beauté des livres ? Une précédente tentative d'embauche chez Renault, quelque temps auparavant, s'était soldée par un échec. Le DRH m'avait de suite « reniflé » !

J'enchaînais : « Ben la boîte est à 15 minutes de chez moi... par la ligne 4 jusqu'à Porte d'Orléans. Et vous avez le bon goût d'être à 3 minutes à pied de la sortie du métro. Bref, le truc de rêve. Je pourrai dormir plus longtemps et ne passerai pas ma vie dans les transports... »

Là, mon DRH époustouflé par tant d'aplomb...

« Et vous avez déjà fait bobinier ?
– Oh, il y a longtemps, mais c'est comme le vélo, ça ne s'oublie pas !
– Écoutez, un de mes bobiniers est précisément tombé malade, ça m'intéresse. Vous êtes disponible ?
– Demain matin, dès l'aube...
– Bon, à l'essai, un mois ! »

## C'ÉTAIT PARTI POUR QUATRE ANS !

Affaire pliée ! Heureuse époque où l'on pouvait trouver du boulot en sonnant à une porte ! J'embauchai à 6h15 le lendemain et pris connaissance des lieux. Gigantesque, la taule ! Je fus affecté à l'atelier papier peint, nanti de trois énormes bécanes, là aussi des sortes de paquebots, comme chez Georges Lang, avec ponts, coursives, escaliers en caillebotis, bastingages... Sûr, je finirai un jour marin !

L'histoire de ceux qui, comme moi, sont rentrés dans la classe ouvrière par idéal politique dans les années post soixante-huit n'est pas trop connue. Peu de livres : *Flins sans fin* de Nicolas Dubost, *L'Établi* de Robert Linhart, *Le Voyage à Paimpol* de Dorothée Letessier, *L'Excès-l'Usine* de Leslie Kaplan et, bien sûr, *La Condition ouvrière* de Simone Weil... Chacun(e) racontant de façon très différente son expérience.

Mon aventure chez Draeger, quatre ans tout de même, pourrait tout à fait faire l'objet d'un long récit parsemé de beaucoup de luttes, d'échecs, d'élans enthousiastes, de camaraderie, de pas mal de désillusions aussi... Témoignage d'une riche période politique. J'y songe, on verra. Pour 2018 peut-être ?

Ce fut en tout cas une expérience humaine qui m'a marquée pour le reste de ma vie. En attendant, en voici quelques bribes...

## « TU EN FAIS UNE BOBINE, T'ES PAS HEUREUX ICI ? »

D'abord, bobinier *kesaco* ? C'est le gars qui nourrit la machine hélio. Il y place une énorme bobine de papier d'environ 1,20 m de haut et pesant dans les 500-600 kg. Je me rappelle

de L'Emploi
du Pouvoir d'Achat

des origines du papier : Québec, Finlande, que j'associe à présent à quelques images du Saint-Laurent ou de la Carélie. Les papiers avaient un nom, parfois chantant : *Joubert, Arjomari-Prioux*. Une fois montée au moyen d'un élévateur, la bobine tourne tranquillement, dévidant son papier qui file dans le ventre de la machine pour l'épreuve de la quadrichromie. L'interminable bande blanche passe d'abord entre un rouleau de caoutchouc et un cylindre gravé en creux et gorgé d'encre. Là, le papier acquiert sa première couleur. Puis il repart se lover entre plusieurs rouleaux, passe dans un séchoir et revient pour acquérir sa seconde couleur, puis la troisième et la quatrième par le même processus.

En bout de chaîne, le papier imprimé se rembobine. En conséquence, de l'autre côté, la bobine qui fournit le papier est presque arrivée à épuisement. Il ne reste plus que quelques dizaines de mètres à dévider. Le bobinier, après avoir enduit de colle l'entame du papier d'une nouvelle bobine, la fait alors tourner jusqu'à ce qu'elle acquière exactement la même vitesse que l'ancienne encore en train de tourner. Puis, il rapproche les deux bobines et appuie sur un bouton. Un grand claquement se produit, l'entame a collé aux derniers mètres de papier de l'ancienne bobine et la nouvelle part à son tour dans la roto. Il arrive parfois que la manœuvre échoue : soit que la colle ait été mal appliquée, soit que par mauvaise évaluation le processus de collage ait été trop tardif... Il n'y a alors plus de papier sur l'ancienne bobine pour assurer le collage. Il s'effectue alors sur le bobineau directement. « Tu vas imprimer le carton ? » La blague était récurrente. Dans ce genre de situation, il fallait tout arrêter, ce qui faisait perdre de 15 à 20 minutes. D'où, souvent, une grosse engueulade de la part du conducteur.

Heureusement, la plupart du temps, les choses se passaient bien. Durant les 45 à 60 minutes que tournait tranquillement la roto, c'était presque du repos. Il fallait quand même préparer la bobine suivante, surveiller les encriers à terre devant chaque couleur et veiller à ce qu'ils soient bien remplis. De même, être prêt à grimper dans la roto pour recoller le papier au cas où il casserait. Prêt également à nettoyer les cylindres pendant les arrêts de machine... Le gros avantage de ce boulot, était qu'il n'y avait pas de routine, pas de gestes répétitifs et, en principe, un esprit d'équipe entre les quatre membres de l'équipage : le conducteur, le second, le bobinier et le receveur (à condition que le conducteur ou le second ne joue pas trop les capitaines Blight !). De fait, l'image du bateau s'imposait à tous les niveaux. Grimper dans la roto, courir sur les longues coursives pour rattraper la voile, oh pardon ! le papier..., ramper à plat ventre sur les haubans pour le recoller, hurler les ordres et les réponses ou les intimer par signes, lorsque le bruit les rendait inaudibles... Et de là-haut, regarder les deux autres rotos tourner, amarrées dans le même port et naviguant de concert. Parfois, l'envie aussi de larguer les amarres, pour rejoindre la Seine ou le canal Saint-Martin...

## POURTANT, IL FUT TEMPS DE « JETER L'ENCRE » !

Les substances volatiles utilisées dans les encres, très toxiques, m'aidaient largement à construire ces délires, ces rêves d'évasion. De temps en temps, nous avions d'ailleurs le droit, durant quelques minutes, d'aller prendre l'air sur le « quai » où débarquaient les bobines de papier, les tonneaux d'encres, le benzol qui servait aux mélanges. Heureusement pour notre santé, ce produit fut progressivement remplacé par des couleurs à l'eau. L'imprimerie, c'était peut-être un peu moins dur que la mine, mais des générations d'ouvriers y ont tout de même laissé une partie de leur santé, et donc de leur vie, dans les émanations dangereuses qui touchaient le cerveau et rongeaient les mains.

Sans parler de ceux qui, dans les journaux, travaillaient sur des linotypes utilisant du plomb fondu pour fabriquer les matrices de caractères et attrapaient le saturnisme...

Mon mois d'essai fut un total succès au niveau de l'intégration. Je m'étais bien gardé d'émettre la moindre opinion politique pour ne pas me faire repérer par la hiérarchie ou par quelque mouchard.

Le métier rentra vite. Dans l'atelier, trois rotos, trois gros esquifs. Mon bateau à moi s'appelait « Halley » et avait été construit dans un chantier anglais. Celui d'à côté portait le nom exotique d'« Atlanta », insinuant une atmosphère Vieux Sud dans l'atelier. Dommage que le bruit de la roue à aubes couvrît les airs de blues. La troisième bécane s'appelait bêtement la « 76 » et je ne me souviens pas avoir demandé l'origine de son nom... Par analogie, « Route 66 » peut-être, pour évoquer Kerouac et sa bande... Les conducteurs et les seconds étaient tous blancs et français. Bobiniers et receveurs, blancs aussi, parfois français, souvent portugais. Préparateurs de couleurs et nettoyeurs des encriers, quasi tous maliens... Pas de racisme criant autant que je m'en souvienne. Tout ce monde laborieux, environ 25 personnes, cohabitait assez harmonieusement, à condition, bien sûr, que nos camarades émigrés acceptent avec une bonne humeur teintée de résignation les vannes stupides de leurs collègues blancs, éminents membres de l'aristocratie ouvrière. Ils se devaient aussi d'accepter gentiment les rapports de pouvoir au sein de l'équipe.

## PREMIERS PAS AU MALI, AVANT D'EN ÉCRIRE UN JOUR UN GUIDE !

Les camarades maliens étaient essentiellement sarakolés, quelques-uns bambaras. J'eus tôt fait de sympathiser avec Bobo et Boro, du même clan, et Cheikna qui venait de Kayes. Mamadou, Moussa, Boubacar et Konaté venaient quant à eux du secteur de Bamako. Chez certains, vu leur manière policée de s'exprimer, leur façon d'écrire, leur humour souvent pointu, je devinais d'ex-lycéens, bacheliers ou jeunes étudiants ayant abandonné leurs études, venus en France prendre les boulots les plus durs et les plus sales par manque d'avenir au pays. Les Africains sont incroyablement doués pour les langues. Bobo et Boro parlaient couramment français, langue nationale du Mali, sarakolé, bambara, assez bien l'anglais et, ayant reçu une éducation religieuse musulmane, lisaient plus ou moins correctement l'arabe et comprenaient un peu d'autres langues du Mali. Pourtant, malgré son étendue, la culture de mes amis maliens était ignorée, voire méprisée par la plupart de leurs collègues blancs, pour la plupart même pas curieux de la connaître. Un jour, au plus fort d'une vive discussion avec un conducteur un tantinet raciste qui se gaussait de l'inculture des Maliens, j'intervins pour mettre en valeur leur patrimoine linguistique et tout ce qui allait avec. Pas la peine de préciser que ce jour-là, je m'étais fait un ami !

## PETITE DESCRIPTION DU PROCESS DE TRAVAIL ET DES SYNDICATS...

Dans le secteur de l'imprimerie, à l'exception du syndicat des correcteurs de tendance anar, l'hégémonique syndicat CGT du livre, présent dans toutes les grosses entreprises de la région parisienne, était totalement sur la ligne du PCF, sauf chez Draeger, vieille boîte paternaliste dont le syndicat majoritaire était la chrétienne CFTC. Son représentant, Edmond Pieux, passa vite à mes yeux pour un vendu de première, cul – béni – et chemise avec le patronat. Le niveau de conscience politique dans la boîte était très bas, et le PCF en tant que force politique très faible, quasi inexistant... Seules émergeaient du lot quelques figures cataloguées communistes, mais qui militaient dans leurs quartiers. Relativement combatifs ceux-là, je le reconnais, mais incapables de former une cellule d'entreprise. Sur les 25 ouvriers de mon atelier, nous comptions un membre du PC, un seul, mais gratiné ! Un nommé Legrand, avec qui je dus coexister au moins deux ans et qui commandait la roto d'à côté ! Petit, râblé, une tronche bien carrée, les cheveux frisés gominés, il avait de Staline l'énorme moustache. Avant même que je ne sois connu comme agitateur professionnel, il me repéra dès les premiers mois d'embauche malgré ma discrétion totale. Il m'avait bien flairé et manifestait une hostilité ouverte. Fascinant de voir comment les staliniens repéraient intuitivement leurs adversaires ! Bien sûr, la période d'essai passée, l'embauche confirmée, j'adhérai à la CGT, un syndicat de classe, même s'il était sur une ligne ultra réformiste à mes yeux. Première tâche d'un militant : le « voyage d'études » dans l'usine. Rentrer dans son intimité. Tout savoir d'elle, son histoire, comment elle fonctionne, ce qu'elle fabrique, les conditions de travail dans les ateliers, les différentes composantes ouvrières, les rapports de force avec les chefs et les « petits chefs » (bien entendu très défavorables aux ouvriers), leur degré de férocité, les limites du paternalisme, la répression patronale et... syndicale, bref, un véritable boulot anthropologique, technique et politique.

C'était là la première et indispensable étape de tout voyage dans la classe ouvrière.

## PETITE VISITE GRATUITE DES LIEUX

Hormis l'atelier papier peint – secteur hélio – que nous avions, mes camarades et moi, la chance de faire consciencieusement fonctionner, on trouvait dans un immense hall central, les rotos et machines à feuilles offset, beaucoup plus compactes, nécessitant deux à trois ouvriers au maximum. Un côté du hall s'ouvrait sur une grande salle sans fenêtre, noire de crasse, étouffante l'été, où tournaient les Super (machines à feuilles hélio), côtoyant quelques antiques bécanes remontant presque à Gutenberg.

Elles imprimaient les cartes postales (non, mon pote Serge Le Manour ne travaillait pas encore chez Draeger comme photographe). Enfin, tout au fond, la grosse machine à feuilles, dites « 4 couleurs ».

De l'autre côté du hall, on découvrait le secteur des machines typo imprimant les billets de banques, jouxtant celui des brocheuses. La brochure employait une bonne centaine d'ouvrières. Lors de l'impression des francs CFA, on entourait de barbelés chaque machine typo et un gardien tournait en permanence dans le service. J'eus la chance d'y être affecté quelques jours et d'y observer le processus de fabrication. Le papier monnaie était pesé à l'entrée de la bécane, puis repesé à la fin de l'impression et massicoté. Le soir, les chutes de papier étaient à leur tour pesées. Le poids du papier à l'entrée et celui du produit fini à la sortie, plus les chutes, devait être rigoureusement le même...

Nous étions bien sûr corvéables à merci et pouvions être affectés à tout moment à différents services, suivant les nécessités. Je ne m'en suis jamais plaint, considérant ça comme un riche voyage permettant de découvrir les différents visages de l'entreprise. À l'occasion d'une panne de ma machine, on nous transféra un jour avec un collègue, comme grouillots sur une des Super, les machines à feuilles hélio. Beau souvenir ! D'abord, le grand chef de l'hélio, Paille, un ancien ouvrier qui avait fait 36 dans la boîte, nous présenta au conducteur : « Je t'ai amené deux lascars pour te dépanner ! »... Cette présentation, manquant quelque peu de considération, me fit sourire et mon regard croisa celui du collègue. Nous n'eûmes pas besoin de commenter. Le conducteur de la Super, « Pépé » Fanégo, était l'un des anciens de la boîte. Lui aussi avait « fait » 36. Ces quelques jours avec lui furent une riche leçon d'histoire. Petit, avec un beau port de tête décoré de lunettes rondes, une chevelure ondoyante d'une élégante blancheur, le bleu de travail impeccable, « Pépé », à un an de la retraite, me régala de ses souvenirs de la grande grève de 36. De cette époque, il avait d'ailleurs conservé sa casquette de prolo.

## OÙ LE SURRÉALISME SURGIT DE FAÇON INOPINÉE !

Comble de bonheur, ce jour-là, la bécane imprimait, à défaut du gros Dalí mythique dit « de Draeger », une autre de ses œuvres, *Les Dîners de Gala,* fine allusion à Gala, la compagne de l'artiste. Une création pas si mineure que ça dans la production du génial Dalí : une centaine de recettes de cuisine délirantes aux illustrations totalement « dalíesques ».

Durant cette expérience, j'appris une autre face du métier : l'art de la couleur, la précision quasi névrotique des mélanges. « Le noir n'est pas assez rouge, remets m'en une cuillère ! » me criait le cocher. Ça alors, même le noir possédait de subtiles nuances, jamais assez rouge, pas assez bleu... Lors des essais couleur, l'œil de Pépé brillait : « Encore une lichette, mon gars » – bien mieux que lascar, non ! Et puis un matin, ce fut l'impression de l'introduction de Dalí. Ce qui nous donna droit, dans les brumes benzolées de l'aube, à une dégustation privée de la prose du génie : « À six ans, je voulais être cuisinière (...). *Les Dîners de Gala* ont été voués aux plaisirs du goût... Nous entendons ignorer les tables où la chimie a pris la place de la gastronomie. Si vous êtes un disciple de ces peseurs de calories qui transforment les joies d'un repas en punition, refermez ce livre, il est trop vivant, trop agressif et bien trop impertinent pour vous ». Suivaient les 12 chapitres qui le composaient : par exemple, les « Entre-plats sodomisés » (viandes) et les « Spoutniks astiqués d'asticots statistiques » (l'association escargots-grenouilles)...

La fulgurance de Dalí, son œuvre folle et décalée, ses images magiques, illuminèrent ces quelques jours de ma vie, autant que le crade et sinistre atelier. Pépé fut d'ailleurs tout à fait étonné du zèle joyeux de son grouillot.

Quelque mois plus tard, j'eus aussi le bonheur de bosser sur le Picasso et le Matisse...

## COMMENT SE FAIRE PASSER UN SAVON !

Les mains dans l'encre toute la journée, nous passions beaucoup – trop – de temps, en fin d'équipe, à les décrasser avec un genre de savon abrasif. J'avais cependant noté que le conducteur de la machine, avant de commencer la sienne, enduisait ses délicates menottes d'une onctueuse pâte blanche destinée à les protéger. J'émis alors auprès du chef le vœu que nous puissions également bénéficier de cette protection. Cette remarque ne m'attira qu'un rire méprisant. J'eus droit à une explication ahurissante : cette pâte, très chère, était réservée aux conducteurs et, de toute façon, le savon abrasif que nous utilisions contenait également un produit qui protégeait les mains ! Comment pouvait-il donc protéger les mains... après le boulot ? Vrai foutage de gueule. Devenu plus tard délégué du personnel, j'en fis, bien entendu, l'une de mes premières revendications.

Intervient ici une pittoresque anecdote : pour fêter le 200 000e exemplaire du Dalí « de Draeger », la direction en fit fabriquer un spécial, avec une couverture dorée à l'or fin. Dalí lui-même fut invité à venir en prendre livraison. Or, la veille, une malheureuse augmentation de 10 centimes de salaire horaire nous avait été refusée. Je suggérai alors de profiter de la notoriété de l'artiste pour déclencher un modeste petit débrayage d'une heure afin de marquer le coup. Cette proposition parut bien entendu aussi surréaliste que l'œuvre de Dalí à la direction, de même qu'au délégué syndical. Cela me valut cependant quelques manifestations de sympathie de la part de certains collègues.

## QUAND UN ANCIEN OUVRIER TRAHIT SA CLASSE, UN GRAND CLASSIQUE !

Papin, ancien conducteur de la « 4 couleurs » sur laquelle je travaillais parfois, devint chef du secteur hélio à la place du père Paille parti en retraite. Il n'oublia, en changeant de statut, le petit frondeur qui rouspétait souvent sur sa machine à propos des conditions de travail et tentait – parfois avec succès – de convaincre ses petits camarades prolétaires...

Je fus d'emblée dans sa ligne de mire. Sans état d'âme, il troqua du jour au lendemain son bleu d'aristocrate ouvrier pour celui de contremaître. Ma vie allait changer du tout au tout. Surveillé de près, harcelé, réprimandé pour des broutilles... Heureusement, sur la roto Halley, mon cocher m'aimait bien. Michel, un brave gars, pas méchant pour deux sous, appréciait mon intérêt pour la bonne marche de la bécane. Je lui avais demandé de m'initier à sa conduite et surtout à la surveillance électronique pour contrôler la juxtaposition précise des quatre couleurs. Un moment d'inattention, une évaluation trop hâtive, un décalage de couleur, une bavure, une rayure sur un cylindre et c'étaient des dizaines, voire des centaines de mètres de papier gâchés et mis à la poubelle. Il me laissa contrôler parfois tout seul l'électronique, au point qu'un jour, le second cocher étant en retard, il me demanda de le remplacer quelques instants pour de vrai. Quand Papin découvrit que j'étais monté en grade, il rentra dans une rage folle et me renvoya sur-le-champ à la bobine. J'eus ainsi la preuve définitive que la mienne ne lui plaisait guère. Outré que l'ascenseur professionnel me soit ainsi refusé, mais sans illusion sur la suite, je m'en plaignis immédiatement à Edmond Pieux, le délégué syndical central de la CFTC. Lequel, un peu forcé de défendre quand même les ouvriers de temps à autre, dut promettre d'aller porter l'affaire auprès de Pinaut, grand chef de tous les ateliers de la boîte.

## PINAUT, SIMPLE CHEF, MAIS AUSSI GROS INCUBATEUR DE CONFLITS !

Le *Big Chief* travaillait dans un bureau surplombant le hall principal, pouvant de la sorte contrôler toutes les allées et venues entre les ateliers. C'était une espèce de colosse : tête énorme, coupe de cheveux poivre et sel en brosse quasi militaire, regard chafouin derrière de petites bésicles dorées et une voix qui arrivait parfois à couvrir le bruit des machines. On racontait qu'il pratiquait allègrement le droit de cuissage et que c'était là un moyen sûr pour les femmes de grimper dans la hiérarchie des machines ou de la boîte. C'est donc auprès de cette espèce de gros con – il faut bien de temps en temps appeler les choses et les gens par leur nom – qu'Edmond vint exprimer son étonnement devant le vidage injuste d'un ouvrier consciencieux et passionné. Il m'avait demandé de l'accompagner. Pour lui, une simple formalité qui prouverait qu'il effectuait correctement son boulot de défenseur des travailleurs.

Mais les choses ne se passèrent pas du tout comme prévu. Excédé, Pinaut chassa brutalement Edmond de son bureau, hurlant des injures, rompant ainsi étrangement avec des années de collaboration harmonieuse. Le pauvre, sous le coup, cruellement vexé, retourna illico à l'atelier papier peint et ordonna le débrayage des machines. Il se fit alors dans l'atelier, durant cette heure, un inhabituel et étrange silence. Mais un silence enthousiaste. Pinaut était haï dans la boîte et l'occasion était trop belle de le montrer. Les humiliations subies depuis tant d'années, les 10 centimes d'augmentation refusés... Le lourd contentieux qui depuis des années cristallisait silencieusement le mécontentement se montrait au grand jour. Outre mon retour au poste de second en cas de remplacement, l'équipe en profita pour relancer la demande d'augmentation horaire. Mais cette fois, de 30 centimes. Avec en prime un certain nombre de revendications concernant les conditions de travail, l'hygiène et la sécurité, comme des chaussures à bout en acier pour se protéger des chutes de cylindres ou autres objets lourds. Mais la revendication le plus inattendue fut la demande de mutation de Pinaut. Pour le coup, un « Pinaut dégage ! » fut un séisme, vraie bombe atomique dans la boîte !

Ainsi, un simple débrayage de protestation se transformait en dynamique de grève dure. Edmond, quant à lui, totalement dépassé, voyait un petit mouvement de protestation, à ses yeux symbolique, se transformer en véritable confrontation. Sacrée lutte de classe. Toujours imprévisible ! La grève dura trois jours. Du jamais vu depuis mai 1968. On obtint 20 centimes d'augmentation, les chaussures à bout ferré, quelques points mineurs sur l'hygiène, mais pas le vidage de Pinaut ni la fameuse crème pour les mains. Seulement la vague promesse qu'à l'issue d'une prochaine réorganisation de la boîte, le chef tant détesté serait muté dans une autre entité. Ce qui se produisit effectivement quelques mois plus tard...

## MES ANNÉES DÉLÉGUÉ « LUTTE DE CLASSE »

L'année suivante, je fus élu délégué du personnel de mon atelier grâce à une astuce juridique. Dans l'immense majorité des cas, les élections syndicales s'effectuent sur une seule liste pour toute l'entreprise, dont les noms sont obligatoirement agréés par la direction syndicale. Aucune chance, donc, de voir des militants d'extrême gauche – ou tout simplement critiques – se retrouver sur la fameuse liste. Mais à travail exceptionnel, situation exceptionnelle. Dans les entreprises du labeur – l'imprimerie lourde – on votait par atelier. Si le candidat officiel n'obtenait pas le quorum de voix au premier tour, il fallait un second tour où n'importe qui pouvait se présenter sans étiquette. J'appelai donc tous mes copains d'atelier à l'abstention. Le candidat officiel CGT mordit la poussière. Je pus ainsi me présenter au deuxième tour et être élu comme délégué CGT... indépendant ! Du jamais vu à Blanqui, siège du syndicat du livre.

Du fait de la faiblesse du PC dans la boîte, notre cellule se développa de façon intéressante, entourée de nombreux sympathisants. Bobinier lui aussi, Jean-Pierre était la figure du jeune ouvrier 100 % révolté et battant. Pendant toutes ces années, ce fut un merveilleux compagnon de lutte. Bernard, motard passionné, apportait sa gouaille et son humour à tout moment. Bobo et Boro, très politisés, assuraient la liaison avec les potes maliens. Chantal, secrétaire à l'administration, nous donnait plein d'infos sur les futures vilenies patronales. Danielle, une autre motarde d'enfer, se révélait, à l'atelier brochure, une agitatrice hors pair... Renate, au service gravure, militait de façon fougueuse. Émouvantes aussi, les marques de sympathie de nombreux ouvriers d'autres services, ne s'engageant pas politiquement mais nous soutenant discrètement. Ainsi José, vieux militant du PC espagnol qui n'arrêtait pas de me dire « Vous les gauchistes, vous nous emmerdez, mais il faut reconnaître que vous êtes sympathiques et les seuls à vous battre réellement »... Nous avions aussi de tumultueuses mais fraternelles discussions à propos de la guerre d'Espagne et de la trahison des staliniens à l'époque... Quant à Jean-Pierre, jeune receveur de l'offset, nous pouvions toujours compter sur lui. Rigolo avec son look de chanteur de *rockabilly*, sa banane et son perfecto, incollable sur le rock des années 1960...

## ET PUIS, IL Y EUT CE STUPIDE ACCIDENT DE TRAVAIL...

Un fenwick pourvu de deux grosses mâchoires lâchait régulièrement les bobines à l'entrée de l'atelier. Elles roulaient à petite vitesse et nous les réceptionnions au cul de la bécane. Sauf qu'un jour, fatigué et distrait, je ne l'ai pas vue arriver, la salope. Entre 500 kg de papier compressé et un dos de 90 kg – composé à 90 % d'eau – pas difficile de deviner qui gagna dans la confrontation. Résultat : disques lombaires et vertèbres déplacés, un mois d'arrêt, accidenté du travail à 12 % et des séquelles à vie... En outre, plus question de monter les bobines sur la machine et d'effectuer à nouveau un travail de force. Je dus quitter l'atelier papier peint et fus affecté pendant un an comme receveur à la petite roto qui imprimait les tickets de PMU. Pas le boulot le plus enrichissant – d'autant plus que je ne jouais pas aux courses –, mais au moins étais-je assis et pouvais-je papoter avec les autres receveuses... L'une d'entre elles était membre du PCF. Aussi, les conversations furent-elles souvent animées, sous l'œil furibard du conducteur, complètement réac et apolitique. Ambiance !

## LES ANNÉES DE LUTTE...

*« Struggling for life »...* Lutter pour survivre ! Ainsi s'écoula la vie à Draeger durant quatre ans. Lutter pour des salaires décents, davantage de sécurité, de meilleures conditions de travail, moins d'humiliations... L'année 1975 fut le début de la fin avec une grosse offensive des patrons du livre pour restructurer le secteur. L'évolution des techniques mettait de nombreux travailleurs sur le carreau. Lutte du *Parisien libéré*, fermetures de nombreuses petites imprimeries, fusions, regroupements : une hécatombe ! De notre côté, il fallait se préparer au pire et à résister. Pour asseoir notre influence sur Draeger, nous avions créé un petit journal baptisé *Le Petit Rapporteur* dans le but de recueillir toutes les infos circulant dans les ateliers : injustices, brimades, ragots divers concernant les petits chefs... De nombreux camarades de tous les ateliers, pas nécessairement d'accord avec notre analyse de la « Grande Révolution » culturelle chinoise ni sur notre stratégie pour construire un puissant parti révolutionnaire, étaient ravis de nourrir notre petit journal. Certains s'initiaient à l'écriture, rédigeant eux-mêmes leurs articles. Nous leur garantissions l'anonymat. Énorme succès pour notre *Petit Rapporteur* qui surfait bien entendu, à la même époque, sur celui de TF1, très populaire grâce à sa bande d'incroyables déconneurs : Jacques Martin, Piem, Daniel Prévost, Stéphane Collaro, Pierre Bonte et le très regretté Pierre Desproges.

Autre astuce : ne pas distribuer le journal massivement à l'entrée de la taule, mais provoquer sa rareté, le diffuser au compte-goutte... Surtout, provoquer le désir, donner l'impression qu'en posséder un était un privilège ! Ainsi venait-on nous trouver en catimini à la machine, au distributeur de café, au troquet d'en face, à la pause, pour récupérer la subversive gazette.

## IMPITOYABLE CAPITALISME !

Hélas, l'aventure s'arrêta lorsque Draeger à son tour mit en place un premier plan de licenciement. La grande mode patronale était à l'époque de quitter Paris et de s'installer en pleine nature, dans la Beauce ou les champs de betteraves de la Somme. Comme par hasard, les fortes têtes, les trublions et autres agitateurs de la boîte se retrouvèrent en pôle position sur les listes de licenciement. Début 1977, le licenciement économique devint effectif et notre résistance se limita à quelques actions pour se donner bonne conscience. Il eut fallu à l'époque une grève de toute la boîte, voire de toute la profession. Mais la CGT misant sur une victoire du Programme commun de la gauche aux législatives de 1978 écarta tout affrontement dur avec le pouvoir.

Le dernier jour de boîte, nous avions apporté une petite sono et diffusé des chants révolutionnaires toute la journée. Se faire plaisir une dernière fois, jouir des tronches tordues de rage des petits chefs. Enfin, un quart d'heure avant de quitter définitivement l'usine, Jean-Pierre, Bernard et moi-même avons effectué un dernier baroud d'honneur : passant entre les bécanes, le poing rageur en l'air, nous chantions l'internationale à tue-tête en saluant nos camarades de façon déterminée, n'offrant surtout aucun signe d'abattement à l'ennemi...

Élections législatives de 1978 : à Montrouge, je me présentai comme suppléant de Jean Lafferière, un vieux copain trotskyste travaillant à la Schlumberger. La campagne fut dynamique et me donna l'occasion de retourner chez Draeger pour diffuser nos tracts. Ce furent des moments de retrouvailles particulièrement chaleureux, qui compensèrent notre maigre résultat : 2,8 % ! Comment résister, à l'époque, aux sirènes du vote utile pour le Programme commun de la gauche qui, d'ailleurs, ne perdit que de peu les législatives de 1978. Trois ans plus tard, la gauche parvenait au pouvoir avec Mitterrand... Et deux années plus tard, en 1983, ce fut la fermeture définitive de Draeger. À deux pas de la porte d'Orléans, la présence d'une usine aussi importante dans une banlieue qui s'embourgeoisait devenait incongrue.

Longtemps, l'immense enseigne de pierre qui trônait sur le bâtiment fut exposée dans les jardins de la mairie de Montrouge...

## FIN DU VOYAGE, NOSTALGIE, NOSTALGIE...

Il m'arrive encore aujourd'hui de passer rue de Bagneux à Montrouge, où suinte la nostalgie de mes années Draeger, parmi les plus fortes, les plus denses de ma vie. Souvenir ému de la solidarité ouvrière, des moments de fraternité dans les foyers des copains maliens d'atelier, surtout ceux de la rue de Romainville et de Bara (surnommé « le petit Bamako ») à Montreuil.

Draeger... J'y ai appris bien sûr ce qu'était la vie à l'usine, à donner un sens et un cadre à ma révolte. J'y appris aussi à savoir analyser les rapports de force, les situations politiques et sociales, à accepter les défaites, à rédiger des tracts et des textes de combat. Mes frères immigrés, quant à eux, m'apprirent à écouter, à réfléchir, à perdre le petit côté donneur de leçon de la gauche radicale... Un acquis bien utile pour ma compréhension de l'Afrique, de son évolution, de ses problèmes... Cette expérience m'a surtout conforté dans la certitude que dans ce monde, ma place était définitivement aux côtés des gens qui souffrent, des travailleurs en lutte contre la violence du capital, des femmes qui se battent pour l'égalité dans le travail et dans la société. De façon ferme, aux côtés des travailleurs immigrés pour leurs droits et leur dignité.

Une grande leçon acquise... à vie !

# AVANT D'ENTRER AU ROUTARD, UNE ANNÉE DE VAGABONDAGE !

Début 1977 fut donc le retour à la case « sur le carreau ». Licencié économique... Qu'allais-je bien devenir ? Et là, c'est rageant, j'allais encore devoir mon salut à un mec de droite... En 1968, ce fut Edgar Faure qui me permit, grâce à Vincennes-Paris VIII, de reprendre mes études. Cette fois, Raymond Barre, meilleur économiste de France (aux dires de Valéry Giscard d'Estaing), et à l'époque Premier ministre, avait inventé les « stages Barre », payés à 110 % du salaire afin que les licenciés économiques puissent se reconvertir sans angoisse dans une autre spécialité. Je choisis ainsi de me réorienter comme lecteur-correcteur-préparateur de copie et entamai un stage professionnel à l'École nationale Estienne à Paris, l'une des meilleures, si ce n'est la meilleure école d'imprimerie de France. Ancien de l'école des Arts graphiques Corvisart, cela me permettait de rester au moins dans la même branche, tout en me réorientant vers des tâches moins pénibles physiquement. Ne pouvant plus effectuer de travail de force suite à mon accident de travail, autant choisir une orientation qui me convenait mieux intellectuellement. Correcteur, je restais donc lié à l'imprimerie, au livre, tout en me préparant à un nouveau voyage !

Clin d'œil émouvant de l'histoire familiale : après avoir enseigné l'anglais quelques années auparavant comme ma mère (période Fleury-Mérogis), je me retrouvais, par un nouveau « hasard objectif », dans la même école que mon père passé lui aussi par

Estienne (il y avait appris le métier de relieur – promotion 1926-1927)... Étonnant, non ?

## ERRANCE DANS LA PRESSE ET AU *JOURNAL OFFICIEL*

L'apprentissage de mon nouveau métier se révéla plutôt facile. Je possédais tout de même quelques acquis grâce à mon bagage universitaire. Avant même l'obtention de mon diplôme de fin de stage, je trouvai rapidement des piges de correcteur en presse grâce à mon affiliation au syndicat des correcteurs CGT. Commença alors un agréable vagabondage dans la presse quotidienne : *Le Monde, L'Humanité, Le Matin de Paris, Combat*... Mais l'un de mes souvenirs les plus forts concerne les remplacements effectués dans l'équipe de nuit du *Journal Officiel,* rue Desaix, dans le XV^e^ : une équipe majoritairement composée de joyeux insomniaques, marginaux, anars, libertaires, trotskystes de toutes obédiences, poètes, humanistes et de quelques correcteurs lambda... Tous affiliés au syndicat des correcteurs, le seul oppositionnel à la ligne stalino-réformiste de la CGT du livre... Ambiance aussi. On allait souvent finir la nuit au *Mayflower,* place de la Contrescarpe...

Le travail de nuit se révélant épuisant à la longue, même s'il était fort bien payé, je me mis à chercher un boulot diurne dans l'édition et, si possible, dans un domaine proche de mes goûts.

## CORRIGER DES TEXTES SUR LE VOYAGE, LE RÊVE !

Ma chance s'appela Françoise Vibert-Guigue, une authentique amie, ancienne copine de barricade, qui travaillait comme éditrice aux fameux Guides Bleus, chez Hachette. Comme moi, grande amoureuse de l'Irlande dont elle avait rédigé le Guide Bleu – à mes yeux d'ailleurs le meilleur guide jamais écrit sur cette île merveilleuse ! Bref, recommandant chaudement mon professionnalisme, elle m'obtint un premier guide à préparer et corriger, celui des musées de Paris... mais en anglais. Intéressant, mais somme toute très mal payé en regard du niveau de connaissance de la langue qu'il impliquait, ainsi que de la complexité des noms propres et de la préparation typographique. Mais c'était là l'occasion unique de faire la preuve de mes qualités et de mettre un pied, puis deux, dans la place. J'y passai assurément deux fois plus de temps que celui pour lequel j'étais payé, mais je considérais la chose comme une forme d'investissement. Gagné ! Mon travail plut et je décrochai dans la foulée d'autres ouvrages à corriger. Le nirvana total, car travailler sur des textes évoquant le voyage et sollicitant mes connaissances de bourlingueur se révélait vraiment le nec plus ultra de l'épanouissement professionnel.

Je fis vraiment mes débuts dans l'écriture, avec la collection des *Guides en Jeans*. Son patron me demanda d'enrichir, sur New York, la partie culturelle qu'il trouvait un peu faible. Le rêve, car sur la Grosse Pomme, j'étais bac + 12, avec déjà quelques voyages dans ma besace. Mais là encore, mon investissement en temps dans les lectures, recherches et écriture dépassa largement la somme allouée. Mais ce n'était pas l'argent qui me motivait à l'époque. Il est tout simplement merveilleux de pouvoir écrire librement sur des choses qu'on aime. Dans le cas de ce guide, c'était précisément ce que je faisais, avec des sujets liés à la culture américaine, sans censure ni contrainte d'aucune sorte. La richesse des émigrations, leurs points de chute dans la ville, l'histoire, le jazz, la vie et les mouvements culturels, l'architecture... Doux souvenir d'une écriture vivante et du délicieux état extatique que me procurait une immersion totale dans un New York bigarré et en effervescence permanente. Bien sûr, celui d'avant Rudolph Giuliani, le maire qui détruisit l'âme de sa ville en la vendant à la *gentrification.*

L'expérience tourna court. Certes, la collection était sympathique, mais elle offrait très peu de titres, manquait de concept et de dynamisme. Elle disparut d'ailleurs assez rapidement.

# AH, ENFIN, L'INVENTION DU GUIDE DU ROUTARD !

Au départ, on trouve Philippe Gloaguen et Michel Duval, deux étudiants de Sup de Co, fous de voyage, qui s'étaient rendu compte qu'il n'existait guère d'ouvrages s'adressant aux générations post 68 ! Jusque-là, ils ne disposaient que des « guides lourds », – certains pesaient presque un kilo ! – tels les Guides Bleus, bien sûr, mais aussi les Nagel, les Fodor, les Baedeker... Excellents guides culturels au demeurant, mais souvent trop exhaustifs, voire barbants, et passant à côté des aspirations de jeunes voyageurs dont le pouvoir d'achat, certes limité, permettait cependant d'envisager les destinations lointaines que permettait la démocratisation du transport aérien. En fait, Philippe me raconta que c'est Jean-François Bizot, le patron d'*Actuel,* qui lui en donna le premier l'idée. Philippe pigeait déjà pour le journal. Rentrant d'un reportage en Inde, il alla proposer plus de 40 feuillets richement documentés à la rédaction du journal. Réaction immédiate du Big Boss : « C'est trop long, on peut t'en prendre que cinq feuillets, il va falloir trancher dans le vif ! – OK, que fais-je du reste ? – T'as qu'à faire un guide, mon vieux ! »

Le matos était là : Philippe et Michel avaient déjà pas mal de pays au compteur. Plusieurs mois d'écriture et Philippe, le manuscrit sous le bras, plein d'espoir, put commencer la tournée des éditeurs. Déception : 19 d'entre eux refusèrent le manuscrit, certains même le renvoyèrent sans ouvrir l'enveloppe. Chez Plon, ils furent polis et désolés : « On ne peut quand même pas éditer le guide du Routier dans la même maison que le général de Gaulle ! »...

## ET LE VINGTIÈME FUT LE BON !

Et puis, finalement, Gédalge, une toute petite maison d'édition, s'intéressa à l'affaire. Son patron, affable et ouvert, cherchait quelque chose de nouveau et moderne. Le concept du guide lui semblait super : une approche vivante des pays, une touche moqueuse et sarcastique... Une démarche éditoriale répondant enfin aux besoins des jeunes qui « faisaient la route », comme on disait à l'époque. Renseignements pratiques, modes de transports pour petits budgets, adresses pas chères, tendances culturelles dans l'air du temps trouvaient leur place dans les bagages de ces voyageurs d'un nouveau style. Le texte de présentation commençait comme cela : « Partir... S'éloigner des murs gris, abandonner ses habitudes. Tel est l'ambition du Routard. Il veut se découvrir et découvrir le monde en voyageant, que ce soit le temps des vacances ou le temps d'une vie... » Une couverture vaguement psychédélique : un canyon, une route sans fin, un ciel aux teintes d'incendie invitaient à tailler la route, à occuper l'espace, à chercher la liberté, loin... Préface sous le signe de saint Matthieu : « Lève-toi et marche ! » Le ton était donné.

Peu importe que le guide fut incomplet, que l'Europe soit réduite à la portion congrue, que la Norvège ne fasse qu'une page et demie, les Pays-Bas à peine plus, l'Italie et l'Espagne en moins de dix pages, l'Écosse une demi-page et l'Irlande oubliée... La route des Indes et les Amériques se révélaient remarquablement traitées et les 60 pages de préparation au voyage une mine d'infos indispensable, tout comme le chapitre sur le stop, aussi complet que possible. C'était là l'essentiel. La presse ne s'y trompa pas. Même *Le Figaro* y alla de ses louanges : « J'ai admiré ce travail de précision. Il m'en a appris plus que tous les récits de voyage »... Et *Charlie Hebdo* de renchérir : « Une sorte de *Guide Michelin* de l'auto-stop, de la démerde et du voyage à bon marché... Un boulot énorme, apparemment bien fait, couvrant toute la planète, des tas de tuyaux pratiques... De quoi partir ferré à bloc, de quoi rêver confortablement qu'on part... ».

Et le succès fut au rendez-vous : plus de 8 500 exemplaires vendus durant l'été. Dans les librairies des gamins arrachaient les pages qui les intéressaient.

Et puis, la mauvaise nouvelle tomba : le patron de la maison d'édition s'était fait écraser par un autobus. La belle aventure s'arrêta et Philippe se tourna vers ce qu'il savait faire aussi bien que les voyages : le commerce. Avec sa sœur, ils prirent la direction du *Polydor*, un vieux bistrot plein de littérature que fréquentaient Raymond Queneau et toute sa bande de pataphysiciens.

## « APRÈS LA PLUIE, LE BEAU TEMPS » (vieux proverbe kirghize)

La traversée du désert ne dura pas longtemps. La maison Hachette et son célèbre département des Guides Bleus s'intéressèrent au Routard. À l'époque, nombreuses étaient les critiques concernant les Guides Bleus, incapables d'offrir à la clientèle jeune un ouvrage adapté à leurs désirs et leur façon de voyager. Son patron en était conscient et il proposa à Philippe et Michel de reprendre le titre chez Hachette. Et ils repartirent sur le terrain. En 1975 parurent quatre titres correspondant aux quatre continents : Europe, Asie, Afrique et Amérique. Le succès, là encore, fut au rendez-vous : plus de 50 000 exemplaires vendus la première année. Succès confirmé l'année suivante, avec deux titres de plus (dont le *Manuel du Routard* qui fut un best-seller pendant quinze ans, avant qu'on ne commence à répartir ses bonnes infos dans tous les guides correspondants).

En 1977, Michel Duval, ayant probablement épuisé ses fantasmes d'étudiant et aspirant à un travail plus sérieux, quitta le Routard pour aller travailler dans une compagnie maritime.

Et l'année suivante allait se produire le séisme qui devait déterminer définitivement mes choix d'existence...

## PREMIÈRE RENCONTRE AVEC LE GUIDE DES ROUTIERS, NON PARDON, DU ROUTARD !

Début 1978, Yvonne Vassart, la directrice d'édition dont je dépendais, m'interpella un jour dans un couloir. Son propos fut direct : « J'aime bien votre travail, malgré votre allure négligée, vos cheveux longs, votre jean douteux et vos baskets à l'agonie... J'ai là une nouvelle collection en devenir qui correspond tout à fait à votre philosophie et votre conception du voyage. J'aimerais que vous assuriez la préparation de copie, la correction et le suivi de la collection. » Et de me remettre un guide de voyage, avec, en couverture, un type étrange, affublé d'une mappemonde en guise de sac à dos et au look tel que si j'avais été un petit bourgeois moyen partant en week-end pour la Normandie, je ne l'aurais sans doute jamais pris en stop.

Rencontre, donc, avec le Guide du Routard. Bien sûr, son nom ne m'était pas tout à fait inconnu, il était édité depuis trois ans chez Hachette. Je l'avais eu en main, mais je n'avais aucune souvenance de l'avoir jusqu'ici utilisé dans mes errances exotiques. Un comble !

## L'EXALTANT MÉTIER DE CORRECTEUR

Mais concrètement, ce n'était pas la demi-douzaine de Routard à corriger qui allait me nourrir. Je possédais heureusement d'autres activités de correcteur, en particulier dans le secteur jeunesse de la bonne fée Hachette (divers magazines : les Mickey, Picsou, etc.). Outre les traditionnelles bulles de BD, je devais aussi corriger des petits textes concernant des jeux, devinettes, diverses historiettes. Un jour, dans la rubrique « Saviez-vous que... », je tombai sur une pittoresque info : « Un ours à la naissance pèse entre 300 et 500 g »... Woouaah, la bourde ! Un bestiau de plus de 100 kg accouchant d'une larve de 300 g, impossible ! Et de rectifier immédiatement : « 3 à 5 kg ». Bien que sûr de mon coup, je fus tout de même pris de ce doute qui fait la qualité d'un bon correcteur. Je téléphonai donc au Jardin des Plantes. Stupéfaction ! On me confirma que le dernier nounours né au zoo pesait bien 398 g !

Malgré cette prudence, la vie de tout correcteur est ponctuée de quelques boulettes dont il ne peut se flatter, mais dont il peut rire, à postériori, par une saine réaction d'autodérision. L'une de mes plus belles, au Routard, fut d'avoir laissé subsister un jour dans le guide Grèce à propos d'Athènes, la colline « du Panthéon » au lieu « du Parthénon ». Je fus bien sûr pardonné !

## UN BOULOT AU-DELÀ DES FAUTES D'ORTHOGRAPHE ET DE SYNTAXE

Ma liberté d'intervention dans la préparation éditoriale du Routard était presque totale. Philippe me faisait entièrement confiance. Il m'accordait même le droit d'améliorer les textes, de les enrichir de mes propres connaissances et expériences de voyage. J'en ai profité, en travaillant sur le guide *Europe du Nord,* pour pousser un coup de gueule à propos de la façon dont le chapitre « Irlande » traitait l'histoire du pays. Surtout celle de l'Irlande du Nord... Une phrase, entre autres, m'avait fait bondir : « Cette région, l'Ulster, c'est une histoire entre catholiques et protestants, circulez si vous ne voulez pas prendre une balle ! » Il se trouve que depuis la révolte du Bogside à Derry en 1969, due aux humiliations infligées par les protestants orangistes à la minorité catholique républicaine, j'avais découvert l'intolérable situation coloniale qui régnait en Irlande du Nord. Très chatouilleux sur cette question, je me devais de rectifier sérieusement le tir. Il m'apparut nécessaire de ne plus traiter les questions historiques par des formules à l'emporte-pièce et de fournir dans les guides les éléments de connaissance utiles pour une vraie compréhension des situations politiques. Dans le cas de l'Irlande, en finir avec les clichés éculés d'une guerre de religion entre catholiques et protestants et partir du vrai problème : une minorité catholique exploitée et opprimée, luttant pour ses droits civiques dans une authentique situation de domination coloniale. Expliquer de façon didactique, avec des arguments clairs, incitants à la réflexion et non assénés comme des évidences...

Restait à convaincre Philippe. Mais il ne fit aucune objection à mes remarques et me remercia même de mon sincère investissement dans ses guides, implication qui allait bien au-delà de mon strict boulot de correcteur.

## LORSQU'UN VOYAGE EN GRÈCE ET MARX ME PORTÈRENT BONHEUR !

En 1979, je partis en Crète pour mes vacances, emportant, ça va de soi, le Routard *Europe du Sud* (Grèce comprise). Sur place, je me pris au jeu et entrepris de réactualiser le guide, rajoutant nouvelles intros, sites, villages et plages pittoresques. Rentré à Paris, j'envoyai le guide annoté à Philippe, avec un petit mot aimable. Trois jours plus tard, je découvris un chèque et de chaleureux remerciements dans ma boîte aux lettres. Un peu contrarié tout de même, j'appelai Philippe pour lui préciser que j'avais fait ce travail par plaisir et non pour l'argent ! Le malin, qui connaissait bien mon passé militant, eut le dernier mot : « Marx n'a-t-il pas dit un jour "toute peine mérite salaire" ? À propos, êtes-vous libre à déjeuner demain ? »

Nous nous retrouvâmes ainsi au *Routiers* de la rue Saint-Charles. Je saisis l'occasion pour lui avouer ma frustration de ne voyager que par procuration. Un peu de terrain me plairait vraiment beaucoup. Au dessert, j'étais promu grand voyageur. Quinze jours plus tard, ce fut mon premier trip londonien...

## APPRENTISSAGE DE L'ÉCRITURE

Question écriture, je commençai à acquérir un peu d'épaisseur. Membre du comité de lecture d'Hachette Jeunesse, lisant de temps en temps des manuscrits de petits romans pour enfants – travail fort intéressant, mais peu rémunérateur ! – je rédigeais des fiches de lecture. L'un des manuscrits suscita mon enthousiasme. Je rédigeai alors un rapport très élogieux tout en précisant que le texte manquait de rythme, de suspense et de qualité d'écriture. On me proposa de le réécrire en l'augmentant de situations dynamiques et colorées. Ainsi naquit *Le Manuscrit d'Orviledan,* une belle histoire mettant en scène un jeune gars, genre Tintin, débrouillard et curieux de tout, partant à travers le monde pour affronter toutes sortes d'aventures afin de répondre aux clauses d'un généreux testament. Un roman d'initiation au voyage, en quelque sorte, dans lequel j'introduisis pas mal d'émotions et de souvenirs personnels...

Cette expérience, sans doute, précipita-t-elle ma vocation de vagabond, de traîne-savates planétaire, d'explorateur du monde.

Le voyage, tel était mon véritable désir. J'en avais désormais la ferme conviction.

## LE CHOIX DÉFINITIF DE LA ROUTE

Au début des années 1980, alors que j'avais conservé certaines activités de correcteur pour boucler mes fins de mois, se présenta la perspective d'un remplacement de longue durée au *Journal Officiel.* Avec peut-être une embauche à la clé... nantie d'un excellent salaire et de superbes conditions de travail. Situation cornélienne. J'hésitai. Ma situation au Routard restait quand même assez floue quant à l'avenir... J'étais à la croisée des chemins, devant faire un vrai choix d'existence : sécurité matérielle immédiate ou quelques années riches de possibilités mais au doigt mouillé, assez précaires... Mais je ne m'enlisai pas dans les états d'âme. L'appel du large, la perspective d'un grand voyage en Inde, puis au Brésil, achevèrent de me convaincre que mon avenir ne se situait plus dans la quiétude des castains de correcteurs (leur salle de travail), mais au bout de routes improbables et de mystérieux horizons... Je renonçai donc au Journal Officiel et fis le choix de la route... Pas de regrets... Sauf peut-être, sur le moment, celui de passer à côté d'une certaine stabilité sociale, d'abandonner la vie syndicale. Regrets vite balayés, compensés par la joie de partir à la conquête de terres inconnues et de faire partager mes découvertes et coups de cœur aux lecteurs par l'écriture...

## DE L'UTILITÉ D'ALLER PÊCHER LE SAUMON AUX ÎLES ALÉOUTIENNES...

Avec Philippe, nous travaillâmes à deux jusqu'en 1986, aidés de quelques pigistes. Le boulot s'avérait de plus en plus lourd. Nous étions parvenus à 500 000 guides vendus annuellement, un chiffre tout à fait honorable. L'enquête et l'écriture du guide Paris en 1984 m'avaient laissé cependant sur les rotules, avec de belles crises de tachycardie (voir le chapitre « Paris »). Il devint évident qu'il fallait étoffer l'équipe. C'est alors qu'un beau jour, on frappa à la porte de mon bureau-appartement-cloaque, sise rue des Saints-Pères, Paris VI$^{e}$. Apparut dans l'embrasure de la porte, une espèce d'aventurier au teint hâlé, cheveux longs en bataille, barbe de huit jours, vêtements de baroudeur pas très nets, distillant même un vague parfum de n° 5 de chez Cachalot... mais beau comme trois camions !...

Benoît Lucchini, m'exclamais-je, ayant mis du temps à reconnaître le petit bellâtre transi qui m'aborda timidement quelques années auparavant dans une soirée, pour m'arracher des tuyaux et me demander des conseils de voyage. Il ne me lâchait pas, me serinant que c'est ce métier qu'il voulait faire à tout prix. Alors, je lui conseillai de partir en Afrique : la Haute-Volta (actuel Burkina Faso) et le Togo, qu'il partit explorer pendant deux mois. Et puis me revinrent à l'esprit, les quelques lettres qu'il m'avait écrites où il narrait de façon ma foi vivante et joliment argumentée certains de ses voyages. Et là, il se mit à me raconter sa dernière aventure...

## IL AURAIT PU SE CONTENTER DE TAQUINER LA TRUITE... MAIS NON !

Traînant sur les quais du port de Seattle à la façon de Jack London cherchant du travail et le regard toujours tourné vers le grand large, comme aimanté, Benoît rencontra un capitaine de navire, vaguement bourré et surtout très triste. Il lui manquait un homme pour appareiller et partir le plus vite possible à l'assaut des bancs de saumons de l'Alaska... Benoît sut se saisir de l'occasion : « Mais je suis votre chance, je cherche moi-même du travail et le saumon, c'est depuis longtemps mon truc ! »... ne précisant pas que c'était strictement sous cellophane dans les rayons de supermarchés. Sa devise : « *I know nothing, but I'm a hard worker and a fast learner!* ». Après quelques jours en pleine mer, le capitaine lui demanda sa *green card* pour régulariser la situation. Carte verte obligatoire pour travailler aux USA et assez difficile à obtenir. Benoît ne la possédait évidemment pas (en situation illégale), mais il avait eu l'idée maligne de se renseigner auprès des services sociaux sur la structure du n° d'immatriculation. Il put ainsi, s'excusant d'avoir oublié sa carte dans sa chambre d'hôtel à Seattle, fournir au capitaine un n° crédible. La suite, du coup, relevait totalement de la grande épopée

Jack London, du Klondike ou de la chasse aux phoques... La pêche miraculeuse sur d'énormes bancs de saumon nécessitait parfois quatre jours de travail de façon ininterrompue... Récompensée que par quelques heures de sommeil. Pour tenir, le pacha fournissait la coke (déduite de la paye évidemment). Puis vint le récit des tempêtes, des incidents de bord (un matelot le bras à moitié arraché par un treuil qu'il fallut ramener d'urgence dans un port), une bagarre au couteau sur le pont – mauvaise descente de coke...). Un jour, un filet se prit dans l'hélice et c'est Benoît, plongeant sous la coque dans l'eau glacée, qui alla le récupérer... Au bout de trois mois de campagne, mon aventurier s'en était sorti avec un doigt recousu, il était presque riche (l'équivalent de 30 000 €) et très fier d'avoir (sans la green card, l'indispensable sésame) fait partie des quelques milliers de privilégiés des campagnes de pêche au saumon...

Tétanisé par la magie du récit et, surtout, de l'exploit ! La démarche de Benoît ne se révélait d'ailleurs probablement pas neutre. À l'évidence, rentrant au bercail, il cherchait du boulot...

Nous nous quittâmes, jurant de nous revoir vite. À peine parti dans l'escalier, je contactai Philippe, lui faisant part de cette rencontre et que nous tenions là quelqu'un d'exceptionnel. À aucun prix, nous ne devions le laisser s'embaucher ailleurs !...

Benoît est toujours là, après 30 ans de baroud routardien, un peu plus patiné et plissé, mais toujours aussi hâlé, séduisant et dynamique. Mon affection pour lui s'étant renforcée au long des années. Aujourd'hui, c'est presque un fils, un frère c'est sûr...

Bon anniversaire Benoît !

## EN AVANT VERS LA CONSTITUTION DE LA « *DREAM TEAM* » DU ROUTARD...

Peu après Benoît, en 1987, Florence Charmetant vint renforcer l'équipe. Elle serait la grande prêtresse de l'organisation des voyages et de toutes les tâches administratives ardues. Puis, en 1990, arriva Olivier Page, autre aventurier mais breton celui-là, le regard toujours tourné vers le grand large. Amoureux des voyages pour des raisons littéraires, il m'épata de suite par son côté druide des mers, sorcier des landes et des toundras... Il n'avait pas son pareil pour aller dénicher dans leur cottage caché, leur chalet ou leur chaumière en ruine, les écrivains qu'il avait dévorés précédemment... Ou leurs descendants ou tout simplement des gens exceptionnels, des originaux, des marginaux, des poètes ignorés... Certains offrant désormais leurs services à nos lecteurs et, surtout, donnant l'occasion aussi de les rencontrer. Ainsi, Olivier était-il capable de faire passer dans ses textes le souffle romantique de ses coups de cœur, de ses rencontres, de ses rêves échevelés, leur procurant une force, un lyrisme hors du commun...

Puis, à partir de 1991, débarquèrent sur la planète Routard, Véronique de Chardon, Amanda Kéravel, Isabelle Al-Subaihi et Anne-Caroline Dumas... Puis, à partir de 1995,

Mathilde de Boisgrollier, Marie Burin des Roziers, André Poncelet, Anne Poinsot, Fiona Debrabander, Géraldine Lemauf-Bauvois, Gavin's Clemente-Ruiz, Thierry Brouard, Alain Pallier, Carole Bordes, Jean-Sébastien Petitdemange, Éléonore Friess... Sans oublier Isabelle Vivarès et Solange Vivier qui firent un bout de route avec nous, ainsi que le bataillon de pigistes qui travaillent sur les réactualisations (certains depuis plus de vingt ans). Enfin, hommage à Catherine Julhe et à toute son équipe qui œuvre inlassablement sur la collection chez Hachette même, ainsi qu'aux cartographes. Un rude boulot, préparer, corriger, suivre la fabrication... *Last but not the least*, pour compléter le tableau, je salue la formidable équipe de routard.com... premier site Internet non marchand, au dynamisme confondant ! Fin de la période historique...

À Philippe Gloaguen et Bénédicte, à tous ces coéquipiers, je veux exprimer ma chance, ma joie de les avoir côtoyés, d'avoir travaillé ensemble à construire le Routard, cette merveilleuse aventure qui durera encore longtemps, tant qu'il y aura des terres, des peuples, de riches cultures à découvrir et des lecteurs qui nous font confiance. Et le potentiel est là. En 2016, dans le monde, on a dépassé le milliard de touristes.

Tout ça à nourrir de nos bons conseils, tout ça à dorloter, *vouuaahh*, ça donne le vertige !

# AFRIQUE DU SUD ET APARTHEID

L'Afrique du Sud fut longtemps pour moi ce que l'on pouvait faire de plus ignoble en politique. Le régime dit d'apartheid, mis en place en 1948 par le Premier ministre Daniel Malan, un pasteur protestant hollandais, prônait la politique du « développement séparé » pour les différentes composantes ethniques du pays. Dans les faits, il s'agissait, en se fondant sur des théories raciales dignes du régime nazi, d'assurer à vingt pour cent de Blancs une domination totale sur quatre-vingts pour cent de Noirs, Indiens et métis. Ce régime de « séparation », de « mise à part », de ségrégation raciale avait établi des lois aussi odieuses qu'absurdes : habitations séparées, interdiction, non seulement des mariages mixtes, mais aussi des relations sexuelles entre Blancs et Noirs, des « droits humains » reposant sur l'existence de bantoustans (sortes d'états-réserves sans réalité politique), entraves aux déplacements, conditions d'existence misérables, exploitation forcenée dans les mines... À titre d'exemple des situations ubuesques engendrées par cette politique, à Durban, on décida de construire une deuxième gare, car celle qui datait de la colonisation anglaise ne permettait pas l'aménagement de deux entrées séparées pour les blancs et pour les autres... Ou encore le « test du crayon ». Pour voir si une personne avait du sang noir en dépit de sa couleur de peau, on lui glissait un crayon dans les cheveux. S'il tombait à terre, c'est que les cheveux étaient lisses et donc que la personne était « blanche ». Si le crayon restait accroché, c'est que les cheveux étaient crépus et la personne de race « non blanche ». Il est arrivé dans certaines écoles que ce test humiliant fît changer de statut racial certains enfants...

## PRISE DE CONSCIENCE INTERNATIONALE...

À partir des années 1970, les sanctions décidées par l'ONU avec le soutien, pour cette fois bienvenu des États-Unis, culminèrent avec la campagne pour le boycott des oranges d'Outspan – nous collions des stickers représentant la tête d'un noir figurée par une orange pressée. Elles mirent l'Afrique du Sud à genoux économiquement et politiquement. Je me souviens des appels au boycott, des sit-in, des tracts, des manifs, de cette campagne énergique que nous menions jusque dans les supermarchés... Je me rappelle aussi de l'assassinat de Dulcie September en mars 1988 à Paris par des sbires du régime sud-africain et de son émouvant enterrement au Père-Lachaise. Plusieurs enquêtes semblent avoir démontré que l'assassinat fut commis grâce au soutien logistique de membres des services secrets français liés à l'extrême droite. Il faut savoir que, malgré le soutien affiché à la lutte antiapartheid par le pouvoir de gauche issu du 10 mai 1981, les intérêts français en Afrique du Sud demeuraient considérables, en particulier sur le plan militaire.

Au début des années 1980 l'association France-Afrique du Sud, présidée à l'époque par le « célèbre » et corrompu maire de Nice Jacques Médecin nous proposa de faire un guide sur le pays. Philippe Gloaguen l'envoya paître vertement lui demandant de revenir lorsque l'apartheid aura été liquidé et la démocratie mise en place... Bien entendu, les salauds payaient tous les frais de voyage et d'écriture !

Après 27 ans de prison, Mandela fut libéré le 11 février 1990. Après plus d'un an de négociations avec le Premier ministre blanc Frédéric De Klerk, l'apartheid fut aboli le 30 juin 1991. Les premières élections démocratiques eurent lieu en 1994 et Nelson Mandela devint le premier président noir du pays. Dans ce nouveau contexte politique, Olivier et moi-même fûmes chargés de la création du Guide du Routard *Afrique du Sud*...

## LE PÈLERINAGE...

Ma première visite, ça va de soi, fut pour le musée de l'apartheid à Johannesburg. Le choc : une entrée pour les Blancs, une entrée pour les Noirs ! Ce musée se révélait être un chef-d'œuvre de pédagogie démontrant et dénonçant le mécanisme de la ségrégation raciale. Première très forte émotion : la rencontre avec Antoinette, la sœur du jeune Hector Pieterson, 12 ans à l'époque, premier collégien tué lors de la révolte de Soweto en 1976, suite aux manifs contre l'enseignement de l'*afrikaan*. L'apprentissage obligatoire de la langue des Boers – les anciens colons hollandais – et des métis du

Cap, bien moins parlée que l'anglais, apparaissait comme une mesure destinée à réduire les droits des Noirs. Il me revint brutalement en mémoire une photo du célèbre photographe Sam Nzima montrant un étudiant de 18 ans, *Mbuyisa Makhubo*, portant dans ses bras le cadavre d'Hector, sa jeune sœur Antoinette en costume d'écolière, courant à côté, hurlant de douleur. C'était une des affiches que nous avions collées à Paris lors d'actions contre l'apartheid. Je fis part à Antoinette de mon émotion. Me trouver tout à coup en présence d'acteurs d'une cause soutenue il y avait plus de vingt ans me faisait toucher du doigt une réalité qui, malgré notre engagement, nous était lointaine. L'Histoire nous arrivait en pleine poire, avec ses héros, ses fortes images, et sa réalité émotionnelle… D'autres rencontres d'une grande intensité jalonneront ce voyage, donnant corps à mes souvenirs à la manière d'un rêve – et parfois d'un cauchemar – devenu réalité.

## SOWETO, QUE DE SYMBOLES !

Nous partîmes ensuite pour Soweto, pas du tout un nom africain, mais l'acronyme de South West Township, que l'on peut traduire par « zone de peuplement sud-ouest » ce qui rend bien l'anonymat et l'indistinct mépris dans lequel était tenue la population noire. Soweto avait été le symbole des grandes luttes contre l'apartheid, bastion de l'ANC, l'*African National Congress* dirigé par Nelson Mandela. L'ANC était un rassemblement de mouvements progressistes autour du Parti communiste sud-africain soutenu par Moscou. Nous visitâmes la petite maison en brique qui fut celle de la famille de Nelson Mandela de 1946 à 1962, proche de la demeure de l'évêque anglican Desmond Tutu… La présence de deux prix Nobel dans la même rue est un cas unique au monde… Au musée-mémorial dédié au jeune Hector Pieterson, nous pûmes voir des films d'archives, entendre des témoignages sonores dans une atmosphère de grande ferveur. La *Reginald Mundi Church* où se réfugia tant de fois la population aux pires moments de la répression, *Freedom Square* où fut proclamée l'historique charte pour l'égalité « un homme = une voix » lors d'un congrès du peuple, furent les étapes suivantes de ce pèlerinage…

C'est au cimetière d'Avalon, nécropole de bon nombre de martyrs de la lutte contre l'apartheid que notre émotion atteint son paroxysme. Rien à voir avec nos cimetières sans âme, aux allées tirées au cordeau, entretenus, parfois arborés et bucoliques lieux de promenade… Nous avions devant nous un cimetière pour pauvres, âpre, poignant de désolation, avec des carrés comme abandonnés, des croix par terre, cassées, des tombes déchues, des dalles brisées, des papiers gras qui s'accumulaient, éparpillés entre des tombes comme abandonnées aux caprices du vent. Ici, pas de luxueux tombeaux, pas de *bling-bling*, pas d'ostentation. Comme pour mieux souligner l'âpre et cruelle réalité de ces morts tragiques. Son unique richesse était les sépultures des grands de la lutte et des militants : d'abord, Joe Slovo, issu d'une famille juive de Lituanie comme une bonne proportion de blancs anti apartheid. Mort en 1995, secrétaire du parti communiste sud-africain dont fit partie Mandela (qu'il avait rencontré à l'université de Wittwaterstrand), il fut l'un des dirigeants de la lutte armée. Sur sa tombe, une faucille et un marteau, ça va de soi. Alors que Joe Slovo était en exil à Maputo, au Mozambique, sa femme, Ruth First, fut tuée par un colis piégé qui lui était destiné... Sa tombe se trouve non loin de celle de son compagnon, tout comme celle du petit Hector Pieterson...

Je gardais en réserve une part d'émotion pour deux icônes de la lutte, deux copines inséparables : Helen Joseph « la blanche », Lilian Masediba Ngoyi « la noire », historiques militantes de la lutte contre l'apartheid, amies dans la vie. Aujourd'hui, dans la même sépulture... toujours amies dans la mort. Les larmes que j'avais orgueilleusement retenues rompirent la digue de ma pudeur... À cet instant, un vent méchant se leva, ramenant un buisson malingre en boule et un journal fripé sur la tombe, comme dans les westerns. En une du journal, des échos de la guerre en Irak. Avais-je besoin de cette mise en scène pathétique ? En tout cas, elle accompagna ma peine d'une certaine mise en scène esthétique... Combien de temps restais-je là étreint par l'émotion ?...

## ROBBEN ISLAND, MUSÉE VIVANT DE LA MÉMOIRE...

Nul pèlerinage sur les traces de la lutte anti apartheid n'est possible sans visite de la célèbre prison de Robben Island, un îlot désolé de deux kilomètres sur trois au large de la ville du Cap. Nelson Mandela y fut emprisonné de 1964 à 1982. Peuplée initialement de phoques – *robben* en afrikaan –, Robben Island fut dès l'époque de la colonisation le lieu de relégation des prisonniers, droits communs, dissidents politiques, leaders africains, esclaves musulmans de Malaisie révoltés, et, bien sûr, dans la deuxième moitié du XX^e^ s., des militants de l'ANC. Il y eut jusqu'à quatre mille prisonniers, en grande majorité politiques. La sinistre section B était réservée aux trente prisonniers les plus « dangereux » politiquement. Les détenus dormaient à même le sol dans des cellules incroyablement exiguës avec une même cuvette pour faire ses besoins et se laver... et une seule visite et une lettre autorisées tous les 6 mois. Ce n'est qu'à la fin des années 1970 qu'apparurent les lits, puis progressivement quelques améliorations. On reste scotché devant la cellule de Madiba – surnom de Mandela. On tente de l'imaginer au quotidien, par exemple en train d'écrire clandestinement quelques feuillets de sa biographie qui seront ensuite habilement enterrés dans le jardin, puis exfiltrés par un codétenu. Ironie de l'histoire ou humour de Mandela, devenu président il nomma son ex-coursier... ministre des Transports. Particulièrement « parlante », la cour où les prisonniers de l'ANC cassaient des cailloux huit heures par jour en plein cagnard. La réverbération était telle que nombre de détenus furent victimes de maladies oculaires. Mandela, lui-même, plissera des yeux jusqu'à la fin de sa vie...

Le dernier jour au Cap, à quelques heures de prendre l'avion du retour, Michael, mon guide, se gara soudainement et me dit : « Il faut que je voie ce monsieur !». Il s'en alla serrer la pince à un petit homme aux cheveux gris et fine moustache sur le trottoir, puis me fit signe de venir. C'était Christo Brand, qui fut pendant quatorze ans le dernier gardien de Mandela, arrivé en 1978 à Robben Island, alors âgé de 18 ans.

Au cours d'une chaleureuse conversation d'une vingtaine de minutes, il me dit combien, tout au début, il était raciste et plein de haine pour l'ANC. On lui avait présenté Mandela comme le plus grand criminel d'Afrique du Sud. Puis il évolua, comprenant progressivement le combat des militants antiapartheid, rendant hommage au comportement doux et pédagogique du célèbre détenu dont il avait la garde.

*Avec Christo Brand, le dernier gardien de Nelson Mandela*

Il tenta aussi, me dit-il, de soulager ses conditions de détention et prit même un jour un gros risque lors d'une visite de Winnie Mandela. Dans ses bras, il y avait leur petite fille que Mandela n'avait jamais vue. Il demanda à Christo Brand de pouvoir exceptionnellement embrasser le bébé. Non, répondit ce dernier fortement, c'est interdit... tout en lui tendant le bébé. La pièce était sur écoute... Brand restera l'ami de Mandela jusqu'à sa mort... « Il était comme un père pour moi ». Nous nous quittâmes là-dessus.

Dans l'aéroport, je me mis à rêver de rencontrer Mandela lui-même, en transit, entre deux avions... J'étais bien inopinément tombé sur Jessie Jackson quelques années auparavant à l'aéroport Dulles de Washington et avait même pu échanger quelques propos avec lui (mais photo ratée, peut-on faire deux choses en même temps ?).

C'eut été là le bel épilogue d'un merveilleux voyage placé sous le signe de l'Histoire et de l'émotion. Bon, la baraka a des limites, non ?

# ARGONNE

L'Argonne est le nom donné à pas mal de places et d'avenues, mais peu nombreux savent qu'il s'agit d'une magnifique forêt à cheval sur les Ardennes, la Marne, et la Meuse. Sa découverte fut pour moi un grand choc. Car ce qui ressemble aujourd'hui à une mer silencieuse de verdure côté ardennais est aussi un océan de sang. Le lieu d'une sanglante bataille de tranchées de la Grande Guerre où périrent des dizaines de milliers de poilus français et de *sammies* américains de septembre à novembre 1918. Ce fut la dernière grande offensive qui précipita la signature de l'armistice le 11 novembre. C'est ici que se déroula aussi l'extraordinaire saga du *Sergent York* le soldat, issu d'une famille paysanne de onze enfants du Tennessee, qui fut le combattant le plus décoré de la Première Guerre mondiale. Bon chasseur au pays, sniper d'élite par obligation, il abattit les servants de plusieurs batteries de mitrailleuses allemandes qui bloquaient l'offensive américaine et ramena 132 prisonniers. Dans une nature redevenue riante, il existe aujourd'hui un parcours « Sergent York » permettant de revivre cet incroyable exploit.

Côté Meuse, on s'est battu sous terre. À la butte de Vauquois on battit un record, avec plus de cinq cents mines creusées pour saper les positions en même temps que le moral de l'adversaire...

Du côté de la Marne, aux confins des monts de Champagne, tout au début de l'Argonne, il y eut également les terribles combats de la *Main de Massiges*. Le site doit son nom aux étroites collines en forme de main immense dont les cinq doigts séparés par de petits ravins descendent vers Massiges. Ici, les inexpugnables nids de mitrailleuses allemandes tinrent en échec toutes les offensives françaises. C'est Pierre Labat, le maire du village, qui me fit visiter le site, remarquablement mis en valeur par l'association « la Main de Massiges » et la municipalité. Tranchées, postes de secours, abris ont été retrouvés, ainsi que de nombreux vestiges... L'environnement possède toujours une forte charge émotionnelle... Ici comme à Tahure, le paysage parle, crie même !

## HOMMAGE AUX GARIBALDIENS

Mais, c'est à l'évocation de Lazare Ponticelli et des combattants garibaldiens que j'ai atteint le comble de l'émotion... Comment oublier ces Italiens qui s'engagèrent dans l'armée française pour défendre la liberté, avec parmi eux les petits fils du libérateur révolutionnaire de l'Italie dont deux furent tués en Argonne. Portant la fameuse chemise rouge sous l'uniforme... Lazare Ponticelli s'était engagé dans la légion garibaldienne à 16 ans en trichant sur son âge. Il survécut à l'hécatombe de janvier 1915 qui vit la moitié de la légion décimée dans une offensive inutile. Démobilisé au moment où l'Italie entra en guerre contre l'Autriche, il refusa de quitter ses camarades de combat. C'est entre deux gendarmes qu'il rejoignit le front italien. Blessé à la terrible bataille de *Vittorio Veneto*, il revint en 1920 et obtint la nationalité française. Jusqu'à sa mort à 110 ans en 2008, il dénonça avec force d'avoir été, avec tous ses camarades, utilisés comme chair à canon avant d'être oubliés. Il refusa d'ailleurs toutes funérailles nationales et, surtout, d'entrer au Panthéon. À la même époque disparaissait le dernier tommy anglais, dont les ultimes paroles furent également d'une grande violence contre le sacrifice de tant de vies... Après ma visite au *monument des Garibaldiens*, en face de l'abbaye de Lachalade, je partis seul dans les bois me recueillir. Trop ému. M'y perdre peut-être. Suivre le réseau de tranchées intactes à la recherche des mânes des

Garibaldiens, traquer quelques signes, évoquer leur souvenir... À un moment, il me sembla bien que les oiseaux chantaient de façon plus légère, avec des tonalités piémontaises, sardes...

J'ai écrit toute cette partie du guide *Champagne-Ardenne* en proie à une intense émotion. Encore étreint par la poignante atmosphère des lieux tragiques de l'Argonne je fus, durant tout ce temps comme possédé par le désir de continuer à faire vivre le souvenir de tant d'héroïque misère.

# AUG SAN SUU KYI

Au début des années 2000, l'opposante birmane et prix Nobel de la paix Aug San Suu Kyi, pourtant en résidence surveillée, prisonnière dans sa propre villa à Yangoon, fut autorisée à s'adresser à ses militants deux fois par semaine, mais seulement le week-end... Le samedi et le dimanche de 16h à 16h30 depuis le portail de sa villa. Baraka du Routard ! À cette époque, je venais juste d'arriver dans la capitale birmane, bien décidé à ne pas rater ces moments historiques. Aug San Suu Kyi vivait dans un agréable quartier résidentiel arboré, bien sûr habituellement bouclé par la police et l'armée. Cependant, aux heures de meeting, les autorités laissaient passer trois à cinq mille personnes à chaque fois. Grimpée sur une échelle accolée au portail en fer, entourée de ses principaux conseillers, un micro à la main, elle haranguait ses partisans d'une voix sûre, ferme, ne se départant jamais du prodigieux sourire qui illuminait son visage. Allez, osons, elle semblait être une Joconde pleine de vie, sorte de sainte à l'humanité discrète... Son public était extrêmement divers. Si le safran des bonzes y dominait, on y trouvait aussi des intellos aux fines lunettes auxquels se mêlaient des ouvriers, le petit peuple des rickshaws, des petits commerçants, des marchands à la sauvette et des miséreux venus des quartiers populaires... En fait, elle leur parlait plutôt qu'elle ne les haranguait. Plus maman pédagogique et attentive que pasionaria. D'ailleurs, nul besoin de comprendre le birman pour interpréter les applaudissements, les frémissements et les houles fiévreuses de la foule… Ses paroles, visiblement, résonnaient juste, touchaient les cœurs. À la fin du meeting, elle eut quelques phrases chaleureuses en anglais pour les journalistes et amis étrangers, leur livrant les grandes lignes de son discours et les remerciant d'être là.

Au premier rang, à deux mètres d'elle, je m'attendais à vivre un moment exceptionnel, mais pas à ce point-là. L'amour de la liberté est universel. Il existe certains moments privilégiés où cet amour se passe de mots et transcende les cultures. C'est alors, une authentique fusion. Ici, il n'y avait plus de frontières, plus d'obstacles, la cause de mes voisins, transcendés par les paroles de la Lady, devenait mienne… Je pris de nombreuses photos, guettant les sourires les plus lumineux de cette femme dont j'étais tombé amoureux.

Et ce jour-là, durant quelques instants exceptionnellement intenses, j'ai été birman !

# B COMME…

## BOBO-DIOULASSO, BOLOMAKOTÉ ET BALAFON…

Deuxième ville du Burkina Faso, plaque tournante commerciale entre le Ghana, le Mali et la Côte d'Ivoire, Bobo-Dioulasso est une cité culturelle et artistique particulièrement active… Ville séduisante, vivante et calme tout à la fois, bénéficiant d'un climat privilégié. Capitale du balafon, ce merveilleux instrument de musique rythmant toutes les fêtes… De 16 à 27 notes produites par des lames de bois que l'on frappe avec de grosses baguettes, le son étant répercuté par des calebasses placées en dessous. Pour obtenir des sons qui vibrent encore plus, on perce des trous dans les calebasses qu'on bouche avec des toiles d'araignée ou une aile de chauve-souris. Pour les petits balafons vendus aux touristes, une feuille de papier à cigarette fait l'affaire.

Dans le quartier de *Bolomakoté* vivent et jouent beaucoup de balafonistes. C'est Bernard Cussigh, un vieil ami de L'Estaque, amoureux de musique africaine, qui me donna le tuyau avant mon départ au Burkina au milieu des années 80 : « Va à Bolomakoté et demande la case de Mama Konaté, le meilleur joueur de balafon du pays... Entre deux tournées, il y est avec ses potes et répète jour et nuit ». Descendant la rue principale du quartier, je n'eus pas à demander le sieur Konaté. Il avait suffi de suivre ces rythmes mélodieux inondant le quartier et s'amplifiant à chaque pas... jusqu'à une cour africaine ombragée d'avocatiers. Mama était là, entouré de ses copains... Une légende vivante ! Entre deux morceaux, nous fîmes connaissance et j'appris qu'on pouvait même louer une case dans sa cour. Ce que je fis immédiatement, délaissant aussi sec ma belle chambre climatisée en ville.

## ON NE SE MÉFIE JAMAIS ASSEZ DES AVOCATIERS !

Nuit merveilleuse nimbée de morceaux d'anthologie, rires, chants traditionnels, dolo coulant à flot, odorante et généreuse « ghanéenne » prouvant qu'elle était bien la meil-

leure herbe d'Afrique de l'Ouest... Je gardai la case et revins le soir après ma journée de travail aussi vite que je pus. Rebelote, même magie, même envoûtement musical et cette délicieuse sensation de s'endormir bercé par la musique. Mieux, en l'intégrant même totalement dans le sommeil et dans ses rêves... Trop chaud pour dormir dans la case. Tête contre l'avocatier, dans la fraîcheur de la nuit... Dans ces moments-là, on n'est pas étranger, ni au lieu ni au moment... la musique relie les hommes, elle les enveloppe dans un même univers. Bonheur tout simple des moments de partage.

Réveil le lendemain par le plus frais et le plus fraternel réveille-matin qui soit : la chute peu programmée d'un gros avocat heureusement bien mûr, tendre, sensuel et un poil cruel, me rappelant que l'étape Bobo s'achevait... et que le départ vers Banfora était proche. Non, chers lecteurs, je n'aurais probablement jamais dormi sous un cocotier !

Mama Konaté, lui, a quitté Bobo en 2010, pour de bon. Envolé au Panthéon des balafonistes, porté par les millions de notes de ses confrères...

# BANLIEUE

Voyage en banlieue ! Ça faisait un sacré bout de temps que je rêvais d'écrire un guide sur la banlieue, cette planète quasi inconnue dont le seul nom fait frémir les voyageurs les plus aguerris...

S'aventurer au-delà les fortifs'... comme on disait à l'époque de Maupassant. La faute au périph' bien sûr qui créa une quasi infranchissable barrière entre Paris et sa périphérie, contrairement à Londres, Berlin, Tokyo où il n'existe pas de rupture aussi brutale dans le tissu urbain... Pensez que le quartier de *Lavapiés* à Madrid, grosso modo l'équivalent sociologique de Saint-Denis ou de Montreuil, fait partie intégrante de la ville, à deux pas de la plaza Mayor. Mais chez nous, la banlieue n'est même pas une désignation géographique. C'est un gros mot. La banlieue, victime martyrisée de clichés surmédiatisés : truc informe, insaisissable, impalpable... bouillon d'inculture... univers gris et ennuyeux... quand il n'est pas synonyme de délinquance, de zones de non-droit, d'insécurité...

Nul ne nie les réels problèmes qui frappent certains quartiers. Mais il faut raison garder. Les millions de personnes qui y vivent ne peuvent pas être tous mauvais ou insignifiants ! Cette banlieue dont l'image est tellement maltraitée recèle pourtant des choses formidables, occasions de réelles surprises. On y trouve encore une authentique vie de village, ou de quartier, lieux de nombreuses solidarités. La banlieue, ce sont aussi de prestigieux monuments du passé, d'insolites expériences architecturales, des parcs séduisants, une riche vie théâtrale et bien d'autres choses...

Le journal *Actuel* avait édité en 1984 un fascinant almanach de la Banlieue – collector aujourd'hui – révélant l'incroyable créativité et toutes les bonnes vibrations que l'on rencontrait au-delà du périph' ! D'ailleurs, depuis quelques années déjà, nombre d'artistes, intellos et bobos de tout poil investissaient cette *terra incognita*, attirés en premier lieu par un coût de l'immobilier plus attractif que celui de Paris, créant ainsi un remarquable potentiel d'énergies et d'inspiration...

**ENFIN, NOUS SOMMES PRÊTS !**

En 1998, nous décidâmes d'aller y voir de plus près et de chausser nos godillots de marche. Du reste Alexis Godillot à qui l'on doit ce nom commun, était propriétaire d'une manufacture de brodequins militaires à Saint-Ouen (dont il fut le maire)... Revêtir le costume de trekkeur urbain et tenter de poser un regard différent, un poil oblique, sur cette étrange et curieuse notion de banlieue, s'imposait. L'explorer à l'époque relevait vraiment de l'aventure. Tant mieux, cela prouvait qu'il restait encore de vastes espaces ouverts aux explorateurs polyvalents que sont, en définitive les auteurs de guide. Il appartenait donc aux nouveaux ethnographes que nous étions de plonger dans cet univers aussi mystérieux qu'exotique pour décrire l'incroyable diversité d'un patchwork craquant parfois aux coutures. Géographes, il nous fallait cartographier les plaques tectoniques produisant frictions sociales, et chocs culturels. Linguistes autant que musicologues, il allait nous falloir répertorier certains vocabulaires et musiques étranges. Anthropologues, nous devrions nous attacher à comprendre le fonctionnement des lieux alternatifs, de même que les mœurs et coutumes qui leur étaient propres...

Le tout dans une jungle architecturale injustement qualifiée d'hostile, parce que disparate, incohérente, hétéroclite, déroutante, colorée, belle, triste, sociale, contradictoire, écrasante, sublime... mais jamais mièvre ni routinière !

Savoir prendre le temps de comprendre que ces architectures racontent des histoires, des cadres de vie, des tendances culturelles, politiques... Oui, raconter que certains architectes ont construit pour les travailleurs des immeubles aux lignes originales souvent agréables à vivre. Et pas seulement de mornes et hideuses cages à lapin.

Surtout ne pas juger ! Comprendre que la mémoire de ces pierres, ou plutôt de ce béton souvent triste, c'est aussi la mémoire de ceux qui y sont nés et y ont vécu. Mémoire qui souvent se confond avec celle des luttes ouvrières et des avancées comme des déceptions sociales... Banlieue, bastion de la révolution industrielle si ce n'est de la révolution tout court. Lieu de tant d'inventions... Raconter tout ce passé sans être pour autant passéistes. Ne pas oublier les nouveaux et riches apports culturels nés ou adoptés en ces contrées hétérodoxes : le hip-hop, le rap, le *jump style*, la *tecktonik*, le *parkour*, le slam, les tags et les graffs...

**UN FRUCTUEUX TRAVAIL D'ÉQUIPE...**

Dans notre équipe de hardis explorateurs, tous volontaires enthousiastes, il y avait Benoît Lucchini qu'on ne présente plus et qui partit sur le terrain comme un chien fou, Olivier Page, notre corsaire malouin, stylo au poing, à l'abordage systématique de la moindre île ou territoire inconnu... Travaillant sur Vanves, il trouva d'ailleurs la ville si intéressante qu'il quitta son « vieux » XVe pour s'y installer... Et puis encore, Jérôme de Gubernatis (qui habitait banlieue nord), Bernard-Pierre Mollin (Vincennes) et Sébastien Petitdemange... Quant à Fabrice de Lestang, il ne se contenta pas d'aborder la banlieue avec enthousiasme et fougue, il plongea littéralement dedans et se noya presque dans la doc et les bouquins. Ce qui le fascinait, c'était l'Histoire et plus particulièrement l'histoire politique de la banlieue, les conquêtes des municipalités par la gauche, les luttes, les rapports de force, les personnages hors du commun. J'ai dû, à mon grand regret, couper un peu de texte sur Saint-Ouen... De longs séjours préparatoires en bibliothèque avaient rendu l'intro historique vraiment trop riche... Pardon Fabrice !

Lucien Jedwab en assura l'année suivante la réédition. Il l'enrichit en posant la finesse de son regard sur la culture et les nouvelles architectures. Ses papilles affûtées dénichèrent les meilleurs restos... Le tout épicé d'un humour discret et distancié dans des descriptions qui, autrement, auraient pu être austères. Lucien récidiva lors de la création du guide *Paris Balades* et présenta l'architecture contemporaine des XIXe et XXe arrondissements de façon remarquable.

Je ne distribue pas ici de bons et de mauvais points... Je rends juste grâce à un authentique travail d'équipe qui permit le partage de fructueuses expériences, que nous nous narrions avec délectation au retour de nos équipées banlieusardes.

**MISSION ACCOMPLIE !**

Nous fumes légitimement fiers du résultat. Notre quadruple objectif avait été atteint : découvrir nous-mêmes la banlieue ; révéler leur ville et ses nombreuses qualités à leurs habitants respectifs ; donner envie aux habitants des communes voisines d'aller y voir de près et, surtout, inciter les Parisiens à regarder autre chose que leur nombril, en allant vérifier sur le terrain qu'il existe des choses belles, intéressantes, passionnantes et exotiques à deux pas de chez eux. Découvertes qui ne nécessitent ni passeport, ni visa, ni vaccins et qui se font sans risquer d'attraper le palu ou la tourista...

Nous eûmes aussi la joie de recevoir le courrier de Kevin de Bobigny et de Bernard de Villejuif qui nous remerciaient tout simplement, avec des mots pleins de sincérité, d'avoir parlé de leur ville. Kevin qui précisait même : « Je pensais vivre dans une ville de merde et je découvre qu'elle possède une identité, qu'on est venu la voir, qu'on a lui trouvé des qualités. Ça m'a rendu presque fier d'y vivre. Un grand merci ! »...

Aussi, succès d'estime et de curiosité à la sortie de ce premier vrai guide sur le sujet. Malheureusement, les gens l'achetaient une fois, mais ne ressentaient pas l'urgence ou la nécessité d'en acquérir l'édition suivante malgré les mises à jour. Au premier réflexe de curiosité n'ont succédé ni engouement ni fidélité... C'est vrai que la place de la culture, des restos et des lieux branchés y était quand même trop réduite (largement pour un problème de pagination d'ailleurs) pour justifier un renouvellement... Malgré la transformation du titre en *Guide Ile de France,* puis *Environs de Paris* (moins connoté « banlieue », plus marketing), nous dûmes l'abandonner en 2011... Dommage !

## ALLEZ, POUR LA ROUTE, JUSTE QUELQUES COUPS DE CŒUR !

Je me dois cependant de raviver le souvenir de cette passionnante expérience en citant quelques coups de cœur au hasard : Ivry proposant d'intéressantes œuvres architecturales, comme l'exceptionnel ensemble du Liégat de Jean Renaudie et Renée Gailhoustet face à la mairie. Vraiment originaux ces bâtiments tout en angles aigus, évoquant des étraves de cuirassés et couverts de jardins suspendus. Plus bucoliques, je pense aussi aux jardins ouvriers du fort d'Ivry et à l'adorable promenade sur les pas de la bande à Bonnot dans le Petit-Ivry, havre de paix à 400 m à peine du périph... À propos de balade, comment ne pas être surpris de découvrir un authentique GR de 10 km – chemin de grande randonnée – à Villejuif. Il traverse les lieux les plus bucoliques, suivant les anciens sentiers de vigne et permet de découvrir maints aspects insolites de la ville en ne croisant guère de voitures. Au passage, on découvre également la délicieuse église Saint-Cyr-et-Sainte-Juliette des XIIe-XVIe siècles et les jardins familiaux de l'Épi d'Or.

À Vitry, on trouve une superbe église du XIIe siècle qui contraste avec le MAC/VAL, musée d'art contemporain aux lignes épurées, béton clair, verre et acier, lumineuse architecture, qu'on reçoit comme un coup de poing. Riche histoire aussi que celle de la vallée de la Bièvre qui traverse Gentilly, Arcueil et Cachan, terres d'enfance de Robert Doisneau, né le 12 avril 1912 à Gentilly... le jour du naufrage du Titanic – première photo loupée !. Bien entendu, il faut rendre visite à la *maison de la Photographie*...

Dans le « 9/3 », on ira respirer à pleins poumons dans le coin des murs à pêche de Montreuil, grâce auxquels la réverbération du soleil permettait à ces beaux fruits sensuels de mûrir pour honorer les tables royales européennes. Les amoureux du cinéma savent que Montreuil en fut, avec Méliès, le berceau. Plus haut, à Drancy, émotion assurée en visitant la *cité de la Muette* et son mémorial du Souvenir. L'un des premiers grands ensembles pour loger la classe ouvrière fut, d'août 1941 à juillet 1944, le camp d'internement de dizaines de milliers de juifs avant de les faire embarquer dans les trains de la mort avec Auschwitz pour terminus... Plus haut, c'est à Bobigny, avec sa cité de l'Abreuvoir d'Emile Aillaud, que furent inaugurées les premières HLM. René

Goscinny y vécut 15 ans et créa Astérix à l'endroit précis où l'on découvrit plus tard... un intéressant site gaulois. Étonnante banlieue, non ?

À l'ouest pas que du nouveau : Nanterre, son vieux centre historique, ses anciennes fermes joliment rénovées, mais aussi le passé de ses « célèbres » bidonvilles... La fac, berceau de la contestation étudiante du beau printemps 1968. Et là encore des immeubles Emile Aillaud. À deux pas, Rueil-Malmaison, séduisante ville historique, avec le charme de ses bords de Seine, son séduisant centre-ville et son remarquable musée d'histoire évoquant le magnifique château de la Malmaison ou mourut en 1814 Marie-Josèphe-Rose Tascher de la Pagerie, la future impératrice Joséphine. Sans oublier que nous sommes également hantés par le souvenir de son côté détestable. Originaire de la Martinique, elle ne fut pas pour rien dans le rétablissement en 1802 de l'esclavage des Noirs que la Révolution avait aboli.

Mais je m'éloigne... et il y aurait encore tant de choses à dire sur cette banlieue, ou plutôt ces banlieues qui comptèrent chaque fois parmi mes plus beaux voyages !

# BELLE-ÎLE

Voici les réflexions d'un vieil amoureux de Belle-Île, après plus de quarante ans de fréquentation active, à raison d'une fois au moins par an pour les vingt dernières années... Oui, je suis un accro de Belle-Île, un addict même comme on dit, un drogué à deux doigts de la cure de désintoxication. Pourquoi sommes-nous si nombreux à être dopés à la belle île ? Quel sort m'a-t-on jeté, est-ce parce que j'ai été *fanafouté* par une sorcière malgache ? Ou tout simplement, cette île ne posséderait-elle pas ses propres sortilèges ?

J'opte finalement pour cette dernière hypothèse et établis une longue liste des attraits de ce lieu maléfiquement superbe. Ça paraît idiot à dire, mais incontestablement, cette île est belle, belle à mourir. Son sentier côtier s'avère l'un des plus fascinants de France, épousant les contours d'une géographie merveilleusement accidentée, livrant des panoramas époustouflants, changeant de nature, de visage à chaque virage, à chaque plongée vers la mer, avec ces passages parfois si abrupts, si vertigineux qu'on en vient parfois à trembler pour les jeunes randonneurs. En aucun cas d'ailleurs, on n'entreprendrait de l'entamer après une trop grosse pluie ou sans chaussures à gros crampons, certains passages pentus se muant en dangereuses patinoires...

Sans cesse, alternent prairies veloutées menant à des criques d'anthologie et à des chaos rocheux, voire apocalyptiques. En l'absence, bravo, de tout bétonnage de côte tant la protection du littoral est ici religion. Autre atout : ses très nombreuses plages, cinquante-deux dit-on, toutes différentes, dans une incroyable gamme : populaires, insolites, classiques, familiales, *teenagers*, surfeuses, étales, bondées, intimistes, dévoilées, élitistes, monomaniaques, calmes, furieuses... De quoi satisfaire au moins un ou deux fantasmes chaque jour. Et ce miracle bellilois : un 15 août, certaines d'entre elles n'alignent au maximum qu'une famille tous les 10 mètres... au prétexte qu'il aura fallu, pour la découvrir, écarter quelques fougères vers le petit sentier y menant. Quelques pentes rocheuses délicates auront effrayé aussi certaines familles, trop prudentes peut-être ! En outre, Belle-Île, ayant encore une dizaine de fermes en activité, se révèle une des dernières îles bretonnes authentiquement agricoles (avec Batz, certes). Ouessant, on le sait, a depuis longtemps sacrifié son agriculture au dieu tourisme (avec les effets négatifs qu'on lui connaît aujourd'hui).

## POUR VIVRE HEUREUX, VIVONS CACHÉS !

Contrairement aux *people* de l'Île de Ré, les « vieux » Bellilois d'adoption, tous ces intellos, journalistes, profs, romanciers, publicitaires, avocats (et même quelques politiciens), ont tous en commun de vivre discrètement sur l'île, dans des petits villages ou hameaux encore plus discrets. En outre, ils ont depuis longtemps établi leur propre réseau de producteurs et fournisseurs : le lait et le beurre chez l'un et chez les autres de... savoureuses tomates et des légumes bio (ou oubliés), les fromages fermiers, les fines herbes, les confitures, le pain, les tartes, le canard, le poulet, l'agneau parfois ou même un bar de ligne sublime quand on sympathise depuis longtemps avec son voisin pêcheur à la retraite (non, vous n'aurez pas le nom des villages et hameaux !)... On peut ainsi vivre quasi en circuit fermé, de bons produits, sans apports industrialisés ou manipulés génétiquement du continent. Ce sera aussi l'occasion de saisir quelques scènes de vie pleines de nostalgie. Sur de petites parcelles, un fermier du côté de Locmaria laboure encore au cheval, un éleveur fait traverser la plage de Donnant à ses moutons (une des cartes postales les plus célèbres du photographe de Palais). Autre miracle, hors les deux grands axes de l'île, sacrifiés aux gros cars des touristes à la journée, on peut se perdre dans un treillis incroyable de petites routes, et, pour se rendre d'un village à l'autre, varier chaque jour d'itinéraire. Du côté de Locmaria, j'ai parfois l'impression de découvrir une route qui m'avait jusqu'alors échappé. En tout cas, malgré mon expérience, de m'y perdre encore. Au cas où l'on douterait encore du côté accidenté de Belle-Île ou qu'on la croirait trop plate et ennuyeuse, sachez qu'il existe au moins trois portions de routes si abruptes, qu'il est rigoureusement interdit de les descendre à vélo et qu'on doit le faire à pied, l'engin à la main ! Et que dire de ces pistes en terre si enivrantes, parallèles aux routes officielles, paradis des cyclistes et des randonneurs...

Viennent bien entendu, s'ajouter au charme de Belle-Île, ses dimensions historique et architecturale, la merveilleuse citadelle du Palais, ses ports de carte postale comme Sauzon, son festival de musique (ah ! le Requiem de Mozart dans l'adorable église de

Locmaria, c'est du bonheur pour toute l'année), le superbe programme de découverte concocté par la Maison de la Nature et *last but not least*, un office du tourisme efficace et documenté.

## BON, TOUT N'EST PAS ROSE QUAND MÊME !

Alors qu'est-ce qui pèche donc à Belle-Île ? Je parle bien sûr de ce qui ne va pas, car des pêcheurs, il n'y en a plus guère (d'ailleurs le dernier bistrot de pêcheurs a fermé il y a quelque temps déjà)... En fait, Belle-Île, comme l'Île de Ré, comme tant d'autres lieux, est victime de son succès. Aujourd'hui, le prix des maisons et des terrains y a atteint des sommets indécents. De banales longères partent pour le prix d'un manoir. En outre, plus de cent maisons se construisent par an, le plus souvent pour rejoindre le marché locatif, un des plus chers de France. Cette frénésie immobilière provoque, hélas, un « mitage » dangereux du paysage. Autour de Palais, plusieurs hameaux ont quasiment fusionné et les hauteurs de Sauzon se sont sacrément bétonnées. Mais le plus grave, c'est le changement de mentalité : l'île a vu débarquer une nouvelle génération d'habitants « rapportés » : les « bobos m'as-tu-vu », des nouveaux riches souvent arrogants, peu soucieux de convivialité et de la qualité de vie de l'île. Ces prédateurs, d'un égoïsme forcené, ne respectent plus rien. Vont-ils réussir à polluer l'atmosphère du marché de Palais par leurs mauvaises manières (ils se croient tout permis), par leur côté *show off*... si détestable ?

## FINALEMENT, UNE VRAIE CAPACITÉ À PRÉSERVER NOMBRE DE LIEUX MAGIQUES !

Cela signifie-t-il que, comme Capri, Belle-Île (enfin une certaine idée de Belle-Île) c'est fini ? Que nenni ! D'abord, parce que rapidement, par le bouche-à-oreille, on connaît les établissements qui savent maintenir tout au long de l'année une qualité de produits régulière et un accueil irréprochable (et ils sont heureusement les plus nombreux). Ensuite, il y a un admirable miracle bellilois : sa capacité à digérer le tourisme de masse, à le contenir dans certains lieux, sa faculté également à sauvegarder nombre de coins quasi déserts. Dès qu'on a compris comment fonctionnait l'île, on peut s'aménager de fabuleux espaces de liberté, éviter les cars et les embouteillages de Palais. Aux aiguilles de Port-Coton ou à la pointe des Poulains, on y va à l'aube et on les fuit le reste de la journée. On joue avec l'espace et le temps, on vit décalé par rapport au rythme commercial et touristique de l'île. Aussi simple que ça !

Et puis, si on en a les moyens techniques, on y vient hors saison. Là, c'est fabuleux. Même les plus anciens usagers de l'île disent être toujours surpris. Une route, un sentier qu'on ne connaissait pas, un site offrant un aspect radicalement différent suivant l'heure de la journée, le temps, la saison... Des moments de volupté quand, sur la route de Sauzon, en traversant un bosquet de pins parasols au soleil couchant, on admire un paysage aux couleurs toscanes. Ravissement sur les hauteurs de la plage de Baluden devant la

*René Thomas, agriculteur à Herlin*

sérénité, l'harmonie, l'ampleur du panorama. Et j'ai le souvenir d'un exotisme torride, lorsque perdu dans un profond vallon aux environs de Kerdavid, j'étais incapable de franchir une longue barrière d'épineux et de schistes effilés. De plus, en moins de deux heures j'avais rencontré en chemin un nombre incroyable d'animaux à plume, à poil, à écailles et à carapace. Ne manquaient au tableau que l'ours des Pyrénées et le boa constrictor. Je me pris alors, quelques instants, pour Indiana Jones (si, si !) et savourais goulûment cette extraordinaire faculté d'évocation de l'île. Je me rappelais alors combien j'avais gentiment souri lorsque Julien Gracq écrivait que, du côté de Saint-Florent-le-Vieil, la Loire prenant des allures d'Amazone et ses rives de jungle profonde.

Je rentrai donc à mon gîte rural des paillettes plein les yeux et chargé d'un butin de trois kilos de mûres cueillies en moins d'une heure...

Pour conclure, voilà la magie, le charme de Belle-Île. Cette capacité d'offrir tous les éléments symbolisant l'imaginaire breton : les landes sauvages, les falaises déchiquetées, les horizons sans fin, les bosquets courbés par d'impitoyables vents qui vous apportent les ultimes notes des *festnoz* de Bangor ou les cris des mouettes qu'on dérange, pendant la nidification dans les bruyères de Donnant... On croirait alors à la fusion des *Oiseaux* d'Hitchcock et des *Hauts de Hurlevent*...

**NE VAUDRAIT-IL PAS MIEUX DE PARLER DE BELLE-ÎLE LE MOINS POSSIBLE ?**

À propos, cher narrateur, me direz-vous... N'y a-t-il quand même pas dans ce récit une ultime contradiction ? Si tu souhaites tant préserver Belle-Île du tourisme de masse et contribuer à maintenir son identité, pourquoi ce texte qui va encore la remettre au premier plan et susciter bien des désirs ?

Daniel Mermet, autre addict de l'île, pourtant homme de radio, m'engueula gentiment un jour parce j'avais parlé de Belle-Île de façon trop dithyrambique dans... une émission de radio. Bon, je l'avoue, au final, il y a ceux qui veulent égoïstement conserver leur tranquillité et leurs secrets et d'autres qui éprouvent l'impérieux besoin d'en parler. Oui, quelle volupté de pouvoir exprimer son admiration et son plaisir pour les plus belles choses du monde ! Car c'est encore là un autre paradoxe de cette île adorablement maléfique : elle nous apporte chaque jour de merveilleux moments, mais nous incite irrésistiblement à vouloir les partager... Comme cette rencontre magique (pardonnez-moi d'être bavard, j'en finis !), sur la plage de Samzun, de l'immense et regretté Jean-Pierre Vernant. Il nous rappela à la fin de notre conversation, malicieusement, que les premiers navigateurs grecs avaient baptisé Belle-Île, *Kalonessos*, soit... « l'île belle » !

Belle-Île, c'est un morceau de Bretagne qui a pris le large pour fuir le touriste. Bon, reconnaissons-le, c'est quand même un peu raté !

# BISTROTS

« Dieu créa la vigne, le houblon, l'orge et les Irlandais... Il ne restait plus aux hommes de foi qu'à ouvrir des bistrots... » (Bernard Pouchèle)

Le bistrot sera toujours pour moi synonyme de liberté, d'émancipation, et lieu ultime de refuge... C'est dans un bistrot que se tenaient nos premières réunions d'ados, les premières dragues autour du flipper, les premiers émois sexuels, les premières murges et « casquettes » de plomb bien avant l'âge légal... Un des apprentissages fondamentaux de la vie, quoi ! Pour notre bande de la Gare de l'Est, nos premières armes de piliers de comptoir et d'observateurs de la vie sociale se firent au Château-Thierry et Aux Sportifs, à l'angle des rues Ciboure et du Faubourg Saint-Martin. Tous deux ont disparu aujourd'hui. Mais tel le phœnix, les bistrots heureusement renaissent ailleurs. Voici donc quelques épisodes de mes voyages bistrotiers...

Sur la route, trois monuments balisaient mes itinéraires : l'église, le cimetière et le bistrot du village. J'ai le souvenir d'estaminets où l'on rentrait cinq minutes pour un café et d'où l'on ne décanillait que trois heures plus tard. Véritables lieux de parole et de convivialité, mais aussi traquenards qui ne lâchaient plus facilement leurs proies. J'ai par exemple un souvenir ému du *Café du Centre* à Fronton – Haute-Garonne – haut-lieu d'une gouleyante appellation de vin rouge à base de négrette, cépage, paraît-il, ramené des croisades. Debout au comptoir devant un petit noir, j'entamais une conversation avec le patron qui me confia avoir une passion pour la musique et en particulier le cor de chasse... Là dessus, il le sort de dessous le comptoir et se met à en jouer. Ce qui ne manqua pas d'attirer magiquement la meute hétéroclite de tout ce que le village comptait de retraités, chômeurs, poètes en goguette, vagabonds et gens de passage intrigués... Puis le patron passa à l'accordéon, accompagné d'une des belles voix du pays, aussi heureuse de brailler au bistrot que de religieusement interpréter les cantiques dominicaux à l'église. La rythmique était assurée par le claquement sec des bouchons. Puis le garde champêtre déposa son képi et invita une cultivatrice retraitée, mais à la cuisse encore verte, à esquisser quelques pas de valse, suscitant d'autres vocations... V'là-ti pas que mon café de village se transformait en bal musette ! Deux heures après, j'y étais encore... L'heure de fermeture du musée local se rapprochant dangereusement, je dus à mon « cor » défendant, lâchement abandonner la compagnie et cette joyeuse fête totalement improvisée. Le chaleureux souvenir de cette conviviale après-midi me conduisit à proposer plus tard à Hachette de célébrer le lancement du premier guide Midi-Pyrénées à Fronton, dans ce même Café du Centre. Ce qui fut fait, à la grande surprise du patron qui ne pensait pas avoir accompli une action si exceptionnelle et fut très touché par cet honneur...

## ET POURTANT LA SITUATION EST DRAMATIQUE !

En 1960 la France comptait 200 000 bistrots... aujourd'hui ils sont moins de 35 000 ! Désertification des campagnes, lente extinction de la clientèle traditionnelle, changements dans les modes de loisirs... de nombreuses raisons expliquent ce triste reflux. Dans un village, la fermeture du dernier troquet est une catastrophe sociale. Plus de lieux de rencontre, rupture du lien entre les gens, retour à l'individualisme et pour beaucoup, à la solitude... Allez, chacun pour soi... Mélancolie, stress et dépressions garantis à court terme. Il n'est pas rare que la fermeture du bistrot précède ou accompagne celle du petit bureau de poste et de l'école. Là, c'est carrément la mort du village.

Dans mes vagabondages, le bistrot a tenu et tient encore heureusement, une place prépondérante. C'est le lieu privilégié de la pêche aux infos. On y rencontre des passionnés de leur région tout heureux de livrer leurs balades insolites, leurs sites introuvables, leurs petits secrets... Entre autres, c'est l'endroit où souvent l'on découvre et l'on déguste les bons produits locaux. C'est aussi un lieu d'échange, de discussions dans lesquelles la politique n'est pas absente, le plus souvent dans le respect de l'opinion et de la personnalité de l'autre ! Rencontre entre générations, mixité des classes sociales, sous l'œil bienveillant mais attentif du patron ou de la patronne... On va au bistrot pour se détendre, pas pour s'engueuler, pour lire son journal et le commenter, se sentir au chaud, faire le plein de brèves de comptoir... « Le comptoir d'un café, c'est le parlement du peuple ! », disait Balzac. Il faut donc saluer l'action de certaines mairies dynamiques, acharnées à sauver leur café. Municipalisation de l'établissement, puis recherche de jeunes gérants motivés et, si possible, sachant aussi cuisiner. En refaire le cœur battant du village, dans le respect du cadre et du charme du lieu bien sûr. J'ai le souvenir de jeunes, souvent d'anciens chômeurs, ayant repris une affaire avec succès et qui, ayant fait des enfants, permirent de compléter la classe unique du village, en évitant ainsi de descendre en dessous du chiffre fatidique de sept (prélude à la fermeture de la classe)... Certains de ces « bistrots de pays » assurent aussi de nombreux services, dépôt de pain, petite épicerie, antenne postale, vente de journaux... Et quelquefois des animations culturelles pour fidéliser la clientèle et se construire une renommée. Si en plus, ça devient une belle adresse gastronomique, c'est pari gagné... Voilà bien une formidable revitalisation de la vie rurale !

À propos de « bistrots de pays », il existe d'ailleurs une organisation de ce nom qui connaît un réjouissant développement. Dans nos Routard sur la France, ils sont systématiquement cités et mis en valeur. Nous apportons ainsi notre modeste contribution à la survie du monde rural grâce au guide, en sortant certains villages de l'anonymat.

Dans les bistrots de quartier des grandes villes, il ne s'agit plus de désertification rurale bien sûr, mais plutôt de profonds changements sociologiques liés aux mutations de la ville... La spéculation immobilière raye de la carte nombre de vieux rades populaires. Les nouveaux habitants de ces quartiers ne vont plus ou très peu au bistrot. Beaucoup de jeunes sont scotchés chez eux par leurs jeux vidéo, leurs écrans géants et ne songent plus à ressortir. Et puis, la vie est devenue chère. Certains cafés appliquent, surtout dans les quartiers huppés ou très passants, des prix astronomiques...

« Piliers de comptoir de tous les pays, unissez-vous ! » L'heure de la lutte a sonné pour la survie des cafés, bistrots, estaminets, rades, troquets... Ça serait limite un comportement révolutionnaire : arracher les gens à leurs écrans, les faire revenir sur le zinc des comptoirs, l'un des meilleurs conducteurs de la chaleur humaine. Je serai à jamais reconnaissant aux cafés pour toutes les joies, toutes les ouvertures sur les autres et la vie qu'ils m'ont procurées. Lieux indispensables au bon fonctionnement de la société. Sans eux, la vie perdrait dramatiquement de son sel... Sans les cafés qui resserrent les solidarités, la vie des hommes s'effilocherait bien dramatiquement...

Le bistrot, un des derniers espaces de liberté, de convivialité, d'amitié... C'est dit !

Dans mes treks parisiens, avec Serge le Manour, le « messager du bonheur », mon pote de chez Yvon (dernier éditeur de cartes postales), mon vieux complice de comptoir, la recette est simple : se retrouver le plus souvent ensemble au chaud. Car au bistrot, plus besoin de frimer, on se connaît bien, on se serre les coudes... C'est l'auberge espagnole : on apporte ses nostalgies, ses utopies, ses délires et ses blagues à deux ou trois balles. Et on touille, avec une bonne dose de dérision. On est bien sans chichi. Rustique, mais sacrément efficace. Et quand un de nos potes a le mauvais goût de partir trop tôt, on se réunit jusqu'à quarante ou cinquante, on boit à sa santé et on ripaille à pleines dents, en jurant qu'on lui gardera toujours un verre et une place au comptoir !

## PETIT BISTROT « *CRAWLING* » NOSTALGIQUE À L'USAGE DES FUTURES GÉNÉRATIONS !

Rue des Cannettes dans le VIe, il y a *Chez Georges*... Bistrot historique, toujours dans son jus. Depuis 1952, un des lieux de rencontre les plus sympas de la rive gauche. Il fut même question de le nationaliser en 1981. Le vieux Georges en avait fait une institution. Sa cave vit naître tant de poètes et chanteurs. Ce fut pour moi un lieu de rencontres magnifiques : Serge Abramovicz, un ami, que dis-je un frère, à l'humour si décapant et qui a eu le mauvais le goût de nous laisser orphelins, nous sa bande de soixante-huitards invétérés, les Michèle, Liliane – revenez de votre Bretagne de temps à autre, vous nous manquez – Guy, Jacqueline, Christian, Béatrice, Pascal, Marie, Mathilde, Giorgio – notre « Pépé Mujica » préféré – Martine... Jean-François, ainsi que Hugo – ce dernier continuant avec abnégation à régner sur la cave pour en faire un lieu accueillant... Sans oublier la mémoire de Jean-Michel Mansion, auteur de l'inscription pleine de colère « ICI, ON NOIE LES ALGÉRIENS » sur un pont après le massacre du 17 octobre 1961 (et également de passionnants mémoires)... Des générations d'addicts à la nicotine et d'intellectuels fumeux ont patiné murs et plafonds. Le beau comptoir date de 1928. Les Allemands avaient piqué le vieux zinc pour en faire des avions neufs... Certains soirs, il peut se passer quelque chose, parfois rien. En fonction des clientèles différentes qui se

*Nicolette (au centre) et sa bande*

confrontent, de la proportion de touristes, des événements… Immuable, affable, souriante, la grande et douce Nicolette, notre maman à tous et à toutes, toujours fidèle au poste, veille affectueusement sur ses grands enfants… Les années post 68 *Chez Georges* furent tellement belles, fraternelles, riches, limite sismiques… Merci Nicolette !

On s'y retrouve, de temps à autre, malheureusement de moins en moins nombreux, mais on goûte le bon temps passé à petites lampées, on se remémore les grands moments du bistrot, les amitiés indestructibles, les amours éternelles, dans une tendre nostalgie…

Il y eut le mythique *Vin des Rues* (aujourd'hui disparu), rue Boulard, Paris XIV^e^, avec Jean Chanrion, le plus extraordinaire patron de bistrot jamais rencontré ! Un être aussi généreux que bougon, qu'il fallait juste savoir décoder. Que de Beaujolais d'anthologie chez lui. On y a même vu Alain G., jeune patron millionnaire, chanter l'Internationale debout sur une table. Que de repas sublimes aussi ! Et puis un jour, Jean et Catherine cédèrent la place pour une retraite méritée… Et Laurent prit magnifiquement la relève, avant d'émigrer quelques années plus tard à 300 m, rue Lalande pour ouvrir *Le Bistrot*, emmenant avec lui toute la fidèle clientèle. On ne change pas une formule qui gagne ! Aujourd'hui, c'est toujours ma cantine. Autour du comptoir ou de la table d'hôtes sévit la plus belle bande de généreux soiffards intergénérationnelle et interclassiste de Paris. Ça ripaille, ça boit, ça plaisante, ça raconte n'importe quoi, ça déconne, ça délire dans une bonne humeur et une tolérance exceptionnelle. Le seul endroit que je connaisse où curieusement, les brimés, les déçus des partis politiques et pourtant parfois totalement antagonistes se retrouvent et se racontent avec humour leurs déboires et désillusions respectifs. Complice, drôle, insolite et réjouissant, non ? Un lieu unique où au moindre coup de Trafalgar, c'est l'amitié qui prend le quart comme disait tonton Georges… On s'y sent bien, les rires éclatent, tout ça dans les bonnes odeurs de sauce et les parfums de framboise des juliénas, des fleurie vieilles vignes, des saint-amour… Le contenu des fillettes glisse soyeusement dans les dalles en pente… Au *Bistrot*, point d'étiquette, point de conventions. Ici, on lit avec son nez et la confiance est au fond des pots.

La rue Dareau, dans le XIV^e^, est encore une rue improbable, sous un pont de chemin de fer. Elle recèle une autre bouée de secours : *Vaudésir…* Nom d'un cru de Chablis, mais aussi désir d'authenticité bistrotière. Intact, comme au XX^e^ siècle, dans son jus, avec des moulures au plafond, un vénérable zinc de chez Nectoux (grande marque de comptoirs), des interrupteurs en porcelaine et des fils électriques baladeurs. Désir aussi d'une bonne petite cuisine de famille à des prix réellement d'avant-guerre – 8,20 € le plat du jour… Christophe au bar et Michèle en cuisine ont parfois du mal à gérer le coup de feu de midi, mais ils nous régalent de leurs algarades et la bonne humeur prend toujours le dessus. Un signe qui ne trompe pas, les concours de belote reviennent doucement.

À l'angle de la rue Saint-Jacques et de la rue des Feuillantines – Paris V^e^ – un miracle se produisit au *Royal-Saint-Jacques*, débonnaire bistrot de quartier. Clientèle locale, employés du coin, « géants verts » du Sénat (surnom affectueux des jardiniers du Luxembourg), profs de la rue d'Ulm et de l'Institut des sourds, luthiers, violoneux et musiciens de tous bords… apprirent stupéfaits le départ en retraite, coup sur coup, de Dominique le patron et de Mireille, l'adorable serveuse… Un jeune couple allait reprendre l'affaire. Allait-il réussir à maintenir l'esprit des lieux, la greffe allait-elle prendre ? Eh bien oui ! On a eu chaud. La transmission intergénérationnelle a été réussie. Ça reste le bistrot des bons copains unis autour de savoureux petits plats de ménage, arrosés des meilleurs flacons, dans le sain tumulte des conversations, des exclamations, des rires… Là, on s'était fait peur pour rien…

Un quatrième mousquetaire mérite de figurer dans ce palmarès de la bonne et simple cuisine, de la convivialité et des atmosphères qui contribuent à maintenir une sympathique vie de quartier. Retour dans le XIV$^{e}$, pour découvrir le *Daudet*, dans la rue du même nom, opportunément en retrait de l'un des plus célèbres embouteillages parisiens : le carrefour Alésia. Discret, le *Daudet*, mais authentique. Pas un de ces faux néo-bistrots de la Bastoche, avec des gros bras à l'entrée et des cordons rouges sur le trottoir… Non, ici, pas de frontière. Intégration immédiate. Entre le bienveillant patron, la talentueuse cuisinière de patronne et le délicieux et sarcastique humour au service, on ne reste pas longtemps coincé… Et sous la belle fresque provençale, truffade et aligot sont les rois !

# BRETAGNE

La Bretagne, pour moi, c'est une très ancienne histoire refoulée. Je suis paraît-il breton, probablement vieil émigré de l'intérieur, au doigt mouillé, depuis bien un siècle ou deux. Tout minot, à la question « Papa, d'où est-on originaire ? », mon père répondait invariablement, sans plus d'enthousiasme, qu'on était d'origine bretonne. Cependant pas plus d'infos, pas de commentaires. Chez lui, à l'évidence, c'était une identité diluée depuis belle lurette. Quant à moi, installé à Paris depuis 1949, j'étais avant tout parisien, par un processus darwinien éminemment classique. Et puis un jour, plongé dans le bain celtique depuis de nombreuses années par ma passion pour l'Irlande, j'ai effectué par curiosité quelques recherches généalogiques à partir de mon patronyme. Et j'eus la surprise de découvrir que le premier Josse (du latin Judocus) remontait au VII$^{e}$ siècle, nom popularisé par saint Josse, fils (ou frère) du roi breton Judicael (contemporain du roi Dagobert). Ce saint Josse refusa le trône (de là peut-être mon absence de sens du pouvoir !), devint ermite (là, je m'y reconnais moins !) et fit nombre de miracles… Il en réalisa aussi quelques-uns en Picardie et, aujourd'hui, il fait l'objet d'un pèlerinage à la Pentecôte. Mon ami Philippe Salaün (du Finistère lui) veut depuis longtemps m'y entraîner…

## NOTAIRE, NOTAIRE, J'AI UNE GUEULE DE NOTAIRE ?

Rigolo, depuis quelques lustres déjà, je recevais, de temps à autre, des photos de pancartes ornant les demeures à vendre de la région de Quiberon-Auray… Amis taquins, car ces pancartes étaient toujours libellées de la même façon : « Maison à vendre, renseignements : Me Pierre Josse, notaire à Quiberon »… Photos toujours accompagnées d'un petit mot (au choix) amical, étonné, ironique, sarcastique, venimeux… suggérant pour les uns que j'avais lâchement abandonné les routes buissonnières et les chemins de traverse… Pour les autres, que j'avais trahi ma classe et rejoint de façon indigne la bourgeoisie rentière et immobilière… D'aucuns de se dire que je pouvais aussi fort bien être le descendant d'un terre-neuva du début du XXe siècle. En effet, dans l'un des gîtes ruraux loués une année à Belle-Île, je découvrais, encadré au-dessus du massif lit en chêne, une photo de la goélette « Le Printemps » qui coula en 1907 au large de Terre-Neuve. Il y était précisé que l'équipage avait été sauvé grâce au courage et au sang-froid de son capitaine, un certain… Pierre Josse. Plutôt fier d'avoir dormi quinze jours sous le patronage de cet héroïque homonyme…

En outre, je m'étais découvert, à Saint-Servan (Ille-et-Vilaine), à l'occasion du festival *Étonnants Voyageurs*, un cousin à l'africaine (on dit aussi « à plaisanterie ») en la personne de Loïc Josse, charismatique patron de la librairie Droguerie de Marine. Je pus ainsi expérimenter sa convivialité légendaire et houblonnée.

Et lorsque je prends mon bain à la maison, c'est le petit bateau à propulsion « pop-pop » acheté sur son stand au festival, qui m'apporte le savon…

## DU FANTASME IRLANDAIS AU SÉISME BRETON…

La Bretagne, ce furent également des années heureuses, passées de façon familiale et insouciante à l'hôtel de la Plage de Locquirec. Mais la vraie et concrète redécouverte de la Bretagne fut, en 1986, l'enquête et l'écriture du premier Routard *Bretagne*. Alors là, tout remonta avec une réjouissante violence, ce fut une grande claque, un véritable séisme… L'impression aussi d'y avoir toujours vécu et de faire miennes spontanément coutumes, traditions, musique, poésie… Frisson permanent tout le long de l'élaboration du guide. C'est vrai aussi que, préludant cette folle résurrection, mon amour fou pour l'Irlande et la celtitude ne fut pas vraiment un hasard. Il avait largement préparé le terrain…

Une chose me frappa d'abord : son aspect « finistère », son côté bout du monde, porte du grand large. Ici finit la terre, là commence l'océan, le voyage, l'aventure… « La Bretagne est l'élément résistant de la France », disait l'historien Jules Michelet. Comme un trident, comme un coin enfoncé dans la mer, hérissée de caps et de falaises, découpée en pointes granitiques, en criques rocheuses, lacérée de rias et de profonds abers, le littoral se défend naturellement… Où trouverez-vous un paysage plus fracturé, plus sauvage, plus imprévisible, plus original que la côte bretonne ? En son centre, les monts d'Arrée qui malgré leur faible hauteur, se révèlent souvent au-dessus des nuages. Une magie, une bienheureuse solitude, de merveilleuses vibrations dans lesquelles j'ai immédiatement plongé. Monts d'Arrée, élus à vie réceptacle de toutes mes envies d'ailleurs, refuge ultime pour échapper aux blues des modernités, à l'oppression des égoïsmes, au mal de vivre généré par une société qui ne sait plus où elle va et dont les valeurs s'érodent dangereusement...

**BRETAGNE, LE SEUL PAYS OÙ L'ON SOUHAITE PROLONGER SON CALVAIRE !**

Enfin, tout cycle de reconstruction morale devrait toujours s'achever à la pointe de la Torche (au sud de Quimper), pour en prendre plein la gueule les jours de tempête... Rédemption totale assurée lorsque la mer déchaînée s'écrase en vagues furieuses sur les rochers et fait trembler le sol, de Saint-Guénolé à Audierne. À deux pas, cerise sur le *Kouign amann*, dernière petite touche romantique de cette psychothérapie bretonne, je verse une ultime larme devant le pathétique calvaire de Notre-Dame de Tronoën... Le plus ancien de Bretagne. Tout seul dans son cadre de dunes, de haies et de friches... Côté mer, émouvants personnages rongés par les vents salins et n'offrant plus que des formes fantomatiques. Mais sur la face moins exposée, on reconnaît encore de nombreuses scènes, des visages bouleversants. On vous l'avait dit, la Bretagne résiste à tout.

La boucle est bouclée... Alors, je peux retrouver sereinement mon petit bureau étriqué parisien, avec la garantie d'avoir fait le plein d'influx pour quelques mois encore...

# BUTTE DE TAHURE

Janvier 1964. En bon citoyen discipliné, je partis pour le service militaire. Que cela semble loin aujourd'hui.

16 mois à tirer. Après mes classes à Commercy (Meuse), ville ô combien proustienne puisque fameuse pour ses madeleines, je fus affecté à Châlons-sur-Marne, aujourd'hui, « en-Champagne », à l'École d'application de l'artillerie. Dodo au quartier Chanzy, boulot au quartier Corbineau où se trouvait le CETEA, service météo chargé de calculer la vitesse et la force du vent pour les tirs d'artillerie. Sans le savoir à l'époque, j'accomplissais la même tâche que le soldat Jean-Paul Sartre lors de sa mobilisation pendant la « drôle de guerre », toute comparaison mise à part, bien sûr.

Le travail, plutôt agréable, en plein air, consistait à expédier dans les cieux de petits ballons munis d'appareils de mesure. Nous partions souvent en manœuvre au cœur de la Champagne pouilleuse, dans les célèbres camps de Suippes, Mourmelon et Mailly-le-Camp. L'armée française ayant eu à l'époque besoin de chauffeurs, j'en profitais pour gagner mon permis de conduire sur des pistes apocalyptiques les jours de pluie, de froid, de boue et de neige...

## LA VIE S'ÉCOULE, LA VIE S'EN VA...

Quelques mois après mon affectation, le 2 août 1964, on célébra le cinquantenaire du début de la Première Guerre mondiale. Solennelle commémoration à la Butte de Tahure, qui fut en septembre-octobre 1915 le théâtre d'une des plus meurtrières offensives de la bataille de Champagne. Le travail de préparation d'artillerie peu efficace avait laissé quasi intactes les défenses allemandes. Aucune avancée ne fut possible et les pertes effroyables. Les gradés commandant les opérations, dont le général et futur maréchal Pétain, demandèrent à Joffre de suspendre l'offensive pour effectuer une nouvelle campagne d'artillerie. Refus hautain et obstiné de Joffre qui commanda une charge à la baïonnette. Arrogance d'un commandement trop sûr de lui... La Butte de Tahure ne fut pas reprise, les lignes de front ne bougèrent pas. 25 000 morts et 40 000 blessés pour la IIe armée ! Cela n'empêcha pas Joffre de gagner peu après son bâton de maréchal !

50 ans plus tard, notre régiment participait donc à cette commémoration. Elle se déroulait de nuit, dans la lueur vacillante des torches, pour lui donner plus d'éclat, plus de solennité. Nous eûmes droit au discours pompeux et cocardier d'un officier. « L'héroïsme des combattants... une immense leçon pour l'histoire... l'exemple à suivre... bla bla bla... » Et surtout cette conclusion : « J'espère que vous serez prêts à reverser votre sang pour défendre la patrie... » Pendant ce temps, nous, les bidasses, on se gelait dans le froid de cette nuit d'encre. Il fallut ensuite défiler sur une petite route de campagne seulement éclairée par quelques flambeaux. Une pauvre et malheureuse lampe torche ouvrait le cortège, insuffisant pour distinguer cette furieuse voiture arrivant dans le virage à plus de 100 km/h. Ce fut l'autre « carnage » de Tahure. Par miracle, pas de mort, mais plus de 30 blessés, dont plusieurs sévèrement. Jacques, mon vieux copain de chambrée, qui défilait sur ma droite, fut projeté en l'air. Comme à la guerre, des cris effroyables, glaçants, jaillissant des corps brisés déchiraient la nuit, bientôt mêlés au braillement des gradés qui s'y croyaient comme en vrai, les vaches : « Ramassez les fusils d'abord »...

On raconte qu'une crosse, sitôt relevée, rencontra par inadvertance la tête d'une des « crevures ». On disait comme ça à l'époque...

Pas d'ambulance, bien sûr. Trop loin pour les faire venir. Les blessés furent entassés à même la tôle des camions qui nous ramenèrent. Pas difficile d'imaginer le calvaire des blessés au retour.

## LE SANG VERSÉ POUR LA PATRIE, TU PARLES !

Ma mémoire ne parviendra jamais à chasser les râles, les gémissements de mes camarades. Petit *remake* surréaliste, absurde, inutile de la tragédie de la Butte de Tahure.

Près de 50 ans plus tard, vers 2010, j'étais de nouveau sur les lieux à l'occasion du voyage d'écriture du Routard *Champagne-Ardenne.* Bien entendu, ce retour à Tahure fut très émouvant...

Plus tard, je me rendis aussi sur le site de la ferme de Navarin, juste à côté. C'est ici que Blaise Cendrars avait pris congé de la bataille des monts de Champagne en y laissant une main. Fauché par une rafale de mitrailleuse, il se retrouva tout couillon avec sa main qui pendouille au bout d'un lambeau de chair. Il supplia l'un des rares survivants de l'offensive de la lui détacher complètement.

Là, en face, les premiers monts de Champagne que tentèrent vainement de prendre Blaise et ses camarades. Il s'étonnait d'ailleurs de ne pas progresser, de glisser sans cesse sur une pente pourtant pas trop abrupte. Horreur, il piétinait les tripes des copains...

La ferme de Navarin n'existe plus. Pulvérisée, ventilée, éparpillée « façon puzzle ». Mais le paysage est toujours là. Morne campagne crayeuse décrite ainsi par l'auteur de *La Main coupée* : « Campagne désolée et blanche de poussière... Le soleil pend sur la plaine. Rien ne bouge. Pas un oiseau. Pas un bruit. Quelques traits. La route droite. Trois petits bois rectangulaires. Des champs obliques. Le ciel dur. Paysage sec et découpé comme un chardon »...

Ce jour-là, le paysage me parle avec un violent pouvoir d'évocation, comme maints lieux de la Première Guerre mondiale. Tout me semble rabougri, écrasé de chaleur, oppressant. Ne manque même pas, me semble-t-il, le bruit de la canonnade qui semble battre mes tympans... À moins que ce ne soit l'orage qui se rapproche.

Les émotions qui m'étreignent ne sont pas seulement dues aux brumes de chaleur de cet été poussiéreux. Je le sais, certaines vibrations remontent du fond de cette terre meurtrie qui continue de trembler d'effroi, jamais remise de la sauvagerie des batailles. La sérénité du paysage des monts de Champagne n'est qu'apparente, la violence des combats s'y incruste.

Seul, possédé par ce monologue intérieur improvisé sur la scène d'un bien étrange théâtre, je finis par fusionner avec la nature blessée, profanée...

## ÇA NE ME CONSOLE PAS, MAIS IL N'Y AVAIT PAS QUE BLAISE DANS LE COIN !

Cette Champagne, aussi pouilleuse que furieuse, fut également un grand rendez-vous intellectuel et artistique : le peintre de Montparnasse Moïse Kisling, Juif polonais engagé volontaire dans la légion, y laissa également sang, sueur et jeunesse. Cendrars ignorait que son grand ami Apollinaire se trouvait au même moment à 10 km à peine. Le poète écrivit plus tard : « Depuis dix jours parmi la chair qui souffre et dans la pourriture, anxieux, nous gardons la route de Tahure... ». August Macke, l'immense peintre expressionniste allemand, tombe deux jours avant Cendrars, tué par une balle française devant Perthes-les-Hurlus, l'un des nombreux villages martyrs du secteur de Tahure. Georges Bernanos fut blessé dans le coin également. La balle venait-elle du fusil d'Ernst Jünger depuis une tranchée allemande de l'autre côté de Perthes ? Quant au dadaïste berlinois Georges Grosz, après son séjour ici, il sut dénoncer cette tuerie avec son pinceau trempé dans le vitriol !

En proie à ma rêverie, je me dis qu'il faudrait relire *La Main coupée* de Cendrars et, surtout, cette extraordinaire et poignante nouvelle tirée de *L'Homme foudroyé* : « Le Pantalon »...

Il faudra reparler de tout ça, du service militaire, de la guerre, de l'accident, avec mes vieux copains de régiment : Jean-Claude, Jean-Philippe et Jean-Pierre qui furent épargnés dans le drame de Tahure... Je pense aussi à Jacques, brisé en dix morceaux. Plus jamais eu de nouvelles !

Je me le jure : il faudra raconter tout ça dans le guide. Et plus tard, pourquoi pas dans un livre de souvenirs.

Rendre hommage aux pioupious de façon sobre, livrer un poil mon émotion. Non, plutôt me lâcher, hurler : « Maudite soit la guerre ! »... le poing levé, comme le gamin de pierre du monument aux morts de Gentioux dans la Creuse.

# C COMME…

## CANA

Février 2008 : Cana. Non, non, pas de voyage biblique en Terre sainte pour faire le tour des vignerons locaux, mais escapade au Bénin, ex-Dahomey, dans le royaume de Cana. Ravi de retourner en ce royaume que j'eus l'honneur de fouler il y a plus de 25 ans, au bon temps du régime militaire progressiste du commandant Mathieu Kérékou. Mon chauffeur-guide s'appelait Médard, car né le jour de la Saint-Médard après laquelle, comme on le sait, « il pleut 40 jours plus tard ». Je lui fis remarquer courtoisement qu'il avait échappé à Paterne et Sidoine… Médard était un type épatant, chauffeur à ses heures, mais dont l'activité principale était agent artistique pour musiciens et chanteurs. Hélas ! le business n'allait pas fort. Dans la conversation, il me glissa qu'il pouvait me faire rencontrer Sa Majesté le roi Langanfin Togongon, descendant du grand roi Glélé. À l'époque, c'était le conservateur du patrimoine culturel de l'ancien royaume d'Abomey. Waoouh ! Un des 12 rois de l'ex-Dahomey ! Après le sultan de Zinder, au Niger, je montais ainsi en grade dans l'échelle des rencontres honorifiques. Rendez-vous fut donc pris pour 9h en son palais le lendemain. Seule obligation, arriver avec une bouteille de « Jeannot Marcheur », une marque de whisky célèbre pour le gentilhomme en livrée rouge de son étiquette, plébiscitée en maints endroits du monde…

Le cœur battant, intrigué, j'étais quand même un poil impressionné. Le roi, ancien gendarme, avait abandonné l'uniforme pour succéder à son père. Il se montra d'une affabilité réjouissante. Bel homme, la quarantaine, il était ravi de cette rencontre qui lui permettait de vanter le patrimoine de son royaume. Ravi également du cadeau, dont je pensais, ingénument, qu'il allait rejoindre une étagère de son bar… Point du tout, le roi fit immédiatement ouvrir la bouteille et remplir deux larges verres. Un whisky à 9h08 du matin, sous les tropiques, c'était vraiment une première ! Il me prévint avec une exquise politesse que notre conversation risquait, de temps à autre, d'être interrompue par les nécessités des affaires du royaume. Ainsi, vers 10h, alors que nous entamions le deuxième verre de ce réjouissant breuvage, il m'annonça qu'il devait recevoir un court instant son ministre des Finances. Ledit ministre se présenta avec un gros dossier... mais à plat ventre depuis la porte, rampant sur les coudes. Je pensai un instant qu'il avait dû garer son fauteuil roulant à l'entrée. Pas du tout, j'étais tout simplement témoin d'une des nombreuses règles du protocole royal à laquelle j'avais miraculeusement échappé. Quelques signatures plus tard, dans la torpeur montante, nous entamâmes le troisième verre... La bouteille en était à la moitié de sa courte existence et l'entretien était peu à peu enveloppé d'une ouate brumeuse, alors qu'un éclatant soleil illuminait le palais. Heureusement, il fut décidé d'aller effectuer une visite de terrain, le roi ne voulant plus se contenter de me décrire les travaux de restauration et de mise en valeur de son patrimoine. À cette occasion, je pus mesurer à quel point il était respecté par ses sujets, les paysans se jetant carrément à ses pieds pour le saluer.

Arrivé dans une petite clairière, il me narra alors une intéressante anecdote historique. Son territoire connut l'un des hauts faits de la lutte des Amazones, cet héroïque bataillon de femmes qui lutta âprement contre l'armée coloniale française dans les années 1889-1894. Ici, précisément, déguisées en servantes, elles réussirent à pénétrer dans le camp des Français et, bénéficiant de l'effet de surprise, parvinrent à occire nombre d'officiers. Pour preuve de ces combats, de nombreux débris de bouteilles et de vaisselle jonchaient encore le sol ; le roi me les montra avec complaisance. Stupéfait que ces vestiges eussent pu subsister jusque-là, je subodorai quelque astucieuse mise en scène. Peu importait, le site était suffisamment évocateur en soi. Et lorsque la légende est plus belle que la vérité, ne faut-il pas plutôt imprimer la légende, comme disait Mark Twain ?

L'entretien terminé, je remerciai chaleureusement le souverain de m'avoir accordé tout ce temps et, surtout, de nous l'avoir rendu si agréable.

## OÙ IL ARRIVE QUE LES RAPPORTS À LA PHOTO ÉVOLUENT !

Départ pour Abomey. À peine roulions-nous depuis une dizaine de minutes en pleine brousse, que je demandai à Médard, sur un ton quelque peu exalté par les vapeurs encore bien présentes du whisky, de stopper le véhicule : « Arrête ! Une teuf, là une teuf ! »... Un cortège haut en couleur avec musique et masques perchés sur des échasses venait d'apparaître au fond de la piste poussiéreuse. Fébrile, ravi de cette suite impromptue à ma visite au roi et légitimement fier du sublime bilan de ma matinée, je sortis l'appareil photo et sautai de la voiture. Médard, plus placide, doucha mon enthousiasme : « On se calme, c'est un enterrement ». Aïe, la bourde ! Je laissai alors le cortège se rapprocher, n'osant plus le photographier. Si, quand même. Remontant dans le véhicule, je pris une photo à la sauvette, une seule. Je connaissais bien le caractère sacré de certaines cérémonies, notamment les funérailles. De la même façon, j'étais conscient du respect dû aux gens, leur rapport à l'image, leurs interdits, croyances et tabous... Mais le cortège passant désormais à notre hauteur, je constatai à ma grande surprise qu'une bonne dizaine de personnes décontractées, à l'aise, souriantes, maniaient aussi l'objectif. Qui prenant des photos, qui filmant avec une caméra miniature... Heureuse mondialisation des techniques ! Au passage, je demandai à l'un des photographes si je pouvais immortaliser une si belle cérémonie. Aucune hostilité, bien au contraire. Le corbillard était une longue station wagon blanche, illustrée sur les côtés d'un poétique « Cheval vers le Paradis » en grosses lettres noires...

Légitimement envoûté par la musique, entraîné par les danseurs qui suivaient le corbillard, je ne tardai pas à me fondre dans le cortège. Certes, esquissant quelques timides déhanchements au début, puis m'enhardissant au fur et à mesure. En même temps, je discutais avec mes voisins et me sentais délicieusement intégré. Arrivé au centre du village, je rendis hommage à l'aïeule décédée. Elle avait entre 90 et 95 ans, me précisa-t-on. Son beau portrait était exposé sur le cercueil, un peu usé et écorné, d'époque sûrement, sourire sépia un poil fatigué par le soleil, mais émouvant tout de même... Je remerciai mes hôtes de leur si chaleureux accueil, précisant que j'avais appris beaucoup de choses et qu'en France on n'enterrait plus de manière aussi joyeuse et conviviale. Finis les *after* au café en face du cimetière comme jadis. Mais reste-t-il encore des cafés ? Chez nous, la mort est de plus en plus prestement expédiée, cachée, voire occultée... Je fis part de mes réflexions à mes nouveaux amis qui à leur tour me questionnèrent sur notre rapport à la mort et nos traditions funéraires. D'autres filmaient la scène...

Et je me retrouvai au final, chose inattendue et curieuse, dans la position de l'interviewé. Ce changement de rôle, ce simple mais fructueux échange, restera longtemps l'un de mes plus attachants souvenirs africains !

# CHEMIN DES DAMES

1917-2017, triste centenaire de la bataille du Chemin des Dames... Ce nom léger et charmant évoque les filles du roi Louis XV rendant visite à leur dame d'honneur, la duchesse de Narbonne-Lara, en son château de la Bove, près de l'abbaye de Vauclair (dans l'Aisne). Pour permettre aux petites princesses de voyager confortablement, la dernière partie du parcours fut empierrée, ce qui était exceptionnel à l'époque pour une toute petite route si peu fréquentée. Ce Chemin des Dames s'étend sur une trentaine de kilomètres, au sud de Laon, du Moulin de Lafaux (près de Chavignon) à Berry-au-Bac. Il borde un plateau crayeux de parfois 200 m de haut.

Célèbre pour le dernier succès militaire de Napoléon I^er^ contre Russes et Prussiens en 1814 (la bataille de Craonne), c'est la Première Guerre mondiale qui va lui donner sa plus terrible notoriété. En 1914, il fut pris, repris, pris à nouveau par l'armée allemande qui s'y installa de façon durable. Elle en profita pour fortifier les nombreuses grottes et cavités de la falaise, y plaçant de redoutables nids de mitrailleuses. En outre, un réseau de souterrains à travers des carrières lui permettait de transporter hommes et matériels depuis le nord du plateau sans que les Français puissent repérer ces mouvements.

**UN AVEUGLEMENT CRIMINEL !**

En avril 1917, malgré les réticences des politiques et de certains militaires, le général Nivelle et son état-major préparèrent une grande offensive pour reprendre le plateau. Un million de soldats furent mobilisés et l'artillerie française fit tomber un déluge de feu sur le plateau pendant plusieurs jours. Le problème, c'est que les canons n'étaient pas adaptés pour ce genre d'offensive et qu'une abominable météo empêcha les avions de diriger efficacement les tirs et, surtout, de vérifier correctement les résultats. De plus, Nivelle tablait sur un soi-disant « effet de surprise », alors que les Allemands étaient parfaitement informés (on ne déplace pas un million de soldats sans que cela ne se remarque !). Pire, des informations de plus en plus alarmantes indiquaient que le bombardement des lignes ennemies avait fait peu de destructions et que la plupart des nids de mitrailleuses restaient intacts ! Encore plus grave, le 16 avril 1917, Nivelle lança l'attaque dans des conditions météorologiques désastreuses (pluie glaciale, brouillard, neige parfois, terrain boueux, réseau de barbelés quasi intact et infranchissable...).

Pendant 10 jours, ce fut un effroyable carnage, des dizaines de milliers d'hommes moururent pour gagner 10, au mieux 100 mètres... Les mitrailleuses décimèrent les poilus ; des milliers de blessés ne purent être récupérés sur-le-champ de bataille. Des milliers d'autres ne purent être soignés. Pour 500 blessés qui se présentaient devant les tentes chirurgicales, plusieurs centaines ne pouvaient être traités. Laissés à terre plusieurs jours dans le froid, sans aucun soin, ils moururent dans de terribles souffrances, beaucoup étant déjà pris par la gangrène... Malgré ces tragiques résultats, l'état-major relançait sans cesse les meurtriers et inutiles assauts.

La phrase terrible d'un officier résuma bien la tragédie : « La bataille commença à 6h, à 7h, elle était perdue ! ».

Le 26 avril, Nivelle arrêta l'offensive, mais refusa de tirer les leçons de son impréparation et de son criminel entêtement. Il ordonna même de repartir à l'assaut début mai. C'en était trop pour les soldats épuisés, exsangues et démoralisés. Des mutineries d'une ampleur sans précédent frappèrent l'armée française ; des dizaines de milliers de poilus refusèrent de remonter au front dans les mêmes conditions. Une répression impitoyable s'ensuivit : 554 condamnations à mort, 27 exécutions... Il faut revoir *Les Sentiers de la Gloire* de Stanley Kubrick ou *Les Hommes contre* de Francesco Rosi pour se remémorer ces douloureux épisodes. Et ce n'est pas le limogeage de Nivelle qui consola les victimes de cette épouvantable boucherie !

Cruelle ironie de l'histoire, l'une des royales princesses s'appelait... Victoire !

## SUR LE CHEMIN DE LA MÉMOIRE

C'est dans ce contexte, après avoir lu les remarquables ouvrages de Nicolas Offenstadt et Pierre Miquel sur la guerre 1914-1918, que je fus missionné pour travailler avec Benoît à la création du guide *Picardie.* Benoît hérita de la sanglante bataille de la Somme, tandis que m'échut celle du Chemin des Dames. Aucun de nous deux ne revint intact de cette expérience sur le terrain...

Premier contact avec la bataille : la visite de la Caverne du Dragon (le musée du Chemin des Dames). Au début, une carrière ordinaire, une « creute », comme on dit ici. Et puis, rapidement, l'un des principaux enjeux stratégiques de la bataille. Dès le début de la guerre, elle fut prise et reprise au prix de milliers de morts de part et d'autre. Les Allemands la transformèrent en une immense caserne bétonnée imprenable. Émouvante muséographie, explications d'une pédagogie exemplaire. Puis, parvenu à la terrasse qui surplombe la vallée de l'Aisne, j'eus le cœur qui se serra douloureusement. Malgré la recomposition du paysage, malgré sa beauté et sa sérénité d'aujourd'hui, quelque chose de lourd et de tragique continuait à le hanter. Pourtant, il m'a semblé que la région était bien plus fleurie qu'ailleurs. J'y vis un geste généreux, une bonté de la nature. Une façon d'honorer de façon éternelle tous ces disparus, tous ces morts oubliés...

Je sympathisai avec un jeune guide local et lui dis combien, malgré le printemps rieur, cet environnement m'oppressait. « Ce n'est rien à côté de la petite balade que je vous propose ! », me répond-il. Précisant : « pas besoin d'aller bien loin, il suffit de traverser la route en face du musée. » Et là, par-delà la route, un grand champ fraîchement retourné, des mottes de terre grasses et encore fumantes. La simplicité, la banalité de la campagne. Le guide m'invita à le suivre. Au bout de dix mètres, chacun de mes pieds pesait au moins cinq kilos. Je m'arrêtais soudain, tétanisé par le spectacle de tous ces petits vestiges métalliques dispersés autour de moi. Un tableau composé de centaines de petits morceaux de ferraille dont certains avaient sûrement tué, mutilé... Des éclats d'obus de toutes sortes, de toutes tailles. Je frissonnais. Puis apparaissaient plus nettement des objets aisément identifiables : une grenade offensive française, toute ronde, non explosée, un manche de grenade allemande, des cuillères et des anneaux de grenades à peine rouillés, des bouts de barbelés... Je fis alors quelque chose que j'aurais formellement interdit à mes enfants s'ils m'avaient accompagné : je ramassai la grenade ronde intacte, la nettoyai de sa gangue de terre et la fourrai dans une poche. Le mécanisme intérieur devait être totalement fondu, rouillé, désactivé, me disais-je en tentant de m'en convaincre. Tandis que je continuai à butiner d'autres éclats d'obus, mes poches commençaient à devenir lourdes. J'eus besoin de toucher physiquement l'histoire, j'avais vraiment besoin de cette proximité. La guerre est finie, vestiges français et allemands partagent, dans mes fouilles, une cohabitation de bon aloi. « Allez-y de bon cœur », me dit le guide. Il est tombé sur le Chemin 30 millions d'obus et il y en a sur 10 mètres de profondeur. Par un curieux phénomène de capillarité, tout remonte doucement.

Dans mon bureau, sur une étagère, j'ai créé mon petit musée du Chemin des Dames. Les Bretons, on le sait, sont un poil animistes. Mes ferrugineux et émouvants souvenirs, mélangés à ma collecte des monts de Champagne (Cendrars) et de l'Argonne (les Garibaldiens, le Sergent York, voir au chapitre « Argonne »), continuent à vivre. La preuve, certains tombent doucement en poussière... L'étagère se teinte en pourpre. Manquent les bougies, l'eau bénite et l'encens...

De gros morceaux d'obus apparaissent à présent. Menaçants à nouveau, évoquant inévitablement d'horribles blessures, de lourdes mutilations... Alors surgissent violemment les visages des « gueules cassées », ces milliers de soldats qui survécurent, mais gardèrent d'épouvantables séquelles : visage à moitié arraché, grands trous noirs à la place des yeux, héroïques rafistolages, nez et mâchoires de fer... Au drame des tranchées vint se rajouter celui du retour au foyer. La honte, le silence, le rejet de certaines familles, la douleur du logement déserté... Longtemps, la Loterie nationale édita une série « Les Gueules cassées ». Je me rappelle avoir dit à ma mère un jour : « Pourquoi n'achèterions-nous pas un billet pour aider ces malheureux ? ». Dans mon idée, dans l'espoir de boucler le budget, lors d'une période de chômage de mon père ? Elle me répondit, de son éternelle voix douce : « Oh, non, j'aurais trop peur de gagner à la place de quelqu'un de plus démuni que nous ! »... Sacrée *mother* !

## UNE CALIFORNIE, MAIS PAS COMME CELLE DE JULIEN CLERC

Perdu dans mes pensées, scotché au sol par deux lourdes gangues de boue, j'entendis à peine le guide qui me conseillait de continuer. En effet, la journée serait longue : le bois de Californie, la tranchée du Balcon, le cimetière de Craonne, le monument des Chars à Berry-au-Bac nous attendaient... En fait, je scrutais l'horizon et cherchais ce qui restait de la ferme d'Hurtebise toute proche, où des centaines de tirailleurs sénégalais perdirent la vie. Et puis, je trouvais frustrant de devoir déjà partir, de quitter ce champ qui me parlait, de ne pouvoir gérer mes émotions, de ne pas vivre pleinement des instants exceptionnels... J'eus beau me promettre qu'en avril 2017 je reviendrai en pèlerinage, garderai-je le fil de ce moment si fort, retrouverai-je la même souffrance, le même état d'âme, le même émoi ?

Fascinant plateau de Californie. À trois pas, c'est ici que l'hécatombe fut la plus sanglante et la terre la plus bouleversée... au point que des centaines d'hectares furent déclarés inconstructibles. La nature reprit vite le dessus. Aujourd'hui, le bois du plateau de Californie se révèle quasi impénétrable. Les arbres y ont massivement repoussé, mais pas assez pour combler les milliers de trous d'obus et de bombes. Parfois, on aperçoit un obus fiché en terre ou dans un tronc d'arbre. Non explosé. On se prend encore les pieds dans des barbelés et des bouts de tôles ondulées rouillées. Je trébuchai. Surtout, éviter d'être une des dernières victimes de la guerre et mourir bêtement du tétanos... À l'évidence, mon guide possédait son parcours secret. En tout cas, ici, on peut reconstituer réellement la géographie de la guerre.

Pourtant, encore frustré d'une visite trop rapide, je tentai plus tard de revenir sur les lieux, mais ne retrouvai point l'entrée. Encore moins l'itinéraire...

Arrêt à la célèbre tranchée du Balcon, dominant une longue pente écarlate. À nouveau un lieu au fort pouvoir d'évocation. C'est ici que plusieurs nids de mitrailleuses allemandes firent des milliers de victimes. Des milliers de poilus, englués dans la boue, submergés par les cadavres des copains, coincés dans les barbelés (certains corps servant utilement de marchepied aux suivants). En même temps, aujourd'hui, cette tranchée me semblait si petite, si dérisoire... L'intimité avec le visiteur se révèle ici totale !

Avant de m'arracher à cette pente sanglante (en fait, c'étaient des coquelicots !) et obsédante, je me surpris à fredonner quelques vers de la chanson de Craonne, la plus populaire chanson antimilitariste et pacifiste de la guerre de 14-18 : « Adieu la vie, adieu l'amour, adieu toutes les femmes/C'est bien fini, c'est pour toujours/De cette guerre infâme/C'est à Craonne, sur le plateau, qu'on doit laisser sa peau... ».

Tout au long du parcours, vers Craonne, se succèdent de didactiques panneaux expliquant la bataille. Ce que je retins surtout, ce sont les longs développements sur les mutineries. Un vrai et juste travail de réhabilitation des mutins, un vrai parti pris sur les responsabilités de Nivelle et de son état-major dans la tragédie, un authentique travail de réparation de l'Histoire. Enfin la vérité ! Ce fut d'ailleurs l'honneur de Lionel Jospin, alors Premier ministre, d'avoir prononcé un fameux discours pour réhabiliter les mutins de 1917...

## CRAONNE, L'ÉTAPE PEUT-ÊTRE LA PLUS ÉMOUVANTE !

Le village fut totalement rasé et reconstruit plus bas. Point d'orgue de mon voyage dans la région. Pèlerinage, devrais-je dire. J'avais un rendez-vous très important avec l'un de mes mentors, l'un des personnages fondateurs de ma conscience. Oui, quelqu'un qui eut une influence déterminante sur ma vie : Yves Gibeau ! L'auteur immense et inspiré d'*Allons z'enfants,* livre qui m'ouvrit définitivement les yeux et mit fin à 18 ans d'odieuse propagande paternelle. Petit-fils par ma mère d'un colonel de l'artillerie coloniale, fils d'un lieutenant (certes de réserve) de l'artillerie antiaérienne, je me retrouvai à débuter mon service militaire dans un régiment… d'artillerie classique (vous avez dit à nouveau atavisme !). Non sans avoir fait au préalable, sous la pression de mon père, la PME (préparation militaire élémentaire) pour accéder dans les meilleures conditions possible au peloton des sous-officiers, mon géniteur rêvant de me voir finir au moins sergent ! Pour cela, je dus aller au fort de Romainville quelques dimanches pour cette putain de PME : bourrage de crâne et tirs d'entraînement allongé dans la neige dans le froid hiver 1963.

L'armée fut cependant mon chemin de Damas (bien avant le Chemin des Dames !). Il ne me fallut pas longtemps pour me rendre compte de l'absurdité et de la violence de l'institution. Un soir, on m'ordonna de livrer une gamelle de nourriture à un prisonnier, soi-disant particulièrement dangereux… En fait, un pauvre bougre de paysan qui avait craqué et déserté pour retrouver sa ferme et ses champs, autrement plus hospitaliers que cette sinistre et inchauffable caserne de Commercy. Arrêté par les gendarmes, qu'il avait quelque peu rossés en se défendant, ramené à la caserne, il attendait à l'époque de passer au tribunal militaire, avec à la clé, au moins un an de forteresse et, plus que jamais, le risque d'être transformé pour de bon en bête enragée ! Au moins allait-il échapper à Biribi ! Un sous-off ouvrit la porte de la cellule et je ne vis qu'un pauvre gars prostré, enchaîné, frigorifié, car il m'a bien semblé qu'en ce mois de février 1964, les lieux n'étaient pas chauffés… Je me rappelle avoir posé en tremblant l'écuelle à un mètre de lui et quitté la cellule précipitamment…

## UNE LECTURE FONDATRICE

La rigueur du traitement infligé au pauvre garçon me révolta. Quelques jours plus tard, discrètement, un camarade de chambrée me mit *Allons z'enfants* entre les mains. Dès les premières pages, le récit de la propre vie d'Yves Gibeau donna un sens à ma révolte.

Yves Gibeau, né de façon prédestinée dans la Marne en 1916, en pleine Première Guerre mondiale, était fils de militaire. Son père le força à rejoindre les enfants de troupe au moment de l'adolescence et à y rester dix ans. À peine délivré, il fut contraint de défendre la patrie en 1939-1940, puis fait prisonnier. De cette période sous l'uniforme, il conserva une haine farouche de la chose militaire. *Allons z'enfants*, publié en 1952, raconte plus précisément son passé d'enfant de troupe et décrit de façon détaillée un milieu pétri de bêtise, de brutalité et de haine. Gros succès (300 000 exemplaires). Pendant la guerre d'Algérie, quelques appelés surpris à posséder l'ouvrage se retrouvèrent au trou pour quelques jours. Pour moi, ce fut une vraie révélation !

Yves Gibeau, devenu pacifiste, passa sa vie à dénoncer la guerre et l'armée. Ami de Camus, Blondin, Cabu et Boris Vian, on dit que c'est lui qui inspira Vian pour sa chanson *Le Déserteur*. Il s'installa finalement à Roncy, petit village proche du Chemin des Dames. Il en devint son fidèle gardien et son narrateur. Il mourut en 1994. Fournisseur des mots croisés de *L'Express,* il livra sa dernière grille la veille de sa mort. Il avait souhaité être enterré dans le vieux cimetière de Craonne, symbole de l'absurdité de la guerre. Exceptionnellement, la municipalité lui accorda ce privilège. Le cimetière n'avait plus reçu de corps depuis la guerre. Quand le fossoyeur creusa la tombe, sa pelle dégagea un obus de 75…

Arrivé à Craonne, je décidai d'honorer d'abord mon rendez-vous. Je pris alors le petit chemin qui part à gauche du parking et le remontai sur une centaine de mètres. Émouvant petit cimetière planqué dans la futaie, rempli de vénérables tombes moussues, gardiennes du modeste tertre fleuri d'Yves Gibeau. Quelques mots silencieux de reconnaissance pour celui qui m'ouvrit les yeux et dont j'admirais l'engagement. En plus des bons mots (croisés), je le savais aussi amoureux des maximes. J'avais écrit l'une d'entre elles (empruntée à Dostoïevski) sur un petit carton que je déposai délicatement entre les fleurs : « L'humanité sauvera le monde ». J'adore ces petits gestes naïfs et symboliques : un ticket de métro sur la tombe de Gainsbourg ; un œillet rouge sur celle de Gramsci à Rome ; un petit poème pour Bobby Sands à Belfast… Histoire de tisser un lien…

## ÉPILOGUE D'UN ÉMOUVANT VOYAGE…

Avant-dernière étape : l'ancien Craonne. Dans un petit bois, il ne subsiste plus que le tracé des anciennes rues (rue Saint-Rémy, rue de la Pissotte), bordant les trous de bombes verdoyants et les fondations de l'ancienne église. Là encore, atmosphère bien chargée. Puis visite du nouveau village. Je m'étonne d'y trouver une énorme mairie pour seulement 60 habitants. Généreux cadeau de la Suède au moment de la reconstruction. On y trouve un triptyque de Tardi, le dessinateur qui dénonça le mieux graphiquement les horreurs de la Première Guerre mondiale. Pour entretenir ma révolte, je relis régulièrement les albums qu'il lui a consacrés, notamment *Putain de Guerre !,* d'une grande rigueur historique grâce à l'historien Jean-Pierre-Verney et extraordinaire force du trait et des atmosphères.

Dernière étape : le monument des Chars à Berry-au-Bac, commémorant la première apparition des chars dans la guerre, introduits par l'armée française (en soutien à l'offensive Nivelle). On ne serait pas étonné que ça soit lui ou l'un de ses épigones qui suggéra d'accrocher, à l'extérieur des chars, des bidons d'essence supplémentaires. Résultat à la hauteur de l'offensive : au moindre obus qui tombait dessus ou juste à côté, le char prenait feu ! Sur les 128 chars engagés, 102 furent ainsi détruits…

Enfin, à quelques lieues, au sud-est du Chemin des Dames, au lieu dit « Bois de Butte », je découvris la stèle de Guglielmo Alberto Wladimiro Alessandro Apollinare de Kostrowitzky, plus communément connu sous le nom d'Apollinaire… Elle fut offerte par Yves Gibeau et commémore l'éclat d'obus qui blessa à la tête le grand poète, le 17 mars 1917. Engagé volontaire, bien qu'étranger, il avait obtenu sa naturalisation en 1916. Trépané peu après, décoré de la croix de guerre, il devait décéder de la grippe espagnole le 9 novembre 1918. Ayant signé un engagement pour la durée de la guerre, il fut donc déclaré « Mort pour la patrie »...

Peu de temps avant sa mort, il publia un recueil de poèmes écrit les années précédentes, auquel il ajouta *Le Poète assassiné* rédigé à la suite de sa blessure. Chers lecteurs (-trices), je ne peux guère résister à vous offrir son dernier poème...

*Et le front s'illuminait, les hexaèdres roulaient, les fleurs d'acier s'épanouissaient, les fils de fer barbelés maigrissaient de désirs sanglants, les tranchées s'ouvraient comme des femelles devant les mâles.*

*Tandis que le poète écoutait les obus miauler au-dessus des hypogées que creusent les soldats, une Dame merveilleuse caressait son collier d'hommes attentifs, ce collier sans égal, rivière panethnique qui ruisselle de feux sans nombre.*

*Et les chevaux de frise écumaient sous la pluie.*
*Ô glauque jour où va le régiment de sites.*
*Ô tranchées, sœurs profondes des murailles.*

*Venu à cheval jusqu'aux lignes, avec une corvée de rondins, et enveloppé de vapeurs asphyxiantes, le brigadier au masque aveugle souriait amoureusement à l'avenir, lorsqu'un éclat d'obus de gros calibre le frappa à la tête d'où il sortit, comme un sang pur, une Minerve triomphale.*

*Debout, tout le monde, afin d'accueillir courtoisement la victoire !*

# CHICHA

La *chicha* (« *ak'a* » en quechua), populaire boisson au Pérou, en Bolivie et en Équateur, fabriquée à partir du maïs, se décline de plusieurs manières. Une des plus connues, la *chicha morada*, sans alcool, se fabrique à partir de maïs violet bouilli, auquel on rajoute cannelle, fruits, clous de girofle et sucre (elle possède d'ailleurs d'intéressantes vertus régénératrices). Il en existe une autre, très rurale et artisanale quant à elle, et qui vaut l'expérience.

Un jour, sur la route des Yungas (la célèbre « route de la Mort », de La Paz à Coroico), notre bus s'arrêta en chemin à une « chicheria ». Pas d'enseigne, reconnaissable strictement à sa hampe au-dessus de la porte, ornée d'un chiffon rouge. Archétype du troquet rural : maison en adobe, intérieur rustique et poussiéreux, clientèle indienne... Dans un coin de la *chicheria*, un rituel étrange : une demi-douzaine de vieilles femmes tapaient dans un gros tas d'épis de maïs pour les dévorer à pleines dents (enfin, façon de parler, beaucoup n'ont plus de chicots ou alors en ordre dispersé !). *My God*, quel appétit ! Non, curieusement, pas pour se nourrir et je compris tout à coup la fonction de la grande jarre en terre cuite devant elles. Après avoir été consciencieusement mâchés, les grains de maïs, sous forme de bouillie, furent recrachés dans la jarre. La salive, contenant des enzymes, facilite la fermentation. La jarre remplie, on la couvre d'un couvercle et la décoction va fermenter quelques jours, deux semaines ou plus selon le degré d'alcool souhaité. Mon voisin de bus me proposa alors une *chicha* et de trinquer avec lui. Prétextant de prévenir le *soroche* (le mal de l'altitude), je commandai plutôt un maté de coca dont je sais qu'il a infusé naturellement, sans polka des mandibules...

## LA MYTHIQUE « ROUTE DE LA MORT »

Arrivée à Coroico (1 500 m d'altitude, à mi-chemin de l'Amazonie). Sympathique bourgade où l'on retrouve un climat plus agréable et, surtout, la bienheureuse sensation d'avoir échappé aux cruelles statistiques de la route des Yungas, la mythique

route de la Mort (*Camino de la Muerte* – environ 300 victimes par an). D'une longueur d'une soixantaine de kilomètres, à flanc de montagne, étroite et en terre battue, dominant un ravin abrupt de plusieurs centaines de mètres, sans garde-fous. Elle exigeait une maîtrise absolue de la conduite et, surtout, le respect de codes très stricts. Ainsi, les possibilités de dépassement ou de croisement se révélant assez rares, lorsqu'ils abordaient un virage, les chauffeurs de bus ou de camions klaxonnaient à mort. De la perception sonore de la réponse du véhicule adverse, ils en déduisaient (ou pas) l'éloignement de l'autre et s'ils étaient prioritaires ou non pour aborder le virage, l'autre véhicule ayant (en principe) eu le temps de « décoder » et de se coller dans une échancrure de la montagne... Codifié oui, aléatoire, sûrement. En bus, je me suis payé des frayeurs historiques peu vécues à ce point dans d'autres contrées du globe. Au point qu'au retour, je privilégiai de voyager sur la plateforme d'un camion, assis très inconfortablement sur la ridelle, mais prêt à sauter si l'engin partait dans le ravin...

Depuis quelques années, cependant, une nouvelle route plus sûre mène à Coroico. L'ancien tronçon est désormais le terrain d'aventure des VTT casse-cou !

## MA PREMIÈRE *CHICHA*

Je passais devant le cimetière du Coroico. Classique, primitif en diable, tombes indiennes rustiques en adobe ou en ciment, quelques mausolées de notables rongés par l'humidité. Et cette scène qui m'intrigua : un regroupement de quelques femmes en costume traditionnel aux couleurs pétantes, l'éternel chapeau melon vissé sur leurs têtes et la dizaine de jupons façon Pompadour qui leur crée un impressionnant popotin. Mon tout affalé entre les tombes, jacassant et rigolant bruyamment. Un seul homme, le fossoyeur, leur tournant le dos. C'était la pause *chicha* et je ne pus manquer d'immortaliser cette scène (je préparais à l'époque un livre de photos sur les cimetières les plus insolites de la planète). D'assez loin, au 300 mm, discrètement, rapidement. Un enterrement, c'est toujours délicat. Mon forfait accompli, je souris à cette scène chaleureuse. C'est alors que la femme qui servait la *chicha* se dirigea vers moi, l'air doux et affable, et me tendit un verre qui aurait beaucoup plu à M. Alphonse Bertillon (l'inventeur de l'anthropométrie) pour une enquête. Trinquer avec la veuve et ses copines complices, l'idée se révéla relativement bonne. Cependant, avec une *chicha* servie dans un verre hyper douteux, n'était-ce pas une contrainte, une fatigue supplémentaire imposée à ma colonie d'anticorps (déjà bien sollicités depuis le début du voyage...) ?

Mais le geste était trop beau. Il me fit totalement relativiser la visite à cette primitive petite fabrique de *chicha*, sur la route de Coroico. C'était vraiment frais et doux avec un vague goût de pomme.

« Y'en a ! » aurait pu dire en cette circonstance Lino Ventura (se référant à l'alcool du Mexicain...). Au fond, j'aime les funérailles joyeuses.

# CIMETIÈRES DU MONDE

Était-ce un jour où je visitai Highgate, ce fantastique cimetière londonien, ce fascinant et romantique désordre végétal, havre de paix et de sérénité ? Était-ce le jour où j'ai croisé ces talentueux sculpteurs, de David d'Angers à Bartholdi, qui ont peuplé les tombeaux de l'étonnant Père-Lachaise ? Était-ce le jour où je me recueillis à Tombstone, sur les tombes des frères Clanton, de Frank McLaury (du célèbre règlement de comptes à OK Corral) et du malheureux cowboy pendu par erreur ? Ou alors le jour où je déposai une rose rouge sur la tombe de Gramsci, à Rome, au cimetière « Accatolico » (pas catholique à Rome, notez le paradoxe) ? Peut-être bien le jour où je versai plus qu'une larme sur la tombe de Bobby Sands et de ses camarades, au très républicain champ de repos de Miltown à Belfast ? À moins que cela ne soit plutôt dans l'immense nécropole de Soweto pour rendre hommage aux héros de la lutte contre l'apartheid ? Je ne sais plus et peu importe ! Toujours est-il qu'un jour, j'ai craqué pour les cimetières, façon « syndrome de Stendhal » (voir plus loin). J'ai craqué pour les cimetières du monde, ces carrés de paix dans la jungle des grandes villes, ces lieux de rencontre privilégiés au croisement de l'Histoire et de l'anecdote, ces lieux où l'on parle à l'âme des génies et des poètes et où l'on espère qu'ils vous répondent, si le chant des oiseaux et le froissement des feuilles cessent un moment de détourner votre attention...

## DANS UN GUIDE, LE CIMETIÈRE, AUSSI IMPORTANT QUE LA CATHÉDRALE !

Le cimetière raconte beaucoup sur sa ville, je le visite en priorité, au même titre que le musée, la cathédrale ou la HLM blême du seigneur local. Dans tous mes voyages, je décris les champs de repos, leurs particularismes, la diversité des modes d'inhumation, leurs aspects les plus pittoresques, les plus poétiques... Permettre ainsi une intéressante approche comparative saupoudrée de quelques indispensables éléments historiques, culturels et sociologiques, pour mieux comprendre ces différences. Tous les cimetières possèdent une vraie personnalité que je mets en valeur, parfois de façon exagérément passionnée. Parce que je les aime. C'est l'un des rares endroits où je me sente bien dans une ville. Quand je rentre dans le Highgate Cemetery, à Londres, par l'imposant portail égyptien dévoré par la végétation, lorsque je suis presque obligé de tailler mon chemin au coupe-coupe pour rendre visite à mon pote Charles Marx, lorsque je gravis le chemin des Chèvres au Père-Lachaise pour rigoler un coup avec l'ami Desproges (ou écouter une sonate chez son voisin d'en face), lorsque, à peine rentré dans l'Accatolico de Rome, je constate que l'effroyable tintamarre de la rue ne passe plus au-delà de ses hauts murs, je sais que j'erre dans un endroit exceptionnel. Qui va m'apaiser, me détendre, me permettre de rêver et de me ressourcer. Lorsque, assis sur la dalle de Gérard de Nerval, je tutoie Balzac, son petit voisin d'en face, enfin je sens les choses, je reçois des ailleurs, des ondes, des vibrations, peut-être de libres sensations littéraires. Presque telluriques. Pour ma part, quand je quitte un écrivain, à jamais d'âme et de pierre, je suis, soudain et pour une nuit, un homme qui écrit mieux... Apaisé, aérien, heureux. Michel Dansel, ce bac + 12 du Père-Lachaise, me dit un jour : « Je préfère passer 24h ici qu'une heure à l'hôpital ! »...

## SOURCE D'ÉTONNEMENT ET DE PROFONDES JOIES ESTHÉTIQUES

Et de repartir le nez au vent à la recherche de détails insolites, de clins d'œil, de télescopages... Ah ! le malheureux « Camille Malcuit » repéré dans un columbarium, faut le faire ! Certaines nécropoles se révèlent d'authentiques musées de sculpture où travaillèrent les plus grands. Je suis fou des cimetières italiens d'un lyrisme dément, parfois d'une démesure grotesque, parfois d'un pathétique outrancier, mais toujours intéressant, attachant, étonnant... Quand je rends visite au Staglieno de Gênes, à la Chartreuse de Bologne, au Monumentale de Milan ou au « cimetière des étrangers » de Florence, c'est toujours l'étonnement devant l'exubérance démesurée des monuments. Chez les riches, bien sûr, le tombeau étant le prolongement du statut social, reflet également des mentalités d'une époque. L'art funéraire y gagna ses galons. De tout temps, en toutes civilisations, le dernier domicile fixe fut l'objet de toutes les attentions : tumulus préhistoriques, pyramides d'Égypte, sarcophages romains, pierres tombales du Moyen Âge, superbes dalles gravées et polychromes des chevaliers de Malte, mausolées d'églises, *chhatri* hindous ou mogholes, tombeaux grandiloquents des bourgeoisies européennes du XIX^e^ siècle... : tous exprimaient la grandeur des personnages ensevelis. La tombe devint, pour la bourgeoisie en pleine ascension, lieu d'ostentation sociale. C'était à qui ferait le plus beau, le plus grand, le plus fou parfois. Félix de Beaujour, obscur diplomate, serait-il passé à la postérité sans son spectaculaire phallus du Père-Lachaise ? Façon donc pour les moins connus (les plus médiocres aussi) possédant au moins de l'argent, de survivre malgré tout dans la mémoire sociale, de ne pas être oublié ! Et ci et là, la tombe devient carte d'identité. On n'y apprend pas seulement la date de naissance ou de décès, mais aussi la situation familiale, professionnelle. Et on rappelle qualités, bienfaits, honneurs, décorations, activités culturelles, hobbies, animaux familiers du mort. Dans un grand cimetière anglais, par exemple, ce mausolée d'un important industriel où étaient gravées dans le marbre 40 lignes de tâches et fonctions d'une vie bien remplie : conseils d'administration, fondations, activités politiques et philanthropiques, voyages, relations célèbres, médailles du monde entier et... 14 enfants ! Le guide, avec un sourire amusé, nous posa la question : « Mais quand a-t-il eu le temps de les faire ? »...

Les plus malins reproduisant sur leur tombe les objets manufacturés dans leur usine, les vantant avec force et louanges... Intelligente publicité gratuite. Ces véritables livres ouverts, cette affirmation très nombriliste de la personnalité du défunt apparaissent ainsi comme une ultime volonté de survivre à sa propre mort.

Et ça donne aussi, avec les inventeurs, des résultats très intéressants et pédagogiques… Ainsi Gramme est-il représenté avec sa dynamo, Chappe avec son télégraphe, Tupolev avec ses avions… Artistes célèbres présentant leur œuvre, simples ouvriers avec leurs outils… Au cimetière Montparnasse à Paris, j'adore aller surprendre (j'enlève même mes chaussures) M. et Mme Pigeon (inventeurs de la lampe éponyme), langoureusement allongés dans un grand lit en bronze. Madame dort, monsieur lit (bien sûr, à la lueur de sa géniale invention).

## BALADE DOMINICALE, POURQUOI PAS ?

Point étonnant que les grands cimetières du XIX^e^ siècle se révélaient, le dimanche, un des hauts lieux de promenade des familles. On allait voir comment étaient enterrés les riches, on admirait le luxe de leur dernière demeure. D'ailleurs, les coutumes familiales ou la douleur de ceux qui restaient fournissaient bien entendu nombre de riches représentations. C'était même l'un des thèmes les plus utilisés. Les pères avaient le beau rôle, reflet de la place centrale qu'ils occupaient depuis toujours dans l'histoire sociale. En buste, en pied, en médaillon, la moustache conquérante et le regard assuré, toujours entourés de leur tendre épouse et de leurs enfants (évidemment écrasés de chagrin). Au Staglieno de Gênes, il y a une tombe fameuse : un immense bourgeois gras et prospère, allongé dans son lit, l'air réjoui, sourire béat, les yeux mi-clos, entouré de sa nombreuse famille. Quel meilleur symbole de l'idéologie du XIX^e^ siècle et du patriarcat triomphant !

## LA FRUCTUEUSE ASSOCIATION EROS-THANATOS

Reconnaissons qu'il existe à l'évidence une objective alliance entre Éros et Thanatos. J'adore traquer les attitudes suggestives, les poitrines agressives, les culs provocateurs qui parsèment les cimetières. Sans parler des pratiques érotiques qu'elles suscitent, mais c'est un autre sujet. Je suis surtout sensible à l'émotion trouble que provoque la sculpture funéraire. Eh oui, je me suis découvert « algamatophile » (mot délicieux provenant du vieux grec « almaga », statue, et de « philos », ami).

À ce propos, il peut paraître bizarre qu'au XIX^e^ siècle, à une époque où les femmes étaient engoncées jusqu'au cou et jusqu'aux chevilles de lourds tissus, une telle liberté d'expression artistique ait pu s'exprimer dans les cimetières. Eh oui, dans certains d'entre eux, on découvre de façon surprenante un nombre impressionnant de belles dames. Si, si ! Dans ces lieux de repos, censés être tristes et austères, des êtres pleins de grâce, des formes opulentes, des gestes et des positions ambiguës, vous accrochent l'œil et les sens, provoquent un trouble que l'on cherche bien entendu à nier quand on a reçu une bonne et traditionnelle éducation judéo-chrétienne. Mais très vite, on comprend que la statuaire funéraire joue un grand rôle dans l'imagination de la mort. En quelque sorte, une compensation de l'être aimé et perdu. Selon mon pote Sigmund, les souvenirs et les objets redessinent un personnage virtuel qui colle à la mémoire de ceux qui l'ont aimé, qui peu à peu se matérialise jusqu'à remplacer l'être aimé. C'est de ce rapport ambigu avec les fantasmes que provient le caractère érotique de la sculpture funéraire. Elle se trouve toujours à la frontière du réel et de l'imaginaire et peut exprimer insidieusement une forme de sensualité. Et que dire des anges, loin d'être asexués ? La plupart possèdent des traits féminins prononcés. Ils invitent les défunts au ciel dans un élan, un mouvement, qui évoque plus souvent une étreinte des corps qu'autre chose. Comment ne pas ressentir soudain la charge érotique de ces étreintes ? Là est l'astuce : transformer le deuil, la peine en émotion presque jouissive, la détourner, la dédramatiser…

## MÊME FLAUBERT ET BALZAC…

Flaubert narra quelque part sa fascination pour les belles statues funéraires de style néoclassique, ainsi que celles du Père-Lachaise, dont il soulignait le désordre troublant et propice à l'expression de bien des désirs… Balzac appréciait également le Père-Lachaise qu'il arpentait de long en large à la recherche de noms intéressants qui devenaient les patronymes des héros de ses romans. D'ailleurs, c'est de la terrasse, au-dessus du monument de Bartholomé, que Rastignac s'écrie : « À nous deux Paris ! ». Les surréalistes, Breton en tête, n'étaient pas les derniers à aimer le Père-Lachaise.

## MON TOUT BIEN MORBIDE… MAIS PAS DU TOUT !

Bien que l'on trouve quelques éphèbes et androgynes, il reste, on l'a vu, que la majorité des sujets sont des femmes. On leur accorde généralement deux rôles : pleureuse pathétique (symbolisant l'épouse dorénavant seule) ou tout simplement la défunte elle-même, statufiée dans un dernier geste d'amour, idéalisée à jamais. Bien entendu, il reste que parfois la symbolique est confuse. Dans le genre troublant, j'ai le souvenir d'un des ensembles les plus populaires du cimetière nord de Barcelone. Un jeune homme, beau comme un camion, s'abandonne littéralement dans les bras de la mort (ailée, ce qui est rare), d'une façon voluptueuse. Mais cette mort, aux traits durs, faisait plutôt penser à un homme. Mon imaginaire eut vite fait d'y distinguer une connotation franchement homosexuelle (mais c'est une appréciation toute subjective…).

En fait, la mort est relativement peu représentée (le deuil, le cimetière, la tombe, c'est déjà un peu dur à supporter pour les survivants). Cependant, dans les quelques cas que j'ai pu découvrir, cette représentation n'est jamais vraiment terrifiante, rarement morbide. J'y trouve plus souvent de la grâce, de l'élégance, de la tendresse, même. La mort est d'ailleurs, assez souvent, à peine suggérée. Elle se cache sous un voile dont seuls les plis délicats laissent deviner les contours macabres. C'est certain, de telles vibrations érotiques trouveront toujours de nombreuses personnes prêtes à les recevoir. Les cimetières (surtout parisiens) possèdent leurs maniaques, leurs exhibitionnistes, leurs fétichistes, leurs « déviants » sexuels de toutes sortes. Ça ne me gêne pas. Pour être honnête, je dois bien avouer que la frontière se révèle bien ténue entre le trouble et le désir provoqués par un sein conquérant et le passage à l'acte. En deux mots, du délicat effleurement du doigt sur le téton de miss Barbedienne aux... pratiques masturbatoires... Personnellement, je pense qu'il n'existe qu'une différence de degré, pas de nature. Revenons à la statue de miss Barbedienne (baptisée ainsi par moi), une des égéries du Père-Lachaise. Dans une ruelle discrète du cimetière, elle orne la tombe de Barbedienne (l'un des plus grands fondeurs du XIX^e siècle) et aguiche sévère le passant de ses petits seins bien fermes. Les années l'ont bien oxydée et verdie, sauf le sein droit et le téton gauche qui étincellent d'un or éblouissant, polis, lustrés par les caresses et les bouches gloutonnes de ses admirateurs. Je ne manque jamais lors de mes visites au Père-Lachaise (quatre fois par an, à chaque saison) de venir lui rendre hommage... Pour la petite histoire, les employés du cimetière repeignent régulièrement couleur vert-de-gris ces petits seins par trop racoleurs et tentateurs... De même, Victor Noir connaît-il le même genre de culte de la part des dames. Comment ce jeune journaliste de 22 ans, tué par le prince Pierre Bonaparte, pouvait-il deviner qu'il ferait au XXI^e siècle, l'objet d'un culte sexuel aussi délirant ? Il faut dire que le coup de ciseau frondeur (ou inconscient) de Dalou fit apparaître sur le gisant une virilité « post mortem » que des centaines de petites menottes lustrèrent patiemment. Impossible également de savoir d'où peut bien provenir la légende d'un Victor Noir capable de transmettre de l'énergie sexuelle. Le fait est que sa tombe est l'une des plus visitées du Père-Lachaise. Quant à Oscar Wilde, merveilleusement personnifié en sphinx par Epstein, il fut victime de la fureur iconoclaste de deux prudes Anglaises qui lui brisèrent les testicules à coup de marteau. Pour la petite histoire, elles serviront longtemps de presse-papier au conservateur du cimetière...

## ALLEZ, UN CIMETIÈRE COUP DE CŒUR !

Impossible de citer tous mes coups de cœur dans le monde, mais comment oublier les cimetières malgaches ? De Madagascar, on connaît bien sûr le rituel du « retournement » des os des morts qui donnent lieu à de festives cérémonies. L'art funéraire malgache se révèle également d'une grande richesse, principalement chez les Mahafaly et les Sakalava. Chez les Mahafaly, ce sont souvent d'énormes tombeaux de plus de 10 m de long, largement décorés de peintures et parfois de cornes de zébus. Chez les Sakalava de la côte sud-ouest, ce sont les cimetières « érotiques » qui sont les plus célèbres. Les sculpteurs ont abondamment représenté la vie des autochtones sous toutes les formes, activités quotidiennes, bien sûr, mais aussi hommes et femmes aux organes génitaux surdimensionnés, mis en scène, sur les barrières entourant les tombes, dans des représentations explicites de l'acte sexuel en bois sculpté. Largement du niveau du *Kama soutra* et des estampes japonaises. Représentations qui symbolisaient, avec bon sens, la fécondité et la vie qui continuent malgré tout. Les missionnaires mirent évidemment un coup d'arrêt à cet art par trop subversif. Le vandalisme et les nombreux vols de statues, assimilées à des antiquités, faillirent également faire disparaître cet art exceptionnel... Aujourd'hui, l'accès aux tombeaux sakalava est de ce fait très réglementé. Dommage !

*Tombes sakalavas, Madagascar*

**EN GUISE DE CONCLUSION PROVISOIRE !**

Amis lecteurs (trices), en parcourant le monde, n'oubliez donc pas de visiter les cimetières. Vous y trouverez mille histoires sublimes, mille riches dialogues, mille chocs culturels... Visites qui provoquent tant de grands moments esthétiques et d'émotion, quand l'œil saisit le désarroi des survivants figé dans la pierre : des visages meurtris, ravagés, désemparés, que ni les pollutions, ni l'érosion, ni la maladie de la pierre n'arrivent à estomper... Mais bien au contraire, ils sont renforcés par la patine du temps, les intempéries, les mousses et les lichens. Il y a des scènes qui prennent un relief remarquable, inattendu, et des visages s'humanisent, prennent vie. Lorsqu'on laisse divaguer sa sensibilité sans censure intellectuelle ni rationalité froide et réductrice, on retrouve des moments d'émotion pure, de lyrisme et de poésie authentiques. Alors éclate la tendresse du regard et du sourire des vieux que la mort sépare, alors explose de façon douloureuse le désarroi d'un enfant arraché trop tôt à ses jouets...

On avait négligé ça dans la mort occultée, dans nos enterrements clandestins (et le bistrot oublié derrière), dans nos cimetières fonctionnels, propres, tirés au cordeau, ouverts à tous les vents glacés et vite désertés. Je préfère de loin le désordre végétal et l'anarchie minérale, le petit cimetière de campagne mangé par les herbes folles, la nécropole victorienne noyée dans le lierre... Subversion de la nature qui reprend le dessus. Je préfère les grands champs de repos de la bourgeoisie du XIX<sup>e</sup> siècle, ces immenses musées sculptés, au charme grandiloquent, au ridicule frôlant le sublime...

Au long de bucoliques allées, tant de gens qui tentent de survivre, qui continuent à nous interpeller, à nous draguer et qui ne veulent pas être oubliés forcent le respect. J'y ai trouvé moi-même des occasions de me requinquer, des forces nouvelles pour vivre...

Et comme disait Marx dans sa délicieuse forêt d'Highgate : « Algamatophiles de tous les pays, unissez-vous ! ».

# CUBA

Deux phénomènes marquèrent profondément notre génération et contribuèrent à la radicaliser : la guerre du Vietnam et la révolution cubaine. Je fus d'abord militant du Comité Vietnam. Comment accepter l'écrasement sous les bombes du courageux peuple vietnamien par la plus grande puissance impérialiste au monde ? Comment ne pas soutenir également Cuba, petit village gaulois des Caraïbes qui fit seul sa révolution et n'a cessé, depuis, d'être soumis à la pression du « grand Satan » américain ? Comment ne pas admirer le Che qui préféra repartir combattre en Bolivie (même sur une ligne erronée, la « théorie du Foco » chère à Régis Debray), plutôt que de s'endormir sur des lauriers dorés ? Le Che était pour nous la réincarnation vivante d'Emiliano Zapata qui, installé au pouvoir après le succès de la révolution mexicaine, se vit reprocher par une délégation d'ouvriers agricoles d'avoir abandonné les péones à la dictature des grands propriétaires terriens. C'était du moins la vision romantique que nous en donnait une superbe scène de *Viva Zapata* d'Elia Kazan. Zapata repartit alors au combat et en mourut, victime d'un guet-apens, abattu par les milices des latifundiaires...

Octobre 1967. À son tour, le Che a été assassiné en Bolivie. Sa barbe prophétique autant que sa figure de martyr de la révolution ne pouvait que séduire le cœur du révolté, encore pétri d'idéal chrétien, qui battait alors au fond de ma poitrine. Le Che, pour moi et mes copains de lutte, était le symbole universel de notre révolte et de la révolution permanente. Aujourd'hui, le capitalisme ayant bien senti la portée émotionnelle de sa figure, l'image du Che a été bien entendu récupérée. Il est devenu une icône commerciale pour T-shirt, paquets de cigarettes et toutes sortes de gadgets, y compris une marque de parfum... En Italie, on trouve même des posters du Che dont le béret a été remplacé par une couronne d'épines, comme celle du Christ...

C'est une affaire entendue : aujourd'hui, le Che fait vendre, le Che rend idiot. Oui, mais à l'époque, notre Che à nous était bien loin de ces récupérations ! Car s'il était un symbole vivant, ce n'était pas pour autant une idole dont nous avions le culte. C'était bien davantage et, avant tout, un exemple à suivre dans les luttes.

*Coiffeur à Port-Saïd, Égypte*

Un soir, avec mes potes de la JCR – Jeunesse communiste révolutionnaire, la bande à Krivine, quoi ! –, nous collions des affiches rue de Belleville (Paris XXe). Elles annonçaient un grand meeting qui rendait hommage au Che après sa mort. Nous fûmes alors pris à partie par des militants du PCF. Assez agressifs, ils nous traitaient de gauchistes, de provocateurs. L'un d'eux tenta d'arracher nos affiches. Ce à quoi nous répondîmes qu'honorer le Che n'avait rien de provocateur, que c'était même un devoir pour tout communiste qui se respecte... En revanche, pour ceux que nous n'appelions jamais du beau nom de communiste, mais de celui, méprisant, de « stals » – staliniens –, le Che était un aventuriste, un gauchiste. Pour nous, la vision politique de ces sectateurs de la Russie soviétique, la soi-disant « patrie du socialisme », était incompatible avec l'idéal trotskyste de l'internationalisme prolétarien révolutionnaire. Rien d'étonnant que le PCF, qui n'avait pas reçu d'ordre de Moscou pour faire la Révolution, soit passé à côté de ce fantastique mouvement de la jeunesse qu'a été Mai 68. En attendant, le meeting à la Mutu fut un énorme succès et me convainquit d'adhérer à la JCR. Comment rester indifférent à cette chaleureuse communion qui soulevait les poitrines, à l'immense espoir suscité par les peuples en lutte et cette révolution qui montait, montait, que nous pensions irrésistible et à laquelle nous avions bien l'intention de participer.

Aussi, quand nous apprîmes que Cuba organisait une rencontre mondiale de solidarité avec le Vietnam et que notre Comité Vietnam national en était, nous fûmes parmi les premiers à nous inscrire. Mon enthousiasme était partagé par Diva, ma première et tendre épouse, Serge, mon pote de chez Braun (la boîte où je travaillais à l'époque), Jean-Philippe, adorable copain d'armée, Danièle, courageuse instit de classes difficiles dans le XIIIe, Charles, spécialiste des pays de l'Est et de l'URSS, le physicien Jean-Pierre Vigier et tant d'autres, membres de la JCR, du PSU, de l'UNEF, quelques maoïstes et ex-PC... Toutes et tous ravis, emballés, enthousiastes de rejoindre le *Campamento 5 de Mayo*, immense ferme agricole dans la province du Pinar del Rio qui allait ainsi accueillir des centaines de militants internationalistes venant du monde entier.

Nous avions baptisé notre brigade du nom de *Gilles Tautin*, ce lycéen maoïste qui, lors d'une tentative de fraternisation avec les ouvriers de Renault à Flins, s'était jeté dans la Seine en juin 1968 pour échapper au matraquage des CRS et s'était noyé.

Au programme, travail dans les champs de 6h à midi. L'après-midi, après la grosse chaleur, conférences multiples sur les grands sujets : l'approfondissement de la révolution cubaine, la solidarité internationale, le soutien au Vietnam, la solidarité avec les peuples en lutte et toutes les victimes de l'impérialisme, en particulier les Noirs américains et les étudiants mexicains massacrés par centaines pour faire place nette avant l'inauguration des Jeux olympiques de l'été 1968 (que *Le Canard enchaîné* avait rebaptisés « Les jeux olymflics »).

Sous le cagnard, le boulot était dur. Levés avant l'aube au son de *L'Hymne du 26 juillet*, nous embarquions dans des camions pour rejoindre les chantiers. Nous avions rêvé d'être de la mythique zafra, la coupe de la canne à sucre, et d'apporter ainsi notre héroïque contribution à la campagne des 10 millions de tonnes décrétées par Fidel. Hélas, la saison était passée. Nous devions, bien plus modestement, participer à des travaux de drainage dans la montagne, creuser des rigoles dans les cultures de café en terrasse pour permettre aux pluies tropicales de s'écouler. Dans la foulée, nous avions aussi planté des caféiers et, en plaine, des cocotiers... Pour ces derniers, nous devions creuser de vastes trous d'un mètre de profondeur. Carmen, l'une des militantes cubaines qui encadrait notre brigade, lorsqu'elle sentait du relâchement, ne manquait jamais de nous dire avec le sourire, mais énergiquement : « *Pincha, pincha !* » (creuse ! creuse !). C'était parfois dur pour nos mains peu habituées aux rudes travaux des champs, mais un bon repas et une bonne sieste réparatrice nous remettaient vite d'aplomb. Pour la nourriture, nous étions vraiment choyés. La fameuse langouste de Cuba était fréquemment au menu. Mais conscients que ce crustacé de choix ne faisait pas l'ordinaire de la plupart des Cubains, par solidarité et pour montrer notre haut degré de conscience politique, nous fîmes discrètement comprendre que ces langoustes seraient mieux employées à l'exportation pour renflouer les réserves en devises de Cuba.

Les conférences de l'après-midi se prolongeaient souvent tard dans la nuit autour d'un feu de bois. C'est ainsi que l'on passa quasiment une nuit entière avec Manuel Piñeiro Losada, surnommé Barberousse à cause de sa flamboyante pilosité, qui fut vice-ministre de l'Intérieur de 1961 à 1975. Jean-Philippe, qui avait vécu en Colombie, assurait gentiment et parfois héroïquement la traduction de ces échanges qui duraient souvent des heures. Tous les sujets étaient évoqués : la solidarité internationale, les nouvelles institutions, la vie démocratique, la répression des dissidents aussi, ça va de soi... Nous n'étions pas naïfs. Beaucoup d'entre nous savaient qu'il existait dans le pays de gros problèmes de droits de l'homme. Nous ne les occultions absolument pas, mais nous privilégions l'image d'un Cuba héroïque, en pointe dans le combat contre l'impérialisme américain et victime d'un injuste blocus. Cela dit, le fait qu'un homme politique de haut rang comme Barberousse, également chef du renseignement, se montre aussi accessible et fraternel, correspondait bien à notre idée du socialisme...

## DOUCHE FROIDE MALVENUE SOUS LES TROPIQUES

Pourtant... Ce 21 août 1968, un coup de tonnerre éclata dans le ciel azuréen du Pinar del Rio : l'URSS et les troupes du Pacte de Varsovie avaient, au cours de la nuit précédente, envahi la Tchécoslovaquie, mettant fin au « Printemps de Prague ». Et Castro approuvait l'intervention ! Certes, il n'y eut pas d'ordre de grève formel, mais le lendemain matin, un certain nombre d'entre nous oublièrent de se lever et ratèrent les camions des chantiers. L'amertume fut vraiment très forte et plomba quelque peu l'euphorie du début du séjour. Plus tard, nous fûmes tout de même heureux d'assister à la commémoration de la bataille de Santa Clara remportée par le Che, dix ans auparavant, et au discours-fleuve – quatre à cinq heures – de Castro. Pas ennuyeux du tout pourtant, car nous avions la traduction simultanée. Nous eûmes alors l'impression de participer un peu à l'Histoire...

## IL FALLUT BIEN RÉEXPORTER NOTRE RÉVOLUTION UN JOUR !

Juste avant de rentrer, nous fûmes invités par les autorités du *campamento* à nous servir dans la bibliothèque et à emporter tous les livres et brochures que nous désirions. Succès « populaire » assuré. Des militants en vinrent presque aux mains pour s'arracher les exemplaires du *Journal du Che,* narrant ses derniers jours dans la guérilla bolivienne. Je me dis alors en aparté qu'un voyage à Cuba ne garantissait point la disparition du réflexe bourgeois d'appropriation !

Retour épique La Havane-Amsterdam, plus de 20 heures avec escale à Terre-Neuve, dans notre vieux et lent Super Constellation. Atmosphère très chaude durant le vol, rapport aux hectolitres de rhum embarqués... au point que l'avion se transforma en piste de danse et que les chants révolutionnaires faisaient dangereusement vibrer la carlingue. Au point, aussi, que nous eûmes droit à une intervention énergique du commandant de bord : si la situation ne redevenait pas normale, il laisserait les perturbateurs sur le tarmac de l'aéroport de Gander à Terre-Neuve. Ça calma le jeu et nous permit de rapporter à la maison le *Havana Club* non encore éclusé.

## VOYAGE EN BUS AGITÉ !

Un bus nous attendait à l'aéroport d'Amsterdam pour effectuer la dernière étape. Encore quelques bouteilles opportunément ouvertes et notre euphorie se transporta dans le bus. Sans risque de crash, cette fois. Jusqu'à la frontière belge, pas de rumba ni de salsa, mais à nouveau de beaux chants révolutionnaires à tue-tête dans un espagnol moins approximatif qu'au début du séjour. Hélas, ce n'était pas encore Schengen, à l'époque. Un joyeux comité de chaussettes à clous nous attendait à l'entrée en France pour un sévère contrôle d'identité. Nous apprîmes alors que plusieurs députés de la droite gaulliste s'étaient insurgés à l'Assemblée nationale contre l'organisation de « camps de guérilla » à Cuba durant l'été et de la scandaleuse participation de jeunes Français. Regardant nos ampoules à peine cicatrisées et nos mains calleuses, héroïnes de tant de cocotiers plantés, nous partîmes d'un sain éclat de rire. Cependant, moins drôle fut la demande des pandores de décharger toute la littérature subversive du bus. Nous leur fîmes remarquer pédagogiquement que le *Journal du Che* avait déjà été traduit en français et que les nombreuses brochures politiques du type *Congrès de la Tricontinentale* à La Havane étaient disponibles depuis longtemps à la librairie Maspero (*la Joie de Lire*, rue Saint-Séverin).

Nous hurlâmes au scandale, à la censure fasciste, rien n'y fit... Nous refusâmes bien sûr de négocier quoi que ce soit. Pas un livre, pas une brochure ne quitta le bus. Nous avions décidé de manifester notre ferme résolution et de ne montrer aucun signe d'énervement. L'épreuve de force dura plus de six heures, avant qu'un ordre de Paris ne finisse par autoriser notre retour en France sans aucune saisie.

Au son de « Marcelin, salaud, le peuple aura ta peau », d'Avanti Popolo et de « Non, Nicolas la Commune n'est pas morte », pour fêter notre héroïque victoire, quelques précieux flacons ne manquèrent pas d'être à nouveau sacrifiés... *¡ Viva Cuba, viva el Che !* Vive le rhum, vive la révolution !

# D COMME…

## DUNGLOE BAR

D'aucuns me demandaient un jour : « De toutes les routes que tu as arpentées, laquelle fut ta préférée ? » En réfléchissant, l'une de celles qui m'ont le plus marqué, la vraie, l'unique route, fut celle qui mène du cœur à l'âme – ou l'inverse si vous voulez – et conduit invariablement à un pub, quelque part en terre d'Irlande. Or Derry, en Irlande du Nord, en regorge. Nous sommes au début des années 1980. Les patrouilles de la RUC (police d'Ulster, en grande partie composée de loyalistes protestants) et les troupes d'occupation britanniques se hasardent peu dans les rues du Bogside, ce vieux quartier républicain de la ville. Encore moins dans les pubs qui ne sont plus guère soumis aux règlements de fermeture draconiens de Sa Majesté (pompes fermées à 23h). Les pubs, à Derry, possèdent leur couleur politique. Provos (*Provisionnal Sinn Fein*, aile politique de l'IRA) au *Rocking Chair*, républicains socialistes au *Dungloe Bar*, les moins républicains au *Castle Bar*, enfin les plus folkeux au *Gweedore*. Tous sur Waterloo Street qui longe les remparts de la vieille ville.

### RITUELS ET MŒURS DU PUB IRLANDAIS

J'aimais bien le *Dungloe Bar*, les soirées y étaient chaudes, surtout si les après-midi l'avaient été aussi. En ce mois d'août, mois emblématique qui connut les premiers affrontements en 1969, lors de l'historique et victorieuse bataille du Bogside, les castagnes entre jeunes et soldats anglais se déroulaient quasi quotidiennement. Le soir, on se repassait le film de la journée et on voyait déjà le monde de demain.

Difficile de décrire l'animation d'un pub irlandais, on est toujours en deçà. Lieu extraordinaire de parole, d'amitié, d'échange… Et dans les moments creux de la journée, atmosphère propice à la réflexion, à la mise en ordre des infos et à l'écriture pour un guide *Irlande.* Dans les discussions, si l'on comprend les mots de l'autre, tant mieux, mais ce n'est pas toujours indispensable. Bien souvent, le courant passe autrement que par les mots : un regard, un sourire chaleureux, une vibration qui part du cœur et vous transcende. Puis les mots sont mis en musique. Alors là, c'est quelque chose.

## ET EN PLUS, ON Y CHANTE !

J'aime les peuples qui chantent. Au Pays basque, on chante trop. En plus, un soupçon macho. En Corse, ça polyphone. Beau, dans le registre mélancolie romantique… En Irlande, ça chante à voix pleine, de façon vibrante, l'émotion en plus, surtout quand l'histoire s'invite au pub. D'ailleurs, des anecdotes de pub, à Derry, on pourrait en écrire des volumes. Et n'importe quel ethnologue débutant sait que pour étudier les tribus du Ponant, le meilleur terrain c'est le pub irlandais, sinon le café breton. Au *Dungloe Bar,* les militants républicains s'y retrouvaient souvent, comme les United Irishmen (mouvement rebelle de 1798, incluant catholiques et protestants) au *Kelly's Cellar* à Belfast ou ceux du *Tailor's Hall* à Dublin. J'y appréciais les conversations animées, les rires énormes et libérateurs qui explosaient après les tensions de la journée, les brouhahas invraisemblables qui s'en suivaient. Certains soirs, quelques musiciens jouaient les airs les plus connus, repris par tout le pub. Ce jour fiévreux d'août, pas de musiciens, l'animation au *Dungloe* se révélait cependant exceptionnelle.

Helen, pasionaria républicaine, chanteuse du cru, se mit à entonner « James Connolly » a cappella, chanson dédiée au grand leader ouvrier de l'Insurrection de Pâques 1916 (dont on fêta le centenaire de la mort en 2016). Enceinte jusqu'au blanc des yeux, sa voix montait, chaleureuse, tremblante, puissante tout à la fois, avec des intonations qui vous labouraient l'âme. Sean, le patron, épuisé, n'aspirait qu'à aller dormir. Il était 3h du matin. Les pompes auraient dû fermer à 23h. Elles avaient chauffé à blanc toute la soirée, bien au-delà de l'heure légale de fermeture.

## IMPRÉVISIBLES IRLANDAIS, DE FORMIDABLES ACTEURS !

J'aime avant tout cette capacité des Irlandais à résister à toute loi, toute contrainte. Derry, ville libérée, ville débarrassée de l'oppression policière au quotidien, trouvait son prolongement dans le pub.

Sean venait de déposer le petit tapis sur les pompes, signe traditionnel qu'elles étaient définitivement arrêtées. La chanson d'Helen s'achevait. L'émotion coulait dans la salle, provoquant de-ci de-là quelques belles larmes, quelques yeux embués et cœurs serrés. Et quand la dernière note se noya dans la dernière goutte de stout, il se fit un grand silence, très chargé de sentiments. C'est là qu'Helen rompit la magie de l'instant par un tonitruant : « Sean, une pinte s'il te plaît ! ». Sean devenait funèbre devant ses pompes : « Non, Helen ! C'est fini, on ne sert plus ». Helen répliqua : « Sean, si je n'ai pas ma pinte *right now,* j'accouche dans ton pub ! ». Alors un énorme éclat de rire secoua la salle, chassant l'émotion dans le brouillard des clopes. Terrifié à l'idée de voir son pub transformé en maternité, Sean céda...

J'eus l'impression d'être à la fois dans un pub et dans un théâtre irlandais. Et la soirée avait campé les personnages. Je n'étais pas acteur, seulement spectateur. Autour de moi, c'était la fusion du tragique de Beckett et de l'humour de Wilde ou Shaw. Je ne tardais pas à me retrouver dehors, groggy, saoul d'amitié et de convivialité, porté par cette atmosphère singulière. Comme à mon habitude, je traînais dans le coin pour profiter des derniers éclats de voix, saisir d'ultimes morceaux d'accents improbables. Cette nuit-là, je compris que l'Irlande était le théâtre des jours... Le dernier client du bar, qui sait, le dernier personnage de la pièce, s'éloignait en hurlant à la lune, vers l'ouest : « Je renonce à Sean, à ses pompes, à ses œuvres ». Dernière tirade de la pièce ou serment d'ivrogne ? Je ne savais plus. Les trois quarts des fenêtres des *Rossville Flats*, l'emblématique HLM républicain du Bogside, étaient encore allumées. On y liquidait les packs de bière achetés à la fermeture des pubs.

Et, tout là-bas, la lune avait dépassé le Ponant.

J'espère vous avoir convaincu d'aller partager en Irlande...

# E COMME...

## ÉQUATEUR

Débarquer dans un pays en pleine effervescence sociale et politique se révèle, pour un « voyageur professionnel », le meilleur moyen d'y entrer de plain-pied et de comprendre son système politique, ses institutions, son histoire, ses traditions, le caractère de ses habitants... Cette initiation peut prendre diverses formes. Cela peut aller de la révolution violente, à l'émeute passagère, ou plus sagement à l'ébullition que peuvent provoquer des élections démocratiques dont on espère un changement radical. Dans ce cas de figure, c'est un grand moment que de vivre en direct le haletant dépouillement et l'effervescence de la victoire qui s'en suit… à condition, bien sûr, que ce soit votre candidat préféré qui l'emporte.

Bon, OK. Mais même si c'est le concurrent, ça reste quand même intéressant pour l'intensité de la campagne qui précède le scrutin. Le risque pour un auteur de guide, bien entendu, c'est que les événements politiques ou sociaux entravent quelque peu sa mission. Musées fermés, grèves multiples, perte de temps dans les embouteillages, blocage dans les manifs ou à cause des couvre-feux – c'est arrivé ! – quartiers ou rues interdites – c'est arrivé aussi… Certes, ce genre d'incident est bon pour la culture politique, mais ne facilite guère le boulot, bien que lorsque cela se produit, on y puise de quoi alimenter une meilleure compréhension du pays, à laquelle s'ajoute la jouissance de vivre un moment historique. Ce qui se traduit généralement par l'enthousiasme qu'on va injecter dans l'écriture au moment de la rédaction.

## D'ENTRÉE, FRAPPER UN GRAND COUP… D'ÉTAT !

Ce 21 janvier 2000, je débarquai donc à Quito, capitale de l'Équateur, pour la première fois de ma vie, bien décidé à repartir de ce petit pays andin avec d'incandescents souvenirs de volcans en éruption, d'odeurs de jungle poisseuse, et, imprimée dans la rétine, l'exubérance colorée des pittoresques marchés indiens comme des vénérables cités coloniales… Sans oublier d'en rapporter aussi un vrai panama qui, comme vous le savez sans doute, n'est pas fabriqué au Panama mais à Cuenca, dans le sud du pays…

Côté volcan, c'est vrai, ça bouge. Un mois avant ma venue, le Guagua Pinchicha avait failli provoquer l'évacuation de la capitale, quant au Tungurahua, il venait de se réveiller dans un grondement infernal et la population de Baños avait dû plier bagage.

À Quito, le temps de m'installer à l'hôtel, j'appris qu'une grève générale des Indiens venait d'éclater. De façon concomitante, un groupe de militaires de gauche, dirigé par le colonel Guttierez, venait de prendre le pouvoir en renversant Jamil Mahuad, le président de la République. La baraka pour moi ! Dollarisation du pays, crise économique, appauvrissement des plus démunis : la colère montait depuis plusieurs mois…

Des milliers d'Indiens avaient envahi l'Assemblée nationale. Super intéressant ! C'était mon premier coup d'État en direct. Pour me mettre dans l'ambiance, je décidai d'aller rejoindre la manif populaire de soutien qui venait d'être annoncée, histoire de prendre la température de la situation. Et aussi, je le confesse, de vibrer à l'unisson d'un mouvement à priori sympathique. Quoi que certains en pensent, nous autres Français avons dans nos gènes une propension naturelle à aimer quand ça pète. Vieux restes de prise de la Bastille, sans doute.

C'était pour moi une introduction rêvée, avec la garantie d'émotions fortes et d'échanges fructueux avec les gens. Je ne fus pas déçu. Les banderoles aux textes enflammés, la fiévreuse agitation, les slogans sonores, traduisaient la vive détermination des manifestants se dirigeant par milliers vers la plaza de Armas, lieu du pouvoir devenu centre de la contestation. Ledit pouvoir, qui ne goûtait guère cette effervescence, commençait à prendre des mesures pour empêcher la foule d'approcher : quelques bastonnades et de méchants gaz lacrymogènes pour tenter de repousser la foule. Sur le coup, ça refluait pas mal, ça courait dans tous les sens, les policiers ne semblant pas vraiment faire de cadeaux. Je me dis qu'un mauvais coup obérerait quelque peu ma mission et me résignai à regagner mon hôtel pour y préparer mon programme de la soirée : quelques hôtels à visiter, un restaurant à tester, quelques cafés et boîtes à expérimenter... Quand, tout à coup, le nuage de lacrymo me tomba dessus. Mes yeux de virer alors albinos et piquant sévère. La tête me tournait. J'étais proche de la suffocation, l'évanouissement me guettait. Pour parfaire le tableau, mon estomac restitua au pavé le bon repas de midi...

## ET LA RETRAITE FUT SONNÉE !

À ce moment, je fus frappé par un éclair de bon sens, me disant que ce n'était ni ma grève ni mon coup d'État et qu'en prendre plein la tronche pour une cause aussi sympathique qu'elle soit ne faisait pas partie de mon programme.

Quand j'arrivai à l'hôtel, le petit observateur avisé des grandes causes humaines que j'étais se révéla tout de même secoué. Après une bonne douche et des bains d'œil, je pris le temps de souffler et de réfléchir à la fragilité des êtres autant qu'à celle des choses... Nu, sur le dos, désormais relaxé et épanoui, une bière dans une main, j'appuyais de l'autre sur la zappette de la télé. Chouette, c'était CNN qui, quel hasard, diffusait un reportage sur le coup d'État du colonel Lucio Guttiérrez, allié à Antonio Vargas, grand chef des Indiens de l'Équateur. On annonçait, en quasi direct, que la foule avait réussi à forcer les barrages de police. Elle occupait à présent la plaza de Armas, attendant une apparition et peut-être une harangue du fameux colonel. Quoi, sans moi ?

Je réalisai soudain l'absurde de ma situation. L'Histoire de ce pays était en train de se faire à quelques enjambées de mon hôtel et moi je la regardais à la télé allongé sur mon lit ! Je fus envahi par une profonde impression de ridicule, de grotesque. Qu'est-ce que CNN pouvait bien m'apprendre de plus que ce que je pouvais constater par moi-même ? C'était intellectuellement, mais aussi humainement, moralement, inacceptable. Aussi me rhabillai-je prestement et courut vers ce rendez-vous inespéré avec l'Histoire...

## NUIT HISTORIQUE...

Flics et militaires ne cognaient plus, se contentant de protéger les abords immédiats du palais. Je savais, pour l'avoir lu, que contrairement à nombre d'autres pays d'Amérique latine, les coups d'État qui jalonnèrent l'histoire de l'Équateur ne furent jamais sanglants et firent toujours très peu de victimes. Impossible ici de décrire vraiment l'atmosphère d'une telle soirée… Pas assez de place. Dans le cadre d'un polar SAS, peut-être ! Il y avait une ambiance de liberté totale avec prises de parole échevelées, dans la joie, les rires, les interpellations familières, les embrassades. On fraternisait avec les militaires et les policiers autour de quelques feux et braseros qui venaient de s'allumer. Ce fut pour moi, entre autres, l'occasion d'améliorer mon espagnol en écoutant les débats passionnés, en posant maladroitement des questions à mes voisins…

Tard dans la nuit, après que Guttiérrez  saluer la foule au balcon du palais, je rentrai à l'hôtel ivre de fatigue, mais heureux d'avoir vécu ce grand événement.

Au matin suivant, le sens du devoir reprit le dessus sur mes émotions enflammées de la veille.

## RENDEZ-VOUS AVEC UN GRAND PEINTRE…

Au programme, vérification d'hôtels puis visite de la la *Casa de la Cultura Ecuatoriana*. Le tout dans une atmosphère fébrile, une tension qui n'avait guère baissé dans la ville. Concernant le second objectif – grand musée artistique et ethnographique national – le texte dans le guide précédent était un peu court. Il fallait l'enrichir de nouveaux coups de cœur, de nouvelles couleurs, d'expressions originales… Créer une musique différente. Les lecteurs fidèles remarquent aisément les textes qui n'ont pas été rajeunis et réactualisés et nous critiquent pour cela avec raison…

C'était ici d'autant plus nécessaire que ce musée est immense, avec d'extraordinaires toiles de Eduardo Kingman et d'Oswaldo Guayasamin, le plus grand peintre équatorien (disparu quelques mois avant mon arrivée). Ce dernier savait exprimer avec force son indignation devant les profondes inégalités, le racisme, l'oppression qui frappent les plus pauvres, surtout les Indiens… Ça s'articulait bien, pile-poil avec la situation !

J'avais largement entamé cette visite, intense, fascinante, quasiment dans un état second, vibrant à chaque toile, quand une rumeur, d'abord sourde, se fit entendre dans le hall… Le temps que je réalise, ce n'était déjà plus une rumeur. Il me semblait bien qu'un haut-parleur diffusait le discours d'Antonio Vargas, leader de la grève, dirigeant de la *Conaie*, la confédération des nations indigènes de l'Équateur.

Je réalisai alors que, monté à Quito à la tête de ses troupes, il tenait en ce moment même un énorme meeting dans un des amphis du musée. Vivre l'histoire en direct quand on écrit un guide… il fallait quelque part le mériter, non ? Que d'émotions d'un seul coup ! Trop, sans doute. Car à mesure que j'entendais ce discours, mon attention se détachait de ce pour quoi j'étais venu. La petite machine interne qui me sert à trouver les mots, à décrire les images, à rendre les impressions et les couleurs, était en train de s'éteindre. Ma main se mettait progressivement en grève d'écriture, jusqu'à la panne et je fus incapable de décrire les beautés du musée. Mais pas de palpiter à l'unisson du discours. Eh oui, on ne peut vivre deux choses très fortes en même temps… À plus tard, camarade Guayasamin !

C'est donc assis dans l'amphithéâtre fiévreux et bruyant que je mis un terme provisoire à ma visite du musée.

## RENDEZ-VOUS DÉSORMAIS AVEC LE PAYS PROFOND ET CHAOTIQUE…

Finalement, étant bon gré mal gré parvenu à accomplir ma tournée sur Quito, il me fallut partir pour le pays profond. Façon de parler, car, en Équateur, l'altitude est plutôt la règle. Paul Salazar, mon guide-chauffeur âgé de 30 ans, beau mec et francophone chevronné, me dit d'emblée que ça n'allait pas être une partie de plaisir, car beaucoup de routes étaient coupées par les Indiens. Nous partîmes quand même pour Cuenca. Mais devant tant de barrages en perspective, nous décidâmes d'emprunter de petites et secrètes routes de montagne.

Premier embouteillage ! Les grévistes avaient creusé en travers de la chaussée une tranchée de 50 cm de profondeur. Je demandai à Paul s'il y avait à craindre quelque agressivité de leur part. Il me répondit que les protestataires étaient en général plutôt pacifiques, se contentant de bloquer et de regarder. L'idée me vint, alors, d'aller chercher quelques grosses pierres au fond du torrent en contrebas afin de boucher la tranchée. Proposition fut faite aux automobilistes alentour et nous voilà partis à former une chaîne pour remonter les cailloux. Pas pour combler totalement la tranchée. Juste former deux gros rails de la largeur des roues des véhicules. Une heure plus tard, mission accomplie. L'ancien syndicaliste que j'étais éprouva bien quelques remords à la pensée d'avoir un peu brisé une grève. Mais bon… En l'absence de réaction du côté indien, nous reprîmes la route.

Au bout d'un moment, Paul me suggéra de nous arrêter pour prendre un vieil Indien en stop, ajoutant : « J'ai idée que ça pourrait nous être utile »… Bingo ! C'était un des caciques connus et reconnus du coin. Notre générosité un rien intéressée nous permit de franchir plusieurs barrages. Arbres, tonneaux, pneus, vieux meubles s'écartaient magiquement devant nous comme la mer Rouge devant Moïse dans les *Dix commandements*… Un malin, ce Paul !

Plus tard, un spectacle surprenant apparut au détour de la route. De gros camions avaient échoué dans une prairie, lamentablement couchés sur le flanc comme des pachydermes. Paul ralentit sans freiner et m'expliqua : « Ils ont répandu sur la chaussée de la terre mélangée à de l'huile de vidange, tu arrives un peu vite, c'est la patinoire et tu vires vite fait dans le décor »… Quelques Indiens juchés sur un talus se gondolaient à ce spectacle, sans tension particulière malgré tout.

On redémarra en première, doucement, tout doucement, zigzaguant entre les camions… sans par la suite rencontrer d'autres barrages ce jour-là. Certains avaient été levés et des rumeurs circulaient. Le *golpe*, autrement dit le coup d'État, avait échoué. Et Guttiérriez, semble-t-il, arrêté…

## « UN P'TIT TRAIN S'EN VA DANS LA MONTAGNE, UN P'TIT TRAIN… »

En attendant d'en savoir plus quand nous rentrerions à Quito, le devoir m'attendait. Au programme, ce jour-là, pour changer de la route et des barrages indiens, un petit périple avec le tortillard entre Alausi et Sibambe. Il ne s'agissait pas vraiment d'un train, mais plutôt d'un *autoferro*, genre de vieil autocar monté sur rail. Une mécanique hybride avec le volant, les banquettes et la carlingue d'un bus montée sur les roues d'un train. 2h30 de balade offrant des panoramas à couper le souffle. Ça me consolait de n'avoir pu emprunter l'*autoferro* d'Ibarra à San Lorenzo, qui avait déraillé quelque temps auparavant. Un des itinéraires les plus déments, disait-on aussi. Paul, qui avait gardé la voiture, devait m'attendre à l'arrivée. Le voyage me rappelait un autre trajet ferroviaire : celui qui rejoint le grand marché de Tarabuco en Bolivie. Là aussi, une sorte de monstre, gros camion déglingué modèle années 1940 monté sur rail et roulant à 30 km/h, les ailes encombrées de cages à poules… Immanquablement me revint à l'esprit une ritournelle chantée par André Claveau et fredonnée souvent par ma mère durant mon enfance : « Un p'tit train s'en va dans la montagne, un p'tit train s'en va de bon matin… Tchi tchi fou… Tchi tchi… Plein d'entrain… ».

Alors que j'étais tout entier absorbé par cette évocation et ma minérale contemplation du somptueux paysage, l'engin freina brutalement, m'envoyant bouler sur le voisin. Surprise ! Un énorme rocher nous narguait sur la voie. À son caractère trop bien placé pour être honnête, je soupçonnais qu'il n'avait pas vraiment chuté de la montagne, mais qu'il avait plutôt été poussé là par ces sacrés Indiens qui, goguenards, rigolaient de nos mines déconfites, assis là, sur le talus. Pour le coup, inutile de solliciter qui que ce soit pour déplacer le monolithe. Et pas de miracle, dans ces situations, on se sent un poil démuni… Pas de couverture pour la nuit ni thermos de café. Ça allait être difficile et je m'imaginais coincé là pour on ne sait combien de temps. Pourtant, comme une apparition miraculeuse, je vis de loin quelqu'un venir vers moi en faisant de grands signes. Incroyable ! C'était Paul ! Le rocher gisait à quelques centaines de mètres d'un passage à niveau, donc d'une route… Paul avait appris l'incident et était là, comme son devoir le lui commandait.

## RETOUR PATHÉTIQUE DES INDIENS

Le retour à Quito confirma l'échec du *golpe,* comme d'habitude, sans effusion de sang. Quoiqu'il y eut, paraît-il, à Guayaquil, un mort et encore, par accident !

J'assistai, le cœur serré, au départ des milliers d'Indiens dans leurs camions, qui avaient investi la ville. Pathétique retour, masques imperturbables, têtes dans les épaules, une tristesse infinie… Vaincus ! Une photo d'Edward Curtis me revint à la mémoire : une longue colonne de Cheyennes, dans les années 1870, partant pour leur réserve après une défaite. Dos voûtés, visages fermés, dans les premières neiges de l'hiver. Vaincus… Pourquoi les Indiens sont-ils toujours vaincus ?

Non, pas toujours !

Lucio Guttiérrez fut au final amnistié et remporta l'élection présidentielle de 2002 soutenu par un front électoral indien. Ces derniers eurent pour la première fois des ministres au gouvernement. Comme en Bolivie où, en 2014, Evo Morales fut brillamment réélu président au 1er tour…

Guttiérrez, quant à lui, ne tint pas ses promesses et se contenta d'arroser sa famille de prébendes et de donner des postes à ses proches. Ce qui lui valut tout de même d'être destitué par le Congrès pour corruption.

Aujourd'hui, il dirige un puissant lobby financé par les Américains pour déstabiliser et renverser Correa, l'actuel président progressiste de l'Équateur… Quelle tristesse !

Paul Salazar passe nous voir de temps à autre à Paris. J'ai toujours plaisir à me remémorer avec lui ces grands moments.

En tout cas, *Pachamama*, quelle belle histoire !

# ETNA

Le plus grand et le plus puissant volcan d'Europe se trouve sur la côte orientale de la Sicile. Il n'a jamais cessé de fasciner et d'attirer les voyageurs. Normal, c'est l'un des plus actifs de la planète. Et donc aussi l'un des plus dangereux… On a répertorié pas moins de 86 éruptions importantes, de celle de 122 avant J.-C. au 18 mai 2016. Celle du 19 septembre 1979 fut particulièrement spectaculaire : une explosion phréatique qui provoqua la mort de 9 touristes et en blessa une vingtaine. Les années suivantes, les visites furent interdites jusqu'au sommet. En 1981, effectuant un voyage de réactualisation du guide *Sicile,* je réalisai l'un de mes plus vieux rêves : découvrir l'Etna à mon tour. Avant moi, excusez la comparaison, Alexandre Dumas avait été fasciné par son ascension. Une fois au sommet, il déclara : « Rien n'est comparable à ce que l'on voit du haut de l'Etna… Jamais je n'avais vu Dieu de si près, et jamais, par conséquent, je ne l'avais vu si grand ». Pour sûr, il n'eut pas besoin ce jour-là de son « nègre » Auguste Maquet pour décrire son impression !

J'entrepris l'ascension au sein d'un groupe majoritairement italien. Toute excursion sans guide au-dessus de 2 900 m demeure interdite, car en altitude, les conditions atmosphériques peuvent changer subitement. Malgré la menace des éruptions, les flancs du volcan sont très peuplés, surtout à sa base, plantée de champs d'orangers et de citronniers. Ambivalence de la lave qui donne à la fois la mort et la fertilité. À Linguaglossa, cette terre généreuse produit le *vino dell'Etna*, un vin gouleyant à souhait. Du côté de Zafferana Etnea, c'est une châtaigneraie qui domine, magnifiquement odorante au printemps. Elle abrite des nuées d'adorables butineuses produisant, dit-on, 20 % de la production de miel du pays... Plus on monte, plus le paysage évolue. À partir de 1 500 m, les nombreuses coulées de lave ne laissent plus aucune chance à la végétation. Commencent alors des paysages désolés, lunaires : pentes calcinées jonchées de blocs de lave noire hirsutes, parfois écarlates ou jaunâtres lorsqu'il y a présence de souffre, amas volcaniques refroidis aux formes étonnantes. L'ascension par le nord permet, par beau temps, d'admirer les îles éoliennes au large de Milazzo, dominées par le Stromboli, les monts Nebrodi et la côte calabraise...

Ce jour-là, notre groupe s'arrêta à 400 m de la première lèvre du cratère. Depuis la dramatique éruption de 1979, de nombreux panneaux interdisaient de grimper au-delà. Alors que certains entamaient doucement leur descente, je restai seul, quelques instants, scotché par la magie de l'environnement. À quelques mètres, un Italien, songeur, hésitait... Nos regards se croisèrent. *Dannazione*, on s'était compris ! Nous allions monter tous les deux en douce. Plus haut, nous échangeâmes quelques mots : « J'ai 60 ans, suis restaurateur à Catane, j'ai marié tous mes enfants, ma femme est décédée... Plus de devoirs ni de comptes à rendre, je satisfais un vieux désir ! »... Aïe, ma fille Christine n'avait alors que 14 ans. J'étais donc un père indigne. Cependant, sans état d'âme, je partageai l'enthousiasme de mon compagnon d'ascension. Et puis aurais-je encore l'occasion de revenir sur l'Etna ? Notre groupe initial, petit peuple de fourmis, était déjà loin alors que nous progressions lentement vers le sommet. Pas facile. Nos pieds s'enfonçaient de plus en plus dans la cendre noire. Des solfatares, sortes de sources brûlantes, de plus en plus nombreuses, jaillissaient des petits nuages de soufre. Plus on avançait et plus ça grondait, bruit de tonnerre dans d'impressionnantes fumées noires qui obscurcissaient désormais le ciel. Puis ce fut le sommet. Il n'y avait pas ce beau cratère bien net dont on imagine benoîtement qu'on va faire le tour. C'était un immense chaos de cônes, de petits cratères noirs, de failles, d'échancrures sinistres et inquiétantes, d'énormes solfatares, terres sombres et vérolées, camaïeu de tous les bruns et terres de Sienne existant... C'était donc ça notre Etna mythique, siège des Cyclopes qui projetaient des pierres dans la mer. L'atelier de Vulcain, le dieu du feu et des enfers qui y forgeait les armes de Jupiter. Un paysage éclaté sans limites, où la soudaine absence de repères tout à coup m'angoissait...

Que faire, quelle direction prendre ? Dans quel état j'erre ? Tout à ce jeu de mots éculé, je réagis à peine à la vision d'un homme qui s'avançait vers nous. Enfin quelqu'un qui allait nous renseigner. Il me semblait d'ailleurs être un vieux briscard des volcans : lunettes de montagne, *battle dress* coupe-vent, bâton de marche, grosses chaussures de marche et chaussettes de laine blanche montant sur les mollets... Le vulcanologue pro ! Et comment !

« Bonjour, Monsieur Tazieff, content de vous rencontrer, mon pote transalpin et moi-même avons quelques soucis d'orientation et de perspectives », avançais-je sur un ton détaché, comme si je trouvais tout à fait normal de tomber ainsi sur le plus prestigieux vulcanologue au monde ! J'ai d'ailleurs failli lui faire le coup de : « *Mister Tazieff, I suppose?* » L'éminent spécialiste nous confirma qu'avec ces impressionnantes fumées noires, il n'y avait pas lieu d'avoir peur. Quasiment aucun risque d'explosion. C'est lorsqu'elles sont blanches, indiquant une forte pression de gaz sous la roche, qu'il faut déguerpir au plus vite. Puis il nous gronda gentiment, précisant que la météo était versatile. Nous courrions le risque de ne pas retrouver le chemin du retour. J'hésitai. Ici même, en 430 avant J.-C., Empedocle, blessé, humilié d'être incompris, bien que jugeant sa philosophie totalement accessible, se demandait pourquoi ses collègues refusaient son dernier concept : « À un moment donné, l'Un se forma du Multiple ; en un autre moment, il se divisa et de l'Un sortit le Multiple ».

Il se précipita alors dans la lave en fusion. On ne retrouva de lui que son chapeau. Ou une seule chaussure selon les versions. Assez tentant d'essayer de retrouver l'autre. Cependant, respectueux des conseils avisés du vieux sage, nous rebroussâmes chemin, quand même très heureux de notre transgression...

Quelques années plus tard, lors d'une émission à France Inter avec Jacques Pradel, je rappelai à Haroun Tazieff cette insolite rencontre au sommet.

# F COMME...

## FÊTE DES MASQUES

Les *Masques* sont des grandes cérémonies réservées aux importantes funérailles et fêtes préhivernales, surtout en pays Bobo, au Burkina Faso. Elles ont lieu au maximum quatre ou cinq fois par an. La cérémonie n'a souvent lieu que six mois après le décès d'un villageois, le temps de réunir suffisamment d'argent et d'attendre la fin des travaux agricoles. Parfois plusieurs funérailles sont regroupées. Les fêtes se déroulent souvent dans les vieux quartiers de Kibidoué et de Sya, lacis de ruelles étroites et agitées, bordées de vénérables demeures en banco, imbriquées les unes dans les autres. On y trouve également des maisons de style dioula, ethnie qui fonda la ville avec les Bobos. Une grande intimité se dégage de ces quartiers. J'y errai précisément ce jour-là afin de découvrir le vrai cœur battant de Bobo-Dioulasso (normal, de nombreux forgerons y travaillent). Et ce jour-là, veille d'une grande fête des Masques, au lieu de s'acharner comme à l'ordinaire à balayer devant leur porte, des femmes, en psalmodiant, y répandaient plutôt des cendres. Purification des aires devant les maisons de morts, me dit-on.

### UN ÉTRANGE BALLET, GENRE CHAT À LA RECHERCHE D'UN CERTAIN TYPE DE SOURIS...

Thé à la terrasse d'un maquis local. Bien placé pour appréhender ainsi le spectacle de la rue et le rituel des cérémonies. C'est alors que deux étranges personnages entrent en jeu, portant masques et beaux vêtements de cérémonie. L'un d'eux me fascine particulièrement : une sorte de Marsupilami, avec une très longue queue portée par une dizaine de gamins rigolards. Je me fais expliquer par un sympathique voisin de table le sens de ces masques et du rituel. Chacun d'eux représente un esprit (ancêtres, adultes, enfants...), me dit-il, un genre de génie donc. L'un manie ostensiblement un fouet, l'autre un long bâton. Ils se baladent séparément, possèdent une petite suite derrière eux et défient une foule mi-craintive, mi-joyeuse qui se maintient à bonne distance, s'avance puis recule à chaque mouvement du masque. En fait, j'apprends qu'il est là pour repérer quel mauvais esprit, dans l'assistance, pourrait bien empêcher l'âme du mort de s'élever au ciel... Dans ces moments, si l'un d'entre eux est repéré, le masque se précipite vers lui. S'il se fait attraper, le supposé perturbateur est vigoureusement bastonné. La règle veut que ce dernier n'ait pas le droit de se plaindre. Pagaille indescriptible, tout le monde fuit en tous sens, puis la foule se reconstitue dans un mélange de fascination, de joie et de peur. Depuis ma terrasse, le spectacle est assez saisissant. Fascinant ballet de la foule. Cependant, mon Marsupilami vient de changer de direction et se dirige maintenant vers nous. Je glisse à mon voisin : « J'espère que le gentil léopard ne pense pas un seul instant que je suis susceptible d'empêcher l'assomption méritée du défunt ! – Non, me répond-il, les étrangers sont en principe épargnés ». Je ne suis qu'à moitié rassuré, d'autant plus que mon belliqueux Marsupilami semble désormais bien résolu et marche droit vers la terrasse, moulinant énergiquement l'air de son fouet. À trois mètres, je craque, me lève brutalement, soulevant la table et envoyant valser les boissons. Grosse panique. Avec mon voisin, on se réfugie dans le maquis.

Mon « justicier » n'invoque cependant pas de droit de suite et repart à la recherche d'autres suspects. Cette quête peut durer ainsi plusieurs heures jusqu'à la tombée de la nuit (les masques ne vont pas au-delà). Il m'a semblé qu'autour de moi, on a bien ri de ma frayeur. Ce fut ma première et ma dernière fête des Masques bobo (d'autres fêtes, plus tard, m'étonneront au Bénin et au pays Dogon, mais bien différentes celle-là !).

# FLANDRE FRANÇAISE

Ce ne fut pas facile de convaincre Philippe de réaliser un Guide du Routard sur le Nord Pas-de-Calais. Destination exotique peu évidente, même s'il s'y déroule encore de rares combats de coqs comme au Mexique et aux Antilles et que les canards s'y pendent plus qu'ailleurs... Cependant, mes arguments durent se révéler assez bons puisqu'il fut finalement décidé de se lancer, par les légendaires enfers pavés du Nord, à l'assaut des corons et des estaminets. Je me proposai donc d'écrire en priorité sur le Nord : en plus de ma famille à Marq-en-Bareuil (près de Lille), j'avais sous la main l'homme de la situation, l'un des plus grands écrivains nordistes (et, qualité essentielle et principale, muni d'un bac + 12 en estaminétologie)... À savoir Bernard Pouchèle (voir le chapitre mérité qui lui est consacré !), né à Coudekerque-Branche (près de Dunkerque) et qui devait me pondre les plus lyriques et baroques intros dont un Routard eut jamais héritées ! Concernant l'écriture du Pas-de-Calais, je suggérai de prendre François Chauvin, mon collègue jurassien préféré, avec qui j'avais travaillé sur certains titres, à savoir, entre autres, *Picardie* et *Champagne-Ardennes,* et dont j'adorais la chaleureuse camaraderie dans le boulot, les qualités littéraires, le style alerte et imagé et surtout, sa profonde empathie pour les régions et les gens qu'il savait toujours mettre en valeur avec justesse et sincérité. En outre, avec Pouchèle à bord, sûr que la croisière, que dis-je l'expédition, allait se révéler extraordinairement fructueuse.

## ÉLOGE DU PLAT PAYS ET RETOUR AUX SOURCES

Depuis des années, Bernard me bassinait avec ses Flandres natales. *Watergangs, mornes plaines*, le taquinais-je. Comment fantasmer sur un si plat pays avec un ciel si bas qu'un canal s'y était perdu ? Nulle monotonie, me rétorquait-il, chez moi les paysages sont extrêmement variés, bocages, marais, polders, bois et bosquets, c'est une palette infinie. Ici, dès qu'on dépasse 10 m, ça devient une colline, 100 m c'est carrément une montagne. D'ailleurs, comment expliquer qu'il y ait autant de moulins à vent ? C'est vrai que, dans les monts des Flandres, je fus surpris de traverser une nature aussi jolie que gaie. De même devais-je découvrir que, malgré les guerres, les destructions, la crise économique et les fermetures d'usines, les Flandres tinrent bon, se révélant une société solidement structurée où se forgea dans les épreuves un fort sentiment d'identité.

Mais des rapports de Bernard adulte avec le Nord, je ne savais pas grand-chose... Quelques bribes d'infos et, surtout, un mystère : pourquoi l'avait-il fui quelque quarante ans plus tôt pour n'y revenir qu'une fois, à Bailleul, je crois, à l'occasion de la signature de son merveilleux roman, *La Flamande.* Il m'avait un peu parlé de cet exil auparavant, livrant de-ci de-là quelques fragments. Certes, dans *Pouch ou l'enfance d'un vagabond* étaient livrés d'importants éléments sur sa jeunesse, mais rien sur ce trou « adulte » de 40 ans. Vaguement, me confia-t-il un jour qu'il avait eu une aventure avec une femme mariée de Pitgam et qu'il dut se cacher pour fuir un époux furieux, armé d'un fusil de chasse chargé de plomb pour sanglier. « Je ne souhaitais pas mourir du saturnisme », me souffla-t-il !... À mon avis, me dis-je, il y a sûrement d'autres sérieuses raisons à cet exil, mais attendons d'être sur place pour en savoir plus.

## UNE CURIEUSE TERREUR

À l'euphorie de retrouver sa terre natale succéda, à mesure que nous approchions de la frontière du Pas-de-Calais et du Nord, une sourde inquiétude montante... Lui, habituellement si volubile, se tarit progressivement pour finir par n'émettre que les crachotements et les sifflements de son permanent emphysème. Je notai également que son grand corps commençait à se tasser singulièrement, à se renfoncer dans la banquette. Devant la pancarte « Pitgam », il disparut carrément, bien en dessous du niveau du pare-brise, montrant des qualités de compression et de lyophilisation insoupçonnées, suant à grosses gouttes, soufflant maintenant comme un phoque, jetant vers moi un regard désespéré que je ne lui avais jamais connu auparavant. Je ne mis pas longtemps à comprendre l'objet de cette terreur et tentai rapidement de le rassurer : « S'il s'agit de ton mari cocu assoiffé de vengeance, oublie-le ! D'abord, il ne sait pas qu'on arrive, ensuite, depuis 40 ans, tu t'es tellement métamorphosé, tellement boursouflé, empâté, patiné, raviné qu'il a une chance sur un milliard de te reconnaître. En outre, dis-je rudement, il est mort ! » Mes paroles portèrent, il se redressa et commença à me décrire Pitgam mieux que le Guide Bleu : « Vois, là, cette belle église de briques pieuses, tiens, la mare à colverts au milieu de la grand-place, toujours aussi hospitalière ! ».

## À LA RECHERCHE DE M. GOODBAR...

La quête des bistrots du Nord, les fameux estaminets, se devait de faire partie intégrale du boulot d'un auteur de guides. Lieux privilégiés, indispensables pour la pêche aux infos, incontournables pour saisir l'âme d'un pays, d'une région... Munis d'une liste de dix solides adresses, nous avions d'abord jeté notre dévolu sur le « café-marchand de bestiaux » de Caëstre, petite commune proche du mont Noir, si cher à Marguerite Yourcenar. Pas déçu, totalement dans son jus. Probablement pas repeint depuis l'enfance de Marguerite. En outre, orné de magnifiques fresques de la fin du XIX$^{e}$ siècle, dont l'une représentait, c'était incroyable, la même tablée que celle que nous observions ce jour-là : des clients comme dans les films des années 1930-1940, tassés devant leur verre de genièvre, l'air un peu absent des jours gris de routine et de grand vent. Surtout l'un d'entre eux, béret enfoncé, véritable clone du consommateur de la fresque. Bernard, qui avait retrouvé du dynamisme et toute sa faconde, fonça directement sur la patronne, une forte dame blonde coincée derrière le traditionnel et minuscule comptoir en zinc, n'autorisant que deux clients au maximum (en fait, c'était surtout la caisse). Et de lui dire : « Ne vous ai-je pas déjà rencontrée quelque part ? ». Il me surprit ce jour-là, Bernard, pas du genre habituellement à draguer comme un *beach boy* cubain ou dominicain, sa séduction provenant habituellement plutôt de son charisme naturel, des mots justes, de sa *tchatche* littéraire, de son immense culture... Dingo !, il connaissait la patronne, ils avaient été dans la même classe à l'école primaire religieuse de Bailleul, lui, venant de l'orphelinat chaque matin dans sa petite blouse noire chiffonnée. Et de se rappeler la gentillesse de sœur Marie-Louise et de combien ils haïssaient cette peau de vache à cornette de mère-sup ! « Et tu te rappelles de l'aveugle qui jouait du violon sur le banc en face de l'école ? » Émouvant au possible, ils reprenaient une conversation momentanément abandonnée 50 ans auparavant...

Depuis, j'appris que le marchand de bestiaux avait fermé. Que devinrent ses fresques fabuleuses ? Tiens, maintenant, un détail m'avait frappé : faute de place, on avait carrément accroché la grosse pendule de la maison sur la fresque... Mais inconsciemment ou opportunément placée au milieu des personnages peints, apparaissant presque comme un détail en relief de la fresque.

De profundis donc, établissement mort au champ d'honneur des derniers vrais bistrots de village !

## OÙ L'ON RETROUVE, EN PLEIN CHAMP, L'URINOIR CHER À MARCEL DUCHAMP...

La cible suivante se situait au milieu de nulle part, paumée dans les champs de betteraves du côté de Morbecque, à une demi-lieue du moindre hameau. Au bout d'un chemin vicinal, tout crotté de boue en ces périodes d'arrachage, apparut une maison totalement isolée : l'estaminet *La Rue de Sercu*... Dernier doute levé lorsqu'apparut, collé au mur, à hauteur de zizi d'homme moyen, au coin de la solide porte d'entrée... un beau petit urinoir à la Marcel Duchamp. D'évidence, il jouait un rôle plus que décoratif, à en juger par ses senteurs. À l'intérieur, on traversait d'emblée la petite épicerie de campagne des temps de disette : des bières noires, encore des bières plus noires, des bouillons Kub et des soupes en sachets, des conserves... Atmosphère roudoudou et Mistral gagnant. Au fond, l'estaminet strictement reconnaissable à son petit comptoir de bois sculpté. Sans lui, à cause de l'immense cantou occupant tout un mur et les cinq paysans devant, j'aurais pu croire avoir pénétré un buron aveyronnais ou cantalou. Accueil glacial. D'où venaient donc ces pèlerins étranges dont on avait déjà repéré le véhicule immatriculé 75 ? Bernard comprit tout de suite la situation et retrouva, miraculeusement, pour dire bonjour et nous introduire, quelques mots du flamand de ses premières couches. Tout le monde sut alors que Bernard était du coin, de « la Branche » près de Dunkerque plus précisément et moi un auteur de guides de voyage amoureux des estaminets et friand de *potjevleesch*... Très vite, le courant fut rétabli. Fasciné, je contemplais mon Bernard tenir, certes maladroitement, une intense conversation en flamand avec ces vieux betteraviers en retraite. Il m'avoua en sortant qu'à mesure que les anciens parlaient, il redécouvrait progressivement le flamand de son grand-père dans les odeurs de son enfance...

Et puis un jour, la dernière Trois-Monts liquidée, l'ultime vieux et fidèle paysan mangeant désormais les betteraves par la racine, La *Rue de Sercus* ferma... Décourageant, aujourd'hui, tout voyage dans la bistrologie se transforme inévitablement en nécro... !

## LE BILLARD NICOLAS, LE ROI DES JEUX FLAMANDS

Après quelques autres riches hommages bistrotiers à travers *watergangs* et *moërs*, dernière étape à *Godewaersvelde*, authentique nid à estaminets de la Flandre française. Pour une population de moins de 2 000 habitants, il y eut jadis jusqu'à 40 bistrots. Aujourd'hui, on en compte moins d'une dizaine. C'est cependant un nombre extrêmement honorable comparé à bien des villages de la même importance, mais orphelins de leur dernier café... Notre ultime cible, le *Het Blauwershof* (le « repaire des contrebandiers » en flamand), au croisement de deux rues, où il y eut longtemps un café à chaque coin. Notamment, un étonnant café-boucherie *Le Roi du Potjevleesch,* ainsi que le *Repos du Guerrier*, tenu par Yvonne, une adorable patronne de plus d'octante années, amoureuse de Marylin Monroe et à qui elle vouait un véritable culte. La preuve : tous les murs et le comptoir pleins de gadgets et de clins d'œil exaltant l'héroïne de *Niagara* ainsi que l'émouvant petit musée qu'elle lui a consacrée dans une grande pièce contiguë. Miracle, il est toujours ouvert ! Bonjour Yvonne, éternellement bon pied bon œil !

Mais, c'est le *Het Blauwershof* qui nous scotcha le plus. L'estaminet total, au chaleureux cadre plein d'objets familiers, offrant même tous les traditionnels jeux flamands de bistrot, aujourd'hui quasi disparus (hormis dans les musées ethnographiques)... Les jeux du marteau, de la grenouille, la table à toupie... Cependant, c'est le billard Nicolas qui attira le plus notre attention. Imaginez une immense piste de 4-21 avec six joueurs autour et tentant, avec une poire fixée sur les bords, de souffler une balle de ping-pong dans le but de leurs adversaires. Ce jour-là, une joyeuse bande de cadres du Crédit Agricole en goguette jouait dans une excitation indescriptible. Leurs cris, leurs rires, leurs vannes remplissaient tout l'estaminet. De vrais et réjouissants rires d'enfants pris au jeu... Les cravates se desserraient lentement. Tout autour, des foules de pintes de bière qui transpiraient. D'autres éclats de voix, d'autres joyeuses exclamations du côté du jeu de la grenouille, couvrant les bruit des fourchettes et des mandibules des amateurs de *waterzoï* et carbonade flamande... C'est là que nous mesurâmes l'extraordinaire convivialité des gens du Nord.

## RIGOLONS AU RIGODON...

Désormais, ne restait plus qu'à prendre la route pour Dunkerque. Direction le célèbre carnaval dont on dit qu'il est le plus authentique, le plus fou, le plus paillard... Le défoulement de tout un peuple, une marée chaotique de dizaines de milliers de gens déguisés, travestis, habillés n'importe comment avec n'importe quoi, enfarinés, encharbonnés, multicolores, derrière la redoutable « bande de pêcheurs »... Une marée humaine transpirant, suant et exhalant les parfums des centaines de kilos de « gendarmes » (les harengs locaux) jetés sur la foule depuis l'hôtel de ville dans les chants et les cris d'allégresse de tout un peuple... Et cette marée qui avance, s'arrête, recule, repart... Sans compter le rigodon, cette vague ondoyante de milliers de personnes en rangs serrés, tournant autour du kiosque à musique de Malo-les-Bains. Une vraie folie !

Après ça, passage obligé à Coudekerque-Branche et visite de cette ville ouvrière et populaire qui vit naître Bernard... dans un bistrot ! Flânerie bien entendu avec le meilleur guide qui soit. Bernard fut heureux de me montrer le troquet de ses parents, fermé depuis longtemps, mais arborant toujours sa vieille enseigne décatie : *Bistrot du Centre.* « C'est là, au premier étage, au premier vagissement, que je réclamai mon premier *pikilia* (apéro de l'époque pré-Munich, pas celui du Bayern, celui de la honte !) », aimait-il rappeler. Puis, balade le long du canal de Bergues, au niveau des écluses. Le visage de Bernard vira triste, commissures des lèvres tombantes... « C'est là que ma mère, dépressive, se jeta dans le canal ! ».

Plus tard, lors de l'écriture de l'ultime ouvrage écrit ensemble, *Un tour des Flandres, le cycle de la mémoire,* j'avais dû batailler dur pour que Bernard raconte le suicide de sa mère. Pour un livre de souvenirs, ça me paraissait vraiment un chaînon indispensable. Au passage, un grand merci aux Éditions Invenit qui surent donner à Bernard l'ultime et merveilleuse joie d'écrire sur son pays.

« Ta maman est au ciel » : quand je relis ce chapitre aujourd'hui, c'est toujours avec émotion.

## RETOUR À MALO-LES-BAINS

Autre temps fort, la rencontre de ses oncles. Des vieux prolos qui avaient travaillé aux chantiers navals comme soudeurs, dans les amiantes et les poussières toxiques. Récompensés par un cancer de la plèvre pour l'un et de la gorge pour l'autre... Bataille avec la sécu pour la reconnaissance de leurs droits. Malgré cela, un sourire, un fatalisme empreint d'humour qui m'émurent. Petites retraites, petites pensions, mais énorme générosité... Brève rencontre avec la classe ouvrière du Nord et ses derniers héros...

Le lendemain, avant de regagner la capitale, pour nous reposer un peu de tant d'émotions, nous partîmes à Malo-les-Bains. Une grosse envie prit Bernard de revoir quand même la mer. Il précisa : « Surtout pour écouter la mer ! »... Il avait emporté son luth, sentant qu'elle allait l'inspirer...

Il délira comme je le subodorai et, généreux, livra sans retenue sa joie de retrouver ses Flandres maritimes, mise sur papier dans la foulée, le soir même... Ses mots me bouleversent encore : « Pour écouter la mer, mais aussi respirer l'iode et regarder la lumière, la lumière sur la mer du Nord. Celle qui n'a rien à voir avec les brûlures ocre et vermillon des couleurs du Sud, avec la palette criarde des îles Marquises, et les tons trop marqués des cartes postales. Non, celles des Flandres d'entre ciel et mer, celle qui déplie et puis décline toutes les couleurs des gris perle et des velours gris, les noirs anthracite des cumulus de l'orage et le magnifique et rare céladon, là où le ciel tombe à la mer. Céladon, la couleur des poètes... » Et il avait conclu : « Revoir mes Flandres et sourire... Revoir encore une fois mes Flandres et mourir »...

Bernard nous quitta quelques mois après ces lignes. Il partit jouer au billard Nicolas et à la grenouille avec ses potes, Jean Bart, Robert III d'Artois (pair de France), Jules Guesde, saint Druon (ermite du XII^e^ siècle), Jehan Bellegambe, Viviane Romance, Raoul de Godewaersvelde et Charles de Gaulle...

Bernard, tu me manques terriblement !

# FLORÈS

Au début des années 1990, j'entrepris une tournée indonésienne de Bali à Florès et Timor, en passant par Lombok, Sumbawa et l'île de Komodo où j'affrontais héroïquement les fameux « dragons », énormes varans pouvant mesurer jusqu'à trois mètres et peser jusqu'à 150 kilos. J'accostai ensuite au port de Lanbuanbajo, à l'ouest de l'île de Florès. Fleuron du Nusa Tengara – les petites îles de la Sonde – Florès la catholique, longue de 360 km, présente une extraordinaire variété de paysages montagneux, routes vertigineuses et harmonieuses rizières en terrasses. Ses villages traditionnels à la remarquable architecture, ses plages insolites et ses lacs volcaniques de toute beauté en font une destination de rêve. À *Lanbuanbajo*, agréable et dolent petit port, m'attendait en principe un puissant 4x4 destiné à atténuer l'épreuve des pistes locales. Car à Florès comme dans le reste de l'Indonésie, le réseau routier était à l'époque épouvantable. La colonisation hollandaise qui succéda à la portugaise et se maintint jusqu'en 1949 ne fut guère porteuse de progrès pour les autochtones. Ici, pas de prétextes humanitaires pour exploiter les richesses. Aux yeux des colonisateurs, les autochtones n'étaient sans doute pas dignes de bénéficier de routes, pas plus que d'écoles ou d'hôpitaux. L'axe principal traversant toute l'île n'était donc qu'une mauvaise route défoncée, alternant portions en terre battue et segments asphaltés, devenant quasi impraticable pendant la saison des pluies.

À l'arrivée du bateau, l'air chagrin du chauffeur-guide sur le quai me fit pressentir que les choses n'allaient pas se dérouler comme prévu. Pour une mystérieuse raison, le 4x4 n'était pas en état de rouler. Mon guide était en recherche d'une solution. Je lui indiquai cependant que mon timing était très serré. Il me fallait impérativement un véhicule pour le lendemain matin. Pour l'heure, parcourir à pied le gentil petit port à la recherche de bonnes adresses ne me posait pas de problème.

Le lendemain, à 6h, je fus réveillé de manière tonitruante par mon guide, tambourinant fermement à la porte. Il exultait : « Difficile d'obtenir un 4x4 de rechange ou même un hélico, mais, *tidak apa apa* [pas de problème], j'ai trouvé la solution ! Certes, un peu hors norme, mais absolument satisfaisante »...

Et là, parqué devant l'hôtel, j'aperçois... un vieux bus de 25 places d'un rouge éclatant ! *Damned!* Premier réflexe : j'allais enfin pouvoir prendre mes aises ! En route donc ! Le curieux équipage prit alors la route d'Ende, célèbre pour sa plage aux galets bleus. Au passage, j'admirai les trois lacs du volcan Kelimutu, tous d'une couleur différente. Vraie curiosité naturelle. L'un est noir, l'autre vert foncé et le dernier vert fluo !... En plus, les couleurs varient avec le temps. Totalement magique !

*Sur la plage de Maumere*

## SOUS LES GALETS... PAS TOUJOURS LA PLAGE

La plage de Ende, qui s'étend sur des kilomètres, est un site magnifique, comme une immense expo de galets bleus à ciel ouvert, offrant une infinité de superbes nuances, allant du turquoise au vert le plus éclatant selon le mouvement des vagues. Mon extase fut cependant de courte durée, interrompue par des bruits sourds, violents, lancinants... Là, en plein milieu de la plage, des excavatrices creusaient le sol et déversaient les galets sur un tapis roulant directement jusqu'aux entrailles d'un bateau... japonais. Après la liquidation des forêts asiatiques, les filets dérivants qui asphyxient les dauphins, le massacre des baleines, l'oppression des minorités, le négationnisme historique et tant d'autres vilenies... c'était maintenant le pillage des galets bleus pour décorer les petits jardins nippons. Voire ceux des temples zen ! N'en croyant pas mes yeux, je me souvins alors que l'ami Cabu avait illustré un ouvrage, *50 raisons de détester les Japonais*... J'en trouvai une cinquante et unième ! Quelques femmes des villages alentour triaient bien, aussi, les plus beaux galets pour les proposer aux gens de passage... Mais on pouvait alors comprendre que c'était par nécessité. Depuis cette époque, j'eus le bonheur de visiter le Japon. Sans ôter aucune de mes critiques, j'y découvris cependant un peuple accueillant et affable, ainsi que des traditions culturelles bien attachantes... (voir chapitre « Tokyo »).

## LE STOP, POPULAIRE MOYEN DE TRANSPORT !

Ma dernière étape à Florès fut Maumere, sur la côte nord, la principale ville de l'île. En chemin, nous avions fait halte sur un important marché de montagne. Au moment de repartir, mon guide vint m'apprendre que le bus local était tombé en panne. Désemparés, des villageois chargés comme des bêtes étaient en rade. Était-il possible, me demanda-t-il, de les faire monter dans mon bus insolemment vide, afin qu'ils puissent regagner leurs villages disséminés le long de la route ? Pas de problème, j'y perdais momentanément un peu de confort, mais j'y gagnais beaucoup en marques de sympathie et en convivialité. Et puis caresser un gentil chevreau installé sur ses genoux, bercé par les rires des villageoises, cela créait une sacrée ambiance. Quant aux poules, attachées aux fenêtres, elles appréciaient sûrement cette virée au grand air...

Après une série de beaux paysages, Maumere apparut. Avec son actif marché de nuit et son quartier de pêcheurs aux frêles demeures sur pilotis, c'est une ville aussi charmante qu'animée où les gens se laissent facilement photographier. J'en profitai pour tirer des portraits d'enfants souriants et pleins d'entrain. Aujourd'hui, ces instantanés sont pour moi comme des rayons de soleil... Mais je suis aussi saisi par un peu de tristesse. Deux ans après mon passage, en 1992, un séisme sous-marin d'intensité 7,8 se produisit au large de la ville, provoquant un tsunami qui fit 2 000 victimes parmi les riverains. Le quartier des pêcheurs fut dramatiquement balayé... En regardant les photos de tous ces mômes aujourd'hui, je ne peux m'empêcher de supposer que bien peu d'entre eux échappèrent à la vague meurtrière.

# G COMME...

## GAZA

Fin 1989, la fièvre de l'Intifada s'apaisait dans les territoires palestiniens. La première « guerre des pierres », qui débuta le 9 décembre 1987 et se termina officiellement en 1993 avec les accords d'Oslo, n'était plus que soubresauts sporadiques. Malgré les risques encourus en voyageant dans une voiture de location estampillée « Israël », avec sa plaque jaune à liseré vert, je décidai de me rendre en Cisjordanie occupée, et de pousser jusqu'à Jéricho et Hébron. Mon équipée fut sans encombre. À Hébron, j'embarquai même un jeune Palestinien sympathique et efficace qui me servit de guide. Malgré un fond d'ambiance tendu, je visitai le tombeau des Patriarches où reposent, selon la légende, les patriarches bibliques vénérés tant par les juifs que par les musulmans et les chrétiens. Nous visitâmes aussi l'incontournable marché aux allures de souk.

Partout, j'étais l'unique touriste. Je m'étonnais moi-même que ma voiture ne fût l'objet d'aucune hostilité. Pas même une rayure sur la carrosserie et encore moins de jet de pierre. Fin de la mission palestinienne, donc, et cap sur Eilat pour achever la réactualisation du guide *Israël.* Eilat : débouché israélien sur la mer Rouge conquis après la guerre israélo-arabe de 1948. Trois demeures de boue séchée en 1949. C'est aujourd'hui une grande cité moderne, très bétonnée, sans charme. La routine de flots bleus, de magnifiques fonds marins et le soleil qui tape dur 330 jours par an. Je n'en conserve pas un souvenir impérissable, à part une heure de *snorkeling,* rien de plus – tout le monde sait au Routard que j'adore les poissons-clowns (ils me font vraiment rire) et les poissons-scorpions (normal, toute ma famille est scorpion), mais que j'ai horreur de l'eau et des plages...

Mission quasi terminée. Puis ce fut le retour vers Tel-Aviv à travers le désert du Néguev, via l'insolite cratère Mitzpé Ramon et les merveilleuses cités nabatéennes, dont l'une – Mamshit – est l'occasion d'un jeu de mots récurent : « *Hey Mam, by the way, the bedouin grass, that's something!* », puis Avdat, Shivta... Le Néguev, c'est le Far West israélien, vrai décor de film, étendue grandiose et désolée de rocailles couleur rouille, charbonneuse ou turquoise, de sable et de vent, ponctuée de collines rabotées par l'érosion, sillonnée d'oueds asséchés, striée de ravins et de canyons fantastiques... « Il n'y a ni figuier, ni vigne, ni grenadier, il n'y a pas d'eau à boire. Pourquoi nous avoir conduit dans ce lieu détestable ? », se plaignit Moïse qui apparemment rata Mitzpé Ramon, ce magnifique et fascinant cratère de 400 m de profondeur, de 10 km de large et 40 km de long. À découvrir absolument au soleil levant. Pour le coup, terriblement biblique...

## JE PEUX RÉSISTER À TOUT, SAUF À LA TENTATION !

Après tant d'émerveillement, la route filait tranquillement vers Tel-Aviv. Et tout à coup, j'aperçus une pancarte au contenu provocateur : « Gaza 7,5 km ! ». Quoi, si proche ! Oscar Wilde, champion du monde de l'aphorisme, dit un jour : « Je peux résister à tout sauf à la tentation ! ». Dans un réflexe hautement « wildien », je tournai donc à gauche vers cette destination non prévue, mais pleinement justifiée par une très normale curiosité et une attirante proximité...

Après un passage étonnamment facile du checkpoint israélien, je me retrouvai bientôt sur une grande avenue déserte, jonchée de débris de toutes sortes : planches, cailloux, parpaings... Quelque chose me disait que ça clochait quelque part. L'excitation de la curiosité faisait soudain place à un déplaisant état d'âme. D'autant qu'au fond, s'élevaient de menaçantes colonnes de fumée, tandis que sur la route, les débris s'avéraient de plus en plus gênants pour la conduite. Endormi par le calme apparent des étapes cisjordaniennes, comment avais-je pu oublier les poussées de fièvre sporadiques de la « guerre des pierres » ? Était-ce vraiment bien ma place ici ? Il ne me fallut pas longtemps pour sagement et sans doute piteusement rebrousser chemin…

… Ainsi, je ne me m'identifierai point à ces journalistes, Sorj Chalendon et Marc Kravetz, ces talentueux et courageux narrateurs des guerres du Liban, du bombardement et des massacres de Hama en 1982 ou de la guerre Iran-Irak… Non, *forget it*, je n'écrirai pas de grand article plein de fureur et d'émotion dans un *Libé* virtuel, pas de fantasme enfin assouvi de grand reporter de guerre.

À la place de ces rêves de gloire virile, je fus submergé par une vague de modestie et d'humilité. La mort dans l'âme, je tordis donc le cou de ce rêve-là, repris ma posture de petit auteur de guides, tournai résolument dans une rue à droite pour éviter au dernier moment un gros obstacle et faciliter ainsi la manœuvre de repli. L'idée du siècle ! Là, devant moi, à 20 m se dressait une barricade en flamme et une volée de pierres s'abattit sur la voiture. *Welcome Gaza!* Ils avaient une bonne vue, d'ailleurs, ces jeunes Palestiniens qui avaient repéré ma plaque jaune et son subtil mais fameux liseré vert. Les pare-brise Securit : un vrai progrès ! Ils se constellent délicatement mais ne cèdent pas.

Le retour fut peu glorieux. Les dessins de mon pare-brise qui évoquaient les jolies carafes d'eau irisées des tables dominicales m'évitèrent de croiser, au passage de la frontière, les désobligeants et ironiques sourires de la soldatesque israélienne. M'étant assuré que j'avais bien quitté le territoire de Gaza, je m'arrêtai pour constater l'ampleur des dégâts. Outre le pare-brise blessé, une dizaine d'impacts dans la tôle témoignaient de cette rencontre brève et chaleureuse. Effondré, je me traitai de nul sur le talus. Mais, dans le même temps, je me sentis curieusement presque content de moi, amusé même… Mon côté relativiste – optimiste peut-être ! Et puis soudain, sous mes yeux, provocateur et insolent, trônait sur le toit de la voiture… un beau pavé ! J'ai dû esquisser un sourire, avec la bizarre sensation d'avoir vécu un truc un peu irréel. C'est à peine si je ne me pinçai pas.

Mais surtout, ce qui me turlupinait dans l'instant qui suivit, c'était ce que j'allais bien pouvoir raconter au loueur, à *Mr Locatelaviv*. Il me revint soudain en mémoire qu'en cas de sinistre, les compagnies d'assurance excluaient de leur garantie, outre l'explosion du noyau atomique chez certaines, les situations dangereuses, mouvements populaires, guerres civiles et autres !

À l'ultime moment, rentrant aussi piteux qu'inquiet dans l'agence, je trouvai une explication semblant cohérente. M'effondrant sur une chaise, la commissure des lèvres tombante, l'air hagard, le souffle court, je livrai avec émotion le récit de mon accident : remontant tranquillement l'abrupte et étroite pente du cratère de Mitzpé Ramon, un camion chargé de gravats m'avait doublé. Pour éviter un véhicule venant en face, il s'était rabattu brutalement devant moi, répandant une partie de sa benne sur ma voiture. J'eus la peur de ma vie, parvenant difficilement à contrôler ma conduite et surtout à éviter de plonger dans le vide. « Avez-vous pu relever le numéro du camion ? », me demanda le loueur. « Hélas non, il y avait une telle poussière que ce fut impossible. Totalement hébété d'ailleurs, je laissai filer le camion qui probablement ne s'aperçut de rien. » L'agent m'observait d'un drôle d'air… Persuadé de mon côté que j'avais l'air crédible, persuadé aussi qu'il n'en croyait pas un mot… « Vous l'avez échappé belle, dit-il. Allons voir les dégâts ! » Sa collègue venait de pénétrer dans le bureau, je jure que je l'ai entendu lui murmurer, ou plutôt lu sur ses lèvres, « Intifada »… Par la suite pourtant, je n'eus jamais de nouvelles de mon « accident »…

Gaza, j'y suis retourné plus tard à travers *Boire la mer à Gaza*, ouvrage d'Amira Hass, correspondante là-bas du journal israélien *Haaretz* pendant plus de quatre ans. Chronique extraordinairement détaillée de la vie politique et sociale de la bande de Gaza de 1993 à 1996, elle présenta son livre en disant simplement : « Comme une minorité d'Israéliens, je reste convaincue que pour faire cesser le terrorisme, il faut analyser ses raisons sociales, économiques, historiques et soulager la souffrance des gens… ».

Tout est dit… Un livre à mettre dans toutes les mains ! Il faut souligner aussi le formidable travail de La Fabrique, un éditeur proposant nombre d'auteurs, sujets et thématiques en rapport avec la problématique israélo-palestinienne. Contributions souvent hors des sentiers battus, échappant aux explications à l'emporte-pièce, poussant délibérément à la réflexion, à l'échange, à l'écoute de l'autre…

Le pavé, pieusement recueilli, orna longtemps mon bureau à la maison, mais il dut se perdre lors de l'un de mes déménagements. Peut-être fut-il prêté un jour à un copain *black block* et jamais rendu ?…

# GRÉVISTES DE LA FAIM…

Du printemps à l'été 1981, se déroula l'héroïque grève de la faim des prisonniers républicains irlandais, menée par Bobby Sands, militant de l'IRA, condamné à 14 ans de prison pour la seule possession d'un revolver dans sa boîte à gants. Que demandaient-ils au fond ? Juste de continuer à bénéficier du statut de prisonnier politique… Statut supprimé par le gouvernement anglais travailliste cinq ans auparavant. Le plus absurde, c'est que les militants déjà en prison au moment de cette suppression conservaient leur statut. La mesure s'appliquait à tous les nouveaux condamnés qui désormais étaient considérés « droits communs » et contraints de porter l'uniforme carcéral. Les premières années, pour protester, les militants refusèrent de porter la tenue, à leurs yeux infamante, des prisonniers, et vécurent nus sous une couverture été comme hiver. Le gouvernement anglais était entre-temps passé entre les mains de fer de la dame du même nom, Margaret Thatcher, et la protestation passa à la vitesse supérieure. En plus du refus de l'uniforme débuta une grève de l'hygiène : pisse répandue sur le sol et merde badigeonnée sur les murs... Puis, devant l'inflexibilité de Thatcher, dix prisonniers entamèrent à tour de rôle une grève de la faim. Bobby Sands fut le premier... Cette lutte eut un retentissement mondial. Partout se créèrent des comités de soutien. En France furent créés les comités Irlande et les associations Irlande libre, puis un comité fédérateur : le Comité de défense des prisonniers politiques irlandais (CDPPI). En tant que membre du CDPPI, mes amis irlandais du Sud m'invitèrent à prendre la parole lors d'un meeting de soutien à Killarney – comté de Kerry – une des villes les moins républicaines de la république d'Irlande. Plus de 150 personnes y assistèrent, ce qui constituait, me dit-on, un record pour le lieu. Cette grève de la faim, dont l'issue ultime devait être la mort de Bobby Sands en mai 1981, dépassait en charge émotionnelle tous les combats précédents ! Profondément impliqué depuis de nombreuses années dans le mouvement de solidarité avec l'Irlande, j'étais très touché, ému, plein d'admiration pour la résistance, le courage, l'incroyable détermination des grévistes à faire triompher leurs revendications et leur cause. Pour mon intervention, ma voix était brisée et mon cœur en bouillie... Pourtant, les mots sortirent tout seuls, portés par une indescriptible émotion. Ils glissaient tout comme les quelques larmes retenues à grand-peine.

## COMME DANS *LE VENT SE LÈVE,* L'ADMIRABLE FILM DE KEN LOACH...

À la fin, comme vidé, violemment secoué, je descendis de la plateforme en titubant. C'est alors qu'un vieux couple vint vers moi, me prit les mains et me gratifia d'un « *Thank you, father* ». Je ne mis pas longtemps à comprendre la méprise ! Habillé d'un costume noir et d'un ras du cou, noir également, sur une chemise blanche dont le col dépassait, la confusion était tout à fait possible. Je ne tentai pas de dénier. Faisant au contraire un truc inouï, je ne pus m'empêcher de bénir le couple. Mary, ma vieille copine du Sinn Fein local qui tenait un salon de coiffure à Killarney, pouffa de rire. Son père avait été combattant de l'IRA pendant la guerre d'indépendance (1919-1922). Comme beaucoup d'Irlandais(es) solidaires du combat des grévistes, elle avait fixé un drapeau noir au-dessus de sa boutique et me confia que, dans cette ville conservatrice, haut lieu du commandement militaire anglais pendant la guerre d'indépendance, cet acte militant lui avait fait perdre la moitié de sa clientèle...

Puis la foule partit en manif. Nous aperçûmes en queue de cortège un homme très âgé qui avait bien du mal à nous suivre. Nous l'avons alors encadré pour le soutenir et avons effectué le restant de la marche avec lui. À l'arrivée, un pub recueillit notre petite bande assoiffée. Mary et le vieil homme, un nommé Mc Swinney, commencèrent à papoter. Il demanda son nom à Mary et elle répondit « Gibney ». « Curieux, dit le vieil homme, j'avais un Gibney William dans ma *flying column* [groupe de combat de 20 à 60 personnes, appelé "colonnes volantes", qui menait dans les campagnes une impitoyable guerre de guérilla contre l'armée britannique] ». Rapidement, il fut établi que Mc Swinney et le père de Mary avaient combattu dans les mêmes collines du Kerry pendant la guerre d'indépendance et avaient même été des amis très proches. Ils tombèrent dans les bras l'un de l'autre, pleurant sans retenue.

Pour moi, ce fut la totale... Vraiment *too much* pour une seule journée... Je craquais à mon tour ! Certes, ça mit un peu d'eau dans ma Guinness. Ça ne devait cependant pas être la dernière fois...

# H COMME...

## HÔPITAL BOTKINE

Création du Guide du Routard *Moscou-Lening...*, oh pardon, *Saint-Pétersbourg* – pas facile de revenir au temps des tsars. Encore, s'ils avaient gardé Petrograd, le nom donné à la ville en 1917 ! Ce fut une formidable aventure. J'avais choisi de travailler sur Moscou, intuitivement. La capitale correspondait davantage à l'idée que je me faisais de la Russie que la ville de Pierre-le-Grand, immense Versailles, peut-être un peu trop homogène architecturalement à mon goût et qui pouvait se révéler plus ennuyeuse à la longue.

### COURTE PRÉSENTATION DES DIFFICULTÉS D'ENQUÊTE

Cela dit, Moscou ne fut pas une promenade de santé, au propre comme au figuré... La ville ne s'offre pas au premier piéton venu, même le plus enthousiaste. Les distances sont démesurées, le trafic automobile infernal, les embouteillages gigantesques et les distances entre les stations de métro décourageantes... Tiens, parlons-en du métro !

Un des plus beaux du monde, certes, mais aussi une source d'erreurs et de confusions permanentes... Qu'est-ce qui leur a pris de ne pas avoir un alphabet comme le nôtre ! Soyons bon joueur, l'apprentissage du cyrillique en lettres capitales est juste un petit effort à accomplir pour éviter d'être salement handicapé lors des balades à pied et en métro. Encore que, dans le métro, au bout de quelques jours, l'oreille finit par se faire aux annonces des noms avant l'arrivée aux stations. À la fatigue des transports en commun s'ajoute celle de la visite des musées... Mais là c'est plutôt à leur avantage. La fabuleuse galerie *Tretiakov,* par exemple, nécessite huit heures minimum de visite et encore, en se dépêchant. Idem pour le merveilleux Kremlin qu'il faut prendre le temps de savourer. En fait, Moscou n'est réellement fatigant que pour un auteur de guide, contraint de foncer sans cesse, de rentabiliser son temps s'il veut mener à bien sa mission. Et celle-ci comprend une tâche épuisante et passablement démoralisante : la vérification des hôtels.

## ALLEZ, UN PEU DE TERRAIN !

Lors, de la première édition du guide, au début des années 2000, on ne trouvait pas d'auberges de jeunesse privées à Moscou. La solution la moins onéreuse pour se loger consistait à se rabattre sur les immenses hôtels d'État, comme le *Russia*, espèce de monstre architectural collé au Kremlin, dénaturant totalement le site. Une véritable hérésie esthétique qui aurait valu, chez nous, le peloton d'exécution pour l'architecte et l'urbaniste... enfin, j'exagère un peu. Aujourd'hui, cette hideuse verrue a été heureusement démolie.

À l'époque, pour visiter une chambre d'hôtel à l'improviste, c'était la croix et la bannière. Ou si vous préférez, le drapeau et l'étoile rouges ! Accueil glacial à la réception, tenue le plus souvent par des employés s'en fichant complètement et vous envoyant balader sans façon. Dans leur anglais de Sibérie, je saisissais parfois vaguement qu'il aurait fallu, pour inspecter une chambre, prendre rendez-vous avec la direction. Imaginez l'itinéraire bureaucratique quasi kafkaïen pour chacun d'eux : prendre laborieusement contact, puis dépendre ensuite de jours et d'horaires imposés, empêchant tout programme cohérent, le tout nécessitant de longs déplacements... Pour visiter une malheureuse chambre d'hôtel, la somme d'efforts déployés était exorbitante ! Le *Russia,* malgré sa laideur, était par chance très proche du centre. Mais pour visiter les autres hôtels bon marché, le plus souvent beaucoup plus loin, les pertes de temps étaient considérables. Il me fallait parfois jusqu'à deux heures de trajet pour une visite qui ne durait pas plus de cinq à dix minutes. Un rapport qualité-temps de transport désastreux ! Résultat de ma course folle dans Moscou, à la fin de la mission, votre serviteur fut certes enchanté par la découverte de sublimes monastères comme le Novodievitchi, de prodigieux musées, de fascinantes maisons d'écrivains comme celle de Tolstoï, mais en même temps épuisé, sur les genoux, ratatiné... Je me souviens avoir bossé jusqu'à la dernière heure, saisissant un taxi à l'ultime minute pour échouer presque au *burn-out* physique, hagard, transpirant comme une bête à l'aéroport...

## L'ERREUR DU SIÈCLE !

Et là, je commis l'erreur qui tue. La langue comme une queue de castor, j'ingurgitais presque cul sec un demi de bière glacée et le malaise fut instantané. Envie de rendre généreusement à la sainte Russie tous les bortsch que j'avais outrageusement pris à son peuple laborieux et fier durant mon séjour. Les formalités de départ se transformèrent en calvaire. Encore un petit effort et j'allais enfin pouvoir me reprendre dans l'avion ! Mais non...

Combien de temps suis-je resté allongé inconscient dans le couloir central de la cabine ? Moins d'une minute, si je me rappelle les précédents évanouissements de ma jeunesse. La remise sur pattes fut un poil laborieuse, mais mon cerveau fut prompt à rassurer les hôtesses et le commandant de bord venu aux nouvelles. J'ai alors brusquement haï le passager, soi-disant médecin, opposé à mon départ. J'ai eu beau affirmer être en pleine forme, sourire le plus béatement possible, le verdict du commandant tomba comme un couperet de guillotine (vieux reste, sans doute, de l'admiration des camarades pour l'aventure robespierriste) : « Monsieur, je ne peux prendre le risque de vous embarquer, un arrêt à Varsovie ou ailleurs pour un nouveau malaise, coûterait au minimum 25 000 dollars à la compagnie. Une ambulance vous attend au bas de la passerelle ». Quelle humiliation ! Peu de regards de soutien parmi les passagers...

« Où m'emmène-t-on ?, demandai-je à une hôtesse. Et mon bagage ?
– Vous partez pour l'hôpital *Botkine*, le plus grand de Moscou, quant au bagage, on va le retrouver et il suivra... »

## VOYAGE INITIATIQUE DANS LA SANTÉ RUSSE...

L'ambulance en question semblait avoir servi avec dévouement durant la Grande Guerre patriotique. Seule piètre consolation, la sirène m'épargna un peu les embouteillages. L'arrivée à l'hôpital me projeta dans un décor à la Fritz Lang, ou à la Murnau. Après avoir traversé la pénombre d'un long et sinistre tunnel, l'ambulance s'immobilisa près d'une salle d'accueil peu accueillante et mal éclairée. Et là, l'angoisse ! Une énorme infirmière moustachue – ce n'est pas un effet de plume ! – me prit par le bras et cria « gold, gold »... Ça y est, le guet-apens, le traquenard, la mafia des sous-sols moscovites frappe et va me dépouiller. Je fais signe que non et elle n'insiste pas.

J'apprendrai plus tard que la brave infirmière était au contraire très gentille et que dans son anglais fort limité, elle souhaitait seulement que je lui confie mes objets précieux.

Pour cause de pénurie de lits chez les hommes, je me retrouvai dans une petite salle commune de six lits chez les femmes. Cris d'orfraie des dames – j'en conviens, avec quelques bonnes raisons – rapidement isolé par un paravent et leur colère s'éteignit doucement. Puis ce fut la visite du cardiologue. Plutôt bel homme, la cinquantaine aux tempes grises, genre séducteur de salle de garde au sourire aussi froid que carnassier. Une image remonta de loin, celle d'un héros temporaire de mon adolescence, *Hubert Bonnisseur de la Bath,* l'espion vantard et crétin d'OSS 117.

Son anglais était parfait et il se révéla finalement très affable et compétent. Après examen, il m'annonça une mini faiblesse cardiaque. Je me hâtai de lui préciser, sur l'air de celui à qui on n'apprend rien, que je connaissais bien l'existence d'un petit clapet qui, quelque part, fonctionnait à rythme peu habituel, mais avec lequel on peut vivre sereinement au moins jusqu'à l'âge de Jeanne Calment – dixit mon cardiologue parisien. Mon médecin me sembla peu convaincu, mais conserva son affabilité. Le lendemain matin, on me transféra chez les hommes, également en salle commune.

De l'intérieur, l'hôpital semblait vieillot mais très propre, sans pénurie de main-d'œuvre apparente. Sans être chouchouté, on s'occupait bien de moi, les repas étaient corrects et les prises de tension régulières. Parvenant à joindre Martine, mon épouse, je la rassurai. Moi qui fus longtemps philosophiquement contre les portables, je leur trouvai soudain un charme indéniable. Je remercie d'ailleurs Philippe Gloaguen qui m'offrit celui-ci, déterminé à ne pas attendre dix ans que je sois convaincu de son utilité professionnelle. À la question « mais combien de temps allez-vous me garder ? », le médecin, toujours aussi affable, me répondit qu'il voulait être sûr que tout irait bien...

## LA GRANDE ÉVASION... PUIS LA GRANDE DÉCEPTION !

Au quatrième jour, mes lectures épuisées et la barrière du langage m'empêchant de disserter sur Kant et Schopenhauer avec mes adorables voisins de chambrée, je commençai quelque peu à m'ennuyer. À mon gentil médecin, je me risquai alors de demander : « Qu'est-ce qui m'empêche de quitter l'hôpital docteur ? En fait, rien, me répondit-il sans énervement... » Martine venait de me confirmer un vol Air France dans la soirée pour mon retour. Dès que la blouse blanche disparut de la pièce, je sautais sur ma valise – que l'aéroport avait miraculeusement fait suivre – quittant sans bruit et sans ostentation mes compagnons de souffrance. Puis je sortis très clandestinement de l'hôpital sans même passer par l'administration...

À l'aéroport, malgré la qualité des cervoises russes, je m'abstins de commettre la même imprudence et embarquai à jeun, tranquillement, serein, reposé, avec finalement un souvenir tendre de mon séjour à l'hôpital Botkine, ses médecins affables, ses gentils malades, la qualité des soins, le dévouement des infirmières – pas toutes moustachues...

En 2013, je retournai à Moscou, pour la première fois depuis la création du guide et ne reconnus point la ville. Triomphe du capitalisme non seulement prédateur, mais également niveleur... La dictature des marques dans tout le centre-ville s'était substituée à la dictature du prolétariat : *Mc Do, Starbucks, Lancel, Zara, Samsung*... Elles étaient toutes là, vampirisant totalement l'environnement, banalisant les façades, dissimulant des architectures pourtant si belles dans leurs télescopages. Au grand marché aux puces, *Vernissage,* c'était la dictature de la fringue et des gadgets. Les vraies puces étaient confinées à quelques stands. Pourtant abondant jadis, j'eus un mal fou à trouver un de ces faux *Leica* fabriqués au bon temps de l'Allemagne de l'Est. Une commande de mon grand pote Serge Le Manour, ultime photographe de cartes postales en France. Heureusement, je me consolai et oubliai ma désillusion dans la merveilleuse galerie Tretiakov... Éternellement scotché par les toiles des « Ambulants », dont le génial Ilia Repine, les paysages raffinés d'Isaak Lévitan (admirateur de Corot, ami de Tchekhov) et, surtout, devant les extraordinaires *Boïarina Morozova* et *Matin de l'exécution des Streltsy* de V. Sourikov. Un choc, un séisme à chaque fois. Le pathos lyrique poussé à son maximum. En fait, je vais vous dire : Moscou, finalement, grâce à tous ces talents, grâce à tous ces éblouissants chocs artistiques, on s'y attache forcément.

# HOUTSOULES

On ne présente plus la Roumanie du Nord, la Bucovine et les Maramureş, leurs fascinants monastères aux fresques sublimes, leurs cimetières « joyeux » (Săpânţa), leurs puits et portails de ferme, véritables œuvres d'art... et toutes ces sortes de choses ! Mais mon souvenir le plus fort, le plus attachant, le plus surprenant de cette région fut cette merveilleuse expérience d'un mariage *houtsoule. Hout* quoi ? Bon, un peu d'ethnologie sommaire : les *Houtsoules* appartiennent à une ethnie très minoritaire, à cheval sur la frontière ukraino-roumaine (3 500 personnes en Roumanie, 25 000 environ en Ukraine). C'est celle, côté ukrainien, que filma Sergueï Paradjanov pour son magnifique film culte *Les Chevaux de Feu*. Côté roumain, c'est une petite communauté paysanne occupant en Bucovine du Nord quelques vallées isolées et possédant nombre de traditions et de coutumes originales. On y parle un dialecte ruthène, proche de l'ukrainien.

Je dois à un ami, spécialiste des cultures roumaines, la chance d'avoir été invité à un mariage *houtsoule* dans une vallée de rêve très proche de l'Ukraine. On y retrouvait tous les symboles de l'agriculture de montagne : nature préservée, équilibres harmonieux des paysages et de l'habitat, meules de foin à l'ancienne soigneusement alignées, paysans rentrant le soir la faux sur l'épaule, charrettes à cheval ramassant les bidons de lait... Certes, probablement les ultimes images d'une agriculture condamnée. Mais ça faisait quand même plaisir de vivre ces derniers moments, pour la qualité et la chaleureuse harmonie de ce mode de vie survivant. Surtout lorsqu'il vous mène à cette grande gare désaffectée et louée de temps à autre pour un bal ou un mariage paysan.

## ÇA DONNERAIT PRESQUE GOÛT AU MARIAGE !

Cette gare datait du temps mauvais de la dictature de Ceausescu, sans charme, surdimensionnée à l'époque, par rapport au trafic de la vallée, mais dans un environnement bucolique extra. Un petit café y subsistait, avec sa clientèle locale de retraités, paysans veufs ou célibataires et les inévitables habituelles et sympathiques berniques de comptoir... L'ancien hall de la gare et ses dépendances pouvaient accueillir à l'aise 200 personnes. De longues tables avaient été dressées, où se pressaient déjà la foule des amis et de la famille, au son d'un orchestre tzigane à la moyenne d'âge élevée, mais assurément énergique et exubérant. Foule bigarrée, vieilles femmes dans leurs superbes robes ornées de fleurs brodées, paysans aux visages burinés et brûlés par de généreux soleils... L'arrivée de la diaspora m'enchanta : personnages ayant, bien entendu, souvent réussi socialement dans l'exil, super nippés et débarquant dans de rutilants véhicules de marque. Ceux d'Amérique et d'Italie déboulèrent quant à eux en luxueux 4x4, curieusement déguisés, affublés de larges chapeaux, bien grassouillets, à mi-chemin entre cowboys d'opérette et clones des *Soprano,* certains d'entre eux s'alignant probablement quelques nanas « sur le ruban » à Milan ou Turin... À mon désir de les immortaliser, ils opposèrent d'ailleurs un farouche refus. Suivis de mannequins longitudinaux et glamour. Mon ami me confia : la dernière, c'est la sœur de la mariée, une courtisane de haut vol à Genève. Tonneaux de vin en perce, jambons fumés exhalant de sensuels parfums, montagnes de charcutailles complétaient cette scène à la Brueghel ou à la Otar Iosselliani...

## BEL EXEMPLE D'ESPRIT COMMUNAUTAIRE !

Décor du film en place, moteur ! La famille avait gentiment gardé les clients du bistrot, ce qui donnait une bienheureuse touche populaire et pleine de gouaille à l'ensemble. Vers minuit, il se passa alors un événement exceptionnel. Alors que les agapes allaient bon train, que quelques vieilles commençaient à s'affaler et à dormir la tête dans leur assiette, bref que la fête battait son plein... apparut l'« aboyeur », le maître de cérémonie traditionnel des foires paysannes, celui qui mène les enchères dans les ventes de bétail. Il intervenait au bon moment, celui où le pourcentage de lucidité semblait encore élevé, où les capiteux breuvages n'avaient encore point assommé la foule. L'aboyeur, muni d'une petite sono crachotante, accompagné d'une secrétaire et de la mariée déjà bien murgée, commença la collecte des dons en faveur des jeunes époux. Un pro, le gars ! Connaissant bien sûr son petit monde, le bougre, les *Popesco, Berbec, Cioban, Antonescu*, etc., toutes prospères familles paysannes dont il n'ignorait pas la rivalité, voire l'inimitié. Sachant faire monter les dons avec malice et provoquer les générosités en opposant avec humour les familles : « Comment, les Georgiu, comment, seulement 200 $ ! Alors que les Constantinescu y ont été de 400 $, vous pouvez mieux faire, non ? ». Toujours rigolard, toujours le bon mot, provoquant énormes éclats de rire et applaudissements quant la liasse de billets se révélait substantielle ou le chèque avec plus de zéros que prévu. Et le sac poubelle, brandi par la mariée chancelante et hilare, se remplissait progressivement de façon significative. Tandis que la « secrétaire », prenant son boulot à cœur, inscrivait scrupuleusement les sommes sur un grand cahier... Chers lecteurs, vous ne le croirez pas, mais quelques heures plus tard, les jeunes mariés avaient leur maison ! Bon, peut-être pas avec cuisine équipée, mais toit assuré ! Belle leçon venant d'une communauté généreuse et solidaire. Puis mes gérontes musiciens reprirent de plus belle la musique et tout le monde se mit à danser. L'une des danses me scotcha particulièrement : deux couples, un garçon, une fille, un garçon, une fille en cercle serré, se tenant fermement par la taille et tournant sur eux-mêmes à une vitesse folle, façon derviches tourneurs, au risque sans cesse de basculer, de rentrer brutalement dans les autres couples. Un ballet incroyable, mais totalement maîtrisé !

## DERNIÈRES CARTES POSTALES D'UNE CULTURE EN BOUT DE COURSE

Vers 6h du matin, ivre de fatigue et de musique, lourd de ces roboratives agapes, je partis dormir quelques heures afin d'être fin prêt pour le déjeuner à suivre... Revenant vers midi, je trouvai encore une bonne trentaine de danseurs, même pas façon « On achève bien les chevaux »... Peu de signes de fatigue, pas vraiment décidés à s'arrêter ! J'appris plus tard que la fête avait duré presque trois jours.

Enfin, sur le chemin du retour, je revis avec plaisir mes sereins paysages *houtsoules,* tirant parfois en route le portrait de joviaux paysans gentils et disponibles. Seul échec, alors que je prenais en photo une petite gare abandonnée, totalement végétalisée et un poil pathétique, un gars à casquette sortit de je ne sais où et m'agonit d'injures (je n'eus pas à traduire, la tonalité des propos se révélait sans équivoque). Tiens, me disje, l'ancien chef de gare ne sait peut-être pas que Ceausescu est mort et que les gares (surtout désaffectées) ne sont plus, depuis un certain temps, des objectifs militaires interdits de photographie. Les imprécations du malheureux nostalgique du Génie des Carpates n'altérèrent point ma bonne humeur.

Rentré au pays, je devais distiller longtemps encore l'enchantement de cet étonnant et voluptueux mariage paysan...

# I COMME...

## IRLANDE

Je rentre direct dans le sujet : je fais partie d'une secte qui n'est heureusement pas encore dans le collimateur des commissions parlementaires. Eh oui, j'appartiens à une catégorie de gens bizarres, poussés par une étrange passion, incapables d'une pointe de raison dans leurs choix et alternatives. Ô pas dangereux, ou si peu, fréquentables même par le tout-venant... Cependant, bardée de l'airain de la foi des prosélytes, cette secte ne vous lâchera pas tant que vous n'aurez pas, en poche, un billet pour... l'Irlande ! Eh oui ! Fous joyeux ou illuminés du cœur, nous sommes les irlandophiles !

Irlando quoi, avez-vous dit ? Quésaco ? Les irlandophiles sont avant tout des barjots qui passent leur temps à tenter de convaincre les autres que l'Irlande est le plus beau pays du monde ! Un jour, un beau soir, ils sont tombés dans la Verte Erin, comme Obélix dans le potage. Et comme Obélix, ils ont leurs idées fixes. Et selon leur culture, leur histoire propre, leur passé, leur provenance, leurs fantasmes, leurs aspirations, ils sont tombés amoureux de l'Irlande. De toutes les Irlandes ! Amoureux de bonne foi, amoureux de mauvaise foi, mais amoureux ! Et le pêcheur vous dira ces saumons grands comme des orques, le poète vous dira ces mille merveilleux conteurs de pub et les inoxydables Yeats et Heaney, le poivrot vous dira son admiration pour les dalles en pente de ce légendaire pays, l'écrivain vous dira qu'il pousse ici plus de génies littéraires à l'hectare que de coquelicots dans les Flandres et le bucolique évoquera ces paysages magiques, dans des natures intactes...

Et tous en commun vanteront la chaleur et l'accueil et la générosité des Irlandais. Mais... mais bon sang, on allait oublier l'histoire de l'Irlande ! Combien d'entre nous s'y sont noyés, attirés par sa richesse, son incroyable panoplie de héros, cette façon de modeler, façonner l'ensemble des rapports sociaux et culturels du pays au long des siècles ? L'Histoire, elle est là, partout. Elle vous colle aux pattes sans cesse. Qu'on

*Orgie de murets de pierre,*
*îles d'Aran*

descende à Connolly ou Pearse Stations, qu'on arpente O'Donovan Rossa Avenue ou Emmet Court, qu'on descende une vieille Guinness au *Wolfe Tone* ou au *Parnell's,* on n'y échappe pas. D'ailleurs, on ne la retrouve pas seulement dans les noms de rues, de places ou de gares de chemin de fer, elle est sans cesse dans le discours des gens, dans les chansons, dans la littérature, dans l'atmosphère... Que voulez-vous, être prisonnier au XXI^e^ siècle d'une tragédie qui débuta au XV^e^ siècle ne peut être supporté que si cette tragédie est sublimée. Si j'ai visité des dizaines de pays aux adorables habitants, si je les ai aimés sans presque rien savoir ou si peu de leur histoire, en Irlande, c'est impossible d'y échapper (à part peut-être le pêcheur d'orque, cité plus haut, ou tout autre monomaniaque).

## DES SIÈCLES D'AMITIÉ ET DE SOLIDARITÉ ENTRE LA FRANCE ET L'IRLANDE

En creusant un peu, on découvre les liens nombreux et profonds entre la France et l'Irlande. Des *Wild Geese* venant se réfugier en France, échouant en Poitou-Charentes et s'y sentant si bien qu'ils y laissent leur nom conservé dans l'alcool, pour l'éternité : *Martell, Hennessy, Lynch...* Entre-temps, c'est la brigade irlandaise qui nous donne un sacré coup de pouce pour décrocher la victoire à Fontenoy. Wolf Tone, le protestant, venant en 1796 solliciter la jeune République française (et le non moins jeune général Hoche) afin d'aider l'Irlande à se débarrasser de l'Angleterre. C'est alors l'expédition de *Bantry Bay,* hélas contrariée par la météo. Pas grave, en 1798, le général Humbert réussit à débarquer dans le Mayo avec des troupes françaises, organise un début d'armée irlandaise et remporte les premières batailles. Ce sont Thomas Francis Meagher, William Smith O'Brien, Richard O'Gorman qui viennent à Paris, en 1848, au moment du Printemps des peuples et des révolutions démocratiques qui se répandent dans toute l'Europe. Ils viennent féliciter Ledru Rollin et Lamartine, les leaders de 1848. Ils imaginent, sur le modèle du drapeau français, le drapeau irlandais (orange pour les protestants, vert pour les catholiques et le blanc qui les fédère). Ils rapporteront même fièrement un grand drapeau tricolore cousu par des couturières parisiennes. Le même qui flottera sur la Grande Poste de Dublin, à Pâques 1916. C'est cette proximité, cette complicité entre nos deux histoires qui m'ont fasciné !

## DERRY, *DIRTY OLD TOWN...*

Un peu de ma propre histoire, maintenant : en août 1970, à Derry, le choc fut rude. Une ville entière en révolte ! Avec son célèbre pignon de rue « *YOU ARE NOW ENTERING FREE DERRY* » à l'entrée du Bogside, le quartier ouvrier et populaire d'où partirent les premiers affrontements l'année précédente. Nous dormions enroulés dans nos duvets, entassés dans les minuscules salles à manger des militants républicains. Le thé partagé après les affrontements, les soirées enfumées des vieux pubs du Bogside, de Creggan et de Waterloo Street où se commentait la journée où, tous ensemble, nous refaisions le monde, coude à coude au bar, toutes générations de militants républicains confondues, de la guerre d'Indépendance aux mouvements des droits civiques.

Un soir, au PDF *(Prisonners Dependant Fund)*, club où se réunissaient les soirées de soutien aux prisonniers, une patrouille britannique pénétra dans la salle, visage noirci à la suie, armée jusqu'aux dents. Au fur et à mesure de leur irruption, de leur avancée dans la salle, les chants républicains reprenaient de plus belle, montaient lentement de plus en plus fort. Provocation et affirmation. Affirmation que les Irlandais étaient chez eux, fiers d'y être, que le « Brit » n'était qu'un occupant isolé, dénué totalement de légitimité. Ce soir-là, dans cette extraordinaire atmosphère, Sorj Chalandon, à l'époque correspondant de *Libé* en Irlande du Nord, se pencha vers nous en disant : « Ces gens ne peuvent pas avoir tort ! ».

C'est cette profonde solidarité au sein de tout un peuple, cette chaleureuse fraternité entre générations, ce profond sentiment d'appartenance à une cause, ce sentiment d'avoir historiquement raison, qui me bouleversèrent. À vie ! Sans oublier l'incomparable et extraordinaire générosité de gens qui possédaient alors peu et qui partageaient ce peu avec une chaleur et une gentillesse naturelles confondantes. À l'époque, nous nous disions bien incapables d'en rendre seulement la moitié, coincés dans nos confortables existences, dans les inévitables garanties que nous ne cessions de demander aux autres avant d'accorder notre propre hospitalité.

Au Sud, générosité et solidarité ne s'expriment évidemment pas directement dans la lutte contre l'occupant. Elles font partie tout simplement de la vie. Elles portent d'autres noms comme courtoisie, hospitalité, convivialité. Cela dit, les Irlandais n'ont pas de mérite, ils sont nés comme ça. Ils cultivent naturellement leur curiosité pour l'autre, le sens de l'accueil et de la conversation. Difficile d'être égoïste et fermé à autrui quand on a été pauvre pendant des siècles et que ce qui reste aux pauvres, ce sont les qualités du cœur et de l'intelligence. Tout être qui a souffert devient donc terriblement humain. Même mes amis cadres sup, docteurs, avocats ou chercheurs possèdent cette humilité de ceux à qui ne furent pas transmises les notions de richesse et de pouvoir, ou si peu… Des anecdotes, des exemples de ce merveilleux sens de l'hospitalité, un livre entier n'y suffirait point.

## COMMENT ÉCHAPPER À LA PLUIE, LA TERRIBLE PLUIE ET À UNE HISTOIRE DE BOUTS D'FICELLE…

Pauvres à l'époque, avec mon ami Christian Perrin (de *Chez Georges*, rue des Cannettes, voir chapitre « Bistrots »), circulant à mobylette et faisant du camping sauvage au milieu du Connemara, nous trouvâmes un matin, dans une corbeille d'osier, *in the middle of nowhere*, du thé, une miche de pain chaud maison, du lait, de la confiture, des *plums*… À l'horizon, la noire silhouette d'un vieux berger dont le sourire et les yeux malins illuminaient les brumeuses tourbières.

Une autre fois, fourbus, trempés, crottés, incapables de monter la tente, nous demandâmes dans une ferme l'autorisation de dormir dans la grange. « Non, la grange, non ; une chambre bien chauffée, oui ! »

Une autre fois, à Birr, comté Offaly, rentrés dans un pub pour échapper à la pluie, cette terrible pluie décrite par Heinrich Böll dans le *Journal irlandais*, nous y restâmes trois jours, tente plantée dans le jardin du pub. Que s'était-il passé ? Par quelle mystérieuse alchimie une courte halte se transforma-t-elle en séjour ? Tout le secret de l'hospitalité irlandaise est là. Un dicton populaire de pub ne dit-il pas : « Ici, il n'y a pas d'étrangers, il n'y a que des amis que nous n'avons pas encore rencontrés ! » ?

Et le visiteur, au milieu de tout ça, reste marqué à vie par son expérience irlandaise. Ray Bradbury ne se remit jamais des quelques mois passés aux côtés de John Hudson à écrire le scénario de *Moby Dick*. Complètement traumatisé, fasciné ! Des Irlandais, il écrira, dans la *Baleine de Dublin*, que c'est leur imagination qui le frappa le plus : « Un homme ramasse une ficelle, un autre y fait un nœud, un troisième ajoute une boucle et, le lendemain matin, on a une carpette au sol, un rideau à la fenêtre et une tapisserie qui chante au mur, tout ça avec un bout de ficelle… ».

## LE GÉNÉRAL HUMBERT EST-IL MONTÉ DANS LE TAXI MAUVE DE FRED ASTAIRE ?

Parlons du général Humbert qui vint, en 1798, au secours des insurgés irlandais en lutte contre les vilains Anglais. Il débarqua à Killala, dans le comté Mayo, avec 1 000 soldats français et fit un émouvant discours à son arrivée : « Union, liberté, république irlandaise… sera notre cri. Marchons. Nos cœurs vous sont acquis. Notre gloire sera dans votre joie et votre bien-être ». Bien entendu, la rébellion des United Irishmen fut écrasée par une armée britannique déjà super équipée à l'époque. Humbert poursuivra cependant jusqu'à sa mort, en 1823, le rêve de repartir aider les républicains irlandais. Preuve que si, de la plupart des pays, on rapporte des souvenirs, c'est plutôt un peu de soi-même qu'on laisse en Irlande. Cela me rappelle également une anecdote rapportée par mon père à l'issue d'un séjour en Irlande. En vacances avec maman, il eut des problèmes mécaniques avec sa voiture à Killala et la confia à un garage aux fins de réparation. Venu la récupérer, il demanda naturellement à combien s'élevait l'intervention. Le garagiste répondit avec un immense sourire : « *Free of charge!* ». Étonné, mon père demanda pour quelle raison. « Vous voyez la statue, là-bas, au centre du village, elle honore le général Humbert. Il vint il y a deux siècles soutenir notre rébellion, c'est donc par une reconnaissance toute naturelle. Du fond du cœur, encore merci ! »… J'ai le souvenir de papa me racontant durant des années au moins 20 fois cette histoire (à la limite du radotage !).

Dans *Le Taxi mauve* (film d'Yves Boisset, d'après le roman de Michel Déon), Fred Astaire (le chauffeur du taxi) apostrophe narquoisement Philippe Noiret : « Vous autres, vous venez en Irlande, comme de grands malades, chercher le remède ou tout du moins le soulagement à vos problèmes ». Pas faux ! Comme beaucoup de gens de ma génération, les années 1970-1990 furent non seulement celles d'un fol amour pour l'Irlande, mais aussi celles d'un pays de substitution à nos problèmes existentiels, aux moments de blues, voire d'abattement. Nous trouvions, dans ce combat pour l'indépendance définitive du pays, le courage qui nous faisait parfois défaut. Dans la volonté, dans la force d'âme des Irlandais, nous découvrions réconfort et mille raisons de ne pas baisser les bras. Oui, un pays fantasmé où nous retrouvions toutes les qualités et aspirations qui nous semblaient largement manquer en France : faible sens du pouvoir et de l'argent, amitié au-dessus des contingences matérielles, générosité, profond et riche rapport à la musique et à la chanson. L'Irlande paraissait nous offrir une grande partie de la qualité de rapports entre les gens dont nous rêvions. De la vieille militante républicaine de Derry au moral inoxydable, au vénérable paysan malicieux et plein d'humour du Kerry, toujours les mêmes ouverture et disponibilité à l'amitié.

## PARLONS DE LA PART D'OMBRE...

Bien entendu, cet amour immodéré, parfois nettement exagéré, cette Irlande enjolivée, enluminée comme les écrits de saint Colomba, comportaient des failles, des zones d'ombre, que nous ne tentions pas d'occulter vis-à-vis de nous-mêmes, mais que nous cachions souvent aux autres, pour ne pas gâcher la force et l'impact de notre enthousiasme. Avec une parfaite mauvaise foi de bonne foi ! Ainsi, je ne mis jamais les pieds à Knock, le Lourdes irlandais, l'évitant toujours soigneusement dans mes itinéraires, comme s'il s'agissait d'une autre Irlande, une espèce de truc incongru, d'accident de l'Histoire. Sous le tapis, les scandaleuses conditions d'existence des *Magdalene Sisters*, ces très jeunes filles enfermées dans des couvents-bagnes parce qu'elles avaient fauté ou bien commettaient le péché d'être trop jolies (et susceptibles de corrompre)... C'est le film sorti en 1996 qui me révéla cette part d'ombre de l'Église irlandaise. Je fus horriblement vexé d'avoir été laissé dans l'ignorance si longtemps ! De même, à propos des grandes questions fondamentales de la contraception, de l'avortement, du divorce, etc. Je ne les réservais que dans le cadre de discussions sérieuses entre militants. Nous avions peur d'affaiblir notre démonstration, de décevoir avant même d'avoir convaincu. Sûrement avions-nous aussi conscience que le catholicisme jouant dans la question nationale un puissant rôle identitaire, il fallait momentanément en accepter les aspects les plus rétrogrades. Les vieux principes politiques nous guidaient : les contradictions principales sont plus importantes à régler, bien avant les contradictions secondaires, pour ne pas diviser le front principal – l'essentiel étant de réunir le plus de monde possible dans la lutte contre l'occupation britannique...

Et puis, avouons-le, nous ne voulions pas toucher à notre rêve, à cette Irlande quelque peu fantasmée qui nous aidait à vivre. Une semaine, dix jours passés là-bas nous requinquaient pour longtemps...

## LA DOULOUREUSE ET TRAUMATISANTE SÉQUENCE DU « *CELTIC TIGER* »...

Et puis, il y eut le boom économique des années 1990 : jusqu'à 9 % de taux de croissance annuelle, un tiers des ordinateurs européens produits dans la Dublin Valley et à

Limerick, le PIB qui double en dix ans, le chômage divisé par trois, l'émigration stoppée, 300 000 Polonais venant travailler dans le pays... Avec cependant son corollaire : le prix de l'immobilier multiplié par quatre, hôtels hors de prix, une salade et verre de vin pour 40 € à Dublin (dans un restaurant normal) qui devient ainsi, un comble, l'une des cités les plus chères du monde ! Sans compter le changement de visage de la ville : par exemple, des « *bouncers* » (gros bras filtrant la clientèle) devant les pubs traditionnels comme à New York ou Paris, étudiants qui ne peuvent plus louer de chambres à cause des loyers excessifs, traders, financiers et spéculateurs rois à Dublin. Du jamais vu ! Ce fut la trompeuse séquence du *Tigre celtique* (par analogie avec le *Tigre asiatique* !).

Pendant quelques années, je boycottai donc la capitale, fuyant l'arrogance du fric et du paraître, allant me réchauffer le cœur, me saoulant de musique et de stout au fin fond du West Cork, traquant les concerts de Sean Halpenny (le pape du bodhran) à Clifden ou me remémorant de chouettes souvenirs houblonnés chez mes potes à Derry.

## ... QUI NE FUT (J'ESPÈRE) QU'UN MAUVAIS CAUCHEMAR !

Puis coup de tonnerre, il y eut la crise des *subprimes* de 2008 qui frappa de plein fouet l'économie irlandaise, imposant des conditions drastiques mises en place pour la redresser. Éclatement de la bulle immobilière, chantiers abandonnés par milliers, retour du chômage : le prix à payer fut très élevé pour la population qui, courageusement, s'est serré la ceinture pour s'en sortir, consentant à de lourds sacrifices. En fait, la prospérité de l'ère *Celtic Tiger* ne profita vraiment qu'à une minorité, mes amis me le confirmèrent... Heureusement, à l'époque, dans l'Irlande profonde, les habitudes sociales, les traditions culturelles ne changèrent guère. Certes, on allait un peu moins au pub, on y consommait aussi moins... mais musique et atmosphère restaient toujours aussi vivantes et l'hospitalité sans faille... Lorsqu'en avril 2016, the « *three old french fenians* » (Michel, Vincent et moi-même, anciens combattants de la cause irlandaise) partirent commémorer le centième anniversaire de l'Insurrection de Pâques à Dublin, ils retrouvèrent ce qu'ils avaient toujours aimé : un peuple dans les rues et les pubs, chantant à tue-tête, joyeux, ludique... Des dizaines de milliers de gens, déguisés comme au début du XX^e^ siècle, fiers de leur histoire, fiers de leur culture, jouant le jeu des reconstitutions historiques avec un naturel réjouissant. Gerry Adams (président de Sinn Fein), Martin McGuiness (ancien vice-premier ministre d'Irlande du Nord) dans le cortège, mêlés aux gens, accessibles...

À l'occasion de ce centenaire, je retrouvai intacte l'âme authentique du peuple d'Irlande, effaçant les dernières rayures, liquidant les ultimes baves venimeuses du tigre celtique.

Aussi, Irlande chérie, Irlande aimée, Irlande désirée, Irlande parfois fantasmée, parce que tu as su me donner de tels petits moments de bonheur, parce que tu m'as permis de rentrer dans ta fascinante histoire et de rencontrer des êtres extraordinaires, parce que tu as souvent guéri mes blessures de l'âme et rempli mes vides, parce que tu continues à donner de belles couleurs et du sens aux vies de tes admirateurs… je te dis tout simplement, très sincèrement, du fond du cœur : merci !

# IRLANDE – MICKY DOHERTY

Micky, surnommé *Red Micky* à cause d'une apsalonienne et flamboyante chevelure, fut mon plus grand *buddy*, mon pal d'enfer, bref mon meilleur pote à Derry, en Irlande du Nord. Je l'avais connu le 9 août 1973, à l'issue d'une manif contre l'internement sans procès des militants républicains. À l'époque, leader local de l'Official Sinn Fein, une scission de gauche du mouvement républicain, il habitait le Bogside, quartier historique où débutèrent les événements d'Irlande du Nord. Je l'avais interviewé pour le journal Révolution, nous avions alors rapidement sympathisé et construit par la suite une solide amitié. Grand buveur de Guinness, adepte du *chaser* – alternance d'une pinte de Guinness et d'un verre de whisky *Blackbush* –, profondément généreux, convivial, il était parfois difficile à suivre, moins pour ses démonstrations politiques que lorsqu'il se lançait dans un *pub crawl*…

Je ne manquais jamais de lui rendre visite lors de mes vacances en Irlande ou lors de voyages de réactualisation du guide consacré à la verte Erin. Dans les années 1980, lors d'une visite à Derry, l'ami Micky se révéla absent dans les nombreux pubs du Bogside où nous avions nos habitudes. J'appris qu'entre-temps, il avait changé de parti politique. Il militait à présent au sein de l'IRSP – Irish Republican Socialist Party, héritier du légendaire parti de James Connolly, l'un des leaders de l'Insurrection de Pâques 1916. Soupçonné d'avoir une activité politique moins légale – disons plus ou moins clandestine – il se sentait menacé d'être arrêté par l'armée britannique et était comme on disait « *on the run* » en République d'Irlande. Réfugié à Letterkenny précisément, juste à la frontière avec le Nord, je ne tardais pas à le rejoindre. Retrouvailles chaleureuses, noyées dans plusieurs pubs de la ville, au cours d'homériques parties de *pool* – billard – avec deux autres militants également *on the run*…

## QUAND LE PÈRE UBU DEVIENT IRLANDAIS !

L'idée de changer de pub une dernière fois ne fut pas heureuse. À peine avions-nous commencé à rouler que deux voitures nous serrèrent contre un trottoir. Pas moins de cinq sbires de la *Special Branch*, police irlandaise chargée exclusivement de la lutte contre les militants républicains, en jaillirent pour nous contrôler. En fait, ils étaient

*Micky Doherty, l'un des leaders historiques du mouvement républicain du Bogside, Derry*

davantage intéressés par ma personnalité que par celle de Micky et ses amis, sans doute, depuis le temps, bien connus de leurs services. Embarqué au commissariat local, j'eus droit au traitement habituel : poches vidées et interrogatoire en règle. « Comment expliquez-vous votre présence ici avec des "terroristes" recherchés au Nord ? »... J'objectai que c'était strictement des relations de comptoir, des gens avec qui j'avais sympathisé par hasard et que j'étais étonné de l'épithète « terroriste » qu'on leur collait vu le peu d'intérêt qu'ils avaient suscité lors de notre interpellation. Plus tard, l'un des sbires revint triomphant un papier à la main, me rapportant que par trois fois, les années précédentes, ma voiture de location avait été identifiée à Roscommon devant la maison du « chef de tous les terroristes d'Irlande ». Avec un large et ironique sourire, je me permis de leur faire remarquer l'abus excessif du terme « terroriste », mis à toutes les sauces. Et que le chef en question se révélait n'être que Ruairi O'Bradaigh, président de Sinn Fein, le plus grand parti républicain du pays, possédant de nombreux élus et de surcroît totalement légal en République d'Irlande ! Je l'avais effectivement interviewé à plusieurs reprises, souvent rencontré lors des *ard fheis* – conventions annuelles du parti – et gardé d'excellentes relations personnelles depuis. J'avouai mon étonnement. Comment celui que la *Special Branch* me présentait comme un dangereux terroriste n'était-il pas depuis longtemps derrière les barreaux ? Devant mes convictions exprimées de façon clairement jubilatoire, face à de telles évidences, mon interrogatoire tourna court. Mais, pour le principe, par mesquine petite vengeance, on me laissa mariner dans mon jus encore quelque temps.

Quand tout à coup, un énorme brouhaha se répandit au rez-de-chaussée, des cris, des « *We want Pierre!* ». J'en compris vite la nature : mes trois copains étaient revenus et protestaient contre mon injuste arrestation, exigeant ma libération... Le monde à l'envers ! Au lieu de se planquer, d'être discrets, de se faire oublier, mes amis « terroristes » venaient en toute bonne conscience manifester leur colère devant cette atteinte flagrante aux droits de l'homme. J'observais une fois de plus qu'il n'y avait qu'en Irlande que de telles situations quasi ubuesques pouvaient se produire ! Énième preuve de l'incroyable – et juste – sentiment de légitimité des militants républicains irlandais dans leur combat !

Nous regagnâmes finalement notre pub pour finir la partie de *pool* entamée et fêtâmes bien sûr dignement ma libération. Je pus ensuite repartir tranquillement pour Dublin.

## « SERRÉ » DEUX FOIS DANS LA MÊME JOURNÉE, UNE SORTE DE RECORD !

Dans la capitale, un autre rendez-vous m'attendait dans la soirée. Cette fois-ci avec Sean, « vieux » militant du Sinn Fein, longtemps responsable des relations avec les mouvements de solidarité européens et avec qui j'avais milité de nombreuses années.

Arrivé devant le pub de notre rencard, je l'aperçus causant avec quelques camarades. Ma valise à la main, je commençai à serrer quelques paluches, quand plusieurs flics intervinrent soudainement, demandant leurs papiers à Sean et ses amis, tactique de harcèlement classique de la part de la *Special Branch* vis-à-vis des militants républicains. Je m'apprêtai donc à connaître une seconde fois, dans la même journée, les joies d'un commissariat du sud quand une violente sonnerie de réveil émergea de mon sac. Mine interloquée des flics ! Certains reculant, vaguement inquiets. Pour couper court à toute spéculation de bombe, je sortis rapidement du sac l'un de ces monstrueux réveils chinois – avec le petit marteau cognant sur deux cymbales – qui (allié à une assiette remplie de monnaie) me garantissait à 100 % un réveil efficace les lendemains de *pub crawl*... L'immense éclat de rire des copains dédramatisa la situation, détendit l'atmosphère, montra l'inutilité, voire le ridicule de l'interpellation et surtout y mit fin... Décidément, les journées se révélaient bien chargées en Irlande !

Je revis ce bon vieux Sean en avril 2016, à l'occasion du centenaire de l'Insurrection de Pâques 1916... Plus de 25 ans après, cette anecdote nous fit encore mourir de rire !

# J COMME...

## JIM, CHÔMEUR IRLANDAIS

Ce soir-là, nous étions bien une quarantaine à faire la fête au *Derby Bar*, l'un des pubs les plus populaires du Bogside, le vieux quartier historique de Derry (Irlande du Nord). Quarante autour de Jim Doherty. Jim, chômeur de longue durée, affublé de huit mômes aussi roux qu'une portée d'écureuils, d'une trogne encore plus irlandaise que dans les films de Ford avec, sur le crâne, une casquette plus large que ses soifs, en plus d'un respectable durillon de comptoir. Jim, frère de Micky, mon meilleur pote à Derry...

## TOUJOURS LES PETITS QUI TRINQUENT, PAS CEUX DU *PANAMA LEAKS*...

Jim était donc le prétexte de la fête. Quelques mentons, précédant quelques têtes lourdes de noire cervoise, s'étaient déjà écrasés sur le rebord. Était-ce cette propension de la clientèle à dodeliner ostensiblement qui avait poussé le patron à clouer un bourrelet de cuir tout au long du comptoir ? Toujours est-il que ça évitait de perdre prématurément des clients. Donc, ce soir-là, on fêtait la victoire de Jim. Quelle victoire ? Du calme, on y arrive. Jim, chômeur depuis la veille de la création des Assedic, émargeait à ces dernières à raison de quarante livres par semaine : la moitié pour les huit minots et l'autre moitié pour la *stout*. D'où la nécessité de trouver, quelque part, d'autres sources de revenus. Il avait donc dégotté un petit job de vendeur de colifichets sur les marchés locaux, notamment à Strabane (à la frontière avec le sud), une ville assez sinistrée sur le plan économique, ce qui lui permettait d'enrichir le tenancier du pub local et d'assurer le lait quotidien aux lardons. Il m'arrivait de l'accompagner pour lui donner un coup de main. Mais ce qui me plaisait le plus, c'était l'immersion dans ce grand marché, ce bain de gouaille populaire (pendant la crise, la vie continue !), entrecoupé de multiples suspensions de séance au pub local... Cependant, travailler au noir en pleine lumière comporte, il est vrai, des risques. Des risques qui prirent, ce jour-là, la forme d'un inspecteur du chômage trop consciencieux ou trop aigri. Ledit inspecteur ne manqua pas de faire un rapport sur ce chômeur peu en règle avec l'éthique.

## RIGUEUR DE LA LOI, JUSTE RIPOSTE POPULAIRE !

Jim reçut donc une convocation au tribunal l'invitant à venir répondre de ce petit crime. Il risquait gros : écoper d'une grosse amende, assortie d'une suspension de ses droits et, qui sait, obligation de rembourser une certaine somme rétroactivement. Le juge, un certain Maxwell, teigneux comme un demi de mêlée du Leinster, n'avait pas la réputation d'être très chrétien, bien que catholique, ni surtout de favoriser pour autant les gars du Bogside républicain. Il cognait plutôt dur. Aussi les quarante témoins qui vinrent jurer à la barre que Jim achevait de dépenser son pécule au pub avec eux, au moment précis où l'inspecteur était censé l'avoir surpris travaillant au noir, ne furent pas de trop pour soutenir la mauvaise foi de Jim...

Le juge s'en étranglait de fureur, sachant que chaque témoignage était faux. Et il était naturellement désarmé devant un tel rapport de force.

La plaidoirie ne fut plus alors qu'une formalité et Jim arracha un non-lieu. Son avocat osant conclure : « Personne n'est à l'abri d'avoir un sosie ! ».

C'est cela qu'on fêtait ce soir-là. Au-delà de l'anecdote, ces événements me firent comprendre cent fois plus de choses sur le caractère irlandais qu'une thèse entière de sociologie sur le sujet. Il y avait là une image significative du Bogside, un extraordinaire aspect libertaire, ironique, ludique des rapports entre les gens, soutenu par un profond sentiment d'identité et de solidarité locale...

# K COMME...

## KONYA

La Turquie fut mon premier grand voyage terrestre, hormis un voyage de « zozos » - référence au film *Les Zozos* de Pascal Thomas - genre « à nous les petites Suédoises », effectué en Scandinavie en 1965 avec trois potes de mon quartier de la gare de l'Est. Bilan mitigé au débriefing...

L'année suivante, notre rêve, à Diva - ma première épouse, alors enceinte de notre fille Christine - et moi-même, c'était de découvrir le Nemrut Dagi, extraordinaire site archéologique perdu au centre de la Turquie et classé au patrimoine de l'Humanité par l'Unesco. Et, pour y aller, emprunter une portion de ce qui était alors la mythique route des « Zindes » en traversant l'Italie, la Yougoslavie et la Bulgarie jusqu'à la Turquie. La légendaire Istanbul était aussi dans notre point de mire, avec arrêt de rigueur au fameux *Pudding Shop*, le « relais de poste » international des *beatniks* du monde entier. Pour cette expédition, nous avions acheté une vénérable 203 Peugeot affichant déjà quelques tours de compteur. Une voiture adorable, émouvante de simplicité, toute en rondeur, nantie de quatre pneus X qui tinrent le coup durant 10 000 km sans une seule crevaison - merci Michelin ! Preuve qu'à l'époque, c'était déjà une petite expédition, nous avions peint en lettres blanches sur le capot de la voiture : *Paris-Belgrade-Sofia-Istanbul-Ankara...* sans aucun sponsor !

## AH, LE BON TEMPS DE TITO !

La traversée de la Yougoslavie de Tito mériterait à elle seule tout un chapitre. Quelques petites anecdotes quand même, en passant. Nous dûmes, au milieu de la Bosnie, du côté de Foça, traverser un torrent. Le pont était étroit, ne laissant le passage qu'à une seule voiture. Se pointa de l'autre côté du pont, au même moment, une autre 203 conduite par un autochtone. Rapport de force égal. Il fallait négocier. Nous descendîmes spontanément de nos véhicules pour nous serrer la main, animés d'un joyeux sentiment de complicité... Et de comparer les mérites de nos deux « pijeots » comme on dit en Afrique. Tout ça dans un anglais laborieux, certes, mais comme nous parlions finalement de la même chose avec la même passion, nous arrivions à nous comprendre. Je le dépannai d'une bougie, il m'offrit son paquet de cigarettes. Nous repartîmes en sens opposé, pleins du sentiment élitiste d'être au volant de la meilleure voiture au monde.

Plus loin, la nuit tombant, nous demandâmes l'hospitalité à un paysan. Notre combine : demander à dormir dans la grange en devançant les objections, jurant qu'on ne fumait pas. C'était l'occasion rêvée d'entrer en contact, de trinquer à notre santé et à l'amitié entre les peuples, emportés par les charmes d'une rude et parfumée *slivovice* – eau-de-vie de prune – maison et, parfois, de se faire offrir quelques fruits... Ce soir-là, alors que nous nous apprêtions à aller dormir sur notre paille douillette, le fermier revint nous inviter à rencontrer le maire de son petit village et quelques concitoyens. La proposition était insolite, mais pourquoi pas ? Et de se retrouver dans l'unique salle de la mairie décorée d'une vingtaine de braves villageois faisant tapisserie le long des quatre murs sur de vieilles banquettes en bois. Nous comprîmes tout de suite notre mission : raconter qui nous étions, de quel beau pays nous venions et toutes ces sortes de choses. Un poil angoissant quelque part, mais munis du lexique serbo-croate de notre brave Guide Bleu – pas de Guide du Routard à l'époque ! –, de quelques mots anglais connus internationalement. À coups de scènes mimées, de dessins, de chansons très appréciées, nous parvînmes à enchanter l'auditoire une bonne heure en partageant un beau moment d'amitié et d'échange. En y repensant, peut-être fut-il un peu hardi à la fin de féliciter le courageux peuple yougoslave de s'être libéré tout seul du joug nazi et, surtout, de crier « vive Tito ! ». Mais, en fait, cela fit très plaisir. Je compris ce jour-là d'ailleurs que le barrage de la langue n'en était pas nécessairement un lorsque s'y substituait la communication par les yeux, le cœur, les sourires... et la *slivovice*, cet élixir de la convivialité balkanique...

Nous retournâmes vers notre grange, littéralement soulevés, transcendés par cette soirée exceptionnelle... Le lendemain, le réveil fut en revanche, très tôt, tonitruant et un rien pénible. Dans l'enclos, près de la grange, on stérilisait une truie. Pas d'anesthésie. Scalpel, main rugueuse plongée dans l'ouverture béante, arrachage des ovaires, rapide fermeture de la plaie avec gros fil et aiguille costaude... Âmes sensibles, abandonnez la charcuterie !

## PETITE SÉQUENCE BULGARE, MAINTENANT

À Sofia, nous vécûmes une soirée particulièrement euphorique. J'avais échangé à la frontière la poignée de *dinars* yougoslaves qui nous restait contre du *lev* bulgare. Et, bizarrement, nous nous retrouvâmes... avec plus du double de la somme échangée, étonné quand même que le dinar fut si fort par rapport au *lev*... Mais, bon, avec ce super pouvoir d'achat inespéré, autant en profiter. On put s'offrir, dans l'allégresse, une sensuelle bacchanale dans l'un des meilleurs restos de la ville. Cependant, le lendemain, parvenu à la frontière turque, grosse déconvenue... En vérité, probablement fatigué par la longue route, je m'étais trompé de liasse. Pour obtenir mes *lev*, j'avais, sans y prendre garde, tout simplement changé des livres turques achetées à Paris avant le départ au lieu des fameux dinars toujours en notre possession et qu'il fallut bien changer finalement à la frontière turque, mais à un taux beaucoup moins intéressant... De là, peut-être, l'amorce d'une certitude : je ne travaillerai jamais dans la finance !

Au moins avons-nous longtemps ri de l'épisode, nous souvenant qu'à Sofia, nous avions eu la délicieuse illusion de nous croire riches... l'espace d'un soir.

## À PRÉSENT LA SÉQUENCE TURQUE

Dans les années 1960, le réseau routier turc était assez rustique. Après Istanbul, nous ne retrouvâmes le goudron que quelques kilomètres avant Konya, dans le centre du pays. Notre brave 203 souffrit beaucoup sur le plateau anatolien et montrait des signes inquiétants d'essoufflement. Le moteur étouffait, la voiture calait sans arrêt, me forçant à pousser l'accélérateur à chaque arrêt. En outre, l'eau du radiateur bouillait. Bref, à un moment, nous dûmes stopper en bord de route, regardant, dépités, le nuage de vapeur qui s'échappait du capot levé. La nuit tombait. Une voiture s'arrêta derrière nous et en sortit un petit homme au teint mat, belle moustache anthracite et yeux clairs pleins de bonté. Dans un sabir germano-anglais – il avait travaillé en Allemagne –, il nous fit comprendre qu'il était garagiste, que son atelier se trouvait à l'entrée de Konya et qu'il serait à même de réparer notre véhicule si nous le suivions sur les 5 km qu'il nous restait à rouler jusqu'à la ville. Ce court trajet fut un véritable supplice. Non seulement la 203 calait de plus en plus, mais le moteur commençait vraiment à rendre l'âme. Comble de malchance, nous fûmes obligés de rester à la traîne d'un enterrement impossible à dépasser...

Enfin, nous parvinrent au garage. « Garage » étant un terme extrêmement flatteur ! Au cœur du quartier des réparateurs de voitures, c'était un minuscule atelier aux murs de tôle rouillée, véritable capharnaüm où s'entassaient pièces antiques, pneus lisses, vestiges de moteurs et de châssis déglingués... Pas super sexy ! Néanmoins, Mehmet, notre ange gardien, vit immédiatement que la courroie du ventilateur était cassée, et tenta de nous rassurer de sa voix douce. Puis il établit un rapide diagnostic : soupapes et pistons probablement en mode déficient ou, pire, pas loin d'une retraite méritée. Pas réjouissant tout ça. Rendez-vous fut pris le lendemain pour affiner le diagnostic.

## OÙ L'ON GOÛTE AVEC DÉLICE LA TRADITIONNELLE HOSPITALITÉ TURQUE

Nous remerciâmes chaleureusement Mehmet et fîmes mouvement pour rechercher un havre pour la nuit. « Mais où allez-vous donc ? s'écria-t-il.

– Trouver un hôtel pour la nuit, lui répondit-on.

– Hors de question, mes clients sont mes hôtes, vous dormirez chez moi. »

Courtes protestations vite éteintes par le sourire lumineux de Mehmet. Sa maison, une vénérable demeure ottomane aux tuiles rouges poussiéreuses et patinées, trônait dans un véritable jardin d'Eden, plein de robustes figuiers et de bougainvillées. Au concours du sourire le plus éclatant, sa femme le surpassait. Tous deux nous offrirent leur propre chambre. Là encore, protestations inutiles, d'ailleurs rapidement étouffées par la présentation de leur bébé, une adorable petite fille. Revenus dans notre chambre, une immense corbeille remplie des fruits les plus colorés et juteux du jardin et d'amandes salées nous attendait. Moments d'hospitalité quasi impensables dans l'Hexagone. Nous restâmes un moment silencieux, éberlués par cet exceptionnel accueil !

Le lendemain matin, retour au garage pour la confirmation du premier diagnostic. Gros problème : le joint de culasse bien fatigué ne remplissait plus guère sa fonction. J'avais certes le recours de m'en faire envoyer un par l'assurance, mais combien de temps mettrait-il à arriver ? D'un revers de main, Mehmet balaya notre inquiétude : « Je fabriquerai un nouveau joint moi-même. Laissez-moi le week-end, allez découvrir Konya, la voiture sera prête lundi à l'aube ! »

## DÉCOUVERTE DE LA VILLE ET MIRACLE DE LA MÉCANIQUE !

Konya, ville sainte à 1 000 m d'altitude, au centre des steppes de l'Anatolie, est la capitale des derviches tourneurs. Première ville construite après le Déluge, d'après la légende biblique. C'est aussi un important centre islamique ou de nombreux monuments religieux sont l'objet d'importants pèlerinages. Nous visitâmes, entre autres, le musée de Mevlana installé dans un ancien couvent. *Mevlana*, c'est le surnom du grand poète mystique Djalal al-Din al Rumi, fondateur au XIII^e^ siècle de l'ordre soufi des derviches tourneurs, ces fidèles qui utilisent la danse extatique pour communier avec Dieu. Très envoûtant et d'une grande poésie. Le festival des derviches a lieu en décembre, mais certains d'entre eux se produisent dans des établissements touristiques pendant le reste de l'année. De retour chez Mehmet, il nous montra fièrement le joint de culasse qu'il avait lui-même usiné et qu'il s'apprêtait à monter. Le lundi matin, notre « titine » était fin prête. Rodage de soupapes, carlingue lavée des poussières balkaniques, dernier coup de chiffon pour faire briller la bête et en route ! La facture était dérisoire vu le boulot effectué, et bien sûr il refusa le moindre défraiement pour les deux nuits passées chez lui. Nos adieux furent émouvants...

## ÉPILOGUE INATTENDU !

En 1986, soit 20 ans après cette première expérience anatolienne, j'eus l'occasion de retourner à Konya pour une réactualisation du guide *Turquie,* enfin détaché de celui du Moyen-Orient. Après avoir parcouru la ville avec le directeur de l'office du tourisme, l'idée me vint de vérifier si Mehmet, mon généreux garagiste, était toujours en activité. « Mehmet Cay », précisais-je à mon interlocuteur. Mais je ne me rappelais plus de l'adresse. « Je connais un Mehmet Cay, me répondit le directeur, c'est l'un des plus gros concessionnaires de voitures de la ville, rien de plus facile que de trouver son numéro de téléphone et de l'appeler. » Bingo ! C'était mon Mehmet à moi. Rendez-vous fut pris. Ah !, revoir cette croquignolette demeure ottomane, croquer à nouveau à pleines dents les onctueuses figues du jardin et me perdre dans les fragrances des bougainvillées... Grosse déception : Mehmet habitait désormais un immense duplex au 12e étage d'un luxueux condominium. Retrouvailles intenses cependant, avec un Mehmet toujours bien tanné, quelques rides en plus, mais sourire inchangé, ému de la longévité de ce merveilleux souvenir et de cette reconnaissance à ses yeux un peu surprenante... Oui, au fond, il avait fait le boulot, tout simplement. Échange de cadeaux. Moi lui offrant une boîte de chocolat – un peu fondus je dois dire – venant de Paris, lui une grande bouteille d'eau de rose. Et puis un moment fort : « Te rappelles-tu d'elle ?, me dit-il, me présentant une grande jeune fille rougissante.

– Oui, j'ai eu le bonheur, bébé, de la tenir dans mes bras, son sourire aujourd'hui est encore plus radieux ! »

Ultime question à Mehmet : « Pourquoi avoir quitté ton adorable jardin d'Éden ? J'ai eu d'autres enfants, répond-il, la maison était devenue trop petite et les sanitaires trop rustiques... » Éternelle fascination de la modernité occidentale. Pourquoi copier ce qu'il y a de moins terrible chez nous ? me dis-je...

Et Mehmet, qui avait vu passer tant de bagnoles entre ses mains au long de toutes ces années, eut ce flash : « À propos, c'était pas une 203 Peugeot ? »...

# KO SAMUI

Troisième plus grande île de Thaïlande, Ko Samui était dans les années 1980 le refuge cool et paisible des Routards du monde entier, au même titre que Bali et Kuta, sa capitale routarde (l'aéroport en moins). Plages désertes, cocotiers, poissons à gogo… À Ko Samui, le village de Chaweng, était d'ailleurs le Kuta local. Fuyant l'hégémonie australienne, une petite poignée de Français avaient jeté leur dévolu sur Bo Phut Beach au nord de l'île, pour l'authenticité du lieu avec sa petite communauté de pêcheurs et l'absence de bar à filles… En plus, de petits bungalows, certes rustiques mais fort bien tenus, offraient une agréable ambiance familiale. La cuisine était délicieuse avec, parfois au menu, d'excellentes omelettes baveuses aux champignons « magiques ». Il arrivait souvent que l'un d'entre nous partît à l'aube les ramasser avec la maîtresse de maison, ce qui garantissait ainsi une absolue fraîcheur. Le détail avait son importance, car certaines gargotes proposaient des omelettes frelatées avec champignons d'origine douteuse. Un coup à se faire une grosse intoxication. Ou même, c'était presque aussi grave, encourir une grosse déception quant aux hallucinations promises. Autre spécialité : les BBC ou *Brain Busting Cookies*, genre de macarons bourrés de ganja – cannabis – qui faisaient effectivement exploser la tête ! Ils étaient juste stockés dans un grand bocal dans lequel quelques clients du bungalow se servaient régulièrement pour prolonger leur trip… Il fallait juste noter son nom sur un petit cahier et on était facturé à la fin du séjour. J'en parle, mais ce n'était pas trop mon truc.

Un soir, je décidai d'aller tester un restaurant dans le village d'à côté. Il faisait encore jour et la courte balade par la plage fut agréable. Le retour se fit par le même chemin, mais de nuit. Tout allait bien. La brise légère bruissait dans les palmes des cocotiers, accompagnée par le discret clapotis des vagues. En plus, l'adresse se révélait digne de figurer dans le guide. Soudain, le faisceau de ma lampe fit émerger de la nuit cinq tronches tellement avenantes que dans une rue déserte de grande ville j'aurais probablement donné mon portefeuille sans prononcer un mot… Saisi d'effroi, je demeurai un instant pétrifié, avant de prendre mes jambes à mon cou en direction d'un des bungalows éclairés de la plage. Ces quelques secondes d'indécision me furent fatales. Quelques coups bien sentis me convainquirent de lâcher promptement mon sac. Avant de me rendre au resto, une paranoïa imbécile m'avait fait emporter mon appareil photo ainsi qu'une demi-douzaine de pelloches et mon petit carnet de route, produits de mes reportages des jours précédents. Furieux de perdre aussi injustement le fruit de mon labeur, je me mis à la poursuite des voyous, hurlant pour attirer l'attention des gens du kampong voisin. Très mauvaise idée ! Dans la lumière de ma torche, je vis nettement luire le canon d'un pistolet. Très impressionnant, un coup de feu dans la nuit. De jour aussi, sans doute. Une flamme rouge jaillit du canon, accompagnant le sifflement de la balle qui me frôla l'oreille. Message reçu cinq sur cinq. Je détalai alors dans le sens de la balle. Sans prétendre la rattraper, d'ailleurs... Parvenu à bout de souffle à mon bungalow, je racontai mon aventure au proprio qui me proposa immédiatement de nous rendre en moto jusqu'à Na Thon, la petite capitale de l'île, afin de signaler l'agression à la police. Sans illusion, à toute vitesse, nous avions une trentaine de kilomètres à avaler dans la nuit noire, sur une route chaotique et dangereuse. Mes reportages, aussi précieux furent-ils, ne valaient pas de courir le risque d'un accident, pensai-je. Mais, bien que mort de peur, je n'osai rien dire à mon conducteur et c'est heureusement entier que nous arrivâmes à la « capitale ». Et là, situation ubuesque ! Le commissaire, avant que je puisse dire le moindre mot, me menaça de poursuites pour outrage à la pudeur. Les tenues de plage étaient strictement interdites dans les bâtiments officiels. Dans l'affolement de la situation, je n'avais pas pensé à troquer mon maillot de bain contre une tenue respectable. J'aurais pu la jouer diplomate, m'excusant et arguant de la situation, mais là, on marchait sur la tête ! Une violente colère s'empara de moi et je me mis à hurler dans le bureau : « C'est trop fort, on tente de m'assassiner et c'est moi qui vais me retrouver derrière les barreaux ! ». Le commissaire comprit alors la situation et temporisa. Il enregistra sans barguigner la plainte, m'accordant des circonstances atténuantes...

Bien entendu, on ne retrouva pas mes agresseurs. Le commissaire soucieux de la réputation de l'île prétendit même qu'ils n'étaient pas d'ici. Rentré à Paris, je fis traduire par l'ambassade ma déclaration de tentative de meurtre pour l'assurance. Écrite en belle écriture thaïe, je l'ai fait encadrer et elle a témoigné pendant un certain temps, sur l'un de mes murs, que mon métier n'était pas toujours de tout repos...

# KOUMA-KONDA

Kouma-Konda, vous ne connaissiez pas ? Moi non plus, il y a trois ans, ni des rêves ni des dents... Ça se trouve au cœur du Togo, à une douzaine de kilomètres de Kpalimé, au pied du mont Kloto où, du temps de la colonie, les Allemands de Lomé venaient soigner leur phtisie traînante. Tout autour, une splendide forêt, des plantations de teck, de cacao et de café. Et là, bien dissimulé, l'adorable village de Kouma-Konda. À peine 400 âmes pétries de coutumes vaudoues, mais ce n'est point pour cette raison que Kouma-Konda a fait parler de lui... En fait, c'est un village-galerie d'art. Un jour, un artiste local, décidant d'égayer sa demeure, décora sa porte et ses volets de jolis motifs colorés. Un voisin, intéressé par cette initiative, lui demanda à son tour de lui décorer sa maison, puis un autre fit de même... De fil en aiguille, tous les volets et portes du village se métamorphosèrent en tableaux, donnant l'impression aux visiteurs d'évoluer ainsi dans une immense galerie de peinture ! Le village vaut aussi par ses personnages, comme Prosper Nyanu, surnommé Prosper « Papillon », entomologiste autodidacte et aubergiste, ravi de montrer ses collections de papillons à ses visiteurs et de leur vanter la richesse de la faune et flore locales (intarissable sur les insectes, ça va de soi !). D'autres structures d'accueil villageoises se sont montées, ainsi qu'une petite compagnie de guides n'employant que des jeunes du coin. La région fourmille de chouettes balades en brousse et dans les forêts de manguiers, les champs de cacaoyers et de caféiers, le long d'abrupts sentiers sur les pentes du mont Kloto ou, pour les amateurs, sur un passionnant sentier botanique, à la découverte des fruits locaux, des herbes médicinales et de celles fournissant des pigments naturels (ainsi que les écorces utilisées par les artistes du village pour fabriquer leurs couleurs)... Bref, non seulement on plonge délicieusement dans la vie culturelle et sociale du village, on goûte à la merveilleuse hospitalité africaine, mais on constate en plus que celui-ci gère et contrôle totalement son tourisme et que ses revenus lui reviennent intégralement. Belle leçon de prise en charge, par toute une communauté, des bénéfices du tourisme, sans les aléas négatifs, sans destruction de l'environnement et dans un profond respect et amour de la nature...

*Last but not least,* je pris mon dernier repas chez Prosper et me régalai de son poisson *moyo* au *gboma nyanya* (épinards super bien cuisinés) et surtout de son divin *fufu* (pâte d'igname sauce poulet)... Ah, séduisante gastronomie, diabolique hospitalité togolaise, bien capables de vous faire rester quelques jours de plus !

# L COMME...

## LADAKH

Le Ladakh, ça aura été vraiment l'une de mes plus excitantes « aventures météo » ! Ça se passe dans les premières années 2000. L'année exacte, non, je ne me rappelle plus. Je sais seulement que dans cette séquence, on trouve une importante histoire de cabine téléphonique, donc ça se situe nécessairement à la préhistoire du portable... Allez, grosso modo, fin janvier 2002 ou 2003... En fait, c'est le mois qui est ici important. Je m'apprête à partir en Inde pour réactualiser le Routard sur Delhi et Calcutta et prépare le voyage avec Anne, la responsable d'édition de l'Inde, de l'Espagne et autres chaudes destinations. J'adore travailler avec Anne : elle est d'une grande franchise, d'une implacable rigueur, on peut discuter et négocier sereinement, sans rapport de pouvoir. En outre, préparation d'itinéraires, contacts, tout ça, nickel chrome ! Ce jour-là, elle me demande si en plus de mes deux grandes villes, je peux rajouter deux trois jours au voyage pour vérifier d'importantes infos sur Leh (au Ladakh). C'est oui sans hésiter, d'autant que je rêvais depuis longtemps d'y aller. En outre, à seulement une heure et demie d'avion de Delhi...

### AÏE, AÏE, AÏE, CASTING MÉTÉO PAS TERRIBLE !

Première surprise qui n'aurait jamais dû en être une... L'hiver à Leh ne ressemble guère à celui de Delhi. Eh oui, à 3 500 m, on fricote avec les Himalaya. À l'arrivée, je me prends un *zero to five below* (la journée) dans la tronche. Surpris, mais pas plus déstabilisé que ça. Chez nous, les Bretons, nos légendes, notre enfer sont faits de neige, de glace et de congères. Alors là, pas dépaysé... Au lieu d'un classique et banal hôtel en ville, à ma demande, l'agence a réservé une « chambre d'hôtes » dans une ferme à 2 km du centre, dans le quartier de Changspa. Hameau vraiment sympa, encore très agricole, habitat réparti entre lopins de terre cultivables, bosquets givrés et petites prairies. Ruelles bordées de murets en pierre, quelques petites boutiques rustiques et une poignée de gargotes où les Routards adorent se retrouver l'été. Nombreuses anciennes demeures traditionnelles en grosse pierre. Ma chambre d'hôtes se révèle dans le ton : étable au rez-de-chaussée, habitation à l'étage, grand potager. Superbe cuisine-salle à manger traditionnelle, brillant de tous les éclats de ses dizaines de batteries de cuisine hyper astiquées. Étonnant, elles montent jusqu'au plafond et occupent bien la moitié des murs. S'y intercalent de jolies *thangkas*, ces peintures exécutées sur toile de lin ou de soie et représentant mandalas, divinités bouddhistes ou portraits du dalaï-lama... Accueil chaleureux de Kunze – guide anglophone – et de son adorable maman. Sanitaires très primitifs (douche au seau d'eau chaude), mais chambre plutôt plaisante avec ses meubles peints et ses murs là aussi décorés de *thangkas.* Chauffage par un petit poêle à bois, certes romantique et bien dans l'esprit de la maison, mais dont je devais rapidement m'apercevoir qu'il me faudrait le remplir... toutes les deux heures. Et quand dort-on dans ces moments-là ? Je me rendais également compte que ce n'était point les trois malheureux bovins en dessous de la chambre qui allait, contrairement à ce qu'on raconte d'habitude, la réchauffer et m'apporter de l'aide contre le froid. Il affichait désormais moins dix degrés dehors. Brrr, pas vraiment terrible pour récupérer sa force de travail...

*Adeptes du monoski sur glace, dans les environs de Leh, Ladakh*

La nuit suivante, disant adieu à l'exotisme rural, je rejoignis l'un des rares hôtels du centre-ville possédant un chauffage central convenable et efficace...

## PAS ENCORE LA DICTATURE DU PORTABLE !

Venir hors saison présente quelques avantages, notamment la découverte des monastères sous la neige (mais, on l'a vu plus haut, pas pour les frileux). Dans le courrier embarqué à bord du 4x4, une lettre de lecteur se plaignait que nos textes culturels concernant certains monastères étaient par trop succincts. L'objectif de la journée était donc d'en visiter un ou deux pour enrichir les descriptions. En cours de route, paysages tout simplement magnifiques. Beaucoup de villages de réfugiés tibétains, nombreuses cultures en terrasses. Impressionnante quantité de chortens de toutes tailles (genre de petits stupas qu'on contourne également dans le sens des aiguilles d'une montre). Parfois, carrément une forêt de chortens enneigés et des murs de mani à la pelle (murs de pierre sacrés, avec l'inscription de la prière rituelle, *Om mani Padme Um* – Salut Ô joyau dans la fleur de lotus) dans des paysages d'une dramatique intensité. Et là, lors de la traversée d'un village, une étrange cérémonie : une centaine de personnes assises par terre écoutaient les discours de notables, dans une atmosphère de fête joyeuse et colorée. Beaucoup de femmes tibétaines dans leurs beaux atours. Somptueuses coiffes ornées de pierres turquoise, colliers élaborés... « Inauguration de la première cabine téléphonique publique », me glisse ma guide. Un événement, peu de gens au Ladakh peuvent s'offrir un portable !

## AARRRGH, LE BOUDDHA, C'EST LE PIED !

Puis visite du monastère de *Thiksé* du XV$^{e}$ siècle, édifié sur une colline rocheuse, dans un environnement d'une blancheur vibrante, d'autant plus que le soleil réapparaît timidement... Superbes fresques dans le *dukhang*, la grande salle d'assemblée des moines. L'une d'entre elles affiche pas moins de mille bouddhas. De par et d'autres de la salle, des casiers enluminés abritent les livres sacrés soigneusement emballés dans des étoffes oranges. J'ai la chance de tomber pile-poil sur la réunion quotidienne des moines. Dans la pénombre, atmosphère de profond recueillement, parfum d'encens et odeur des beurres des lampes se mêlant savamment.

En regagnant le véhicule, je perçois des chants émanant d'une sorte de grand hangar sans grâce. Curieux, je pousse la porte et tombe sur une assemblée d'une centaine de femmes, assises par terre, pelotonnées les unes contre les autres, psalmodiant des prières, là aussi dans une mystérieuse pénombre, noyées dans des nuages d'encens et de buées... Mélopées sourdes, murmurées, prenantes, se distillant lentement par effraction dans l'âme. Je glisse le long du mur et disparais complètement, désormais avalé par cette foule de femmes baignant dans une intense et émouvante spiritualité. Comme d'habitude, pris au piège, je me laisse fondre dedans sans grande résistance. Combien de temps suis-je resté à demi assoupi, avant que ma guide, un peu inquiète, ne vienne me récupérer ? Elle me tape doucement sur l'épaule. Je sollicite encore quelques minutes de rab, c'est un état de béatitude morale trop confortable. Pas de photo bien sûr, aucun désir de me mettre en extériorité par rapport à ce moment tout simple et en même temps exceptionnel.

À 45 km de Leh, situé dans une impressionnante gorge, le monastère de Hemis du XVII^e siècle, est probablement le plus beau à l'est de la capitale : vaste cour sur laquelle donnent de splendides vérandas de bois sculpté, stupa décoré de pierres précieuses. Ce monastère est célèbre pour abriter l'une des plus importantes fêtes lamaïques du Ladakh (fin juin-début juillet). En outre, tous les 12 ans, une immense *thangka* est déployée sur toute la façade du monastère, la fête atteint alors son niveau maximum. C'est comme la petite et la grande Troménie à Locronan en Bretagne (mais dans ce cas, bien sûr, tous les six ans seulement). J'ai calculé, chers lecteurs (trices), la prochaine grande fête aura lieu en 2028... Un peu de patience !

## VOUS AVEZ DIT « BARAKA » ?

Ultime étape, au retour, le petit monastère de Spituk, à 7 km de Leh. Pas le plus sexy, proche de l'aéroport, mais perché sur une haute colline (panorama exceptionnel). *Gompa gelukpa* (monastère des Bonnets jaunes) le plus ancien de la région (fondé au XI^e siècle). *Dukhang* bien sombre comme à l'accoutumée et orné de centaines d'oriflammes poussiéreuses et de *thangkas*. Les plus anciennes sont protégées par des caches, car peintes avec des pigments naturels.

C'est le seul monastère à proposer un festival religieux en janvier, ce qui fait que je j'eus l'incroyable chance d'y assister (normal me direz-vous, la légendaire baraka du Routard !). En outre, temps sublime, soleil généreux. Là aussi, immenses *thangkas* couvrant les façades, énorme foule en vêtements traditionnels, remarquables danses des diables et des dragons, ferveur populaire garantie.

Énorme statue du panthéon bouddhique adoptée par les hindouistes comme étant une représentation de leur dieu Kali. Ce qui explique la présence de nombreux soldats de l'armée indienne.

Retour à Delhi, agrémenté d'un petit suspense. Brouillard tenace sur l'aéroport empêchant tout départ et arrivée (ça peut durer deux-trois jours !). « Baraka plus douze », la brume finit par se lever et j'arrive à temps à Delhi pour ma correspondance avec Calcutta... Dans le même temps, je manque de rentrer au *Record Guinness Book* pour un différentiel de température record enregistré dans une seule journée. Départ de Leh à l'aube par - 12 °C... arrivée à Calcutta par + 35 °C...

L'Inde vous en donne toujours plus...

# LIBRES ENFANTS
# DU COLLÈGE JEAN-POUMARCH

Dans ma galerie de personnages emblématiques, je ne pouvais guère oublier monsieur Lipman qui fut, en 1955, mon professeur de français en 5e, au cours complémentaire de la rue Jean-Poulmarch (Paris Xe). Aujourd'hui appelé, à ma grande joie, collège Louise Michel et situé juste à côté de l'école maternelle de la rue de Marseille où j'eus l'honneur de faire l'apprentissage de l'écriture. Ayant acquis l'art de la cursive grâce à la plume sergent-major (encore préférais-je la Baignol et Farjon, plus souple, plus élégante), il ne me restait plus, au collège, qu'à balancer désormais mes connaissances et mes idées sur du papier. L'occasion n'allait point tarder à se présenter...

Monsieur Lipman fut l'homme de la situation. D'abord, c'est lui qui me fit aimer l'analyse de texte. Nous eûmes un jour à commenter un extrait d'un ouvrage de Jules Renard dont je ne me rappelle plus le titre. Qu'importe ! Il s'agissait d'une femme de métayer se plaignant auprès de son maître de vivre dans une chaumière au sol en terre battue, humide et insalubre, où ses enfants étaient toujours malades. Celui-ci lui rétorqua qu'elle devrait être contente d'être logée, de surcroît dans une charmante demeure historique du XVIe siècle, avec fenêtres gothiques et porte à accolade... Son métayer de mari abondant servilement dans le sens du propriétaire : « Monsieur le comte a raison, nous devrions au contraire le remercier de sa gentillesse ! »... La femme ne s'en laissait pas compter : « Oui, mais ce ne sont pas ses enfants qui toussent sans arrêt, avec de mauvaises fièvres »... M. Lipman nous demanda alors ce que nous pensions de cette scène. Il y eut un grand silence. Timidement, mon voisin fustigea la lâcheté du mari de s'être aplati devant le maître, un autre souligna la force de caractère de la femme... Le prof eut-il un sourire gourmand, j'en jurerais presque !

La lutte des classes venait de pénétrer, de façon concomitante, dans la classe et dans ma vie !

## JOURNALISTE UN JOUR... JOURNALISTE TOUJOURS !

Un autre jour, le prof nous proposa d'éditer un petit journal dont la classe serait le comité de rédaction. L'objectif : faire des enquêtes de voisinage sur le terrain, mieux connaître son quartier, ses habitants, ses commerçants et artisans, apporter également des réflexions sur l'école ou tout autre sujet, apprendre à rédiger un article...

Pour la confection du journal, nous allâmes récupérer quelques ramettes chez Montévrain, une grosse fabrique de papier sise quai de Valmy, à côté de Poliet et chausson (ciment et matériaux de construction) et des établissements Carré, dont les tas de briques rouges squattaient les berges du canal Saint-Martin. La papeterie était ravie d'offrir des chutes de papier pour un si noble et pédagogique usage et nous tout autant ravis de mettre les pieds dans une grosse entreprise pour la première fois.

Je me rappelle fort bien d'avoir interviewé M. Pierquint, le père de mon pote Maurice, qui tenait un petit hôtel ouvrier et son resto (le *Restaurant de Bourgogne*), au 36, rue des Vinaigriers, juste en face de l'immeuble où j'habitais. De même, les deux boutiques voisines, M. Fossart le boucher et Mme Poirier la boulangère eurent droit à mon babillage. Passionnante enquête qui me donna le goût du contact et me permit de mieux connaître mon environnement, ainsi que l'occasion de glaner des infos insolites sur des métiers que je ne connaissais guère...

## PAS FACILE DE SECOUER LES HABITUDES !

Je notai aussi que les initiatives pédagogiques de M. Lipman n'étaient guère appréciées par certains de ses collègues au collège. Ils évoquaient le soi-disant temps perdu à se balader au lieu d'étudier. Confusément, je sentais de nettes divergences sur la manière d'enseigner et certaines inimitiés entre profs... J'appris plus tard que M. Lipman était un adepte de la pédagogie Freinet et, disait-on, membre ou sympathisant du parti communiste, ceci expliquant probablement cela...

En tout cas, ce petit journal fut l'une des étapes fondatrices de ma vocation, j'en suis persuadé. Les discussions collectives sur l'intérêt et la qualité des articles également. Élaboration du sommaire, recherche du titre, réalisation du canard sur une petite ronéo à alcool, bienheureux sentiment de faire quelque chose ensemble, atmosphère unique de cette classe de 5$^{e}$, complicité presque magique avec l'enseignant, tout cela demeure l'un des plus forts souvenirs de mes 12 ans. Même si ce sentiment n'apparut pas tout de suite, même si ma mémoire sélective enjolive aujourd'hui quelque peu l'événement. Qu'importe !

Je fais d'ailleurs le rapprochement avec un film vu à cette époque au ciné-club de mon patronage : *L'École buissonnière* de Jean-Paul Le Chanois. Bernard Blier y incarnait magistralement le rôle d'un instituteur s'inspirant des méthodes de Célestin Freinet dans les années 1920. En présence d'une classe apathique, décidant de bouleverser ses habitudes et d'instaurer un nouveau type de rapport avec ses élèves, cherchant avant tout à mettre en valeur les capacités et les goûts de chacun. Par l'écoute essentiellement, par la libre expression de la parole, en leur redonnant confiance en eux, sans rapport de pouvoir (des parents et « officiels » n'étaient évidemment pas d'accord)... En soutien, des sympathisants de l'école Freinet y firent de la figuration : Pierre et Jacques Prévert, Marcel Duhamel...

## OCCASION RATÉE !

Il y a quelques années, *Télérama* lança une intéressante initiative. Au moment où un ancien président de la République affirmait de façon arrogante la supériorité du prêtre sur l'instituteur, il s'agissait de collecter les témoignages de lecteurs sur des enseignants qui marquèrent de façon positive les consciences et l'évolution des élèves. Oui, ceux qui, quelque part, contribuèrent à faire bouger les lignes, à influencer des orientations, peut-être, susciter des vocations… J'eus l'envie de raconter ma classe de 5e et ce professeur qui, cette année-là, permit chez nous une fantastique ouverture sur la vie réelle. Trop de boulot, fatigue, paresse, j'avais laissé bêtement tombé, regrettant tardivement de ne pas avoir envoyé ce petit témoignage de reconnaissance…

Ce livre me donne l'occasion unique de rattraper le temps perdu !

M. Lipman, si vous vivez encore (au doigt mouillé, vous devriez avoir entre 84 et 89 ans), j'aimerais que ce chaleureux hommage vous parvienne. Voilà, juste vous dire que vous avez permis à de jeunes garçons de réfléchir par eux-mêmes, de gagner en autonomie et, en même temps, de goûter aux joies de l'action collective… Peut-être à vos yeux, par modestie, cette influence ne fut-elle pas d'une si grande importance. Pour nous, rétrospectivement, si !

En tout cas, merci pour ce riche et intense moment…

## ET QUELQUES MOTS SUR L'AMI MAURICE…

J'évoquais ci-dessus le quartier du canal Saint-Martin, le quartier de mon enfance, voici maintenant quelques mots sur Maurice, mon plus vieil ami. Nous avons usé nos culottes à l'école maternelle de la rue de Marseille. Puis, avec Gérard Ducerf et Hopsore (Jacky, je crois), nous avons honoré de notre présence le collège Jean-Poulmarch (désormais Louise Michel), assuré l'animation du quartier, organisé le trafic de billes et de soldats Mokarex, occasionnellement joué aux reporters photo et construit quelques caisses à savon pour dévaler la rue Lucien-Sampaix. Avant de tomber amoureux de Françoise, la fille de la concierge du 30, rue des Vinaigriers… Ni l'un ni l'autre ne l'avons séduite, d'ailleurs, ce

qui préserva notre amitié ! Maurice a-t-il participé avec nous au fameux concert de Vince Taylor au Palais des Sports, le 18 novembre 1961 ? Nous avons brisé au moins la moitié des fauteuils (et privé les fans du concert suivant). Pas sûr, c'était pas trop son truc…

Ah Vince ! *« Well, my baby drove up in a brand new cadillac… My baby drove me… I said baby, baby, baby, please… »*

Ce qui est certain, c'est que lorsque Maurice reprit le *Restaurant de Bourgogne,* ce lieu devint l'une de mes cantines. Alors que le quartier changeait à grande vitesse, son resto bien patiné, sa cuisine canaille, son gracieux accueil, son chaleureux sourire nous ont tous permis de rester dans une sereine bulle de convivialité, dans une pleine et tendre nostalgie de notre vieux et populaire quartier. Ce caractère hors du temps, imperméable aux rudes changements sociologiques, fit de « Chez Maurice » (c'est sous ce nom qu'il est passé dans l'histoire) le bastion des photographes du courant dit « humaniste ». Les murs étaient couverts de photos offertes par les artistes. En grande partie en noir et blanc, bien entendu ! On trouvait là, certains jours, devant de bons petits plats de ménage, Sebatião Salgado, Philippe Salaün, Michel Maïofiss (qui fit l'un des plus beaux portraits de Maurice), René Jacques, Serge Le Manour, Marie Babey… Rejoints de temps à autre par Michel Bridenne, Tignous, ces merveilleux dessinateurs de presse. Parfois, des équipes de film, comme *Tenue de Soirée* avec Gérard Depardieu, Miou Miou et Michel Blanc. On y fit de belles signatures de bouquins, Serge Utgé-Royo y chantait parfois… De chaleureuses soirées qui resserraient les liens.

Depuis quelque temps à la retraite, Maurice dut faire face à de gros problèmes de santé. Mais il remonte aujourd'hui courageusement la pente. Nous avons tous d'affectueuses pensées pour lui… Lui qui, par sa gentillesse, sa bonne humeur et son lieu fraternel, nous a bien souvent offert de bons moments et redonné le moral.

Allez, Maurice, on t'aime et on ne t'oublie pas !

# M comme...

## MAIL ART

Le principe du *mail art* se révèle assez simple : transformer son courrier ou ses colis en « objet à rêver », en « chose artistique »... Procédé qui n'est pas vraiment nouveau. Depuis longtemps, des usagers personnalisent leurs envois, les agrémentant de dessins, d'illustrations personnelles. De même, certains artistes ou usagers originaux expédient toutes sortes d'objets souvent insolites par la poste, sans emballage, bruts de forme ou « retravaillés »... dans l'idée de recréer une « œuvre ». Ma démarche découle de ce principe : transformer une simple carte postale en « objet artistique », envoyer un dessin, une composition originale, un collage associés habilement à des timbres pour en faire un véritable tableau, une authentique œuvre personnelle. Dans le cas d'une carte postale, on la rend encore plus intéressante graphiquement en l'enluminant de beaux timbres colorés, en l'enrichissant de détails supplémentaires. Vous en trouverez quelques exemples en fin d'ouvrage.

### UNE TRADITION ARTISTIQUE QUI REMONTE LOIN

Au fond, cela ne fait que s'inspirer d'une tradition de la fin du XIX$^e$ siècle et du début du XX$^e$, lorsqu'on écrivait sa correspondance et qu'on collait le timbre sur la photo ou l'illustration même, réservant l'adresse au seul verso. Bien sûr, il n'y avait pas à l'époque à proprement parler de démarche artistique, mais la carte gagnait une certaine qualité graphique, elle « vivait » plus intensément. De même, au lieu d'acheter la carte chez un marchand, peut-on utiliser ses propres photos pour personnaliser encore plus l'envoi. En plus de ces montages assez simples peuvent venir des collages plus pensés, plus élaborés dans la tradition de certains artistes de la première moitié du XX$^e$ siècle, comme Marx Ernst, Man Ray, Marcel Duchamp, artistes appartenant le plus souvent au courant surréaliste. Genre qui fut à une certaine époque florissant et qui permit d'originaux télescopages, pleins d'humour et de fantaisie. Associés aux timbres, artistiquement utilisés dans la composition, on en arrive à créer ainsi de véritables tableaux qui vont voyager et apporter du rêve, de la poésie, de l'émotion au destinataire. De plus, par jeu, on peut suggérer, y mettre des éléments métaphoriques, des clins d'œil, voire des messages carrément subliminaux.

On a aussi possibilité d'affiner cette démarche en travaillant de façon plus thématique, en choisissant un sujet précis. Par exemple, paysages, métiers, hommes, femmes, enfants, animaux, fleurs, événements historiques, etc. En fait, tous les sujets sont possibles. En ce cas, on peut alors choisir des timbres liés directement au thème, les fondant dans le tableau littéralement. Ils deviennent ainsi, de façon subtile et graphique, partie intégrante de l'œuvre, véritables acteurs enrichissant considérablement la palette des couleurs, renforçant le plaisir de la découverte, donnant au tableau ainsi créé, une force, une énergie réjouissante.

**LE TIMBRE, BIEN ENTENDU, COMPLICE IDÉAL DE L'ŒUVRE !**

On peut aussi partir à la recherche de timbres anciens, au style très daté, notamment les timbres coloniaux. Opposés aux timbres modernes, cela permet de joyeux télescopages graphiques, instillant un charme, une nostalgie bien souvent teintée de poésie. Et puis, il m'est agréable de refaire voyager un vieux timbre sur des milliers de kilomètres, de le sortir de son ennuyeuse retraite, de lui redonner une seconde vie. Encore plus s'agissant de timbres neufs. Les pauvres, se morfondant dans les albums des marchands ou des collectionneurs, en proie depuis des années à de pathétiques problèmes d'identité et, tout à coup, tout heureux d'être rendus à leur vocation première : devenir enfin actifs, accompagner le courrier, le légitimer, le faire voyager... Et puis ainsi, rencontrer des collègues timbres d'autres époques dans les centres de tri, dialoguer, échanger avec eux... Les timbres en ces cas-là deviennent d'adorables complices de l'imaginaire et du rêve.

La carte postale ainsi détournée, le tableau créé dans l'exaltation de la découverte d'un pays, deviennent de puissants évocateurs du voyage, ils transportent encore plus par l'imagination. Ils procurent de l'émotion, excitent la curiosité, suscitent le désir de partir à la découverte de nouveaux espaces. En cela, on est en droite filiation de l'écriture et de l'image, de leur richesse d'expression. Nul texto ou SMS ne pourront jamais remplir ce rôle ! Le *mail art* se révèle alors comme une efficace forme de résistance à la déshumanisation de la correspondance. Par exemple, les vœux de Nouvel An envoyés sous forme de SMS ou de mail (et en nombre !), sont vraiment d'une grande sécheresse d'émotion, de fait un dramatique appauvrissement de l'expression des sentiments...

## QUELQUES TECHNIQUES INDISPENSABLES POUR RÉUSSIR SES ENVOIS

Voici quelques détails techniques amusants de ce type de correspondance. On n'envoie bien sûr pas par la poste le seul exemplaire de l'œuvre. Le risque serait grand qu'elle ne se perde en route. Il en est fait quelques reproductions qui seront expédiées de plusieurs bureaux de poste différents. En effet, la carte postale détournée, le collage artistique possèdent de féroces prédateurs : certains postiers des pays expéditeurs. Dans des pays où le salaire quotidien dans les postes est seulement de quelques euros par jour, il est tentant de récupérer les timbres des envois en direction de l'étranger et de les remettre en vente pour son seul profit. C'est hélas le cas de l'Inde, du Guatemala (entre autres) où il est fortement recommandé, quand c'est possible, de faire tamponner les timbres au guichet, devant soi... De même, une œuvre qui plaît, qui tape dans l'œil d'un postier, peut se retrouver accrochée à un mur... En ce cas, destin tout à fait honorable et plutôt valorisant ! En moyenne, il faut compter 20 à 30 % de perte pour certains pays. 100 % concernant le Guatemala, aucune missive n'est arrivée à bon port.

## LE FAN DE *MAIL ART* NE DÉSTABILISE-T-IL PAS PARFOIS LES EMPLOYÉS DES POSTES ?

Les conditions d'expédition se révèlent aussi parfois folkloriques. Dans beaucoup de pays, les postiers s'étonnent de ce genre inhabituel de correspondance (surtout en grand format), mais réagissent en général de façon amusée et tolérante. Au fond, il suffit d'expliquer sa démarche et de démontrer que finalement, c'est super bien affranchi (même trop parfois, ce qui peut pousser à la tentation de récupérer les timbres !). Dans certains pays, ça peut être l'incompréhension d'un postier dogmatique vous précisant que l'envoi n'est pas aux normes, même suffisamment affranchi (c'est souvent le cas en Chine). Nécessité alors de rechercher un bureau de poste plus compréhensif. Au Vietnam, ce fut plutôt le refus d'accepter que les timbres soient collés sur la partie illustrée. Il a fallu le plus souvent remettre le même affranchissement sur l'autre côté de la carte, ainsi que l'adresse, pour que le postier accepte l'envoi ! Bref, la carte enluminée, subvertie, détournée, le collage malin, le superbe agrandissement de photo dont vous êtes fier et qui va effectuer un long voyage d'initiation seront inévitablement livrés à la poste locale avec une pointe d'angoisse. Arrivera-t-elle à bon port ? Surtout si vous avez remarqué des postiers rigolards se repassant votre missive de main en main en pouffant...

Angoisse entretenue aussi par les délais de livraison de certains pays. Si la moyenne est de trois à sept jours (ce qui semble normal), elle peut être de plusieurs semaines. L'Inde (encore elle) est l'une des championnes des délais intempestifs. Une lettre peut mettre deux ou trois semaines voire plus pour arriver à Paris, même postée de l'aéroport de Delhi ! Le record : un envoi de Mauritanie arrivé au bout de deux mois et demi, mais arrivé quand même... Après tout, après tant de péripéties, votre « œuvre » n'en prendra affectivement que plus de valeur. Elle continuera à « émaner », à évoquer de doux souvenirs de voyage, à rappeler de chaleureuses rencontres. Pour les « timbrés » que nous sommes, le *mail art* est définitivement l'un des moyens privilégiés de s'exprimer artistiquement (dans la longue tradition des carnets de route illustrés) et de prolonger la magie du voyage...

# MAUTHAUSEN

Voyage de création du guide Autriche. Après une riche enquête littéraire, artistique et architecturale sur Vienne, après avoir effectué un enchanteur trek urbain dans la vieille ville de Linz, je m'apprêtais à remonter au nord pour visiter la remarquable abbaye de Schlägl. Mais avant, passage obligatoire au camp de concentration de Mauthausen, le plus sinistre camp de la mort nazi d'Autriche. Sur 200 000 détenus de 1938 à 1945, 122 766 y moururent (dont plus de 8 000 Français et 32 000 Russes). Rescapés du camp : Georges Séguy (1927-2016), ancien secrétaire général de la CGT (à son retour du camp, il ne pesait plus que 38 kg) ; Pierre Daix (1922-2014), membre du PCF, écrivain, historien, ami intime de Picasso, auteur de *La Dernière Forteresse* (sur Mauthausen), et Simon Wiesenthal (1908-2005), le célèbre chasseur de nazis.

Le camp est situé à environ 20 km de Linz. Sur le chemin, la voiture musarda à travers de doux paysages de collines verdoyantes. Un ultime virage, et voici la pancarte « Mauthausen ». Je freinai instinctivement, ça provoque quand même un pincement au cœur de se savoir si proche d'un des camps les plus atroces de la Seconde Guerre mondiale. Miradors, sinistres barbelés, baraques sordides ne vont pas tarder à surgir... Eh bien non, derrière la pancarte apparut une charmante et pimpante petite bourgade, avec une rue principale bordée de ravissantes demeures baroques et colorées, sur fond de ciel bleu éblouissant. La population y vaquait de façon dolente et souriante. Me serais-je trompé ? Y a-t-il plusieurs Mauthausen ? Non, une discrète pancarte indiquant « *KZ memorial* » m'invitait à suivre une petite route, de nouveau à travers une paisible campagne...

## UNE CARRIÈRE TRAGIQUE

Et puis là, au milieu de nulle part, une carrière, à peine signalée depuis la route. Un vrai choc. Vision en tout point conforme aux livres, articles et documents lus précédemment. La carrière et son escalier de la mort de 186 marches où moururent tant de républicains espagnols sont là, dramatiquement nus...

186 marches que gravirent inlassablement, dans d'effroyables conditions, des déportés chargés de blocs de granit de 40 à 50 kg sur le dos. Et lorsque l'un d'entre eux s'effondrait épuisé, il entraînait souvent dans sa chute plusieurs autres camarades. Corps alors inévitablement écrasés par l'avalanche de pierres, transformant l'escalier en une bouillie sanglante. Et si personne ne tombait, il n'était pas rare que les SS provoquent eux-mêmes la bousculade mortelle.

En haut de l'escalier filait la longue bordure de l'abrupte falaise, surnommée par les SS, le « mur des Parachutistes ». Un des jeux favoris des nazis consistait à placer une victime (juive si possible) au bord du vide et à l'y faire tomber, par un autre déporté, menacé d'être immédiatement exécuté s'il s'y refusait.

De tous les camps que j'ai visités auparavant, beaucoup m'émurent aux larmes, me glacèrent le sang par la violence des lieux et de tous leurs symboles concentrationnaires (miradors, fours crématoires, atmosphère lourde, oppressante...). Ici, rien pour dramatiser le site, aucun signe emblématique, juste une carrière de pierre dans un environnement bucolique où les oiseaux semblaient scandaleusement ignorer tous les drames humains qui s'y déroulèrent.

Et c'est justement l'absence de signes extérieurs qui me bouleversa encore plus, laissant seule l'imagination faire le travail de reconstitution. Parvenu à la moitié de la montée de l'escalier, mes jambes ne me portaient plus. Et je me mis à contempler ce paysage totalement dédramatisé sous un soleil de plus en plus ardent et une nature insolemment triomphante. Je retiendrai surtout de Mauthausen cette poignante et sobre puissance d'évocation... La visite de la forteresse par la suite, le cœur du camp, ne devait guère apporter plus à ma peine... Et puis, contrairement à Oradour ou Auschwitz, pas de touristes bruyants en bermuda, tongs et bob pour détourner ma colère, pour m'inciter à fuir...

## POURQUOI TANT D'INDIFFÉRENCE ?

Non, j'étais seul, rigoureusement seul... Scotché au site. Au loin, peut-être un bruit de tracteur. Je mesurais ainsi avec force l'incroyable décalage entre la sérénité et le charme du village (à 3 km à peine) et la violente charge émotionnelle émanant de la carrière.

Je ne pouvais toujours pas croire non plus, même si certains habitants cachaient des morceaux de pain dans les buissons sur le passage des déportés allant au travail forcé, que l'immense majorité d'entre eux ait pu vivre dans une totale indifférence, voire une vraie complicité de ce qui se passait si près de chez eux !

En fait, à un croisement, je dus me tromper de route, aller vers la carrière au lieu de visiter d'abord la forteresse. Inverser le sens de la visite rendit la confrontation encore plus violente. Dans la forteresse, il y avait de nombreux panneaux pédagogiques, parfois des présentations ambiguës, des tentatives biaisées d'excuses... Mais dans la carrière, rien de tout cela. La brutalité de la reconstitution mentale, seule, impitoyable...

C'est sûrement pour cela que finalement, je choisis de décrire Mauthausen dans l'ouvrage, plutôt que les autres camps de la mort visités : Auschwitz, Terezin ou le camp du Struthof en Alsace...

**LE VENTRE EST ENCORE FÉCOND D'OÙ A SURGI LA BÊTE IMMONDE !**

Et, puisqu'on parle de l'Autriche ici, j'évoquerai un grand moment éditorial dans l'histoire du Routard : lorsque Philippe proposa à l'équipe d'éditer en 2000 la couverture du guide *Autriche* en noir et blanc, en signe de deuil et de protestation contre la montée au pouvoir de Jörg Haider et de l'extrême droite autrichienne. Le guide était même dédié à tous ceux qui n'avaient pas voté Haider...

Même si, depuis, la France vit dramatiquement (et ironiquement) la même situation, ce fut l'une des actions éthiques du Routard dont je suis le plus fier !

# MÉDIAS (voyage dans les)

Accéder aux médias pour le Guide du Routard s'est révélé dès le début de la plus haute importance. Du premier article du *Figaro,* à la « Cadillac rose », un des premiers articles du *Monde* sur le guide (écrit par Alain Faujas), suivi de « Deux Routards retors », premier article dans *Libé* en 1981 (sous la plume de Sorj Chalendon). Ce furent d'abord les nombreux articles de voyage écrits pour la presse, au *Matin de Paris* par exemple. Mais ce fut ma collaboration régulière à *Info Matin* qui me réjouit le plus. En 1994-1995, ce journal, qui venait scandaleusement sur les plates-bandes de la presse traditionnelle, me donna l'occasion d'écrire de belles pages sur d'insolite destinations. Je n'oublierais jamais les délicieuses relations avec Philippe Robinet, l'un des directeurs du journal... En radio, outre le plaisir de transmettre aux auditeurs nos coups de cœur et de partager avec eux nos expériences de voyage, nous connûmes de nombreux moments d'émotion lors de riches rencontres sur les plateaux et dans les studios... Grands voyageurs, anthropologues, ethnologues, sociologues et tant d'autres gens en « logues », historiens, écrivains, hommes et femmes politiques, acteurs et actrices mythiques, étaient régulièrement invités dans des émissions où nous participions ou que nous avions la chance d'animer. Des gens que nous aurions difficilement rencontrés autrement. Que de souvenirs de débats et d'échanges dont certains, lumineux, engagés, passionnés que je ne suis pas prêt d'oublier.

## MAGIQUE RADIO !

À la fin des années 1980, nous fûmes, Philippe Gloaguen et moi-même, petits pigistes à France Inter pour l'émission *Virus* de Jacques Pradel. On adorait travailler avec lui pour sa capacité d'écoute, sa façon de poser toujours les bonnes questions, son empathie permanente pour les gens. Notre spécialité, c'était, mais vous l'aviez devinée, le voyage et le tourisme. L'ami Bougrain-Dubourg, dans le même temps, assurait la partie écologie et nature. Ces émissions du dimanche après-midi, riches, vivantes, enlevées, nous permirent de débattre avec de grands spécialistes ou tout simplement d'être témoins ébahis de denses discussions. Personnellement, investi à l'époque dans la campagne « Pas Dak ! » contre le Paris-Dakar, je me retrouvai un dimanche face à Théodore Monot, jusqu'à présent pour moi une légende... Je ne me suis pas contenté de le contempler comme une icône. Nous cognâmes de concert, avec force, conviction, et quel plaisir complice, contre ce désastre écologique et humain pour l'Afrique que fut le Paris-Dakar et qui, malheureusement, sévit à présent en Amérique du Sud ! Quelle rencontre fondatrice ! Une autre fois, l'invité fut le célébrissime vulcanologue Haroun Tazieff, à qui je rappelai, ému, que nous nous étions fortuitement rencontrés en 1981 au sommet de l'Etna (voir le chapitre « Etna »). C'est pourquoi, sans doute, l'émission sentait un peu le soufre ! Émotion encore de débattre avec une autre légende, Bernard Moitessier. Pour le coup, l'émission fut traversée par une forte houle mélancolique, qui manqua de nous engloutir dans une vague d'émotions digne des Quarantièmes rugissants... En revanche, fou rire avec Jane Birkin qui nous confia avec des exclamations enthousiastes qu'elle adorait, comme moi, se balader et rêver dans les cimetières... Élégance, discrétion et humilité avec François Périer, cet immense acteur qui avait été après-guerre l'acteur fétiche du théâtre de Jean-Paul Sartre et parlait cinéma et théâtre avec finesse autant qu'intelligence. Chaleureuse et slave faconde de Roger Vadim racontant ses multiples bourdes et anecdotes de famille recomposée pleines de mélis-mélos d'enfants... Mais l'un de mes souvenirs les plus cocasses fut la rencontre avec les trois plus prestigieuses grenouilles de bénitier de France. À savoir, Jean Guitton philosophe, écrivain, membre de l'Académie française, André Frossard journaliste, éditorialiste au *Figaro,* écrivain, auteur du célèbre *Dieu existe, je l'ai rencontré*, également membre de l'Académie, et Maurice Schumann, Compagnon de la Libération, homme politique et écrivain. Tous entre 75 et 92 ans à l'époque. Un peu avant l'émission, ils étaient là autour de la table, hiératiques, dominants. On se présenta, on échangea quelques paroles. J'étais tout à la fois impressionné par la stature des personnages et, dans le même temps, saisi d'une savoureuse envie de provoquer. Pour moi, pas de lézard, religion égale « opium de peuple ». Et, c'était plus fort que moi, je lâche ma vanne : « J'ai voyagé dans plus de 80 pays, je n'ai pas réussi à rencontrer Dieu ! ». C'est Jean Guitton qui me répondit. Et malgré ses 92 ans, il n'avait pas sa langue dans la poche. Je n'ai pas noté sa riposte, mais ce fut un truc fort du genre : « Tout homme est religieux dans la mesure où il est capable d'attention et de silence »... En tout cas, je fus crucifié par l'à-propos de sa réponse. Ma tchatche en fut presque paralysée pour la suite de l'émission. Habillé pour l'hiver, le Pierrot... Méfiez-vous des nonagénaires !

D'autres grands moments radiophoniques nous furent donnés avec l'émission *Détours d'Été*, assurée sur RTL durant neuf ans pendant l'été avec de vieux complices, Benoît Lucchini et Jean-Sébastien Petitdemange (et parfois Anne Poinsot et André Poncelet). Il s'agissait de présenter une région, une ville, un pays, d'en parler avec les auditeurs pour les aider à préparer leurs voyages et répondre à leurs questions. Cela m'a permis de mesurer la beauté, la force, la magie de la radio. Nul détournement par l'image, c'est la voix, la voix seule qui transmet l'info, les descriptions, les coups de cœur... Faire passer sa conviction, sa passion, convaincre, émouvoir uniquement par la magie de la voix. Mon maître dans ce domaine fut Daniel Mermet, dans son émission *Là-bas si j'y suis.* En voiture, j'ai le souvenir de m'être parfois rapidement garé, tant l'émotion m'étreignait dangereusement sur la route. Et puis il y une qualité énorme de la radio par rapport à la télé : la durée ! On a vraiment le temps d'exposer, de détailler. Ma récompense suprême était de savoir que des auditeurs avaient acheté leur billet d'avion dans la foulée d'une émission ! D'ailleurs, je disais souvent : « Je vérifierai dans les agences de voyages autour de chez vous si j'ai été vraiment convaincant ! »... Autre plaisir divin : le dialogue avec les auditeurs. Certains, passionnés comme nous, partageaient les mêmes valeurs en voyage, avec du répondant, de l'humour, bref d'excellents collaborateurs pour rendre vivante l'émission.

Nous connûmes d'autres moments de radio mémorables au milieu des années 1990 sur Europe 1 de 20h à 22h dans l'émission *Connexion* de Yann Kulig. Émission culturelle au ton décontracté, décalé, enjoué, sans prise de tête. Nous avions tous une rubrique attitrée. Pour moi, aventures et voyages, ça va de soi, Philippe de la Croix avait la rubrique musique classique et nous fit connaître Arvo Pärt. Emmanuel Davidenkoff, le théâtre, Julien (de Anne et Julien), la BD et Laurent Garnier, la musique électronique. La techno quoi !... C'était d'ailleurs la première apparition de cette musique sur une radio nationale ! Yann Kulig, un vrai précurseur, était le chef d'orchestre de ce beau monde souvent dissipé. Parfois, un vent de folie soufflait dans le studio dans une atmosphère d'amicale complicité. On s'était même appelés la *Dream Team.* Longtemps après cette expérience, on a continué à se revoir non sans manquer d'évoquer avec délices ces bons moments et, surtout, cette expérience pionnière de radio...

**ET LA TÉLÉ ?**

Là aussi, des moments intéressants, souvent mémorables, quelques fois inoubliables... Nos interventions télévisuelles se déclinaient de deux façons : d'abord, la présentation télé d'un guide à sa première parution, avec les grandes chaînes, en studio ou bien sur le terrain. On partait toute une journée avec une équipe, généralement composée d'un journaliste, d'un caméraman et du preneur de son. On tournait deux à trois heures et, au bout du compte, seulement 2 à 3 mn conservées pour les actualités. Un poil frustrant tout de même !

En revanche, ma participation à d'importantes émissions de voyage me laissa pour le coup son lot de fabuleux souvenirs. Entre autres, quelques années à voguer sur la péniche de la chaîne *Voyage* avec l'ami Marcel Lévy, l'un des plus grands journalistes de tourisme que j'ai rencontrés ! Aucun « mal de rivière » et une collaboration de rêve. De même, toujours sur *Voyage,* ma participation régulière aux émissions de Philippe Gildas. Bien sûr, pour causer également tourisme sur le ton « café du Commerce » avec le plus chaleureux et le plus délicieux des journalistes. En plus, breton comme moi !

Un *Thalassa* sur l'Irlande et sur France 3 restera longtemps gravé dans ma mémoire. D'abord, travailler avec le très professionnel office du tourisme irlandais est un vrai plaisir. En outre, sur ce type d'émission, l'animateur a la possibilité de faire des propositions de sujets. Choisir les sites, les personnages, les situations que l'on a envie de mettre en valeur permet de donner le ton. Par exemple, à partir d'une vénérable adresse du guide *Irlande,* nous réalisâmes la riche interview de l'ancienne *cook* qui travailla 17 ans à bord du voilier *Cutty Sark* et dont les fourneaux coulèrent avec le navire. Depuis, elle tenait une romantique chambre d'hôtes dans une ancienne école, en pleine lande au milieu des rochers. Elle avait tellement de choses à raconter... Bien entendu, l'émission nous permit de visiter mes pubs préférés aux atmosphères beckettiennes, de contempler des paysages mythiques comme ceux du West Cork. L'idée de génie d'Anne Zemmour, ma copine de l'office du tourisme, fut d'organiser une pêche en haute mer avec un patron pêcheur plus vrai que nature. Une vraie tronche de capitaine Achab. Il repérait les bancs de poissons aux vols circulaires des goélands dans le ciel... « J'ai un sonar, disait-il, mais c'est beaucoup moins précis. » Séquence d'anthologie lorsque, tentant d'arracher l'hameçon de la première bonite pêchée de ma vie, je me le plantais dans le pouce. Visage crispé et violet de froid par - 2 °C, bateau pris dans la houle, vengeance exemplaire du poisson... Assurément, une des meilleures séquences de l'émission.

Je retrouvai également ces sensations dans les trois *Des Racines et des Ailes* tournés pour France 3. Le premier en Jordanie où je replongeai divinement dans l'enchantement du site de Pétra et la magie du Wadi Rum, fabuleux désert pourpre et chaotique. On ne dira jamais assez combien ces sites se classent aisément au rang de 8$^{e}$ ou 9$^{e}$ merveille du monde... Évoquer la découverte du Kazneth, magnifique façade de temple creusée dans la roche rose, au bout d'un long et étroit défilé biblique, me garantit toujours une bonne dose de frissons et d'émotion.

Le deuxième au Maroc avec une formidable équipe de l'agence CAPA. Des vrais pros ! Philippe Poiret, le journaliste, me laissa construire le voyage et choisir les séquences. Le tournage fut un vrai bonheur. Poiret était sans concession si à ses yeux j'avais été

*Chèvres perchées dans les arganiers, région d'Agadir, Maroc*

mauvais : « On la refait Pierre, c'était nul à chier ! ». Une vraie et adorable terreur. Pas du genre Truffaut qui disait toujours avec un énorme sourire : « Super bon ! mais on la refait quand même »... jusqu'à dix fois de suite ! J'avais proposé, entre autres, de filmer un truc unique au monde : les chèvres perchées dans les arganiers entre Essaouira et Agadir. Seule forêt d'arganiers, arbre très rare du Maroc, dont on tire une huile raffinée et chère, d'ailleurs classée par l'Unesco. Les chèvres raffolent du fruit de ces arbres. Un jeu d'enfants pour elles, de grimper jusqu'au faîte pour satisfaire leur gourmandise. Après 200 km de route, cruelle déception, pas une chèvre perchée ! Elles venaient juste de finir leur repas quotidien. Les petits bergers prirent alors pitié de nos mines dépitées et un bon pourboire contribua aussi à la réussite de l'affaire. « Vous les voulez dans les arbres, ce n'est pas un problème... » Et de les saisir par les cornes et la queue et, sans même viser, ni même regarder, de les renvoyer vigoureusement valdinguer haut dans les arganiers. Vous ne le croirez pas, mais aucune ne retomba, se stabilisant naturellement sur les frêles branches. Pittoresque séquence sauvée !

Toujours avec Philippe Poiret et sa fine équipe, le *Des Racines et des Ailes* tourné en Chine fut beaucoup plus rock and roll. CAPA avait acheté à Paris les droits cinématographiques de tournage (3 000 $, je me rappelle). Sur place, ce qui n'était absolument pas prévu, ce fut d'avoir à payer des droits supplémentaires sur chaque site, parfois avec un ridicule temps de tournage imposé. Chaque site coûtait de 100 à 500 dollars. Et, souvent, il fallait négocier férocement pour disposer de plus de temps pour tourner. Un membre du « KGB culturel » pékinois, soi-disant interprète mais vraiment désagréable, servait d'intermédiaire avec les autorités touristiques locales et prenait sa com au passage. Un véritable racket ! Du coup, à la fin du voyage, nos cartes de crédit étaient exsangues ! Nous dûmes marchander le bout de Grande Muraille le moins cher possible. Mais on évita le « Disneyland » de *Badaling*, proposé à 500 dollars. Les tensions lors des deux derniers jours furent paroxystiques. Notre éminent agent du KGB devenait de plus en plus odieux. Il nous accompagna à l'aéroport jusqu'au contrôle. J'eus alors, au dernier moment, la lumineuse idée de mettre une petite brochure des droits de l'homme éditée par l'Union européenne dans une enveloppe. Puis, avec un grand sourire, au nom de toute l'équipe, je le remerciai et lui remis l'enveloppe à l'apparence un peu gonflée. Premier et dernier sourire du voyage illuminant son visage. Il la glissa prestement dans sa veste... Nul doute que cet abruti dut croire à un pourboire. Passé le contrôle, je révélai la supercherie à l'équipe. Nous en avons ri quelques bonnes minutes. Poiret, pourtant avare de compliments : « Génial Pierre ! »

Mais est-ce qu'au prochain voyage, nous n'allions pas nous retrouver tous fichés ? Qu'importe, notre dur périple se terminait sur une note joyeuse...

# MELBOURNE

Je n'y crois pas, je me pince... Juré ! Je n'ai pourtant pas été à Lourdes, je n'ai point sollicité mon *orisha* et sacrifié un poulet, émis aucun vœu et allumé aucun cierge à ma paroisse de Saint-Pierre de Montrouge... Et pourtant, la nouvelle tombe, surprenante, inespérée, tant rêvée. Nous allons faire un Routard *Australie*... Fidèle à ma vocation de pionnier et à mon désir d'être toujours le premier partant pour une création, je postule pour l'État de Victoria et Melbourne, sa fabuleuse capitale. Dans le package, je trouve également Adelaïde, capitale de l'État d'Australie du Sud et la célèbre Kangaroo Island, paradis des fans de marsupiaux et autres animaux étranges...

En ce bel automne 2015, je m'achète une jolie et confortable paire de *Clarks*, achève de lire le brillantissime et désopilant *Nos Voisins du dessous* de Bill Bryson, enfile mes bas de contention et m'apprête à affronter les quelques 24h de vol obligatoires pour acquérir enfin mon bâton de maréchal du tourisme ! C'est que l'Australie était une véritable épine dans mes pieds fourbus de Routard impénitent. À ceux qui en avaient la curiosité, je devais révéler avec honte que non, je n'étais jamais allé en Australie...

Entre-temps, j'avais appris que Melbourne était l'un des sanctuaires mondiaux du *street art*, la Mecque du graff, le Beaubourg des *murals* géants. Et en plus, élue par *The Economist* « Ville la plus agréable à vivre du monde »... Rien que ça !

## UNE VILLE QUI TIENT SES PROMESSES

Pas déçu du long voyage. Je découvre une ville encore plus fascinante que dans mes rêves les plus aboutis. Deuxième agglomération urbaine du pays, très important centre commercial, industriel et surtout culturel, beaucoup plus branchée et européenne que Sydney. Privilégiée par les étudiants français, on y découvre d'emblée son extraordinaire qualité de vie, la gentillesse naturelle et la serviabilité de ses habitants. Premier signe : la richesse de l'offre, l'étendue et la facilité des modes de transports publics. Pas moins de 28 lignes de tram, réseau de 285 km et 1 813 arrêts – dans l'immense CBD, le quartier des affaires, il est même gratuit. Rien de plus pratique pour découvrir aussi des quartiers périphériques aussi séduisants qu'originaux. Ajoutez-y le bus et le train pour circuler dans la « Ville jardin ». Lors de la création de Melbourne, comme il y avait de la place en quantité illimitée, larges rues et avenues, espaces verts, parcs, maisons individuelles avec jardin se partagèrent l'espace. Le résultat est une ville quasi horizontale, verdoyante, offrant une harmonieuse combinaison d'architecture victorienne de charme et d'audacieuses réalisations contemporaines. Comme San

Francisco, à laquelle on pense parfois, Melbourne se révèle la cité idéale pour trekkeurs urbains, amoureux de poésie citadine et de clins d'œil graphiques.

La ville est également séduisante par sa diversité ethnique. Les immigrants les plus nombreux furent bien sûr les sujets de Sa Majesté, Anglais et Irlandais. Puis vinrent les Italiens, les Chinois, les Vietnamiens, les Indiens, les Allemands... Qui sait que Melbourne concentre la moitié de la communauté grecque du pays et que la ville serait la troisième plus grande ville grecque du monde après Athènes et Thessalonique ?

## LE *STREET ART,* UN FABULEUX MUSÉE EN PLEIN AIR

Laissez-vous aller à une visite classique. Ne manquez pas bien sûr la *National Gallery of Victoria*, fascinant musée, parfait syncrétisme du MET, du Louvre et du British Museum. Les collections de peinture y sont fabuleuses... Et tout ça gratuit ! Mais si les impressionnistes ne vous impressionnent plus guère, qu'Andy Warhol date un peu, que Damien Hirst et Jeff Koons sont des faiseurs vendus au marché et, qu'en revanche, vous êtes un fana de *street art*, un adorateur de Bansky, un sectateur esthète d'Ernest Pignon-Ernest, un amoureux transi de Miss. Tic et de ses voluptueux aphorismes, cette ville a été créée pour vous. Elle vous tend ses *lanes*, ses ruelles fiévreuses... Orgies de couleurs incandescentes, de chocs frontaux avec les formes les plus délirantes, de messages à l'érotisme non suggéré, transformant les balades en évocations orgasmiques, cette ville n'attend que vos *raaarhh lovely*, vos cris d'admiration, vos râles... Dans *Hosier Street*, découvrez la plus spectaculaire concentration de *street art*, véritable maelström, tourbillon diabolique dévidé au fil de chaque immeuble, sur six, huit, dix étages, laissant le visiteur tétanisé, délicieusement sonné, assommé. Sans souffle aussi, tant on court sans cesse après le graff le plus généreux, limite démagogique en couleurs... Même feu d'artifice sur *Union Lane* et *Paynes Place*.

Et citez-moi une capitale où l'on a baptisé une rue du nom d'un des plus célèbres groupe de rock du monde. Dans *ACDC Lane,* les fans transis et extatiques se bousculent et se « *selfient* » de façon névrotique devant un légendaire et délirant *Angus Young* de trois mètres de haut. Mais je vous livre ma rue préférée, *Blender Lane,* où l'on découvre les graffs et les *murals* les plus sophistiqués, les plus métaphoriques. Une débauche d'idées, une imagination sans bornes... Revenez le lendemain ! De nouveaux talents auront frappé la nuit et cruellement effacé les concurrents.

## ET UNE VIE NOCTURNE D'ENFER !

Un mot, un cri d'enthousiasme plutôt, à propos de la vie nocturne melbournienne. Comment ne pas tomber dans le superlatif, comment freiner son admiration pour Brunswick Street, les quartiers de Fitzroy, Collingwood, Chapel Street, St Kilda qui chaque nuit se livrent sans pudeur aux rats nocturnes assoiffés de décibels, se dynamitent, explosent façon puzzle, se reconstruisent le lendemain ? Dans quelle ville au monde trouve-t-on une telle coexistence de genres, styles et modes de vie sur des kilomètres, dans la fureur de musiques sans retenue, sans égard pour des riverains complices et à la longue insomniaques ? Qui aurait l'idée à Melbourne d'acheter une maison ou un appartement dans Fitzroy ou Chapel Street, connues pour leur animation, puis, comme en France, appeler la police à la moindre note de musique s'échappant d'un bar au rez-de-chaussée ?

Melbourne, c'est la tolérance, la liberté, un sentiment de bien-être et de libération permanent. Bon, d'accord, j'entends déjà les objections, les accusations, je fantasme beaucoup, je délire un peu, j'idéalise, je prends mes rêves pour des réalités… Pierrot, redescends sur terre ! Non, non, je n'ai pas rêvé, je maintiens. Grincheux de tout poil, aigris de tous bords, acariâtres professionnels qui n'aspirez qu'à nous pourrir la vie, vous n'aurez pas notre peau et nos silences exaspérés. Je maintiens, je confirme ! Citez-moi une ville où peuvent se côtoyer sans heurts tant d'établissements antinomiques ? Sur Brunswick Street, le *Bimbo Deluxe*, resto destroy au pied d'un immeuble menaçant ruine – interdisant rigoureusement toute veste et cravate – ne cohabite-t-il pas à quelques mètres avec le *Polly Cocktail Lounge*, le bar le plus sophistiqué de la rue, un vrai et luxueux décor de théâtre – et où jeans et débardeurs ne sont pas tricards ? –… Plus haut, sur Collingwood, après avoir admiré l'immense *mural* de la façade, on ira déguster au 5e étage, sur le toit, les meilleurs burgers de la ville dans… trois wagons de métro ! *Section 8*, la boîte la plus hot, la plus démente, entasse la foule sur un vulgaire parking, les fait asseoir sur d'inconfortables palettes, livre ses boissons – à prix fort mais abordable – depuis un banal container… Mais c'est aussi l'ambiance la plus chaude. Bourré à craquer ! Ça danse avec frénésie et la température des corps, parfois, n'est pas loin d'atteindre celle des bouges les plus déglingués de Kinshasa !

## TOUT EST-IL SI BEAU, SI LUMINEUX ?

C'est ça, Melbourne, la démesure tempérée, raisonnable, self-contrôlée, sans flics, sans râleurs, dans une bonhomme et pacifique tolérance… Certes, ne sombrons pas dans l'angélisme, il y a aussi quelques aspects obscurs. Mais là, ça concerne tout le pays : la reconnaissance des droits des aborigènes n'est pas achevée. Personne ne se leurre sur le soudain engouement pour leur art. Les discriminations subsistent. Jadis pays d'immigration, l'Australie mène aujourd'hui une politique d'État très restrictive, passablement égoïste concernant les nouveaux immigrants fuyant leurs pays martyrisés. On y pratique à grande échelle le culte du corps. Les mecs rivalisent de pectoraux sur les plages de surf, les nanas possèdent probablement les plus belles poitrines de l'hémisphère sud. Hormis peut-être le Brésil ! Pourtant, dans les têtes, ça baigne encore, parfois, dans un formalisme et un puritanisme bon teint. Aussi ne fus-je pas surpris de découvrir un panneau couvert de noms et de photos à l'entrée d'un supermarché intitulé : « *The shoplifters of the week* ». Les chapardeurs et autres kleptos de la semaine jetés en pâture au public, cloués comme jadis au pilori pour de petits méfaits. Certes, bien limite tout ça, mais je ne changerai pas d'opinion, non, je ne retirerai pas un mot écrit précédemment... N'insistez pas, rien ne gâchera mon plaisir.

Pour conclure, Melbourne, ça pourrait bien être le fruit des amours chiennes de Berlin, Barcelone et du *Temple Bar* dublinois... un triolisme d'enfer, puissance 10... Au fond, quelle ville sait allier aussi bien urbanisme et nature ? Quelle ville fait montre d'un tel dynamisme doublé d'une ouverture d'esprit hors pair et d'un hédonisme réjouissant ? Style de vie exceptionnel, hissé au niveau d'un art, tout à la fois furieux et sans violence, décontracté, attachant, multiple, coloré. On en revient chaviré, les yeux pleins d'étincelles, cœur, oreilles, tous les sens saturés de sons et d'émotions. Pour Melbourne, on n'est pas loin d'être *fanafouté* à la malgache, littéralement envoûté, animé d'une envie irrésistible : y délicieusement replonger !

# MEXIQUE (et extension Atlanta)

L'année 1985 fut cruciale. En août, j'entrepris un nouveau voyage fondateur. C'était le premier à destination du Mexique, jusque-là chasse gardée de Philippe...

À l'époque, les finances balbutiantes du Routard firent que pour le montage du voyage, je dus m'envoler pour Atlanta avec un billet quémandé à la compagnie belge Sabena, avant de prendre un forfait *Greyhound*, également offert, pour gagner en trois jours de bus la frontière mexicaine et Monterrey, puis bus à nouveau pour Mexico...

Mon programme mexicain s'étalait sur trois semaines : quelques villes coloniales, Mexico, la côte Pacifique, avec fin du périple à Guadalajara, deuxième ville du pays. J'en récoltais un chapelet de coups de cœur, d'anecdotes plus ou moins plaisantes, mais aussi enthousiasmantes.

## DE L'ART DE DORMIR DANS DES CLOAQUES

La première prit spectaculairement en défaut mon sens légendaire de l'anticipation des événements. Débarquer deux mois avant le terrible tremblement de terre de magnitude 8,2 qui frappa le 19 septembre 1985 à 7h19 et fit plus de 10 000 morts, c'était vraiment nul. Assez vexant même. Car j'ai plutôt l'habitude d'arriver pile-poil raccord avec les événements. Comme pour le coup d'État de 2001 en Équateur ou la coupe du monde de foot de folie vécue à Madrid en 2010 et... bien d'autres.

Pour commencer, galère à San Miguel de Allende. À l'époque, j'avais pour règle de réserver mon hôtel le matin pour le soir (mais pas avant, on est Routard ou on ne l'est pas !), afin d'être autonome durant la journée. San Miguel est une adorable bourgade coloniale au nord-est de Mexico. Mais, petit problème : la saison touristique battait son plein et deux congrès s'y tenaient simultanément, celui des instits et celui des employés de banque, je crois. Tout était archicomplet, y compris les adresses les plus crapoteuses. J'échouai finalement à l'*hostal Notre Dame de la Guadalupe*, un semi-bordel sinistre dans un quartier bizarre. J'héritai de la chambre la plus crade de mon histoire – en y réfléchissant, juste après celle d'Agra en Inde je crois, mais c'est une autre anecdote... Je pensais à la tête que devait faire la sainte Vierge, sachant qu'on donnait son nom à un bouge aussi sinistre ! Les soi-disant « toilettes » débordaient des abandons divers précédant ma venue. Faute de radeau façon Bombard, elles m'étaient donc interdites...

Le lit se révélait tellement noir de crasse que j'étendis sur le couvre-lit lustré nombre de pages de *L'Excelsior*, fort heureusement un honnête journal défendant une politique propre...

## LAVER LA NOIRCEUR DES JOURS ET DES DRAPS DANS LA TEQUILA !

Jeune, *easy going* et possédant à l'époque un seuil de propreté relativement bas, ravi de plus, de ne pas devoir dormir dehors, je pris le parti du philosophe, me résignant à la situation. Renonçant par ailleurs à assiéger une réception de toute façon peu réceptive à mes réclamations, je décidai d'arpenter cette superbe localité plébiscitée par de nombreux artistes et hippies américains sur le retour façon Castaneda...

Pas déçu du voyage. Je passai une bonne partie de la nuit à faire le plein – si j'ose dire – de bonnes tavernes routardes autant que de pittoresques *cantinas*, dans de magnifiques atmosphères. Seule manquait au décor une présence féminine qui eut relevé l'atmosphère franchement macho de la plupart de ces lieux de perdition.

Dans la dernière *cantina* testée, l'urinoir accroché à même le comptoir était très exactement la métaphore achevée du machisme mexicain.

De jour, à San Miguel, j'appréciais la superbe lumière et une vraie douceur de vivre teintée d'exotisme. Les soirées, elles, s'avèrent délicieuses et c'est justement en cette lumineuse fin d'après-midi que je rencontrai une bande d'employés de banque en goguette au sortir de leur congrès. Vite intégré, catapulté sur la terrasse d'un bel immeuble colonial, je fus convié à la descente collective de moult *cervezas* et autres boissons toxiques locales aux noms chantant, à base de *tequila* et de *mezcal* (de son vrai nom *nahuatl metl ixalli*), un alcool d'agave, une vraie boisson d'homme.

## DUR DE CONCILIER PRUDENCE ET EMPATHIE !

Au plus fort de la soirée, pour fêter ma venue, un des convives me tendit une huître et trinqua avec la sienne à la chaude et historique amitié franco-mexicaine... J'avais déjà repéré cette grande bassine en zinc remplie d'huîtres et d'eau douce pour les « rafraîchir », m'interrogeant précisément sur leur fraîcheur, vu que nous étions dans les montagnes, à quelques centaines de kilomètres du premier bassin producteur. Cruel dilemme ! Le refus de pareille manifestation d'affection eut risqué de plomber une amitié naissante… Je me résolus donc, ravalant toute crainte, à avaler l'huître et à ne pas casser une atmosphère si fraternelle !

Bingo ! Le mezcal ne tua pas la vilaine bactérie, l'antidote se révéla nul… Vous imaginez, j'en suis sûr, la suite.

Rentré dans mon écurie, forcé par la nature de me rendre en ces lieux qui d'ordinaire sont dits « d'aisance », les vapeurs du rêve mexicain – et de la tequila – se dissipèrent brutalement à la vue terrible de la porcelaine saturée. Je vous épargne la suite…

J'en tirai une cruelle leçon qui me conduisit à modifier ma façon de gérer les relations humaines. Désormais, je saurai que quand on bosse, il faut éviter d'obérer le succès d'une mission, fut-ce au prix d'un coup de froid sur les relations franco-mexicaines.

Le souvenir de cette mémorable soirée me laissa encore quelque temps dans un état de faiblesse extrême qui me fit croire à un début d'hépatite. Un instant me revint l'image de Philippe, revenant d'un voyage en Équateur à la fin des années 1970 et dont la face d'un beau jaune citron illuminait les couloirs de Hachette, du temps où les Guides Bleus étaient encore en face de l'Assemblée nationale…

### *¡ QUE VIVA VILLA !*

Pour ma part, je demeurai si faible qu'à Zipolite, délicieuse plage sauvage du Pacifique, près de Puerto Angel, je faillis me faire entraîner au large par une vaguelette de dix centimètres de hauteur ! Ceci dit, Zipolite me laissa néanmoins un bon souvenir. Une lettre de lecteur nous y avait indiqué la « pension » de Gloria, plantureuse américaine tombée en amour – comme on dit au Québec – de cette plage ô combien dangereuse, mais paradisiaque. Elle y louait à prix fort modérés des huttes rudimentaires et des hamacs pour Routards fauchés. Outre son manque d'âpreté au gain (frisant la philanthropie), sa gentillesse et sa bonne humeur, Gloria possédait une grande qualité supplémentaire : elle était la secrétaire locale de *Los Dorados,* l'association nationale historique des admirateurs de Pancho Villa, héroïque leader, avec Maximiliano Zapata, de la Révolution mexicaine. Il n'y avait pas si longtemps, en tant que militant de *Révolution,* sympathique mais minoritaire organisation d'extrême gauche, j'avais pris comme pseudo « Villa ». Hommage personnel au mythique révolutionnaire capable aussi bien de mener sous le feu un fantastique assaut à cheval – filmé par John Ford, excusez du peu ! – que de braquer une banque pour se payer ses cigarillos…

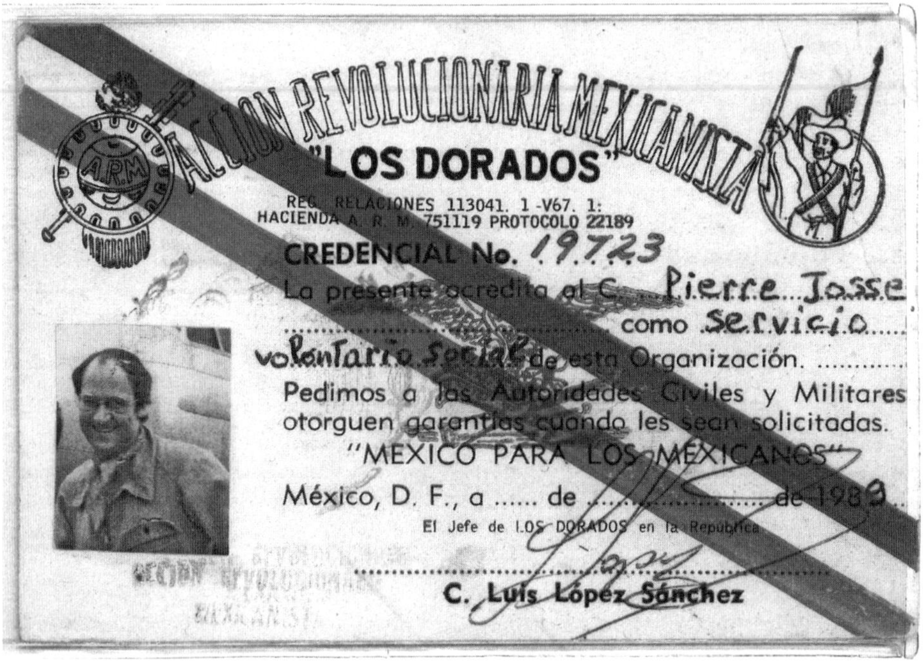


Aujourd'hui encore, je conserve pieusement ma carte n° 19723 de membre des *Los Dorados*, la ressortant parfois pour me remémorer avec émotion mes grands engagements antérieurs...

À propos, Zipolite reste l'une des dernières plages vraiment jeune, festive, gay *friendly* du Mexique, voire un poil déjantée et où survivent béatement d'anciens babas cool.

Tous à Zipolite, donc !

## DU CHARME DES BUS DE NUIT À CEUX DES COMMISSARIATS...

Deuxième ville du Mexique, Guadalajara est la capitale de la musique et de la danse. Elle vit naître les célèbres *mariachis*, fameux musiciens aux fesses moulées dans un falzar hyper sexy et coiffés d'immenses sombreros. Superbe ville coloniale également. Bien que nul ne soit tenu de la découvrir à une heure du matin ! C'est pourtant à cette heure tardive que, par une belle nuit d'août 1985, je débarquai au terminal des bus, venant de Puerto Angel. Rompu de fatigue, j'étais encore affaibli par l'intoxication fraternelle dont il est fait état plus haut. Au lieu de prendre chambre dans l'un des hôtels miteux et bruyants du terminal, je décidai de gagner par bus urbain l'une des délicieuses pensions de la vieille ville coloniale. Pas très malin. Les bêtes blessées sont les premières proies repérées par les prédateurs. En l'occurrence, ici, ma silhouette lasse et quelque peu hirsute fut tout de suite repérée par une bande de malfrats opérant dans les transports en commun nocturnes. Autre erreur : penser que planquer son fric, ses *travelers* chèques, son *pass* de bus et son billet d'avion au fond des poches d'un jean hyper serré suffisait à les protéger. Cette monstrueuse naïveté me coûta fort cher puisqu'au terme d'une empoignade un peu rude, dûment délesté, je me retrouvai balancé par la porte centrale et déglinguée du bus, puis flottant dans une mare nauséabonde. Par chance, ce n'est pas la profondeur de la mare qui m'évita un choc trop sévère, mais la vitesse très modérée du bus. Deux policiers s'ennuyaient non loin de là. Mon histoire les séduisant, j'embarquai dans leur jeep pour une poursuite endiablée aux fesses de mes dépouilleurs. Mes nouveaux anges gardiens, un grand efflanqué et un petit gros, Laurel et Hardy dans des uniformes qu'ils semblaient avoir intervertis, étaient stupidement excités de jouer enfin les justiciers et de quitter quelques instants leur médiocre existence de flics de quartier. Dans cette nuit poisseuse et sombre, bien entendu, nous ne retrouvâmes pas le bus.

## UN WEEK-END TOTALEMENT IMPROVISÉ ET INSTRUCTIF

De même, de la bonne dizaine d'hôtels sollicités pour m'héberger, aucun n'accepta de me faire crédit jusqu'au lundi. Cependant, ayant sauvé mon passeport et mes reçus de *travelers,* opportunément rangés dans ma pochette de cou, je devais en principe pouvoir sans problème récupérer ces derniers à la banque. Mais sans argent liquide, pas d'hôtel... Devant ma mine dépitée de touriste abattu, démoralisé par ce manque flagrant d'hospitalité, mes deux rigolos me proposèrent gentiment de m'accueillir dans une des cellules du commissariat... Je dois confesser que je ne possède pas un mauvais souvenir de ce week-end pénitencier. L'accueil fut même assez cordial et solidaire, de copieux sandwiches me permettant cette nuit-là d'observer, le ventre plein, et aux premières loges, la vie et le fonctionnement d'un banal commissariat de quartier mexicain. Dans les années 1980, la guerre de la drogue ne faisait pas rage comme aujourd'hui ! Quelques problèmes d'insécurité, certes, mais au risque de paraître angélique avec le recul, sans comparaison avec ceux de l'époque actuelle. Certainement aussi moins de tensions sociales et politiques dans ce lointain passé. En tout cas, pas ces 50 000 morts atroces en une dizaine d'années et ce Mexique affrontant aujourd'hui une corruption politique et policière, une crise morale d'un degré inouï, en phase quasi terminale de pourrissement et de délitement. Aussi, derrière les barreaux d'une cellule ouverte, en cette fin de semaine relativement paisible d'août, le spectacle se limitait à l'apparition de quelques pickpockets et voleurs à la tire, de prostituées bourrées et pas du tout respectueuses de la maréchaussée, d'un automobiliste interpellé pour délit de fuite, des demi-sel qui avaient attaqué une bijouterie en tirant, sans faire d'autre victime qu'un pauvre bougre de chien, une balle dans les côtes et qui pissait son sang devant le comptoir. Quelques claques aussi – méritées ? – et des cris dont je ne réclamai point de connaître l'origine...

Restait donc à patienter jusqu'au lundi pour obtenir du commissaire la déclaration de vol indispensable à un remboursement de mes *travelers*. Étant libre de sortir, ces deux jours furent quand même bien remplis et mon programme de visite d'hôtels et de musées pour le guide fut largement réalisé.

## POUR LA PREMIÈRE ET DERNIÈRE FOIS AUXILIAIRE DE POLICE !

Le lundi matin, donc, je réclamai au commissaire dès son arrivée, le précieux papier. Pas de chance, il était de fort méchante humeur. Comme si c'était son propre chien qui avait pris la balle ou que sa femme l'avait quitté pour un touriste français... J'insistai, voyant mon temps de travail fondre dramatiquement. C'est alors qu'il me demanda de le suivre dans une immense pièce. Il posa sur une table d'énormes dossiers pleins de photomatons et portraits divers. Autour de moi, sur les quatre murs, d'autres portraits de personnages. Des dizaines et des dizaines, à qui, si j'avais fait leur connaissance au coin d'une rue de quartier douteux, j'aurais probablement remis mon portefeuille sans qu'ils aient eu le moindre mot à prononcer. À ma demande, le commissaire me détailla les sections : ce mur pour les braqueurs les plus connus, celui-ci pour les proxénètes, là-bas, quelques agresseurs et assassins notoires. Puis, toujours aussi énervé, il précisa : « Puisque c'est comme ça, vous allez participer à l'enquête et vérifier toutes ces photographies ». Il ouvrit avec fracas le premier dossier. Pas moins de deux heures s'écoulèrent avant de pouvoir désigner un visage qu'il me sembla reconnaître. « Bien vu, me dit-il, c'est l'un des membres de la bande de pirates qui attaquent les bus, continuez... ». Enfin, devant mon évidente bonne volonté à collaborer, je finis par obtenir ma déclaration de vol et, dans l'après-midi, pus me faire rembourser mes *travelers* de l'American Express.

Cet événement imprévu, intervenant à la fin de mon périple mexicain, la réactualisation de mon guide quasiment achevée, il ne me restait plus qu'à remonter jusqu'à Phoenix – Arizona – afin de récupérer un duplicata de mon *pass Greyhound*, puis de gagner Atlanta en bus afin de reprendre mon vol du retour. L'argent liquide perdu, c'était pour ma pomme.

Je rentrai dans des calculs fébriles. Le billet d'avion pour Phoenix n'était pas trop cher et il me faisait gagner au moins deux jours de transport. Crevé, encore sous le coup de mon intoxication, je ne me voyais guère remonter tout le Mexique en bus local, passer la frontière terrestre à nouveau, puis reprendre un bus de l'autre côté. Prévoir juste l'argent pour la nourriture, dormir dans les bus de nuit côté américain, c'était jouable !

## MES ÉPREUVES N'ÉTAIENT POINT TERMINÉES

L'arrivée à Phoenix ne s'avéra guère séduisante, bien dans le goût des galères précédentes. J'avais acheté deux bouteilles de tord-boyaux local – *mezcal* et *tequila*, en soldes, les moins chères – et avais totalement oublié qu'une seule bouteille d'alcool était autorisée sur le territoire américain. Le policier des frontières, une véritable caricature du flic américain, visage porcin, énorme cou luisant d'une transpiration dégoûtante, ton arrogant, me prit par le coude et m'emmena aux toilettes. Instant effrayant, je me vis violé par cette bête immonde. Mais là, d'un air méprisant, il se mit seulement à vider l'une des deux bouteilles dans le lavabo, sans avoir eu la moindre politesse de me demander laquelle je souhaitais voir utilisée pour déboucher le siphon...

La scoumoune ne me lâcherait pas comme ça. J'arrivai trop tard au siège de *Greyhound*. De toute façon, la personne habilitée à me procurer un nouveau *pass* était absente. On me pria donc aimablement de revenir le lendemain. Ça n'arrangeait pas mes affaires, je n'avais pas prévu cette nuit d'hôtel. Noyant ma tristesse dans une bonne vieille *Miller light* au comptoir d'un de ces *joints* décadents, plein de « laissés-pour-compte » éthyliques de l'Amérique reaganienne, je m'ouvrai à un voisin compatissant de ma recherche d'un lieu pas cher pour dormir cette nuit-là. Il s'écria : *« How lucky you are, the Salvation Army is just two blocks from here! »*. Quelle chance ! En plus, je pouvais tester une célèbre organisation de charité chrétienne pour le Routard. L'adresse pouvait éventuellement se retrouver dans le guide.

Ah que voilà une vraie bonne idée ! À 18h tapantes, heure d'ouverture des lieux, le passeport à la main, je me retrouvais dans la queue parmi la bonne cinquantaine de chômeurs, clochards, *tramps, hobos,* SDF de toutes races et de tout acabit, ravis de profiter de ces bonnes œuvres caritatives, qui compensent à leur manière les injustices d'un capitalisme buveur du sang des ouvriers (bon là, c'est un poil excessif !). Repas correct et au lit à 20h sans télé. Couvre-feu dix minutes après, il ne faudrait tout de même pas qu'on se croie au Club Med... Réveil à 6h par une voix ressemblant fort à celle du flic des frontières décrit plus haut. Il me sembla même que les aboiements s'accompagnaient de coups de pied un peu rudes dans les montants des lits superposés. Pour le coup, ça ne me paraissait pas très chrétien. Mais mon jugement sévère se trouva atténué par le pantagruélique petit-déjeuner : motte de beurre, pain et céréales à volonté, montagnes de confitures – mon grand regret fût qu'elles n'étaient point signées « Bonne Maman ». Générosité qui permettrait aux pauvres hères que nous étions de tenir physiquement toute la journée...

## OÙ L'ON MESURE LE PROGRÈS, ENTRE LE BILLET D'AVION PAPIER ET CELUI DU SMARTPHONE !

Dernière épreuve après un retour chaotique et tourmenté en bus de Phoenix à Atlanta : régler le problème du billet d'avion volé. Bien que muni d'une déclaration de vol tout à fait crédible, à mesure qu'on se rapprochait du bureau de la Sabena à Atlanta, une sourde inquiétude montait en moi : n'avais-je point oublié quelque chose ? Re-bingo ! J'avais tiré le gros lot de la scoumoune. Certes, mon nom figurait bien sur la liste des passagers, certes mon passeport semblait authentique bien que l'image décomposée que je renvoyais ne correspondît guère au bébé joufflu et prospère de la photo ! Certes ma bonne foi ne pouvait guère être mise en doute. Mais il fallait néanmoins, obligatoirement, au très scrupuleux employé d'outre-quiévrain, vérifier l'origine du billet auprès de l'organisme émetteur à Bruxelles. Là, *par Toutatis*, le ciel me tomba vraiment sur la tête. Nous étions un vendredi à 14h. Avec le décalage horaire, cela faisait 20h à Bruxelles... Bureaux fermés, cruellement muets, incapables donc de confirmer mon billet. J'en perdis ainsi la validité et me vis proposer d'en racheter un, si je souhaitais prendre les airs par le vol si ardemment désiré. Situation trop injuste, je négociai alors avec de grands accents dramatiques, à la limite du pathos, précisant bien sûr que le billet m'avait été offert par Sabena pour faciliter l'écriture d'un guide, favoriser l'échange entre les peuples et, qu'en retour, une large et positive publicité serait effectuée pour ce qui à mes yeux symbolisait l'une des plus prestigieuses compagnies aériennes européennes. Je crus mon numéro irrésistible.

Rien n'y fit pourtant et je me résolus, désespéré, à passer à la vitesse supérieure. Ayant rapidement évalué que le chantage au suicide ne fonctionnerait pas, j'eus recours à une bonne vieille technique de lutte, petit héritage de la Révolution française : prendre en otage l'ennemi, le séquestrer, occuper le terrain ! C'est ainsi que, animé de l'esprit de Mirabeau, au beau milieu de l'agence, je me mis à dérouler par terre la belle couverture mexicaine achetée au marché de *Pátzcuaro* – charmante cité de caractère, à 2 140 m d'altitude, véritable joyau dans un environnement idyllique... mais ce n'est peut-être pas le moment de vous la décrire et vous invite à acheter le guide *Mexique,* fort bien fait ! Je m'enveloppai dans la couverture, posant ma tête sur le sac à dos, fermant déjà un œil et précisant d'une voix ferme – mais point agressive – que j'occupais les lieux et n'en sortirais que par la force de mon billet d'avion. Autre précision importante, toute menace d'appeler la police serait totalement inutile, bien déterminé étais-je à résister jusqu'au bout pour obtenir satisfaction. Ah, lors de mon riche passé de syndicaliste, combien de fois avais-je rêvé de voir les patrons céder rapidement devant l'évidence de certains rapports de force !

Celui de l'agence mit moins d'une minute à réagir : une offre correcte me fut faite. Bon, j'étais autorisé à embarquer, mais mon OK supprimé. Seulement en *stand-by* ! Ainsi, jusqu'à la fin de l'embarquement, tous les autres passagers seraient prioritaires. Bien que subodorant le vol passablement plein, le deal me sembla acceptable et je levai donc le siège avec une sincère bonne volonté...

Vengeance mesquine ! À l'aéroport, on me fit pourtant mijoter dans l'inquiétude jusqu'à la dernière minute. Et j'embarquai finalement...

Nul doute que les slogans sonnent souvent juste : « Avec la Sabena, j'y serais déjà ! »...

# MONTFA

Pourquoi parler ici de Montfa, 80 habitants les années fastes, village d'une demi-douzaine de hameaux, perdu dans le piémont ariégeois au bout d'une route étroite et improbable ne menant nulle part ? Très précisément ce qu'en termes châtiés nous appelons un trou du c... du monde. D'abord, parce que l'« Ariège » était un département à créer dans le tout nouveau Guide du Routard *Midi-Pyrénées.* Ensuite, parce qu'un ami de Toulouse m'avait parlé d'une fabuleuse auberge, quelque part dans le nulle part ariégeois, quasi introuvable. Pas de GPS à l'époque, seulement la boussole, une carte et les astres... Mais je parvins tout de même à m'y rendre. L'endroit était tenu par un extraordinaire chef. Ou plutôt un gourou de la cuisine, envoûtant et convertissant ses adeptes au moyen, entre autres, d'une tête de veau. La plus goûteuse au sud de la Garonne. Peut-être même au sud de la Loire... Le gourou, c'est Benoist Rey, un colosse à la belle barbiche blonde qui m'accueillit dans un rire tonitruant accompagné de quelques mots sarcastiques, toque de traviole et déjà la bouteille de rouge et un verre à la main. On prit d'abord un verre. Ici, on discute après, me dit-il. L'environnement de cette vieille ferme traditionnelle était totalement idyllique, au cœur d'un paysage d'une sérénité absolue, seulement troublée par les grognements de deux gras cochons, nourris au gland, à la châtaigne et aux épluchures de patates. « Thatcher et Reagan, me précisa Benoist. On les mettra en boîte à la fin de l'été. »

Les présentations faites, ce fut l'apéro. Un vin pétillant d'un fruité exquis évoquant le *mauzac* nature de Robert et Bernard Plageoles, les plus fameux vignerons du Gaillac. Les hors-d'œuvre étaient proprement démagogiques. Quant aux viandes et poissons, ils exhalaient toutes les herbes aromatiques de l'Orient mariées à celles de la France profonde. Ce furent ensuite les fromages de petits producteurs locaux aux fragrances inouïes, arrosés d'une p'tite syrah, gouleyante à souhait. Les desserts, je ne me rappelle plus. De toute façon, il n'y avait plus la place. Mon tout, à un prix d'avant la guerre d'Algérie (la der, pas celle des années 1830-1850 quand même !).

**GUERRE OU OPÉRATION DE POLICE ?**

À propos, c'est la guerre d'Algérie qui me ramène à l'ami Benoist... Appelé là-bas en 1959, infirmier sur le front. Oui, « sur le front » ! Les sociaux traîtres de l'époque comme Guy Mollet s'obstinaient à dire simple « opération de police » ! Témoin des horreurs de la guerre, de la torture et des exécutions sommaires – les tristement célèbres « corvées de bois » – Benoist avait écrit pour les Éditions de Minuit un récit plein de colère, *Les Égorgeurs*, publié après *La Question* d'Henri Alleg. Bien entendu, son livre avait été saisi à la sortie de l'imprimerie. Militant libertaire à temps plein, il dénonça sans cesse cette sale guerre coloniale et surtout la manif réprimée le 17 octobre 1961 par Papon qui se solda par le massacre de plus d'une centaine d'Algériens, jetés dans la Seine ou assommés à coups de matraques à la préfecture de police ou dans le Palais des sports de la porte de Versailles. Sans les photos prises à grand risque par Elie Kagan, que publia *Témoignage Chrétien,* le silence médiatique aurait été total sur l'un des plus sinistres événements de l'époque gaulliste.

Ce n'est qu'après une vie professionnelle bien remplie dans l'édition et la restauration que Benoist décida de changer d'air et partit en Ariège. « Mais pourquoi l'Ariège ? » Parce qu'on lui avait conseillé ce département et son climat sain pour soigner son fils fragile des bronches. Nul doute qu'il nota que l'Ariège était à l'époque le département le plus à gauche de France ! Eh oui, tous les députés, sénateurs et l'immense majorité des conseillers généraux et des maires étaient de gauche. En 1981, pour l'élection de François Mitterrand, record de France pour l'Ariège avec 63,65 % des voix. Il y eut même un village qui, paraît-il, sur 341 votants, lui donna... 341 voix. Plus que la banlieue rouge parisienne ! Je me suis toujours demandé si la sanglante répression contre les Cathares et les Albigeois au XIIe siècle ne façonna pas l'esprit de résistance des Ariègeois... Celui de Benoist se trouvait en adéquation avec sa nouvelle patrie. Simple hypothèse...

## MONTFA, TEMPLE DE LA CONVIVIALITÉ !

Le fait est que l'auberge, après des débuts difficiles, connut un succès flamboyant. Outre la très goûteuse et généreuse cuisine qui y était prodiguée – une copine de Lutte ouvrière fit cette remarque : « Certes, c'est de la cuisine bourgeoise, mais c'est rudement bon ! » – on y trouvait la plus merveilleuse atmosphère conviviale et de camaraderie de France. D'ailleurs, clin d'œil géographique, le village d'à côté s'appelle précisément « Camarade »... Nous nous y retrouvions tous, les potes parisiens, les collègues de bistrot et de fraternelles murges, les amis de province... Même les berniques de comptoir du *Vin des Rues,* notre mythique cantine à l'époque, y émigraient régulièrement, heureuses de se ressourcer, de fuir les miasmes parisiens au sein d'une belle nature propice à apprécier, avec moins de stress, les merveilleux flacons et les infernaux cocktails de l'ami Benoist. S'y retrouvaient aussi, sous le doux sourire et l'œil humide de Martine sa compagne, Bouc, Victor, chef du laboratoire d'essai de la FNAC, et Marie-Paule, Jean et Catherine Chanrion, patrons du *Vin des Rues,* Roland Topor, Poulos, Dimitri, Carco, Peter Bramsen le grand lithographe, et tant d'autres. Ainsi que tous les amis de la région. Certains faisaient des dizaines de kilomètres, venaient même de Toulouse, seulement pour déjeuner ou dîner ! Parfois, trop fatigués, repus, avec 6 grammes d'alcool dans le nez, nous restions dormir sur place dans le rustique grenier, roulés dans des duvets patinés et chargés de toutes les sueurs des copains précédents.

## MAISON DE LA CULTURE LOCALE, ADRESSE PHARE DU ROUTARD...

Pendant 25 ans, de 1975 à 2000, l'*Auberge des Traouques,* c'était son nom, non seulement régala sa cohorte d'épicuriens, bâfreurs, poètes, vagabonds, artistes, anarcho-éthyliques et bobos de toutes obédiences, mais fut aussi une véritable maison de la culture. Concerts – même l'orchestre de chambre de Toulouse vint y jouer –, expos, spectacles, réunions et toute sorte d'événements s'y déroulèrent attirant parfois des centaines de personnes. La construction d'une piscine ouverte aux gamins du coin et la création d'un petit atelier d'imprimerie complétèrent l'offre. Enfin, ultime preuve de la générosité de Benoist, il accepta, à la demande de l'hôpital Marmottan et du professeur Olievenstein, de prendre en séjour de réinsertion de jeunes toxicomanes. L'auberge y perdit quelques clients, mais il assumait totalement son choix.

Et puis Benoist prit un jour une honorable retraite. Avant de partir, lors d'une cérémonie d'adieux pleine d'humour, il reçut des mains du député local et du conseiller régional, la médaille des « 25 ans de résistance aux Ariégeois ». C'est vrai que l'Ariège, pourtant bien ancrée à gauche, n'acceptait pas toujours de bon cœur ces hippies et trouble-fêtes parisiens ou d'ailleurs. Eh oui, les premiers temps furent durs. Benoist raconte volontiers qu'il se sentit enfin intégré lorsqu'un voisin agriculteur vint honorer sa table au bout de... 20 ans ! Point de rancœur cependant. On sacrifia alors « Sarko », le dernier cochon de l'auberge, et les adieux furent pantagruéliques, vineux et émouvants.

Pour conclure cette belle saga, pour nous, l'auberge de Montfa symbolisa de façon éclatante le type d'adresse que nous souhaitions avoir prioritairement dans le Routard. Ce fut l'une des meilleures du guide *Midi-Pyrénées,* l'une dont on était le plus fiers, reflétant toutes les qualités et les valeurs que nous défendions : accueil hors pair, convivialité, qualité des produits, cuisine qui donne du plaisir, atmosphère dénuée de tentations mercantiles, respect de l'environnement, symbiose avec la culture et les traditions locales. L'adresse donna une plus-value au guide, lui conférant une crédibilité et une image positive propre à séduire et fidéliser les lecteurs. Nous étions bien sûr heureux que Benoist prenne une retraite méritée, mais un peu triste aussi de perdre une si chaleureuse institution...

## AVOIR SON PETIT BENOIST EN RAYON CHEZ SOI !

Finalement, Benoist et l'adorable Martine émigrèrent en Anjou en bord de Loire, pas loin de chez Julien Gracq... Plus tard, nous allions y retrouver, bien entendu, la même chaleureuse hospitalité, mais c'est là une autre histoire. Profitant de cette toute nouvelle et douce sérénité angevine, Benoist se mit à livrer quelques pans de sa riche existence. Ce furent *Trous de mémoire* (tomes I et II, Éditions Libertaires), plus un succulent petit livre de recettes, *Mieux vaut boire du rouge que broyer du noir,* illustré par Siné, dans lequel il livrait enfin celle de sa fameuse tête de veau. Je ne peux cependant m'empêcher, pour vous faire saliver, de vous livrer sa recette rêvée, celle du curé ensoutané et du militaire de haut rang en grand uniforme : « Les cuire dans la même marmite. Sans les vider ni les peler. Démarrer à l'eau froide un court-bouillon de légumes. Quand arrive l'ébullition, réduire le feu. Assaisonner selon goût. Surtout ne pas

Benoist Rey

# Mieux vaut boire du rouge que broyer du noir.

LES ÉDITIONS LIBERTAIRES

remuer. Laisser cuire longtemps, longtemps. Quand le sabre et le goupillon sont cuits, le curé et le militaire aussi. Servir chaud ou froid selon la saison. On peut décorer les plats avec des hosties et des médailles... ».

**MAIS REVENONS DANS NOTRE PIÉMONT PYRÉNÉEN !**

L'Ariège ne se limitant pas à Montfa, à la grotte du Mas d'Azil et aux châteaux cathares, je partis explorer les profondes vallées intérieures, notamment le fabuleux Couserans. Au passage, je pris le temps d'explorer le pittoresque marché de Saint-Girons où Benoist allait choisir ses meilleurs produits.

Dans le Couserans, on est plus catho qu'à Foix, on y parle plus le gascon que le languedocien, les vallées sont plus larges, verdoyantes et boisées. On passe aussi par Seix, à l'entrée de la vallée du Bethmale, plaisante bourgade commerçante. Au passage, bises affectueuses à Bernard et Christiane, vieux potes de barricades et de bien des révoltes, qui y tinrent longtemps le café *Le Central.* Puis par une route tortueuse à souhait, on traverse la lumineuse vallée du Bethmale, jalonnée de villages à la remarquable homogénéité architecturale. Longtemps, la vallée fournit à Paris un gros contingent de nourrices et de montreurs d'ours. Les habitants y portaient de chatoyants costumes de fête rappelant ceux des pays d'Europe centrale que l'on ressort encore parfois le 15 août.

Dans la séduisante vallée du Biros, arrêt boulot au village de Sentein pour sa curieuse église fortifiée qui possède de ravissantes fresques des XV$^{e}$-XVI$^{e}$ siècles. J'y découvris une curieuse inscription : « Gloire à Roger Tort, notre ancien curé (de 1956 à 1967) ». *Damned!* Ce nom m'évoquait quelque chose. Ne serait-ce pas le monseigneur Tort, mort en 1975 dans un sinistre bordel de la rue du Ponceau (Paris II$^{e}$) ? Bingo, c'était bien lui ! J'habitais à l'époque à deux pas, rue Saint-Denis. En sortant de chez moi, une gagneuse qui tapinait à ma porte, et pour laquelle j'avais toujours quelques mots affables, m'annonça en riant : « On a trouvé un monseigneur baignant dans une flaque d'eau, au fond du couloir d'un hôtel de passe de la rue du Ponceau »... Bien sûr, *Le Canard Enchaîné* ne manqua pas d'en faire des gorges chaudes. Je connaissais bien le lieu, avec ses nanas pulpeuses aux seins énormes, tout de cuir vêtues, le fouet à la main agité de façon suggestive. Grand classique, me dis-je, probablement que notre évêque décéda d'épectase, comme le cardinal Daniélou quelque mois plus tôt.

Au syndicat d'initiative, je demandai ingénument à la souriante jeune fille qui y officiait : « Qui est ce Roger Tort dont j'ai vu la pub à l'église et, à propos, de quoi est-il décédé ? ». Ma question l'étonna : « C'est la fierté du village, il devint évêque de Montauban et puis mourut. De maladie, certainement ! ». Je me gardai, par charité très chrétienne, de lui dire la vérité afin de ne pas détruire cruellement l'image de son héros.

Mais n'avais-je point, de façon quelque peu démoniaque, introduit le doute dans l'esprit de l'innocente brebis ?

# MONTS D'ARRÉE

## LES MONTS D'ARRÉE, DERNIÈRE FRONTIÈRE DE L'IMAGINAIRE...

Finalement, quand on parle des Monts d'Arrée à ses amis, on a droit, soit à un sourire condescendant du genre « comment peut-on parler de monts ? », soit à un « on aime surtout les bords de mer », ou encore, plus rarement, « quelles merveilles que leurs enclos paroissiaux ! ». Pour moi, bien entendu, c'est bien plus que ça. Je prends le risque de me faire traiter de mystique à quatre sous, de fantasmeur du dimanche ou de cinglé sympa et pas dangereux. Les monts d'Arrée sont les lieux les plus inspirés de Bretagne ! Ça bouge, ça vibre, la terre y frissonne, les cœurs, les esprits chavirent à tout va devant ces cieux déchirés, ces pastels et ces horizons blanc, gris et mauve. Les roc'h, ces sommets schisteux, y accrochent sans cesse les nuages, les déchiquettent en lambeaux qui longtemps restent accrochés aux hautes fougères et rares arbres du coin...

Une amie tenant une chambre d'hôtes près de Commana me raconta que parfois certains clients abrégeaient leur séjour, ne supportant pas la solitude des paysages, la violence du vent et ses gémissements dans les haies et les talus... Il me plaît aussi de penser que notre enfer, le *Yeun Elez*, se situe là à deux pas, loin des canicules estivales mortelles, plus proche des toundras sibériennes et des congères alpestres. En monts d'Arrée, nul besoin de climatiseur. De toute façon, j'ai toujours préféré aller vers le Ponant. À cause des Mille et une Nuits, on a longtemps prétendu que magie et poésie se situaient en Orient. Idée à remettre en cause, elles sont (surtout ?) à l'Ouest. Il y a plus de magie dans les calvaires bretons et les rochers torturés de la lande que dans les pyramides d'Égypte et les palmiers des Seychelles... Dans *Un Taxi mauve*, les héros s'en vont liquider leurs bleus à l'âme dans les grands espaces émeraude d'Irlande. Pourquoi aller si loin ? Ici, il suffit de marcher quelques heures dans la lande, sur les chemins creux, entre bosquets d'épines noires, de ronces et clous d'or des genêts, même dans les plus salées des petites bruines matinales, pour se requinquer le moral. Et au bout, toujours un de ces vieux troquets bretons comme l'ami *Bin*, à Plouyé, où la stout y est plus noire que les nuits sans lune. Oui, il y a une authentique jouissance à découvrir cette Bretagne en noir et blanc, et en gris, le plus grand nombre de nuances de gris au monde dit-on. Des gris rongés par l'humidité, rabotés par le vent, usés par le soleil, bouffés par les lichens, changeant de couleur après la pluie secrétant même des déclinaisons de nuances pâles, de verts doux ou lumineux, de roses, de parme, de violets à l'infini... Garantie de toujours trouver un gris ou un mauve s'harmonisant avec ses états d'âme. « Celui qui regarde invente le paysage », disait Julien Gracq.

C'est là, quand je ne peux pas me perdre dans le West Cork ou le Burren irlandais, c'est là que je me réfugie. Pelotonné contre les schistes acérés du Roc'h Trévézel, je contemple les nuages qui s'y accrochent, s'y déchirent... avant de partir errer dans les landes, en souhaitant presque qu'il pleuve un peu, un tout petit peu, pour donner de l'éclat aux bruyères, pour guetter le rai de soleil qui va les faire fumer, pour tonifier les vents qui courbent les arbres mais pas les hommes, pour définitivement admirer cette beauté venteuse et pierreuse. Ici, la pluie est magnifique. « Qui n'aime pas la pluie n'aime pas la Bretagne », gentil dicton, souvent supplanté par le provocateur : « En Bretagne, il ne pleut que sur les cons ! », d'Olivier de Kersauson...

Romantisme vieillot, daté ? Les sarcasmes coulent sur moi, comme la *garua* de Brest sur les plumes d'un canard. Je sais une chose sûre, lorsque je reviens de Commana, adorable village des monts, après avoir admiré pour la dixième fois le sublime retable Sainte-Anne de l'église Saint-Derrien, j'ai déjà retrouvé le moral et beaucoup, beaucoup d'énergie. Cap ensuite sur les autres enclos paroissiaux...

## ENCLOS PAROISSIAUX, MERVEILLES DE LA BRETAGNE

Les gris et les mauves, on les découvre aussi dans les enclos paroissiaux et leurs calvaires, cette invention architecturale bretonne typique et unique au monde. Ah, ces calvaires, avec leur dix, leurs cent personnages accrochés comme des étourneaux sur les bras en espalier d'un arbre pétrifié. Des vraies bêtes à trois dimensions, les premières BD sculptées par le génie breton. Ils sont toujours accompagné d'un ossuaire, d'une porte triomphale et d'une sublime église Renaissance.

Fascinante harmonie et unité de lieu quasi théâtrale où trône l'Ankou, cet étrange personnage féminin symbole de la mort. À l'époque, nulle morbidité : la mort n'était pas honteuse comme aujourd'hui, on pratiquait plutôt une cohabitation fantasmatique avec elle, on apprenait à vivre avec, dans un rapport évidemment teinté de merveilleux, d'allégorie et de poésie... Aujourd'hui, on y ressent les mêmes violentes vibrations, les mêmes émotions devant ces visages torturés, ces scènes d'un expressionnisme incroyable.

Hélas, Louis XIV, qui scalpa auparavant les églises bigoudènes, ce monstre aigri, cet ignoble jaloux empêtré à Versailles dans des travaux sans fin, réussit finalement à poignarder l'art breton, à empêcher pour des siècles toute production artistique de grande ampleur. Il dut pour cela pondre, en 1695, un édit royal interdisant « toute construction nouvelle sans nécessité reconnue ».

Le petit, le minable, le mesquin ! La Bretagne cessa alors toute production artistique de grande ampleur et Saint-Thégonnec fut le chant du cygne de l'art breton. Cependant, trop tard p'tit Louis, il subsistait pour l'éternité des dizaines d'autres admirables enclos. D'ailleurs, finalement, peut-être leur as-tu évité la décadence du style.

En tout cas, chaque fois que je passe devant la *pietà* de Braspart, la seule « debout » qu'on connaisse, je demeure tétanisé devant la Vierge soutenant son fils. Tant de force et de noblesse... Le Christ devait quand même bien peser dans les 80 kilos !

# N COMME...

## NIAS

Au large de la côte ouest de Sumatra, Nias est une île tout en longueur – 120 km sur 40. Elle constitue une destination encore chargée de mystère où, durant longtemps, les seuls visiteurs étrangers étaient des surfeurs australiens attirés par les plus beaux rouleaux d'Indonésie. Ses autochtones, contrairement à la plupart des Indonésiens, ne sont ni malais ni musulmans. Ils descendraient des Nagas de l'Assam – nord-est de l'Inde – et sont la plupart chrétiens. Ils vivent sur les hauteurs de l'île dans des villages auxquels on accède par d'interminables escaliers de pierre de type mégalithique. Reposant sur d'énormes dalles de pierre, les demeures perchées sur de gros pilotis sont serrées les unes contre les autres, constituant jadis une sorte de rempart contre les attaques des villages ennemis. Leur silhouette évoque des étraves de navire, surmontées d'un toit de chaume en grande pente. On pense que les premiers arrivants qui échouèrent sur l'île prirent comme modèle, pour leur maison, la forme de leurs bateaux. La principale route qui traverse l'île est en terre battue, ce qui rend le voyage épouvantable pendant la saison des pluies. On passe plus de temps hors des bus à les désembourber que dedans. En outre, la mécanique, sans cesse maltraitée, ne résiste guère longtemps à de telles conditions de transport. C'est ainsi qu'entre Gunung Sitoli, le principal port au nord-est et Telukdalam, le port du sud, notre bus cassa son différentiel. Ce qui nécessiterait automatiquement en Occident un passage dans un garage se résout ici sur place. Deux à trois heures pour changer la pièce après avoir tout démonté. Impressionnant ! Une chance, ça se passait dans un village. Je disposai donc de suffisamment de temps pour admirer son architecture, le superbe travail des poutres et des solives, les statues en pierre qui trônent devant les maisons, ainsi que le *stone jumping*, le fameux mur de 2 m de haut que les jeunes guerriers non mariés se doivent de franchir en sautant par-dessus. Jadis, le mur était couvert de bambous acérés pour inciter à sauter plus haut et améliorer l'entraînement. Cet exercice permettait ainsi de s'entraîner à franchir les obstacles des villages ennemis en temps de guerre.

## PETITE SCÈNE PEU CLASSIQUE DE VOYAGE

Ce jour-là, mon attention fut attirée par une scène peu ordinaire : une femme, qui allaitait son enfant, se vit sollicitée par un des passagers du bus pour donner son lait. Elle pressa alors son sein et fit couler le lait dans la feuille de bananier qu'on lui tendait. À deux pas, une femme était allongée, malade, semble-t-il. La femme qui avait récupéré le lait plia la feuille en forme d'entonnoir et versa, goutte par goutte, le précieux liquide dans ses yeux. Cas de conjonctivite purulente, me dit mon voisin, un Routard suisse… Le lait maternel aurait des vertus thérapeutiques et soulagerait ce genre de maladie. La scène était émouvante dans sa délicatesse. Solidarité de la route, toute simple, naturelle, modeste… mais ô combien emblématique de la précarité endémique des pays du Sud !

La réparation terminée, nous repartîmes dans le bourbier. Faire descendre les passagers et faire tanguer le bus pour le désembourber devenait une routine. Dire que nous avions payé notre ticket pour faire ce boulot ! Putains de colons hollandais, n'auraient-ils pas pu, à l'époque, goudronner un peu la route ? Je suis certain que tous ces bus usés prématurément et le temps perdu coûtent bien plus cher que la construction d'une belle route carrossable…

## L'ART DE CONSOLER LES AUBERGISTES INQUIETS

Notre port d'attache était *Lagundi Beach*, le chromo classique des calendriers des postes. Superbe baie, vagues d'anthologie, cocotiers… Logements rustiques en bois et bambou sur pilotis, la salle de bain se réduisant au *mandi*, un bac en ciment d'un mètre de côté où l'on puisait de l'eau pour se laver « à la casserole » et où nageaient souvent quelques poissons en attente de cuisine. Les proprios sont parfois obligés de mettre une pancarte : « Ceci n'est pas une baignoire ». Dans les années 1990, la chambre coûtait moins d'un dollar. Les *surfeurs* australiens de l'époque, n'allez pas croire au racisme, étaient souvent de gros bourrins radins, monomaniaques des vagues, n'ayant aucune considération pour la population ! Je me rappelle une engueulade, un soir, avec l'un d'entre eux, parce qu'il se vantait d'avoir fait s'agenouiller un pêcheur pour obtenir sa langouste à un prix dérisoire. Insupportable. La culture et l'intérêt pour le pays se réduisaient à ceci : « L'Indonésie, un des pays les moins chers du monde »… Un soir, pourtant, nous trouvâmes notre proprio effondré, après avoir lu une circulaire du Ministère du

Tourisme. Il nous expliqua fébrilement : « Les chambres ne sont pas assez chères, elles doivent passer à trois dollars, les gens vont nous abandonner… ». Le triple donc ! Nous le rassurâmes. Oui, c'était une augmentation terrible, mais on aimait tellement Nias que ça ne nous ferait pas renoncer à venir.

**QUI DONC INTRODUIT L'INFLATION DANS LES PAYS DU SUD ?**

À la même époque, j'appris qu'une agence de voyages italienne était en train de programmer l'île pour ses groupes. Elle négociait avec les autorités de Bawomataluo, l'un des plus beaux villages de l'île, pour louer l'immense demeure du chef afin d'y loger ses clients. On parlait de milliers de dollars. Une fois de plus, c'est prouvé, ce ne sont pas les voyageurs individuels qui sont responsables des processus inflationnistes dans les pays du Sud. Une telle manne, c'est sûr, déséquilibrerait assez brutalement l'économie locale.

Le début de la fin pour Nias, donc ? Hélas, ce n'est pas le tourisme de masse qui assassina l'île, mais le terrible tsunami de décembre 2004, suivi d'un séisme l'année suivante…

De ce voyage me restera longtemps le souvenir d'une journée sacrément boueuse, illuminée par un joli geste solidaire !

# NOUAKCHOTT ET NOUADHIBOU

La Mauritanie, une autre planète ! En ce début des années 2000, l'aéroport de Nouakchott, la capitale, était probablement le plus rock and roll au monde. Quant à l'unique train du pays, une curiosité vraiment singulière. Après un séjour à Nouakchott, donc, je m'apprêtais à prendre l'avion pour Nouadhibou, le grand port au nord du pays. La compagnie nationale, Air Mauritanie, avait une solide réputation de compagnie peu sûre. Malgré un changement de nom, elle est demeurée sur la liste noire de l'Union européenne jusqu'en 2013. Mais je me disais que pour une petite heure de vol, ça valait la peine de prendre un risque qui m'évitait de longues et fastidieuses heures, à l'époque, sur des pistes défoncées… Bref, tout à ma joie d'admirer bientôt le célèbre train Nouadhibou-Zouérate – le plus long du monde – je ne remarquai pas tout de suite l'effervescence qui commençait à s'emparer de l'aéroport. J'appris alors que le vol précédent le mien avait été annulé pour cause d'ennuis techniques. La fièvre montait parmi les passagers apprenant qu'il n'y aurait pas d'avion de remplacement. Quant au mien, qui venait de déverser ses passagers en provenance de Nouadhibou, il attendait tranquillement sur le tarmac la fin de notre enregistrement. Et là, je vous la fais façon Madame de Sévigné, il se produisit une chose incroyable, folle, démente, incompréhensible, hallucinante ! Quelques passagers excédés que leur avion leur ait fait faux bond ouvrirent les larges baies donnant sur la piste, les enjambèrent laborieusement, sautèrent dehors et se précipitent en masse vers... notre avion ! La situation était indescriptible, surréaliste ! Bagages et marchandises des passagers en révolte furent projetés vers la piste tandis que femmes enceintes, grand-mères et bébés furent recueillis en contrebas par les familles dans des conditions dangereuses, pathétiques, grotesques. Et tout ce beau monde de se précipiter à son tour vers l'avion. Dans une totale confusion et sans que ne soit apparu à l'horizon le moindre policier, l'avion fut vite rempli. Incroyablement entraîné par l'effet de meute, je me surpris à suivre le mouvement. Sans doute pour ne pas me retrouver tout seul dans la salle d'attente. En sautant par la fenêtre, je manquai de peu l'entorse et me retrouvai, non sans une certaine joie, participant à ce vrai moment de folie... jusqu'à l'arrivée de la cavalerie. L'intervention musclée, mais pas trop, des militaires, mit fin à cette agitation hors norme qui se termina par le vidage de l'aéronef de ses squatters. Puis on procéda au tri entre les passagers légitimes, carte d'embarquement ostensiblement brandie en l'air, qui furent scrupuleusement contrôlés... et les autres.

## BIENVENUE DANS LE TRAIN LE PLUS LONG DU MONDE !

Nous décollâmes enfin et pûmes admirer, en arrivant sur Nouadhibou, la côte du banc d'Arguin, fameuse pour avoir vu s'échouer le bateau La Méduse, avant que ses passagers ne vivent sur un radeau la tragédie immortalisée par Géricault. Tout entier à cette évocation dantesque, je me dis qu'à l'aéroport, nous avions échappé à une situation peut-être aussi dramatique que celle du radeau...

La raison de ma venue à Nouadhibou était la découverte du train le plus long du monde, destiné à transporter le minerai de fer du gisement de Zouerate jusqu'au port minéralier de Nouadhibou. Si vous regardez une carte, vous vous étonnerez que les 650 km du chemin de fer ne suivent pas un trajet rectiligne alors que l'on est en plein désert. L'angle droit en direction de l'ouest, amorcé par les rails à une centaine de kilomètres au sud de Zouerate, s'explique par le fait qu'à l'époque où la ligne fut construite par la France au début des années 1960, le trajet se heurtait à la frontière du Rio de Oro, le Sahara espagnol, alors sous administration militaire franquiste.

Quelques chiffres à propos du train lui-même : 2 km de long, 6 locomotives, 200 wagons, 24 000 tonnes au total, 30 km/h maximum... À titre de comparaison, le célèbre train australien Adelaïde-Darwin, avec 44 wagons, ne fait que 1 100 m de long, mais ne prend que des voyageurs. À l'inverse, sur les 3 ou 4 trains circulant quotidiennement sur cette ligne, un seul prend des voyageurs dans les conditions fort rustiques. Les autres trains forment une interminable chenille de bennes ne transportant que le minerai de fer. De Nouadhibou, le train repart à vide, hormis les citernes d'eau qui ravitailleront les villages le long de la voie. Il prend gracieusement les autochtones, quelques hardis Routards et du bétail, mon tout entassé à la dure sur le métal glacial des bennes de minerai vides ! Sensations fortes, trépidations métalliques infernales et bruit assourdissant garantis tout au long du trajet qui se fait généralement de nuit. Pas question de dormir. Il faut se contenter de somnoler à condition d'avoir un bon duvet ou de s'envelopper de couvertures. En plus du bruit, les nuits sont glaciales dans le désert. Quand deux wagons s'entrechoquent, l'onde de choc se répand sur toute la ligne jusqu'à votre benne avant d'aller mourir quelques wagons plus loin. Très impressionnant !

Dans l'autre sens, les passagers, juchés sur les montagnes rouges de minerai, tentent d'occuper les premiers wagons pour éviter de trop manger la poussière des autres wagons. À l'occasion de ce voyage, je fis la cueillette, le long de la voie, de quelques énormes vis et boulons abandonnés sur le sol et servant à fixer les traverses. J'adore rapporter des souvenirs insolites, surtout lorsqu'ils sont liés au travail des hommes. Et puis je savais que ça ferait plaisir à Olivier Page. Certains de ces trophées continuent à vivre, à émaner, prolongeant ces moments exceptionnels du voyage et, dans ce cas, à ouvrir mon petit bureau étriqué sur un horizon de 3 000 km de dunes...

# O COMME...

## ORANG ASLIS

À la fin des années 1980, nous décidâmes d'explorer de nouvelles régions pour le guide *Malaisie.* Et donc de rendre visite aux Orang Asli, une importante minorité aborigène cachée dans la jungle des *Cameron Highlands* à l'ouest du pays. Dans tout le Sud-Est asiatique, les aborigènes sont les descendants des populations qui vivaient ici avant l'arrivée de celles parlant le malais. Leur langue s'apparente à celles des Khmers et des Mongs.

Avant de partir, il fallut se rendre au ministère des Minorités à Kuala Lumpur pour obtenir un permis de visite et un guide. Les *Orang Asli,* de la famille des *Senois* – environ 60 000 personnes –, vivent dans des *kampung* – village – en bord de rivière ou sur des collines découvertes, dans de longues demeures en bambou sur pilotis. Les villageois pratiquent une agriculture de subsistance, mais ce sont avant tout des chasseurs-cueilleurs. Ils ont conservé de nombreuses coutumes et traditions, chassent le cochon sauvage, le singe et les cervidés à l'aide de longues sarbacanes et de flèches empoisonnées. Ils jouent aussi de la flûte nasale. Original ! Les autorités pratiquent une intensive politique d'assimilation des minorités aborigènes depuis de nombreuses années, au prétexte de leur faire bénéficier des mêmes facilités en matière sociale et des mêmes chances dans la vie que les autres populations malaises. En fait, presque tous les États ont du mal à respecter les minorités qui ont un mode de vie différent de celui de la majorité. En France, cela se traduit par les tentatives de sédentarisation des gens du voyage, avec les préjugés contre leur mode de vie qui vont avec. Historiquement, les aborigènes fournirent nombre d'activistes et furent un soutien logistique important pour les rebelles lors de l'insurrection du parti communiste malais de 1948 à 1960. D'où, depuis, la volonté de les intégrer et de les « civiliser » au maximum.

## TOUTES LES RECETTES NE SONT PAS BONNES À SUIVRE !

Pendant longtemps, il n'y a pas eu de routes pour joindre les *kampung*. Seuls de mauvais sentiers permettaient d'atteindre les premiers villages comme Monsoon. Il fallait compter au moins trois heures de marche. Mon guide, pourtant en sandalettes, m'imposa d'emblée un rythme d'enfer. En quelques endroits, il fut nécessaire de tailler la route à la machette dans une nature reprenant vite le dessus, de franchir des ponts aléatoires et de rafraîchissants petits torrents. Exotisme garanti, au délicat parfum des *Aventuriers de l'arche perdue*... Aujourd'hui, quasiment tous les villages sont accessibles par route ou par bateau et guides ou agences locales font surtout visiter des villages largement assimilés et « touristifiés ».

À l'arrivée au *kampung*, il fallut d'abord rendre rituellement visite au *headman* – chef de village – et me faire attribuer une famille d'accueil pour la nuit. J'eus ainsi l'honneur de dormir dans la case du *headman* lui-même. Accueil fort aimable que l'instituteur du village, qui parlait couramment anglais, traduisait. Je constatai immédiatement le décalage entre la vieille population aborigène demeurée dans la tradition et les dizaines d'écoliers en uniformes, sortant de l'école, tout mignons et proprets... La radio, parfois une petite télé crachotante, trônait dans la plupart des foyers, mais on continuait à sculpter par tradition les manches des haches et des coupe-coupe. Je ne doutai pas un instant que je mangerais à la « table » du chef de village, mais je craignis tout à coup le pire. Des tripes – l'instit me précisa qu'il s'agissait de tripes de singe – pendaient sur un fil, gouttant abondamment, livrant déjà un fumet dont vous pouvez imaginer la délicatesse... Pourvu que ça ne soit pas le dîner, me dis-je sans trop y croire. Eh bien si ! Malgré une recette probablement très élaborée, malgré ma bonne volonté et mon sincère désir de faire honneur à la gastronomie locale, chaque bouchée faisait vivre à mes papilles un éprouvant calvaire. À la troisième, je réussis à fabriquer une petite boule que je glissai subrepticement dans une fente du plancher. Facile, nous étions assis à même le sol autour du foyer formé de troncs en étoile se consumant lentement. Un vacarme épouvantable monta alors du rez-de-chaussée. Des hordes de poules se précipitèrent sur cette manne tombée du ciel. *Damned,* piégé, repéré sûrement ! Même pas. Dans la pénombre, personne ne nota que j'avais dû rougir quelque peu et paraître confus. Puis il fallut mâcher le « bétel » pour conclure le repas : consommé dans toute l'Asie du Sud, il est constitué de noix d'arec que l'on enveloppe dans une petite feuille, mélangé à de la chaux – nécessaire pour en extraire l'alcaloïde –, du piment ou des épices. On glisse la bouchée entre la joue et la gencive et l'on presse jusqu'à ce que la salive en tire un jus rougeâtre qu'il faut cracher et ne surtout pas avaler. Le bétel, dit-on, possède des propriétés tonifiantes et psychostimulantes. En Malaisie, il est largement utilisé contre les maux de tête et les rhumatismes. Personnellement, c'est ce qui m'intéressait, rapport à mes douleurs lombaires. Quant aux vertus gustatives... Si vous voulez vous faire une vague idée, imaginez que vous ingurgitez un mélange d'encre, d'acétone, de poivre et de chewing-gum à la chlorophylle...

## UNE PARTIE DE CHASSE QUI MANQUA DE SOUFFLE

Le soir, la discussion fut intéressante avec l'instit, en poste pour une année ou deux. Puis vint la nuit, pas trop gâchée par les moustiques, sommeil bercé par les mille bruits et craquements mystérieux de la forêt. Le lendemain matin, je fus gentiment convié à une partie de chasse au singe pour laquelle je me vis équiper d'une longue sarbacane et d'un petit carquois pour les flèches empoisonnées (avec la sève d'un arbre appelé *ipoh*). On me fit l'honneur de tirer le premier primate situé à environ 10 m. En chuchotant, le chef me prodigua avec moults détails la technique pour expédier efficacement la petite flèche, doser le souffle et lui donner de la puissance. J'espère, me dis-je, qu'ils n'attendent pas après moi pour fournir le dîner. Je vidai à grand bruit mes poumons dans le tube. La fléchette fut certes propulsée, mais seulement jusqu'au bout de la sarbacane... pour tomber minablement à la verticale. Tout juste si elle ne se ficha pas dans mon pied... Immense éclat de rire de mes compagnons de chasse. Les autres tentatives montrèrent que l'apprentissage serait long. Je ne doute pas que mes hôtes se racontèrent ce souvenir longtemps.

Ma visite s'acheva par une gentille séance photo avec les enfants des écoles, les remerciements d'usage, et la promesse de vanter la charmante hospitalité et la riche culture des *Orang Asli*... Tiens, curieusement, personne ne m'a demandé d'en vanter la cuisine. On ne m'a même pas proposé d'emporter mon repas inachevé dans un *doggy bag*... Sans doute la pratique n'était-elle pas encore rentrée dans les mœurs. Mais qui sait, quand vous irez chez les *Orang Asli*...

# OX MOUNTAINS

## INTRODUCTION

Ce matin-là, ciel nickel, quasi d'un bleu démago et pourtant mon petit bureau semblait bien sombre. Oh, oh, me dis-je, voilà bien 10 ans que je n'ai point fait mes carreaux. Cette constatation inopinée et très matérielle m'incita soudain à porter le regard sur mon environnement négligé depuis tant d'années. Rivé à mon ordinateur, fasciné par cet écran responsable de la dramatique baisse de mon acuité visuelle, perpétuel esclave de la rédaction de mes voyages, j'en avais presque oublié les objets et autres souvenirs qui peuplaient mon atelier (je préfère ce terme à « bureau ». En effet, lorsqu'on me demande quel est mon métier, je réponds souvent « journaliste-artisan », considérant que je fabrique des guides de tourisme. Métier proche de celui d'ébéniste... Ma matière, mon bois, ce sont les notes de voyage ; la colle, les souvenirs, les impressions, les coups de cœur. Puis je mortaise, je trusquine, j'assemble, je rabote, je lime, je peaufine... Cela donne un ouvrage de style résolument contemporain, avec cependant des influences années 1950-1980.) Pardonnez cette digression et revenons à mon environnement de travail, à ce joyeux désordre nécessaire à mon équilibre. Au visiteur qui s'étonne d'un tel bordel (n'hésitons pas à employer le mot), je riposte que j'en ai besoin. Ce désordre, ce clone de capharnaüm, ce maelström de vieux papiers, d'objets inutiles et de documents largement obsolètes, constitue un efficace cordon sanitaire me protégeant des agressions de l'extérieur, notamment ce que j'ai appelé pendant des années « l'ordre sarkoziste ». Autre raison majeure du caractère sombre de l'atelier, les piles de vieux *Monde*, documents, livres et brochures (nimbés de petits souvenirs butinés au long de mes périples) en tas devant les fenêtres et qui me mangeaient au moins la moitié de la lumière. Je découvris d'ailleurs, par la même occasion, pourquoi je n'arrivais pas à les ouvrir. Glissant un regard doucement nostalgique sur les objets les plus proches de l'ordinateur, je pris conscience que j'avais vraiment besoin d'eux. Ils n'évoquaient pas seulement des souvenirs, ils contribuaient de façon indispensable à personnaliser mon cadre de travail, émettant de bonnes ondes qui remplissaient ainsi l'atelier d'une douce, chaleureuse, exotique et paisible atmosphère. Là, quelques énormes boulons de la voie de chemin de fer Nouadhibou faisant tout à coup entrer dans mon antre les 2 km du train le plus long du monde. Ici, un vieux peigne à carder rapporté de Patagonie, encore plein de fils de laine et de bêlements ; à côté, pêle-mêle, un vieux tacot malgache fabriqué à partir d'une cannette de coca-cola en alu, d'antiques serrures tibétaines ; une ardoise en bois d'un *talibé* (élève d'école coranique au Sénégal), son petit encrier et son bâtonnet taillé ; des idoles équatoriennes (fausses) en terre cuite, mais joliment imitées et patinées ; une *traban* miniature et un faux *Leica* d'Allemagne de l'Est ; un réveille-matin acheté au *duty free shop* de Dubaï et qui sonne l'alarme par de tonitruants « *Allah Akbar* » ; des poids birmans en plomb et en forme de gallinacé (pour peser l'opium) ; un paquet de cigarettes de marque *Che Guevara* ; une ravissante poupée *katchina* achetée chez les Hopis (un gros coup de pot, le jour de la fête de la pluie annuelle), pas de raton laveur, mais tant d'autres babioles évocatrices d'émouvants moments de partage et de rencontre...

Plus un centimètre carré de disponible sur les murs également. Outre les nombreuses bibliothèques (pleines d'ouvrages qui me parlent, qui chuchotent même), empiétant les unes sur les autres, on trouve des cartes routières d'anciens voyages, des affiches appelant à abattre la bourgeoisie et à construire un monde nouveau (certes un peu défraîchies, penser à les renouveler) ; une carte postale d'Olivier envoyée en 1998 de Palmyre ; une photo de Martine en Égypte baladant un Vincent de deux ans dans sa *maclaren* ; une photo de moi entouré des enfants (Vincent, Thomas et Christine, radieux !) ; des tableaux de Diva (la maman de ma fille Christine) qui peint dans le style Cobra, les couleurs giclant partout. Un autre tableau, œuvre de Gilles de Staal, peintre anachorète du Quercy et qui fut exposé jadis au feu musée de l'érotisme (et illustra aussi le livre *Le Mort* de Georges Bataille), une toile d'un mètre de long, intitulée *Mirada de un Gigante,* figurant uniquement les yeux fascinants du Che (offerte par Philippe de retour de Cuba).

Et, face à l'ordinateur, la grâce, le merveilleux sourire, la chevelure rousse mode afro, d'une adorable gamine irlandaise de trois ans environ. Quelques années auparavant, elle illuminait la couverture d'une brochure de l'office du tourisme d'Irlande et se retrouva vite découpée et punaisée. Depuis, elle rayonne toujours et comble en partie le cruel déficit de lumière de l'atelier...

## OPPORTUNE TRANSITION

Ce jour-là, sous le regard largement approbateur de ma petite rouquine, je préparai consciencieusement mon énième voyage en Irlande (voir le chapitre qui lui est très justement consacré). Objectif : la côte nord-ouest, la région autour de Sligo et, plus précisément, les Ox Mountains que, malgré mes nombreux séjours, je ne connaissais pas encore. Comme son nom l'indique, une région montagneuse, au nord du County Mayo, en marge de la route Galway-Sligo. Pas de villes, sites ou monuments notables, montagnes moins spectaculaires que les Twelve Bens du Connemara, ce qui explique qu'elle soit un peu ignorée des touristes. Tant mieux, au fond, excellente alternative en cas de saturation touristique en août dans le coin *Clifden-Leenane-Cong*...

Cette belle chaîne de montagnes sauvages, pas très haute (point culminant, le Knockalongy, à 544 m) offre de fort belles randonnées à travers forêts et tourbières, au long de poissonneuses rivières. Superbe point de vue de Ladies Brae. Entrée possible par Tubbercurry (sur la route de Galway, capitale du *fiddle*) où on ne manquera pas d'aller descendre une vieille stout dans le vénérable pub de Natty Brennan...

Au programme : visite au cœur des Ox Mountains, dans un des coins les plus reculés, de l'atelier de Dermott, un sculpteur à la grande renommée, à coup sûr fortement inspiré par son magnifique environnement et l'atmosphère magique de la région, à un vol de corbeau du tombeau de la reine Maeve. Cependant, j'eus du mal à trouver l'atelier de l'artiste, le vent s'amusant, comme d'habitude, à faire tourner les panneaux routiers ou à les abattre. Mais se perdre en Irlande reste toujours un enchantement et, surtout, offre l'occasion, en quémandant son chemin, de bavarder avec de vieux paysans plus beckettiens que nature. Enfin, au bout d'un tortueux chemin de terre, dominant le *lough Easky*, apparut une grande et romantique demeure de schiste. Apparemment, la matière ne manquait pas dans le coin ; d'énormes blocs de granit et de grès éparpillés autour suggèraient aisément l'activité des lieux.

## ET DE DÉCOUVRIR UNE PASSION COMMUNE !

Intéressante visite de l'atelier. Quelques sculptures en plein air aussi, se détachant superbement sur l'alliance harmonieuse de la tourbe, des joncs, des genêts et des bruyères. Tandis que je remerciai mon hôte, en fin de visite, mon regard s'arrêta, ravi et étonné, sur un mur offrant… la même photo de la rousse petite Irlandaise. Oui, celle qui orne mon bureau et qu'elle éclaire de sa grâce…

« Ça alors, dis-je au sculpteur, quelle coïncidence ! Nous partageons la même passion : j'ai punaisé cette adorable petite rouquine chez moi, face à mon ordi. Son sourire m'accueille tous les matins ! » Il me répond : « La différence entre nous, c'est que ma passion pour Deirdre se révèle totalement naturelle !

– Pourquoi donc ? Ah bon, elle s'appelle Deirdre ?

– Ben, normal quoi, je suis son père ! »

Incroyable ! Plus qu'une coïncidence, pensais-je, comme dirait André Breton, un « véritable hasard objectif » ! Stupéfait, je lui demande : « Mais elle vit ici ?

– Bien sûr, me répond-il, elle est pour le moment à l'école et rentre dans une petite demi-heure. Je hasardai :

– Pourrai-je lui dire bonjour et éventuellement, la photographier ?

– Pas de problème pour lui dire bonjour. En revanche, pour la photo, faudra lui demander son autorisation. »

La petite Deirdre, six ans désormais, flattée de mon intérêt pour elle, fut ravie d'apprendre qu'elle possédait un fan club frenchie. La séance photo fut réjouissante, Deirdre jouant le jeu avec un étonnant naturel, se prêtant à l'exercice avec une grâce infinie. Il me sembla que ce jour-là tous les *leprechaun* (*« leipreachán »* en gaélique), elfes et korrigans de la lande étaient venus me soutenir…

***BACK TO FRANCE…***

Réintégration de mon bureau étriqué, avec un pied de bruyère et un bloc de tourbe afin de prolonger la magie du voyage, ainsi que la musique du dernier Sharon Shannon, pour stimuler l'écriture du guide. Dans les mois qui suivirent, la nouvelle photo de la désormais grande Deirdre illustra à son tour de nombreuses couvertures de brochures, livres et affiches concernant l'Irlande, notamment à l'occasion de *L'Imaginaire irlandais*, la grande manifestation culturelle de 1998.

Surtout, elle vint tout naturellement rejoindre la petite Deirdre de trois ans au-dessus de l'ordinateur. Alliance complice et magique, désormais, à elles deux, elles illuminent totalement mon bureau (oh, pardon, l'atelier)…

# P COMME…

## PARQUE (BAR DO)

Commençons par une petite leçon de géographie : Belém, bien que faisant partie du grand delta, ne fait pas trempette dans l'Amazone, mais dans le Tocantinis qui borde également l'île de Marajo. (L'Amazone, en fait, coule à plus de 100 km au nord.) J'adore cette ville, ancienne gloire du commerce du caoutchouc, qui a gardé de très beaux restes de sa prospérité et de sa grandeur passées. À commencer par le *mercado Ver-o-Peso*, littéralement « voir-le-poids », nom datant de l'époque coloniale, lié aux inspecteurs des douanes qui y pesaient les marchandises et déterminaient les taxes correspondantes. Superbe structure métallique alliant baroque et art nouveau où explosent, dans la lumière dorée du matin, toutes les senteurs, les parfums et les couleurs de l'Amazonie… Notamment, lorsque les bateaux multicolores, vers 7h du matin, déchargent sur les quais voisins leurs pêches miraculeuses.

### DES MANGUIERS EMBLÉMATIQUES !

J'étais donc là, en ce printemps 1982, au *bar do Parque,* plongé dans ma première et rafraîchissante nuit belèmoise. Avachi, détendu, rêveur, tentant de reposer mes cannes rudement sollicitées durant ce premier jour de prospection et d'écriture pour le futur Routard *Brésil*… Peu avant, je m'étais gavé de *tok-tok,* ces petits crabes cuits au court-bouillon que l'on casse avec un maillet sur une planchette. J'en étais à la fin du voyage. Après quatre semaines de rude défrichage déjà, rythmé par les nombreux vols intercités rendus nécessaires par l'étendue de cet immense pays, 14 fois grand comme la France, et, pour faire plaisir à nos amis d'outre-Quiévrain, 280 fois comme la Belgique !

J'avais déjà couvert Rio, São Paulo, Iguaçu, Belo Horizonte, Salvador, Brasilia, Manaus, Recife et en étais à huit vols intérieurs. Restaient ceux de San Luis, Fortaleza et Rio avant de rentrer à la maison. Je volais habituellement sur la compagnie Aerovias dont l'un des appareils s'était écrasé dans la jungle, trois jours avant mon arrivée au Brésil. Pas plus inquiet que ça, je laissais de côté la loi des séries et comptais dur comme fer sur celles, rassurantes, de la probabilité pour que cela ne se reproduise pas avant quelque temps...

Sous les énormes manguiers qui entouraient ce modeste café, petit pavillon jaune néoclassique doté d'une vaste terrasse, encore quasi pleine à une heure du matin, j'observais la faune alentour tout en sirotant ma deuxième *caïpirinha*. Aujourd'hui, Belém s'enorgueillit de posséder des dizaines de cafés, troquets, bistrots, rades et estaminets, tous plus branchés les uns que les autres, occupant les anciens entrepôts du port et des bâtiments de caractère. Mais du temps de sa gloire fanée, il n'y avait quasiment que cet établissement pour rassembler la faune bigarrée de la ville : jeunes, étudiant(e)s, artistes, poètes, marginaux de tout poil et... *piranhas*, « femmes légères » dans l'argot local...

Ces manguiers immenses me fascinaient bien, non sans que je me sois enquis auparavant qu'il n'y avait aucun risque à boire ma *caïpirinha* en dessous, me rappelant que les cocotiers, sous les tropiques, faisaient cent fois plus de victimes que les grands requins blancs... Je comprenais mieux maintenant pourquoi Belém avait hérité du surnom de *Cidade das Mangueiras* ! Il régnait ici une atmosphère à la fois très *caliente*, bruyante et bon enfant, propre à satisfaire toutes les rêveries, favorisant ces petits instants de grâce où on laisse vagabonder son imagination. Et l'on se surprend alors à inventer les rencontres et les situations les plus insolites, les plus étonnantes...

**OÙ L'ON NE SE MÉFIE JAMAIS ASSEZ DES MANUCURES !**

Et le plus étonnant est que parfois ces rêveries se réalisent. Dans une torpeur béate, me projetant déjà en pensée dans la superbe île de *Marajo*, plus grande île fluviale du monde (de la taille de la Suisse), que je devais rejoindre à l'aube, je ne vis pas venir cette beauté incroyable, longs cheveux luisants dans la pénombre, yeux noirs rieurs, peau tantôt café, tantôt cuivre selon ses mouvements dans le halo des réverbères. Sa voix d'abord, une voix douce, me fit sortir de ma rêverie. Campée devant moi, elle s'étonnait de l'état lamentable de mes mains. J'eus quelque honte à constater mes ongles longs en grand deuil et les bouts de mes phalanges exhalant encore le parfum aussi puissant que tenace du n° 5 de chez tok-tok !

Prenant une chaise, la collant à la mienne, la miraculeuse apparition entreprit derechef de me couper délicatement les ongles avec de petits ciseaux. Ma sensibilité naturelle balança un court instant entre syndrome de Stendhal (voir plus loin), risque grave de cactus dans le myocarde pour le court terme, d'extase amoureuse à plus long terme (en terme technique, avec risque d'épectase)... Situation très insolite, originale, inédite... Si, dans un premier temps, les restes tenaces d'une enfance pieuse me firent prendre cette apparition pour une évocation de la Vierge Marie, l'état d'émotion et les tremblements qui s'emparaient de moi me firent vite pencher pour une évocation de Marie-Madeleine. La métaphore biblique s'arrête là. Elle me coupait les ongles des mains, pas ceux des pieds.

La gredine prenait son temps, ciselant, peaufinant, enlevant les petites peaux. Elle était si proche de moi que je m'enivrai lentement de son parfum, tandis que mon regard ne pouvait se détacher d'une des plus fascinantes paires de seins qu'il m'avait été jusque-là donné d'admirer... Point besoin de psychanalyse pour expliquer cette fascination par le sein maternel – du reste pauvre. Mes fantasmes en la matière ont pris naissance dans les salles obscures. Elisabeth Taylor dans *Soudain l'été dernier,* Scarlett Johansson dans *Match Point,* Jessica Chastain, admirable lorsqu'elle va rejoindre Howard, le héros du film *Des hommes sans loi,* dans son lit... Ou encore Kirsten Dunst dans *Melancholia* !

**UNE SITUATION DIABOLIQUE IMPRÉVUE** !

De grosses gouttes de transpiration dégoulinant jusque dans mon verre, le niveau de ma *caïpirinha* remontait dangereusement, risquant d'inonder ses jolies jambes au galbe parfait. D'ailleurs, je n'avais pas de suite remarqué à quel point elles mobilisaient si peu de tissu... Le délicieux supplice s'éternisait au rythme d'un très lent ciselage. Je finis de sortir de ma sidération en exprimant quelques banalités d'usage. Dans l'état d'hébétude de celui qui se réveille après avoir reçu une mangue pas mûre sur le crâne, je tentais de me donner une contenance en commandant deux nouveaux breuvages. Et je partis dans une laborieuse dissertation sur les beautés et les charmes de l'Amazonie et, ô combien j'étais émerveillé par mon voyage dans le plus fascinant pays du monde. Je n'étais certes pas trop brillant brillant, quoique pas totalement insincère. Ce qui ne m'empêchait pas d'être taraudé par la grande question, « allais-je ou non sombrer dans les transes que je m'étais à tort refusées à Recife ? » (voir le chapitre « Recife »).

Elle s'appelait Maria, se révélait vraiment séduisante, vive, enjouée. J'avais été vivement impressionné par son entrée en matière, ludique et spontanée. Dans la conversation, j'appris qu'elle était un pur mélange de sang blanc, indien, noir et asiatique. L'alchimie parfaite me rappelant certaines beautés de La Réunion et de l'île Maurice.

Puis nos peaux se frôlèrent et fusionnèrent impudiquement, nos sueurs se mêlant sans retenue, nos souffles ne faisant plus qu'un. Nos langues faisant fi des barrières de langage se mêlèrent langoureusement...

Nous n'attendîmes pas que le redoutable mélange local de *cachaça,* citron vert et glace pilée stérilise stupidement ce soudain et violent désir partagé. Nous hélâmes une de ces antiques Coccinelles cabossées pour gagner la périphérie et l'un de ces motels spécialisés, 24h/24, dans l'exultation des corps et le naufrage des scrupules, voire des âmes...

## LE MOTEL, CAPITALE DE TOUTES BONNES VIBRATIONS

La chambre était propre, bien entretenue, et le décor sobre, si ce n'était cette couleur orange criarde, dégoulinant le long des murs, et le couvre-lit d'un violet aveuglant. Avisant au centre de la pièce, un immense lit circulaire, je me demandai d'abord si nos amours naissantes n'allaient pas rapidement tourner en rond. Il n'en fut rien ! Je ferai l'économie aux lecteurs (-trices) du débriefing de la nuit, certes torride, mais pas kamasoutresque... Au petit matin, Maria me réveilla pour remettre le couvert et nous nous quittâmes sans qu'il fut question d'argent, ayant au préalable pris rendez-vous pour le soir même, dans le même lieu, sous le même manguier... Puis je dus être très ferme pour accélérer notre séparation, car je devais absolument passer de ses bras à ceux entourant l'île de Marajo. Le boulot avant tout, ah mais !

La journée fut légère et aérienne, quoique le voyage fût mouvementé. Mon agence avait loué un petit Cessna pour gagner l'île et je connus l'une des trouilles de ma vie. Le cœur au bord des lèvres, nous subîmes un de ces terribles orages tropicaux, créateurs de trous d'air et de turbulences hallucinantes. Heureusement, le pilote chevronné qui se faisait communiquer par radio les caprices du vent et les errances des cumulus ou autres nimbus se glissa habilement entre les écueils de la météo avant le soulagement de l'atterrissage...

## *BAR DO PARQUE,* ACTE II

La journée passa vite, la *Isla de Marajó* offrant nombre d'activités dans de riches écosystèmes incendiés par une multitude d'ibis rouges, peuplé d'anacondas et de cabiais ou *capybaras,* autrement appelés *hystricognathes,* énormes rongeurs rappelant le ragondin.

À mon retour, le soir venu, le *bar do Parque* commençait à se remplir. J'en étais déjà à ma deuxième *caïpirinha,* lorsqu'apparut Maria... accompagnée de son clone quasi parfait... « Ma jeune sœur, qui souhaitait absolument te connaître », me susurra-t-elle. Les manguiers qui sont l'incarnation de la sagesse frémirent en comprenant quelles folles et interdites pensées s'emparèrent de moi à cet instant. Pas si interdites que ça, en fait, puisque la petite sœur, au cours de cette chaude et arrosée soirée, exprima le vœu charmant de rester avec nous pour profiter de la clim du motel. Hum, hum, je ne pouvais croire à tant de chance. L'heure des échanges d'épiderme s'approchait et le départ pour Cythère était imminent, quand une copine de Maria vint s'écrouler sur une chaise à côté d'elle. La créature bien en chair – doux euphémisme ! – était d'autant plus impressionnante qu'elle était enceinte jusqu'aux yeux. Yeux d'ailleurs totalement mouillés, dominant de larges cernes noirs tombant vers des commissures de lèvres dramatiquement effondrées. « Son mec l'a plaquée, me souffla Maria, elle a le moral au fond des chaussettes ». Je ne me souviens ni avoir regardé si elle portait des socquettes ni de la version portugaise de l'expression, mais c'était à peu près ça. « Je ne peux pas la laisser tomber, ça t'ennuie pas qu'elle vienne avec nous ? ». Situation inédite, surprenante, amusante et de plus en plus excitante... Me vint cependant une question existentielle, fondamentale, m'interpellant au plus profond de mon être... Comment pouvait bien se dérouler une partie carrée sur un grand lit rond ? Je pris l'initiative de faire l'emplette d'une bouteille de *cachaça*. Puis, l'original et hétéroclite aréopage tenta de remplir laborieusement une vieille *Coccinelle* encore plus destroy que celle de la nuit précédente (mais d'un beau rose vif, comme celle de Belmondo dans *L'Homme de Rio,* les étoiles vertes en moins). Moteur également assez souffreteux, au rythme cardiaque anarchique dont je priais qu'il tint le coup au moins jusqu'au motel. Exceptionnellement, au moins, malgré sa vétusté, l'engin disposait d'un *air bag*. Et n'allez pas croire que je parle de notre plantureuse camarade...

## MOTEL « SUITE » OU QUAND LES VIBRATIONS ANNONCENT LES SÉISMES...

La suite, chers lecteurs (-trices), vous vous en doutez peut-être, fut quasi tellurique – je ne trouve pas d'autre mot. La petite sœur se révéla aussi douée que son aînée, mais c'est l'énorme future parturiente qui me bluffa. D'abord, c'est elle qui liquida quasiment la *cachaça*, ensuite j'eus droit à l'une des démonstrations les plus érotiques de ma vie. Depuis son fauteuil où s'étalaient largement ses charmes, elle livrait une somptueuse version XXXL de L'Origine du Monde de Courbet... Par parenthèse, je ne comprends toujours pas cette mode ridicule et répressive poussant les nanas à s'épiler au laser ! Tout, chez elle, jusque dans les détails les plus intimes, était démesuré. Démesuré aussi la frénésie de ses doigts comme ses cris dont je craignais qu'ils ne fussent les prémices d'un accouchement prématuré. Ne perdant rien du sens de l'observation qui fait le bon auteur de guide, je notais que l'antique clim (de marque Carrier), genre moteur d'avion, ne parvenait que difficilement à couvrir ses rugissements. Maria, compatissante pour son amie solitairement enflammée, me demanda si je souhaitais honorer sa copine triste et larguée. Mais, bien que j'en eus secrètement envie, la chose fut impossible en raison, sans doute, de vieux restes d'innocente pudeur... réminiscence de mon éducation bourgeoise et puritaine.

Au bout d'une nuit d'un voyage de groupe aussi désorganisé qu'extatique, le sommeil nous surprit, béats. Comment ne pas conserver un énorme et réjouissant souvenir de ce Brésil du début des années 1980, ce Brésil pré-SIDA insouciant, sensuel, hédoniste, libertaire.

## *BAR DO PARQUE,* ACTE III

La troisième soirée, la dernière, démarra comme d'habitude depuis le *bar do Parque*, mais se déroula en tête à tête, plus intime, un peu triste aussi, car je repartais le lendemain pour *San Luis do Maranhão*. D'abord, on se coucha plus tôt. Le manque de sommeil commençait, malgré ma robuste constitution, à jouer sur la qualité du boulot. La nuit fut presque sage et on se parla un peu plus. Maria me révéla qu'elle avait quatre enfants de trois pères différents et qu'elle vivait dans une favela. Je me doutais que la séquence Zola ou Dickens allait arriver, parfaitement conscient de ce que représente sur le plan financier le Blanc, Européen ou Nord-Américain dans les pays du Sud. Mais à part les coups à boire et les petits trucs à grignoter, il ne fut jamais question d'argent entre nous.

Grâce à ma géniale petite horloge interne, précise au quart d'heure près, je me levai aux aurores et réussis à quitter la chambre sans réveiller Maria. À quoi bon des adieux déchirants de quai de gare ou, en l'occurrence, de parking de motel ?

**SOUVENIRS, SOUVENIRS...**

35 ans se sont écoulés depuis ces épisodes torrides. Je garderai toujours de Belém un souvenir doux et attachant. Bien sûr, celui aussi d'une époque insouciante, où n'existait quasiment pas de parano sécuritaire mondiale (à part les attentats dans les avions). L'insécurité dans les villes existait, certes, mais à un niveau largement inférieur à celui d'aujourd'hui !

Longtemps, lorsqu'on évoquait Belém devant moi, j'avais sous le coude une réplique sympa toute prête : « Belém, j'ai bien failli ne pas en repartir et fus à deux doigts d'envoyer un télégramme à Philippe Gloaguen pour lui demander, à l'occasion, s'il n'avait pas besoin d'un correspondant sur place ! ».

Belém, pour moi, c'est une époque révolue, celle d'un âge d'or du voyage. Mais ce fut surtout la découverte fondatrice d'un grand, d'un immense pays à l'extraordinaire culture. En outre, les chansons de Vinicius de Moraes, Clara Nunes, Gaetano Veloso, Milton Nascimento, Tom Jobim et tant d'autres n'ont jamais cessé de m'accompagner au long des années, comblant souvent mes moments de *spleen.* Et que dire de ce candomblé à Recife (voir le chapitre « Recife ») qui bouleversa totalement mes certitudes ?

Le souvenir de la torride séquence avec la sensuelle préparturiente me revient parfois avec bonheur. Et pas seulement en regardant le tableau de Courbet. Car outre le réconfort qu'il me procurait lors des moments de blues, il m'arriva plusieurs fois que la puissance de cette évocation lointaine redresse avec vigueur certaines situations délicates. Sacré Brésil !

# PARIS

Fin 1984. Depuis longtemps, je constatais que l'on ne trouvait pas de vrai guide de Paris. Dans ceux qui existaient à l'époque, il n'y en avait que pour les monuments incontournables, les quartiers commerciaux, les avenues chic... Quid de l'Est parisien, des quartiers populaires, du Ménilmuche de *Casque d'Or,* du Belleville de Willy Ronis, de la Goutte-d'Or de Zola et de Gervaise, du XIII$^{e}$ arrondissement de Léo Mallet et Jacques Réda ? À peine si l'on trouvait parfois quelques lignes bâclées. Quid des Parisiens, de leur histoire, de leurs traditions ? Quel mépris ! Aucune trace du Paris que j'aime et qu'aimait Prévert. Ce Paris qu'on ne voit que si l'on prend le temps de l'observer, celui des petits quartiers chaleureux survivant dans des amas de béton triste. Certes, dans le XIX$^{e}$, la place des Fêtes avait disparu sous les assauts des bulldozers pompidoliens, mais tout près subsistaient d'adorables villas, des petites cités-jardins, des promenades champêtres qu'une touche de verdure avait fait échapper aux vilains promoteurs et aux spéculateurs. Et les rues ouvrières... Pas nécessairement sinistres ni sordides. Ferré a chanté : « Les poètes mettent des couleurs sur le gris des pavés. Quand ils marchent dessus, ils se croient sur la mer... ». Arrivés à bon port, on découvrait des restos et des cafés comme au temps des films de Carné et Duvivier, accueillants et conviviaux, à des prix d'avant-guerre parfois. Et même de celle d'avant... Je n'étais pourtant pas le seul à chercher sans cesse, et à trouver ces coins qui respiraient encore, à vouloir les honorer. Il manquait juste l'instrument pour les mettre en valeur, un guide pour leur rendre justice...

## LE DÉBUT D'UNE FORMIDABLE AVENTURE !

J'en parlai à Philippe qui adhéra immédiatement à l'idée. Ça serait le « Paris des Routards », de ceux qui exploraient déjà l'East End londonien et le Lower East Side de New York, mais pas encore Mitte et Prenzlauer Berg à Berlin. Découpé en vingt arrondissements certes, mais traités de façon totalement subjective. Ce ne serait pas l'importance des monuments qui primerait – et le désert qui les entourait –, mais la richesse sociale, la mémoire des événements historiques, les parcours littéraires féconds, la chaleur des rues ouvrières, la convivialité dans les bistrots. Et bien sûr, tout ce petit peuple, héritier des révolutions, des barricades de 1830 et 1848, de la Commune de Paris, des grèves de 1936 et 1968... Son histoire, ses rêves, ses différences suivant les immigrations... C'est ainsi que le VIII$^{e}$ arrondissement, au final, ne comporta que deux pages et demie malgré la place de l'Étoile, les Champs-Élysées, la Madeleine et la Concorde, contre... trois pour le seul quartier de la Goutte-d'or dans le XVIII$^{e}$. Quelle revanche !

Qui a dit : « L'aventure, le voyage, c'est déjà quand on sort de chez soi. » ? La réalisation de ce guide restera comme l'un de mes plus fascinants périples. Des mois de découvertes, d'ébahissements quasi orgasmiques. Si ! Si ! Et je ne parle pas de la rue Saint-Denis... Des balades insolites dans des quartiers que je ne connaissais guère, de longues traques pour resituer des scènes de films et de romans, chercher le lavoir de Gervaise et les rats de Montsouris. Ces errances hasardeuses me menaient parfois dans des endroits improbables comme la rue Watt, la voie la plus sinistre de Paris près de la gare d'Austerlitz dans le XIIIe arrondissement, divinement poétisée par Boris Vian, et chantée par Philippe Clay. Je ne résiste pas à l'envie de vous en livrer un couplet :

*Une rue bordée d'colonnes*
*Où y a jamais personne*
*Y a simplement en l'air*
*Des voies de chemin d'fer*
*Où passent des lanternes*
*Tenues par des gens courts*
*Qu'ont les talons qui sonnent*
*Sur ces allées grillées*
*Sur ces colonnes de fonte*
*Qui viennent du Parthénon*
*On l'appelle la rue Watt*
*Parce que c'est la plus bath*
*La rue Watt*

Chemin faisant, je tentai de repérer les failles, les anfractuosités pittoresques de cette ville, les artisans qu'on croyait disparus, les endroits oubliés, les dernières friches et terrains vagues chers à Doisneau, les ultimes petits quartiers ouvriers comme celui de Sainte-Marthe dans le Xe, repaire avant la guerre des ouvriers juifs polonais communistes du textile et des républicains espagnols... (hélas aujourd'hui en voie de boboïsation avancée !).

## ÉCRIRE UN GUIDE SUR PARIS, UN MÉTIER DE POIDS, MAIS À RISQUES !

Impossible de narrer les dizaines d'anecdotes et d'expériences qui jonchèrent mes itinéraires, mais voici des chiffres secs de comptable : 174 restos testés de façon anonyme. Et je ne compte pas les bars à vin et salons de thé. Les 20 derniers, je l'avoue, ont été sous-traités... J'avais, comme dirait Guy Bedos, les dents du fond qui baignaient. En outre, j'avais eu également la mauvaise idée d'arrêter de fumer en même temps et, là, chiffre impitoyable, j'avais pris 12 kg que je n'ai jamais reperdus... Inchiffrable, en revanche, le nombre de rencontres, d'apéros se prolongeant tard, de mœurs, de coutumes insoupçonnés, variant selon les quartiers, que je découvrais avec la passion de l'ethnologue. Ah, les parties de « passe anglaise » clandestines dans certains bistrots du XIIIe ! Et ces rues de prostitution par thèmes ou genres les plus pittoresques et les plus étranges – les cuirs sados masos de la rue du Ponceau dans les Halles, les maisons d'abattage de la Goutte-d'Or...

L'impression fut grande aussi d'être le dernier explorateur d'un monde finissant. De voir, impuissant, monter irrésistiblement les quartiers branchés, d'assister à la *gentrification* du Paris bobo qui déjà, au milieu des années 1980, dévorait impitoyablement et systématiquement tout ce qui dans Paris semblait dépassé. Authentique, donc. Au bout du compte, sans bien m'en rendre compte, c'était un travail sur la mémoire que je fis à l'époque, collectant les dernières images d'un Paris en voie de disparition rapide. Ce fut en même temps un grand moment d'exaltation romantique et l'occasion de coups de gueule mémorables contre la violence et le cynisme de certains changements... Ah, là non. Ah, pas ça ! Pas ici ! Les salauds, ils ont osé ! Et dire que nous étions au cœur des années Mitterrand !

## SI « ARCHITECTE », C'EST UNE INSULTE À BRUXELLES... PAS TOUJOURS À PARIS !

J'évitais cependant de sombrer dans une nostalgie passéiste du genre « Ah, qu'est-ce que c'était mieux avant ! ». J'ai tenté de repérer, en les mettant en valeur, les quartiers qui résistaient bien et s'adaptaient aux nouvelles réalités. Ceux qui se modernisaient sans trop perdre leur âme, accueillant des architectures contemporaines intelligentes, plaisantes, originales, sans heurter violemment l'ancien bâti. Ce fut, entre autres, l'époque de la grande bataille pour sauver le quartier de la rue de l'Ouest dans le XIV^e^. Il fallait saluer les architectes progressistes et humanistes qui, dans la rénovation urbaine, tentèrent de sauver l'esprit et l'architecture des quartiers les plus emblématiques. Un grand bravo à Antoine Grumbach pour avoir su préserver le Belleville de notre merveilleuse *Casque d'Or* !

## LE PARIS DES MAUVAISES RENCONTRES…

Alors que je défrichais et déchiffrais le XVIII^e^ et que j'avais déjà rédigé mon texte sur la mystérieuse et romantique allée des Brouillards, je m'attardai un jour devant quelques beaujolpifs sur le célèbre comptoir en U des *Négociants*, rue Saint-Lambert – l'un des rades favoris de Robert Doisneau et Bob Giraud –, avant de partir explorer cette villa des Platanes bien cachée au 58-60, boulevard de Clichy. Mais j'appréhendais un peu. Depuis quelques temps, la dictature des digicodes commençait à s'imposer et me faisait rager d'indignation. C'en était fini des découvertes en toute liberté des cours et courettes hors du temps. Les villas les plus champêtres et certains passages étaient déjà fermés le week-end pour certains d'entre eux…

Ce n'était pas l'insécurité qui motivait l'installation de ces systèmes, mais l'emploi de ces systèmes qui contribuait à susciter paranoïa et agressivité chez des gens incapables d'accepter que nous puissions jeter un œil, juste quelques instants, quelques minutes, quelques secondes… J'étais plutôt remonté contre ces aigris empêcheurs de contempler en rond !

Devant le 58-60, boulevard de Clichy, je me retrouvai donc devant ce digicode assassin de coups de cœur et joies esthétiques spontanées. Il n'y avait plus qu'à attendre que quelqu'un entre ou sorte. Une dame s'apprêtait d'ailleurs à entrer et je me glissai derrière elle, ce qui la fit hurler, indignée : « Vous n'avez pas le droit, vous n'êtes pas d'ici, j'appelle la police ! ». Je lui expliquai calmement que je souhaitais juste admirer cette « folie » au fond de la cour et son magnifique escalier à double révolution, rien de plus… Peine perdue ! Je m'autorisai alors à lui administrer rudement une bonne leçon de morale à propos de ces nantis réacs qui défendaient égoïstement leurs prés carrés. C'est alors qu'elle fondit en larmes et me dit en hoquetant : « C'est quand même ma voisine qui a été assassinée ! ». Je réalisai alors que j'étais, ce 6 novembre, sur le lieu d'un crime. Un lieu où, je le saurai après son arrestation, avait sévi trois jours auparavant Thierry Paulin, le tueur de vieilles dames du XVIII^e^ arrondissement, surnommé le « monstre de Montmartre ». Honnêtement confus, je pris quelques instants la dame affectueusement dans mes bras et me répandis en excuses. Profitant de la situation confuse, je me précipitai quand même pour aller observer cet élégant double escalier, poussant même la curiosité plus loin et pénétrant dans l'immeuble. Surprise ! Il donnait par derrière sur un beau jardin, avec une sortie sur la rue Lepic. Ravi de cette balade originale un brin tragique, navré d'avoir traumatisé la dame, mais sans remord particulier…

Je décidai quand même de cesser immédiatement mon exploration de l'arrondissement. Même si j'avais la conscience tranquille et de solides alibis, je pouvais craindre que mes visites dans toutes les ruelles et cours de Montmartre soient peut-être recoupées et éveillent quelques soupçons... Aussi, ai-je dû changer opportunément de terrain de chasse pour me faire oublier quelque temps... J'appris par la suite que quatre assassinats eurent lieu dans les jours qui suivirent dans le XVIII^e^. Ouf !

**UN GUIDE QUI A DÉSORMAIS DE L'ÉPAISSEUR !**

De toutes ces aventures et de mon méthodique arpentage du pavé parisien est né le premier guide qui, enfin, parlait du Paris qu'on adore. Un joli succès de librairie. Notre record de vente à l'époque avec près de 60 000 exemplaires vendus la première année. Et une presse dithyrambique. Même *Minute* !...

À l'époque le guide faisait 196 pages ; aujourd'hui il en compte 620. Nourri, chouchouté au fil des années par Amanda et toute l'équipe. C'est toujours un best-seller !

# PAULETTE CASSAYRE

Lors de la création du guide *Lot Aveyron,* on m'avait dit : « passe aussi par le causse de Limogne et Beauregard, un village de caractère offrant une élégante halle en pierre du XIV^e^ siècle. »... Au cœur de ce causse malheureusement boudé par les touristes, on rencontre de jolis villages de pierre blonde, des pigeonniers centenaires, de grands lavoirs circulaires. Pas déçu du tout par Beauregard, j'y retrouvai la léthargie propre à tant de petits villages du Sud-Ouest qui déclinent doucement, en silence, comme résignés, sans se faire remarquer. La halle vaut effectivement le détour. Mais ce qui attira aussi mon attention fut cette forge abandonnée ouverte à tous les vents. Quasi intacte. Tout était en place comme si la veille, elle eut encore résonné du bruit du marteau sur l'enclume. Seules de grandes toiles d'araignée reliant le foyer à l'énorme soufflet rappelaient que l'activité s'était brutalement arrêtée voici longtemps. Avec cette impression que le propriétaire avait disparu subitement, sans prendre le temps de fermer derrière lui, oubliant de mettre la clé dans la boîte aux lettres. Les ruelles alentour au sol de terre battue, peut-être oubliée par l'Équipement, étaient vides, pas un chat. Même pas l'ombre furtive d'un fantôme de chat... Et puis là, d'un coup, la vie : des poules, des canards, deux chèvres, un chien, des chiots, une oie, musardaient librement. Pas de raton laveur pour compléter cet inventaire à la Prévert, mais une vieille dame dans ce genre de blouse à tout faire qu'on trouve sur les étals des marchés paysans. Avec un seau, elle arrosait ses fleurs, remplissait des écuelles. Belle scène. La lumière était excellente et le jeu d'ombres idéal. Dans un geste presque instinctif, je saisis la scène au 300 mm. Surprise par le déclic, la dame eut cependant le temps de cacher son visage avec le seau dans un geste instinctif de défense. Vraiment confus, je me hâtai d'aller m'excuser. Elle souleva avec méfiance le seau. Apparurent alors deux grands beaux yeux sur un visage buriné par le soleil et le vent du causse. Sensible à la sincérité de mon repentir, je pus lui expliquer ma démarche. Elle s'appelait Paulette, élevait des chèvres pour leur lait, avait été mariée, mais, confia-t-elle, les hommes l'avaient toujours déçue. Le dernier, elle l'avait balancé par la fenêtre. Vu que sa maison ne possédait qu'un rez-de-chaussée, le geste intempestif n'avait pas fait la une des journaux. Depuis, elle avait reporté toute son affection sur les animaux. Ce que je voulus bien croire. Et soudain, « À propos, que je vous présente mon nouveau compagnon ! ». Et ma Bardot de Beauregard d'ouvrir les grands battants d'une grange, face à sa maison. La très forte odeur qui s'en dégageait me plongea dans mes souvenirs de la cage aux fauves du Jardin des Plantes. Apparut alors un bouc majestueux qu'elle gratifia immédiatement d'un gros calinou. « Ma photo de l'année ! » m'exclamai-je sur un ton exalté. Un léger sourire ironique estompa alors doucement ses rides : « Jeune homme, trop tard, Doisneau est passé avant vous ! »... L'humiliation suprême, le grand Robert était venu chasser sur mon pré carré. Nul doute que cherchant des personnages sortant de l'ordinaire, on lui avait donné le tuyau. Alors que moi, je l'avais dénichée seul, la Paulette ! Le souvenir d'une carte postale sur un tourniquet à Cahors me revint soudain à l'esprit.

## UN TEL PERSONNAGE, C'EST POUR MA COPINE !

Rentrant à Paris, je contactai ma grande copine Anne Riou. Elle travaillait à France Inter et faisait partie de l'équipe de *Là-bas si j'y suis*, la fantastique émission de Daniel Mermet. Grande voyageuse, plongeuse émérite, spécialiste des enquêtes zarbies et, surtout, « sexploratrice », chargée d'étudier et rapporter les comportements sexuels des Français. Également super douée pour les interviews de gens originaux, décalés, hors norme. Capable de séduire, embobiner suavement, arracher des aveux aux plus introvertis, faire accoucher les gens, leur arracher les tripes... Paulette méritait assurément le déplacement. Voilà un personnage pour Anne, me dis-je ! D'autant que je notais dans la foulée, l'incroyable capharnaüm de son jardin, amoncellement saisissant de vieux frigos et machines à laver finissant une existence rurale misérable au milieu des matelas à ressorts éventrés et autres carcasses indéfinissables qui commençaient à pourrir ou à se végétaliser.

## UN ULTIME REGARD SUR BEAUREGARD

18 ans après, je revins dans le coin de Beauregard à l'occasion d'un mariage. Curieux de revoir ce village, d'en constater l'évolution et, qui sait, de prendre des nouvelles de Paulette. Elle devait bien avoir plus de 80 ans, mais on meurt tard dans les campagnes... Avec l'abandon du XX$^{e}$ siècle, la halle en pierre du XIV$^{e}$ avait pris un siècle de plus, mais elle était toujours intacte. En revanche, la forge avait cédé la place à une

*Paulette, chevrière de Beauregard, Lot*

jolie résidence secondaire toute fleurie. Un poil ému, je m'avançais dans la ruelle de Paulette et constatais, stupéfait, que rien n'avait changé... Sol toujours en gravillons, la libertaire ménagerie domestique continuait d'y divaguer librement et Paulette arrosait ses fleurs, physiquement à peine bouleversée par le changement de siècle. Elle ne me reconnut pas tout de suite, ce qui ne m'étonna point trop vu le temps passé. À peine plus lorsque je lui remis les photos prises à l'époque. Et tout à coup, son visage s'illumina : « Avez-vous des nouvelles d'Anne Riou ? »...

Le coup fut rude, mais lutter contre le charisme d'Anne est un combat bien trop inégal !

# PAYSANS

Dans tous mes voyages, les paysans comptent parmi mes rencontres privilégiées. Ces hommes et ces femmes qui nourrissent les terriens me fascinent depuis toujours. Cueilleurs, agriculteurs et éleveurs, ils contribuent à produire tout ce dont nous avons besoin depuis la nuit des temps. Ils font aussi partie de l'histoire par leur poids social et politique, par leurs revendications, leurs révoltes qui ont fait évoluer les choses tout au long des siècles. Ils interviennent également beaucoup dans la géographie, l'évolution et la représentation de la nature, puisqu'ils contribuent à modifier, à façonner sans cesse le paysage.

J'adore les prendre en photo. Cela me donne l'impression d'effectuer un vrai travail sur la mémoire paysanne, depuis les méthodes de production de type « biblique » jusqu'à l'industrialisation du monde agricole et son basculement dans la modernité. En France, je tente de saisir encore dans l'émotion les dernières « cartes postales » d'une paysannerie en dramatique voie de disparition. Il ne s'agit nullement ici de passéisme bébête sur le mode « Ah, que c'était bien, avant », mais en premier lieu, de démontrer, d'exprimer la poésie et l'équilibre régnant dans la nature juste avant les grands bouleversements économiques et techniques.

Cela montre qu'avant le remembrement souvent brutal des terres, qui supprima notamment les haies indispensables contre l'érosion, qu'avant la mainmise des grands semenciers sur le monde agricole, qu'avant les impératifs économiques de rentabilité et de grande production industrielle de plus en plus lourds, bref qu'avant la mondialisation, le monde paysan fut un extraordinaire facteur d'équilibre, de régulation de la nature et de préservation de la qualité des produits. J'ai toujours voulu porter sur le monde paysan un regard plein d'affection communicative. Mes photos et mes textes doivent pouvoir susciter la tendresse et l'émotion, exalter le riche travail des agriculteurs et des éleveurs. S'y ajoute une nécessité : révéler aussi l'intelligence et la beauté de l'architecture rurale. Permettre aux citadins, mais pas seulement, de jouir par procuration de ces images d'un passé pas forcément rétrograde. Jouir de la beauté des gestes et des représentations des différentes phases de production, des labours à la récolte. Apprécier les fêtes paysannes et l'esprit collectif de solidarité qui animent nombre de ces communautés. Je n'ai évidemment pas la place ici de détailler tous les exemples de solidarité en vigueur dans le monde paysan, mais je peux citer deux exemples entre mille qui m'ont touché. Dans certains pays, lorsque des jeunes s'installent, il n'est pas rare que les fermiers voisins viennent donner un coup de main et bâtissent collectivement la grange (par exemple, chez les Amish de Pennsylvanie). De même, comment ne pas être émerveillé par la générosité et l'efficacité des paysans houtsoules du nord de la Roumanie. Quand un jeune couple paysan se marie et s'installe, la plupart des gens de la vallée sont invités au mariage, au-delà des propres familles bien sûr. Une collecte est alors effectuée pendant la nuit. Et le matin... il y a souvent assez d'argent pour bâtir la maison du jeune ménage.

Enfin, pour démontrer que ce respect de la nature et de ses bienfaits n'est nullement une vue de l'esprit, exaltons ici le rituel respect de la nature qu'exprimèrent longtemps les Indiens d'Amérique. Surtout les tribus pratiquant l'agriculture comme les Hopis et les Navajos. Clairement, une attitude pleine de bon sens et de sensibilité pour préserver le futur de leur propre peuple. C'est ainsi qu'au rang des grands rituels, il y a encore, par exemple, ce vertueux et respectueux hommage à la Pachamama, la terre nourricière. Au début du printemps, pendant quelques jours, on entoure de chiffons les sabots des chevaux pour ne pas blesser, pour ne pas meurtrir une terre qui va devenir féconde, produire et garantir finalement la survie de millions d'individus... Aujourd'hui encore, les Indiens du canyon de Chelly (Arizona), conscients des dégâts du tourisme de masse (y compris au sein de leur propre communauté, comme la tribu qui exploite Monument Valley), limitent l'accès à leur canyon pour préserver le petit monde agricole qui continue d'y vivre.

## ÉLOGE DE *SLOW FOOD*

Vers une *slow agriculture* ? Pourquoi pas ! « Bon, propre et juste », voilà un slogan qui sonne divinement juste à mes oreilles. Cette dimension d'une agriculture respectueuse de la nature et de la production – des choses bonnes, qui ont du goût, propres, qui respectent l'environnement, justes, le producteur étant payé à la juste valeur de ses produits –, nous la retrouvons totalement dans la philosophie d'un mouvement comme *Slow Food.* C'est pourquoi j'ai adhéré il y a dix ans à cette organisation. Et je souhaite que ces mémoires se fassent également l'écho de son combat. Comment ne pas être d'accord avec les grands axes de sa politique, lorsqu'elle soutient la diversité des saveurs, la production alimentaire artisanale, la petite agriculture, les techniques de pêche, d'élevage et de production durables ? En se battant ainsi sur le terrain des vraies saveurs, pour l'éducation au goût et pour la défense de la biodiversité, *Slow Food* se révèle un véritable allié de tous ces paysans amoureux du travail bien fait, respectueux de leur environnement et gardiens des fragiles équilibres de notre monde. Comment ne pas saluer aussi les initiatives visant à unifier dans une même solidarité toutes les communautés paysannes qui se battent pour préserver notre terre et refusent de disparaître dans les désordres du productivisme à tous crins ? Ainsi, saluons l'existence de *Terra Madre,* organisme international créé par *Slow Food,* qui vise à susciter la rencontre et, à terme, espérons-le, l'alliance de toutes les communautés paysannes en lutte contre les affameurs des Bourses, contre les cyniques spéculateurs sur le grain et les richesses agricoles en général, contre toutes les monocultures prédatrices (comme le soja). Il existe localement, régionalement, nationalement, d'autres expériences, d'autres associations, se battant avec les mêmes idéaux. Unies, alliées, ce sont des forces capables de faire bouger les choses.

Enfin, ce parti pris envers les produits sains et qui ont du goût, mon amour de la bonne cuisine et des vieilles recettes de grand-mère m'ont toujours poussé à partager mes infos avec les lecteurs du Routard. Aux quatre coins du monde, les correspondants de *Slow Food* que j'ai rencontrés se sont ainsi révélés de fabuleux fournisseurs de belles adresses : restaurants travaillant suivant sa philosophie, respectueux des produits et des traditions... Marchés paysans donnant l'occasion de retrouver le vrai goût des choses et de vivre de fructueux échanges avec les producteurs... Qu'ils en soient ici tous chaleureusement remerciés.

**HOMMAGE À CARLO PETRINI ET SES ÉPIGONES !**

Enfin, hommage à Carlo Petrini, le fondateur de *Slow Food,* infatigable combattant de la cause des paysans et de l'agriculture durable. À lire et faire lire absolument son *Terra Madre : renouer avec la chaîne vertueuse de l'alimentation,* Éditions Alternative, ainsi que *Bon, propre et juste : éthique de la gastronomie et sauvegarde alimentaire,* Éditions Yves Michel, et *Slow Food, manifeste pour le goût et la biodiversité,* Éditions Yves Michel... À insérer aussi dans les programmes scolaires ? Et pourquoi pas ?

J'en profite également pour dire tout le bien de mon ami Gilles Fumey, enseignant-chercheur en géographie culturelle, professeur à La Sorbonne, spécialiste de l'alimentation mondiale et fondateur des cafés-géographie... Luttant inlassablement contre la malbouffe, il a écrit de nombreux ouvrages dont *L'Atlas mondial des cuisines et gastronomies* (Éditions Autrement) et *La terre – Est-ce ainsi que les hommes vivent ?* (Éditions du Chêne). À mettre résolument entre toutes les mains ! Je salue également tous les grands chefs, comme Olivier Rœllinger, Michel Bras, Xavier Hamon, Patrice Gelbart, fondateurs de l'*Alliance des chefs* et combattants de *Slow Food,* qui se dressent sur le même front.

Voilà, en conclusion, je suis tout simplement heureux d'avoir apporté ici, comme dans mes guides, une modeste contribution au combat des vrais amis de la terre (et de son futur) que sont les paysans.

# PERITO MORENO

Une quinzaine de kilomètres de longueur, 4 km de largeur et 60 m de haut (et plus de 100 m sous le niveau de l'eau) : le Perito Moreno est l'un des rares glaciers au monde à ne pas fondre et même, jusqu'à récemment, à progresser d'un à deux mètres par an. J'en ai adoré l'approche, d'abord terrestre, puis lacustre. Il se situe à 80 km de El Calafate : la route traverse un large et magnifique paysage patagonien en cuvette, bordé d'imposantes haciendas, dans un patchwork de prairies rousses et ocres et de sombres forêts.

## SANS CONTESTE, UN DES PLUS BEAUX GLACIERS AU MONDE !

Puis, balade en bateau sur le largo Argentino aux eaux d'un bleu laiteux, aux nuances turquoises, un bleu irréel, fascinant et annonçant les beautés du glacier. Dernier virage et on prend cette impressionnante falaise en pleine face. Possibilité d'approcher jusqu'à 300 m maximum. Et on comprend vite pourquoi. Il est vivant, diablement vivant ce glacier… Il craque de partout, grince, gronde, semble parfois rugir, tandis que de gros morceaux de glace se détachent régulièrement de la falaise, provoquant des minivagues. Soudain, nous arrachant à notre émerveillement béat, un pan entier se détache dans un impressionnant fracas ; une grosse vague secoue alors le bateau et résonne dans toute la vallée. « Ce n'est rien, me dit mon voisin argentin. Parfois, la partie qui s'effondre est beaucoup plus massive et la vague peut faire jusqu'à un mètre de haut, voilà pourquoi on ne peut approcher de plus près… » Tout le monde attend d'ailleurs le Big Bang, la « rupture », le véritable effondrement d'une partie de la falaise. Elle a lieu tous les quatre ans en moyenne. La dernière date de mars 2016. Patience !

Ce phénomène provient du lent travail des eaux qui taraude le glacier de toutes parts. Celui-ci est parcouru de rivières et de torrents. Et, lorsque qu'il avance de trop, jusqu'à bloquer la circulation de l'eau entre les deux parties du largo Argentino, le niveau du Bras Rico (le petit lac) s'élève et provoque une forte pression sur le glacier. Une partie de ses eaux se fraie alors un passage sous le glacier même, créant des fissures, un tunnel, l'ébauche d'arches, qui le fragilisent encore plus. Lorsque l'une des ces arches massives s'effondre, c'est dans un épouvantable fracas, qu'on peut alors entendre à des dizaines de kilomètres à la ronde, provoquant jusqu'à un minitsunami. Autant dire que les chances d'assister à une véritable « rupture » se révèlent quand même très réduites… Mais cet après-midi-là, un généreux soleil fit chuter plusieurs blocs significatifs. On passerait volontiers des heures à contempler cet incroyable spectacle vivant !

## PROMENONS-NOUS DANS LES BOIS ET SUR LE GLACIER…

Mais le Perito nous réservait encore plus de surprises ! Pour accéder à la partie du glacier visitable, on traverse un grand bois aux arbres fantastiques, dans une atmosphère gothique à la Tim Burton. J'étais soudain projeté au cœur de la forêt de son film *Sleepy Hollow*, entouré d'arbres nus, tordus, torturés qui tendaient vers moi leurs bras agressifs… Au milieu de ce conte de fée-cauchemar, je frissonnais à l'idée de me retrouver, seul, face au « Cavalier sans tête » qui sévit dans le film et décapite à tout va. Tandis que le glacier continuait à gémir en fond sonore…

Plus prosaïquement, différentes inondations ayant noyé les arbres, un parasite qui détruisait lentement la végétation locale contribuait au caractère largement expressionniste des lieux...

Enfin, le minitrek sur le glacier se révéla passionnant. Les chaussures, garnies de crampons de fer à cette occasion, permettaient d'atteindre le cœur du glacier, ses crevasses, ses rivières souterraines, ses spectaculaires torrents, ses grottes aux reflets bleutés... Hyper bien sécurisé et en même temps totalement dépaysant. Une heure de bonheur et, tout au bout du trek, cette surprise : soulevant un bloc de glace, le guide fit apparaître son petit bar privé. Puis nous goûtâmes au plus original whisky « *on the rocks* » du voyage !

# PHOTOGRAPHIE

Le moment fondateur de ma passion pour la photo fut probablement le salon de l'Enfance en 1956. Cette année-là, Kodak avait eu la judicieuse idée de prêter un *Brownie Flash Kodak* aux jeunes visiteurs, avec mission d'effectuer un reportage, genre de mini-voyage photographique, sur leurs rencontres et leurs coups de cœur au sein du salon... Avec mon ami Maurice Pierquint, copain d'école et de la rue des Vinaigriers (où ses parents tenaient le *Restaurant de Bourgogne*), nous nous piquâmes au jeu, mitraillant les stands les plus pittoresques et les situations les plus drôles. Nous n'avons probablement pas été les meilleurs (n'ayant pas été sélectionnés pour les prix), mais nous nous étions bien amusés toute la journée. Plus tard, ayant acquis un *Voigtländer*, marque allemande réputée, j'y pris lentement goût, mais ne rapportait généralement que des photos de vacances. Pas encore de thématiques privilégiées, ni dadas, ni obsessions...

Puis vinrent les moments forts de l'existence. Service militaire : très peu de témoignages photographiques. Peut-être un genre d'autocensure à cause du secret militaire et de la répression ? Mai 68, aucune photo ! Alors que nous étions aux premières loges. Normal, me direz-vous : on ne peut être acteur et spectateur en même temps ! Heureusement, les photos de Gilles Caron et d'Elie Kagan témoignent aujourd'hui magnifiquement de cette époque (et on n'aurait pas fait mieux). Même chose pour l'Irlande... Longtemps, là-bas, ce furent voyages militants et activités de solidarité, donc on n'y pensait pas. Tout simplement. D'abord, pour des raisons de discrétion, ensuite de sécurité... Nous étions en temps de guerre, hors de question de mettre en danger les contacts et les divers interlocuteurs rencontrés sur place. En outre, prendre des photos, c'était s'extérioriser avec la situation. Or on la vivait pleinement... Quel intérêt donc de la coucher sur négatif ? Bien sûr, quand la paix survint, profitant de mes périodes de vacances et de mes voyages professionnels, je mis les bouchées doubles pour rattraper ce temps perdu. Idem lors de mon premier voyage à Cuba, quand j'ai travaillé dans une ferme collective en soutien à la révolution. Nous, travailleurs volontaires, étions trop investis dans notre mission pour mitrailler tous azimuts comme des touristes lambda. En revanche, dès les années Routard, l'appareil photo chauffa à blanc...

## DE L'UTILITÉ DE LA PHOTO POUR L'ÉCRITURE DU ROUTARD

Au début de ces années-là, la photo s'avéra strictement un instrument de travail. Je l'utilisais à titre documentaire pour rafraîchir ma mémoire, à mon retour de voyage, me rappeler des détails architecturaux, me remémorer des atmosphères et ainsi, faciliter l'écriture de mes guides. Je travaillais sur planches de contact, ce qui explique que, sur plus de la moitié d'entre elles, les photos n'aient jamais été développées. Des perspectives pour nourrir mes années de retraite.

Progressivement vint l'envie de travailler plus en profondeur, de façon thématique, sur les sujets qui m'attiraient le plus : les bistrots, l'Irlande, la Bretagne, les paysans, les vieux métiers et les modes de vie menacés par la modernité. Toutes mes grandes passions, tous mes coups de cœur en général... Puis des amis m'ont dit aimer mon regard (humaniste sur les choses, dit-on), apte à livrer des séries thématiques riches et assez complètes, d'une homogénéité, d'une poésie et d'une esthétique très personnelles. Unité du regard, empathie avec le sujet ! Ce regard très personnel ayant trouvé son public, cela m'encouragea à continuer selon le même concept et à réaliser des livres de photo. Privilégiant, bien sûr, le noir et blanc qui sont les vraies couleurs de la nostalgie et de la poésie. Certes, l'album *Les Sites coups de cœur* me fut exceptionnellement demandé en couleur par Hachette. Pourquoi pas, dès lors qu'il me permettait encore de présenter tous ces endroits enchanteurs, de les partager avec mes lecteurs et de continuer à bâtir mon image de cicérone.

## TRAVAIL SUR LA MÉMOIRE

La photo est également un travail sur la mémoire, dans l'idée de rassembler des choses qui allaient disparaître. Avec la conviction que chaque instant écoulé ne se reproduirait plus jamais et donc la nécessité de l'archiver. En photographiant les vieux bistrots, je me demandais toujours combien de temps il leur restait à vivre. Et je me sentais pleinement justifié de les immortaliser, de ne pas perdre ce témoignage du passé. J'appliquais dans tous les domaines la même démarche : les vieilles boutiques, les métiers qui évoluaient, les modes de transport, les paysages urbains... Encore plus pour les artisans, je voulais mettre en mémoires des gestes, des techniques définitivement condamnés par la modernité. Ainsi, je me réjouis de mon inlassable collecte des ateliers de forgeron et de maréchal-ferrant, aujourd'hui définitivement disparus de nos campagnes. Même démarche pour les fresques murales et les graffiti, pour le coup, encore plus uniques et éphémères ! Mon modèle, en ce qui concerne le travail sur la mémoire des lieux, restera longtemps Eugène Atget, véritable conservateur et historien des rues parisiennes de la fin du XIX$^{e}$ siècle et du début du XX$^{e}$. Au moins n'a-t-il pas dû trop subir l'hostilité de certains habitants aigris ou paranos. En effet, ils sont absents des clichés. Peut-être quelques concierges acariâtres (ou flics de nature) tentèrent-ils de lui interdire l'entrée de certaines cours, mais on ne le perçoit pas sur les photos.

Concernant les personnes, là, c'est un peu plus compliqué. Respect de la personne et de son intimité, droit à l'image, etc. Je suis toujours parti du principe qu'on doit respecter le refus de se laisser prendre en photo. Il y a des pays où la photo a mauvaise réputation, on la dit maléfique, on prétend qu'elle vole l'âme du sujet. Il y a aussi le mythe (parfois réel) que le photographe s'enrichit indûment sur le dos du tiers-monde. Combien de fois ai-je entendu en Afrique de l'Ouest : « Non, car je ne tiens pas à me retrouver en carte postale et c'est le photographe qui va empocher le fric »...

Sans vouloir donner des leçons, je le répète, chaque situation est différente. Nécessité d'avoir une approche souple, personnalisée suivant le sujet. Jouer la durée. Eh oui, ça prend souvent du temps pour convaincre de sa bonne foi, pour séduire. On a tout intérêt à que tout le monde se sente bien. Si on est trop pressé, si on met trop la pression et qu'on force la main, on aura peut-être la photo à l'arraché, mais tout le monde sera plus ou moins frustré. Et il n'est même pas sûr que la photo soit bonne au final, si personne n'est détendu.

À mon avis, on ne peut voler une photo qu'à titre exceptionnel. Si on ne sent pas de particulière hostilité, dans le cadre d'un métier et de gestes professionnels spectaculaires, d'une grande fête populaire et ses incroyables rituels, on parvient à des scènes très fortes qui ne se reproduiront plus jamais (en tout cas sous cette forme-là, à ce moment-là). Dans ce cas-là, on peut éventuellement se sentir légitimé par le côté « témoin exceptionnel pour la postérité et pour l'histoire ». Dans les situations plus classiques, j'y reviens, pas de mystère : se faire accepter, construire un rapport avec l'autre, attendre qu'un climat de confiance s'installe, que votre demande finisse par paraître naturelle et qu'elle s'inscrive dans la dynamique de la relation... Alors là, lorsque cette confiance s'est établie, que le sujet se révèle totalement complice, on vit un moment de grâce exceptionnel. Chargé d'adrénaline et d'affection, le photographe, en lévitation, peut ainsi engranger sereinement sourires et situations, dans un climat plein de naturel et d'empathie. C'est alors un extraordinaire cadeau du sujet pour le photographe, un rare moment de bonheur.

## LE MOMENT IDÉAL POUR S'ÉCLATER EN PHOTO : LA FÊTE, L'ÉVÉNEMENT CULTUREL, BIEN SÛR !

Un principe tout simple : si vous êtes accro à la photo et souhaitez « travailler » sans tension, sans hostilité des sujets, une bonne solution : choisir une grande fête nationale, un énorme spectacle sportif (genre marathon), un carnaval, une fête de village... Dans l'ébullition de l'événement, toutes les inhibitions, les préventions et frustrations disparaissent chez la plupart des gens. Captivée par le plaisir de la fête, voire noyée dedans, la majorité des sujets n'a plus d'à priori, plus de comportements agressifs ou paranos. C'est pour ça que je recommande toujours à mes amis de planifier leur voyage en fonction des grandes fêtes ou d'importants événements culturels. C'est vraiment trop bête de s'apercevoir qu'on arrive deux jours après la grande fête du pays (ou de la région), faute d'avoir préparé le voyage en amont. En outre, indépendamment des photos extraordinaires que vous rapporterez, ces grandes fêtes, événements culturels et festivals se révéleront eux-mêmes des moments exceptionnels à vivre et de magnifiques souvenirs à ramener... L'occasion de voir vivre un pays de façon insolite, originale, livrant des facettes inhabituelles et pas dans son train-train quotidien ! L'occasion de découvrir ainsi le pays avec ses nouveaux visages et des traditions insoupçonnées. Choses qu'on rate nécessairement lorsqu'on visite le pays à une époque « normale ».

## LE « SYNDROME DU CABROUET »...

Après le syndrome de Stendhal, le « syndrome indien », le syndrome de Jérusalem (voir plus loin) et bien d'autres, voici celui que je viens de créer, à l'issue de ce petit conte que je vous narre avec plaisir.

Il était une fois, dans les années 1990, un journaliste du Routard en reportage à la Guadeloupe, dans l'île de Marie-Galante pour être précis. Grande comme Paris, l'île offre la moitié de ses terres à la canne à sucre. Elle peut ainsi assurer la production des trois grandes distilleries de rhum qui font la réputation de l'île (dont l'un titrant à 59 ° !), à savoir Bielle, Bellevue et Poisson (ou Père-Labat). Devinez l'identité de ce journaliste ?

J'étais intéressé, bien entendu, par le fonctionnement de Grande Anse, la grande sucrerie de l'île. Après la coupe de la canne, les ouvriers agricoles y apportent leur production, entassée dans les cabrouets (appelés *kabwé* en créole), la petite charrette locale, tirée par deux bœufs placides. Malgré l'inévitable modernisation des transports, le cabrouet assure encore une partie du transport de la canne. Il contribue aussi au maintien de vieux métiers comme celui de charron. Le dimanche précédant le Mardi gras, il ne faut pas rater les défilés des cabrouets joliment décorés.

Ils sont donc là, une bonne vingtaine déjà, à la queue leu leu, chargés de canne jusqu'à la gueule. Sur fond de cocotiers, de bords de mer à la végétation exubérante et pour peu que le soleil commence à jouer avec les nuages et à titiller le paysage, cela garantit de jolies photos... Je commencais à tirer le portrait de quelques bœufs particulièrement photogéniques et disponibles. Je n'en dirais pas autant de l'un des conducteurs de cabrouet, pourtant hors champ et qui m'agonit d'injures. Il hurla que je n'avais pas

le droit de photographier ses bêtes. Je me défendis courtoisement, arguant que les bœufs ne bénéficiaient pas du droit à l'image. « Certes, me rétorque mon agresseur, mais ils sont à moi et tu dois me payer 50 F [l'équivalent de 7 € environ]. » Toujours pédagogue, je lui expliquai que ses bœufs et sa charrette n'étant pas des êtres humains et faisant partie du paysage public, je n'avais pas à payer 50 F de droit photographique. J'ajoutai que cela s'apparentait fort à du racket.

## INTÉRESSANTE POLÉMIQUE !

Le débat s'animant et devenant bruyant, il ne manqua pas d'attirer les autres conducteurs de charrette. Je n'attendis pas qu'un front commun anti-néo-colons blancs se mette en place pour riposter. J'informai mon venimeux et vindicatif conducteur que j'étais journaliste-écrivain, en train d'écrire un guide sur les beautés de la Guadeloupe et l'hospitalité de ses habitants. En me réclamant 50 F, il m'imposait donc une taxe pour avoir le droit de travailler (de plus pour le bien de l'île !). Je lui demandai alors quel serait son sentiment si son patron lui réclamait 50 F chaque matin pour avoir le droit de couper sa première canne. Je notai avec satisfaction que mes arguments faisaient mouche sur une bonne moitié de l'assistance. Et je jubilai de les voir discuter entre eux.

Clairement, je ne cédai pas au chantage et laissai tout ce beau monde continuer le débat. J'appris par la suite que l'idée des 50 F n'avait pas germé dans l'esprit d'un seul personnage, mais n'était autre que le mot d'ordre des indépendantistes : taxer tous les touristes prenant des photos...

Cette donnée m'apparut très nouvelle et fort intéressante et j'en parlais donc à Philippe qui fut tout à fait d'accord pour intégrer un texte d'avertissement dans le Routard *Guadeloupe.* Lorsque le guide parut, inutile de vous dire qu'au niveau des autorités locales, cela fit grand bruit et provoqua nombre de débats. Suite à de virulentes réactions des politiques et de l'office du tourisme, le racket des 50 F fit long feu et la protestation quitta le guide dès la première réimpression...

## RENDRE À CÉSAR CE QUI EST À CÉSAR...

Je veux profiter de ce chapitre consacré à la photo pour rendre hommage à deux amis très chers, Voya Mitrovic (30 ans de complicité) et Philippe Salaün (plus de 12) : ces talentueux artisans qui tirèrent mes photos argentiques noir et blanc de façon magnifique. En effet, j'ai coutume de dire que 30 à 50 % de la réussite d'une photo, on la doit au tireur ! Affirmation contredite cependant par mes deux amis qui m'ont précisé : oui, mais dans le seul cas de photos sous-exposées, surexposées ou tout autre défaut qui nécessitera un certain travail sur la lumière et les contrastes. Voya travailla pour Henri Cartier-Bresson (de 1967 à 1997, la meilleure période du maître), René Burri, Josef Koudelka, Marc Riboud, Frédéric Brenner, Peter Turnley... Philippe, pour Willy Ronis, Robert Doisneau, Edouard Boubat, Izis, Seydou Keïta, Malick Sidibé (les deux plus grands photographes d'Afrique de l'Ouest) et tant d'autres... En outre, Philippe est également un grand photographe bourlingueur qui fit de nombreuses expos.

## UN RÔLE FONDAMENTAL !

En tout cas, quel ravissement de travailler avec un tireur qui aime vos photos et qui devine, qui interprète, qui fait monter en puissance telle ou telle partie de la photo, tel ou tel personnage !... Qui choisit avec soin un papier dur ou plus ou moins doux, en fonction du sujet de la photo ou des contrastes à mettre en valeur. Et bien d'autres fines interventions qui vont produire une photo au maximum de ses qualités esthétiques et émotives. Enfin, qui tire d'un négatif deux ou trois photos aux tonalités différentes, qui exprime son propre choix, mais vous laisse, bien sûr, choisir entre les différentes propositions...

Une anecdote : comme je m'extasiais sur la *Veillée funèbre tzigane,* célèbre photo de Koudelka (famille entourant la personne décédée, dans un harmonieux jeu de lumière), Voya me précisa qu'il avait passé la journée dessus, dans un infernal ballet de « caches » pour rééquilibrer les lumières et faire « monter » les détails tant la morte était surexposée et la famille autour complètement sous-exposée ! Mais au bout du compte, le résultat était totalement miraculeux !

## EN REVANCHE, PEU DE RECONNAISSANCE DANS LA PROFESSION !

Autre chose, je suis sincèrement choqué que le rôle important du tireur, parfois essentiel (on l'a vu plus haut quand il s'agit de « sauver » une photo !), ne soit pas plus reconnu. Dans les ouvrages photographiques, ils sont rarement mentionnés. Après enquête, il apparaît que beaucoup de patrons de labo photo refusent de mentionner leurs tireurs et de les mettre en valeur, afin d'éviter qu'ils ne prennent trop d'importance dans l'entreprise (et revendiquent de meilleurs salaires ?). D'autre part, il est clair que certains photographes (de talent, ça je ne le remets pas en cause !) qui ne tirent pas eux-mêmes leurs photos ne souhaitent pas mentionner leur tireur de peur que cela amoindrisse leur gloire !

Même courroux par rapport aux expos ! Il est rarement fait mention du tireur, alors que sur les tirages grand format, la force de la photo, la distribution et la mise en valeur de la lumière, les géniaux contrastes des noirs et blancs ou leur équilibre sont également à mettre au compte du tireur. Bon, je ne demande évidemment pas pour eux la même parité des noms ni la même importance des textes. Non, juste une petite mention sur le catalogue pour rendre justice au boulot du tireur. Ainsi, à l'occasion de la très importante expo Seydou Keïta au Grand Palais (en 2016), Philippe Salaün qui réalisa la grande majorité des magnifiques tirages… ne fut mentionné nulle part !

## HEUREUSEMENT, DES EXCEPTIONS !

Cependant, il y a des exceptions. Voya m'a autorisé à révéler que Joseph Koudelka non seulement le met en valeur, mais qu'il l'emmène souvent dans ses voyages, pour l'inauguration de ses expos dans le monde. Très émouvant : comme je parlais à Voya de ce manque de reconnaissance de certains photographes pour les tireurs, il me montra la dédicace d'une superbe photo de Henri Cartier-Bresson : « À Voya, cette photo réalisée à quatre mains, dix doigts pour lui, un doigt pour moi ! ». Henri, définitivement un grand !

Enfin, un chaleureux merci à Voya de m'avoir fait connaître Joseph Koudelka et René Burri (auteur de la deuxième photo la plus célèbre du Che, celle avec le cigare). De même, sincère reconnaissance à Philippe Salaün pour m'avoir fait rencontrer Max Pam (grand photographe routard australien), Godlis qui mit en photo tous les grands artistes et musiciens des années 1970 à New York (dans d'admirables noir et blanc).

Mais, surtout, d'avoir provoqué une merveilleuse rencontre avec Sabine Weiss, la dernière des « géants » de la photographie humaniste. À 93 ans, par son énergie, son humour, sa gentillesse, elle me donna une formidable leçon de vie…

À tous deux, encore merci !

# PHOTOS RATÉES, PHOTOS PAS NÉES !

Nos souvenirs sont faits surtout d'images qui illustrent nos émotions. Les photos précisent les choses, définissent les contours, mais les vraies images, pleines de vie et d'odeurs, gîtent au fond de nos cœurs et de nos rêves. Au cours de mes voyages, il m'est souvent arrivé de rater ou de ne pas prendre certaines photos. J'en ai un peu le regret mais sans amertume. Après tout, ces images manquées et moi, nous sommes quittes. Grâce à elles, je peux vous livrer quelques histoires de ces « échecs » somme toute plutôt productifs.

## ÉCHEC À VARANASI

À Varanasi – ex-Bénarès – photographier, immortaliser si je puis dire, les crémations n'est pas vraiment interdit, mais cela ne se fait tout simplement pas. Et si vous vous aventurez tout de même à braver l'interdit, vous risquez de vous faire rappeler à l'ordre par certains « gardiens de la tradition » des pattes desquels vous ne pourrez vous tirer que moyennant une dispendieuse rançon. Pour ma part, me croyant plus fort que tout le monde, je décidai de braver l'interdit en louant les services d'un batelier. Rarement l'expression « vogue la galère » eut plus de sens. Arrivé face à l'objectif, sur le Gange, j'attendis que le fil de l'eau se charge de faire disparaître une vache gonflée comme une outre de mon champ de vision, pour shooter. Les deux ou trois clichés qui restaient sur ma pellicule – eh oui, on était au XX^e^ siècle – devaient suffire à la besogne.

Sceptique quant au surnaturel, je dois reconnaître que ce qui se passa ensuite relève de l'intervention de quelque entité démoniaque. À moins qu'il ne s'agisse d'un de ces phénomènes relevant des arcanes du freudisme que l'on appelle « acte manqué », autrement dit « échec réussi ».

Une fois mon forfait accompli, je voulus changer la pellicule. Et là, chose inouïe, proprement insensée : j'oubliai de rembobiner. Résultat, tout fut voilé. Il n'était plus possible de rattraper ce coup du sort, le courant nous ayant entraînés loin du site convoité. Certes, j'aurais pu tenter de recommencer, mais je suis du genre bon joueur, surtout quand le joueur d'en face s'appelle la force du destin…

## AVOIR TROP DE PRINCIPES NUIT PARFOIS !

N'étant tout de même pas du genre à baisser les bras, j'imaginai pouvoir réitérer ma tentative quelque temps plus tard alors que je visitai Pashupatinath, tout près de Katmandou. C'est l'un des lieux les plus sacrés du Népal. On y vient pour le Temple d'Or inscrit au patrimoine de l'humanité par l'Unesco et pour les crémations sur les bords de la Bagmati, un affluent du Gange. Le site est moins spectaculaire que celui de Vanarasi, mais l'atmosphère y est plus détendue et à l'époque on pouvait prendre des photos sans rencontrer de problème particulier. J'espérais donc m'y venger de mon précédent échec. Ce que je fis, captant au passage la scène insolite de gamins jouant aux billes près d'un brasier. À un moment, un bout de bras à moitié consumé tomba du bûcher. Sans même le regarder, le gamin repoussa l'objet d'un air vaguement excédé et continua à jouer. J'avoue que la scène me fit réfléchir sur la relation que nous autres, Occidentaux, entretenons avec la mort !

L'autre attraction du lieu sont les nombreux *saddhu,* sortes d'ascètes, dont certains, un peu fakirs, font toutes sortes de tours afin d'être pris en photo par les touristes moyennant quelques roupies. Mon attention fut attirée par l'un d'entre eux. Et pour cause. Il avait fixé au bout de son sexe une pierre d'au moins 15 ou 20 kg, ce qui renvoyait Rocco Siffredi au rang d'amateur, de gagne-petit ! Je ne suis pas géomètre, mais à vue d'œil, son engin mesurait au moins 50 cm et pouvait légitimement prétendre au *Guinness Record Book...* L'athlète n'était pas hostile à ce que je prenne son exploit en photo, mais il réclamait une contrepartie proportionnelle à la longueur de sa performance. Cinq dollars. Vous me direz que 10 cents le centimètre, c'était pas trop cher. Mais ne voulant pas casser le marché, je tentai de négocier. Rien à faire, c'était cinq dollars ou « queue dalle ».

Aussi orgueilleux que têtu, je renonçai donc à ma photo. Encore, s'il avait attaché le caillou à ses bijoux de famille avec un ruban rose, ça aurait peut-être valu l'investissement. Fier d'avoir montré le mépris dans lequel je tenais cet exhibitionniste, je quittai les lieux.

En fait, je crois bien que c'est lui qui a gagné, le bougre. Car 25 ans après, je me dis que cette photo aurait pu constituer le début d'un album-musée de l'insolite...

## UN « *ELEPHANT MAN* » TROPICAL !

J'aurais pu, par exemple, la faire suivre par la photo de ce que je vis au marché de Médan, la capitale de Sumatra. Totalement envoûté par le foisonnant spectacle de toutes les richesses équatoriales qui se retrouvent ici, mon attention fut soudain attirée par une merveilleuse musique, des notes très mélodiques, semblant venir d'un harmonium. L'harmonium portatif, très répandu en Asie du Sud-Est, produit un son proche du *Melodica* provenant de languettes métalliques que fait vibrer un soufflet que l'on actionne au moyen d'un bras. La musique s'élevait d'un vaste attroupement dont je perçai non sans peine l'épaisse muraille. Parvenu au premier rang, je demeurai pétrifié, tétanisé. Sur le clavier de l'harmonium, de petits doigts, prolongés de petits bras et au bout des petits bras, une énorme tête d'hydrocéphale. Deux yeux, certes, mais à la verticale et le nez au milieu... Un « *Bach Elephant Man* » indonésien ! Ne pouvant détacher mon regard d'une scène dont l'aspect irréel reposait sur le contraste entre la beauté de la musique et ce corps monstrueux échappé d'un film de Tod Browning, mon appareil demeura au fond de mon sac. Mon esprit était bien trop impressionné pour que je songe à impressionner le moindre bout de pellicule. Voici une photo qui survivra longtemps dans mon esprit.

## DÉROUTANTS INDIENS !

Le 25 juillet, sur les hauteurs de La Paz, en Bolivie, dans le quartier d'El Alto, c'est la fête de la Saint-Jacques. *Chicha* et alcools divers y coulent à flots et, pour les Indiens, outre le caractère traditionnel et religieux de l'événement, c'est surtout l'occasion de prendre LA cuite de l'année. Profondément pathétique, en fait. J'avais commencé à saisir quelques photos de beuveries, mais j'ai vite cessé de prendre le moindre plaisir à contempler ce genre de scènes. Reportage inutile, voyeurisme sans intérêt, les clics cessèrent...

Plus tard, un enterrement sur la route de Coroico présenta beaucoup plus d'intérêt humain et me permit de goûter et d'apprécier la *chicha* pour la première fois.

Chichicastenango, au Guatemala, possède l'un des plus grands et plus séduisants marchés du pays. Explosion de couleurs vives avec des femmes vêtues du traditionnel huipil, sorte de chasuble abondamment ornée de stries multicolores et de broderies, au-dessus de jupons à rayures bleues décorées de bandes de dentelle... Mais, c'est l'église Santo Tomás qui attire le maximum de visiteurs. Il s'y déroule d'émouvantes scènes de syncrétisme religieux où les *chuchkajaus* – prêtres mayas – récitent de séculaires litanies tout en agitant de rudimentaires encensoirs d'où s'échappent la fumée du *copal,* l'encens ancestral. Ils adressent leurs prières aux saints « crétiques » bien sûr, mais aussi aux puissances de la terre, pour obtenir une récolte favorable, une promesse de naissance, une guérison... Rien de plus, si ce n'est la couleur locale, que ce qui se passe à Lourdes ou à Fatima. Ici, pas vraiment d'hostilité envers la photo si l'on reste discret. Comment résister à la débauche de couleurs chatoyantes des vêtements mayas éclatants sur la blancheur de l'église. Sentiment de culpabilité, photos prises trop rapidement, floues à l'arrivée...

En revanche, au Mexique à San Juan Chamula, dans l'État du Chiapas, interdiction totale de photographier les cérémonies et fêtes religieuses. Dans l'église locale, les *Tzotziles,* prêtres indigènes, pratiquent leur propre religion à base de chamanisme en y mêlant des éléments du culte catholique. On n'y a pas vu un prêtre depuis 1867 et l'évêque n'est autorisé à pénétrer dans l'église qu'une fois par an pour les baptêmes.

Même si la photographie n'est pas vraiment interdite sur le grand marché alentour, la tension avec les marchands et les clients est telle que l'appareil regagne rapidement son étui. Jamais des regards désapprobateurs ne m'apparurent aussi efficaces et désarmants. Vengez-vous donc sur les sublimes ponchos régionaux, certains dans toutes les vertigineuses nuances de rose indien existantes…

Mais c'est chez les Hopis en Arizona que les disciples de Niepce et Daguerre, ou même de Dürer, ressentiront les plus grandes frustrations ! J'étais arrivé totalement par hasard – encore le pot du Routard ! – au village hopi de First Mesa, le jour d'une des rares cérémonies de la Pluie. Bienvenue « au centre de l'univers ». C'est du moins ainsi que les Hopis appellent leur toute petite réserve, au sein d'un océan de tribus navajos. Le village est construit sur un promontoire, entouré d'un désert cisaillé de ravins à la terrible et fracassante beauté. La langue hopi y est encore bien vivante. Lors des rares cérémonies ouvertes aux touristes, peut-être verrez-vous des jeunes femmes arborant une étrange coiffure, la *butterfly hairdo*. Leurs longs cheveux sont alors rassemblés en macarons qui évoquent des cornes de bélier ou… des oreilles de Mickey. Les Hopis sont également connus pour leurs poupées Kachina, symboles des esprits, de véritables œuvres d'art. Ils en assurent une toute petite production à destination des touristes. Elles se méritent et sont donc très chères !

Pour cette cérémonie de la Pluie accessible aux visiteurs, costumes, chants et danses traditionnels étaient au programme. Ni photo ni enregistrement, avait-on prévenu. *Hakuna matata,* comme on dit en swahili (je sais, on n'est pas à Zanzibar, mais il faut bien placer ça quelque part !). Pas de problème ! Je sors mon minibloc de dessin, mon feutre noir à plume extra fine et commence à crayonner la cérémonie. Le temps qu'une main amicale me tape sur l'épaule et qu'un visage sévère aux yeux cependant dénués d'agressivité me fasse comprendre que dessiner était également proscrit !

Avant de quitter la réserve, j'appris que l'antagonisme séculaire entre Hopis cultivateurs et pacifiques et Navajos chasseurs et guerriers était profondément ancré. Ainsi, les Hopis n'observent-ils pas l'heure d'été, conservant une heure de décalage avec les Navajos du deuxième dimanche de mars au dernier dimanche d'octobre. Sur le même territoire ! *Astonishing, isn't it?*

## CAFÉS ET TROQUETS RÉTICENTS

Retour en France. Pour mon album photo, *La nostalgie est derrière le comptoir*, j'avais repéré, rue Saint-Honoré (Paris II$^{e}$), un café, survivance de l'ancien quartier des halles, majoritairement fréquenté par les employés d'une grosse boucherie gros-demi-gros sise juste à côté. À la recherche de troquets ethniques ou reflets d'une corporation, celui-ci correspondait très exactement à ce que je voulais. Arrimée à l'antique comptoir de zinc, une longue série de blouses blanches maculées de rouge aurait pu me faire imaginer des étudiants des beaux-arts, si ce n'avaient été les trognes bovines, sans équivoque, de ces costauds. M'approchant timidement du comptoir, je tentai la drague avec un louchebem plus vrai que nature. J'eus d'ailleurs à ce moment-là une pensée amusée pour Proust draguant parfois à la sortie des abattoirs de la Villette de beaux et costauds tueurs. S'il en trouvait de vrais, Marcel leur demandait, déjà excité et lippe gourmande : « Fais voir tes mains ! »...

Mon voisin se montrait cependant peu réceptif à mes demandes d'approfondissement de mes connaissances bouchères. Je pensai pourtant naïvement que c'était le moment de ferrer et lui proposai un verre. Mais cette photo très désirée, destinée à l'album-hommage au peuple des estaminets, apparut tout à coup fort compromise. Réponse guillotine de l'intéressé : « J'ai les moyens de me le payer ! »...

Au final, donc, pas de café-boucherie dans l'album.

La séance de rattrapage eut lieu 15 ans après à Godewaersvelde, petite localité des Flandres françaises comptant pas moins d'une quinzaine d'estaminets, rendue célèbre par ce monument du patrimoine ch'ti que fut Raoul de Godewaersvelde, immortel interprète de *Quand la mer monte, j'ai honte, j'ai honte.*

Avec mon vieux complice Bernard Pouchèle, nous avions dégotté une pépite pour notre bouquin sur les Flandres : *Le Roi du Potjevleesch,* authentique café-boucherie, bien dans son jus. Bernard, c'était Terence Stamp dans *Théorème de Pasolini*... Moins beau que ce dernier, il touchait cependant tout le monde par sa grâce et sa tchatche. Séduction de la patronne qui se laissa photographier en train de découper une énorme côte de bœuf... que nous dévorâmes plus tard avec entrain.

Direction l'Auvergne. Carreaux pas lavés depuis au moins l'hiver précédent, cuisine dans la salle du café et fourneau à bois inséré dans l'immense cantou, longues tables rugueuses, éclairage à grosses ampoules apparentes de 25 W... tel était le touchant décor d'un rustique troquet de village dans le Puy-de-Dôme. On n'y servait qu'une seule marque de gros rouge, un litre étoilé au nom inconnu, probablement issu des vins de tous les pays de la Communauté européenne et peut-être du reste de l'univers... La patronne semblait très proche de la retraite et la clientèle clairsemée ressemblait à la queue d'une comète en fin de vie. Je subodorais la fermeture prochaine et définitive de ce monument d'un autre âge. À tous les coups, me dis-je, l'endroit a peu de chance d'être repris et si je reviens dans quelques années, je trouverai à sa place une résidence secondaire pour bobos parisiens en mal d'« authenticité »... Pas question, donc, de rater mon coup d'ethnographe de comptoir, de conservateur des rites liés à l'acte sacré du levage de coude.

Mon discours de séduction semblait laisser de marbre une patronne visiblement peu réceptive à mes considérations sociologiques. J'entrepris alors la stratégie chère à Mao : encercler les villes par la campagne. Séduire les usagers pour mieux circonvenir la patronne en payant moults coups à boire à des petits vieux ravis de l'aubaine. Pensant que le moment était favorable pour décocher l'estocade finale, je lançai à l'adresse de la taulière : « Quel beau et chaleureux lieu, madame, j'effectue

un reportage sur les derniers bistrots de campagne, est-ce que je peux faire une petite photo ?
– NON ! »

Je traînerai longtemps cette blessure qui stérilisa ma spontanéité un bout de temps ! Je fus même animé quelque temps par un violent désir de vengeance : cesser d'être correct, arrêter de tenter de construire un rapport avec le sujet. Ne plus demander la permission, voler la photo ! Ça y est, voilà que je devins aigri !

Voler la photo ou se la faire voler ? Dans un petit café de quartier à Recife (Brésil), j'entrai me délasser un moment et commandai une *Brahma* – bière locale – au comptoir. La journée avait été rude dans cette ville fascinante, mais aussi, comme pour toutes les grandes métropoles brésiliennes, épuisante. Et puis, une grande partie de la nuit précédente, j'avais plongé dans la culture locale au cours d'une fabuleuse séance de candomblé (voir le chapitre plus loin).

Vint s'installer à côté de moi une vénérable dame assoiffée réclamant une *Skol*. Nous ne tardâmes pas à sympathiser comme on le fait au bistrot, parlant de l'air du temps. Ayant épuisé l'évocation des mérites respectifs de nos deux cervoises, j'abordai le chapitre musical, expliquant combien je préférais le *frevo*, la musique locale, à la samba. Le *frevo*, un genre de polka très rythmée se jouant avec des cuivres, est la musique du carnaval de Recife. Vieux truc : toujours flatter les spécificités locales. Plus j'observais ma bavarde voisine et plus je la trouvais photogénique. Un visage assez ridé, nettement marqué par les vicissitudes de l'existence, mais un regard lumineux, pétillant... Mais c'est surtout son sourire qui me scotchait. Elle me demanda mon métier. Auteur de guide de voyage, un peu photographe... Un rai de lumière vint illuminer le visage de ma voisine, accentuant le contraste entre ses rides et son sourire.

Mais il fallait que j'y aille. Encore une demi-douzaine de restos à vérifier, saupoudrés de quelques lieux de libation nocturne. Lui demander une p'tite photo avant de partir ? Non, je ne pouvais décidément pas. J'allais, pensai-je, me prendre une veste qui plomberait mon moral pour la soirée. Je m'arrachai donc du tabouret, adressant un chaleureux adieu à la cantonade. C'est alors que ma voisine, dont le portrait aurait été digne de faire la couv du magazine *Notre Temps*, me lança, avec une petite moue de déception : « Alors, pas de photo ? »...

Pris de court. La lumière venait de s'enfuir. Je réalisai quand même le cliché dans l'urgence. Trop vite, trop tard ! Ratée, bien sûr. Trop d'émotion, trop de fébrilité, la photo, c'est un métier. Reste le souvenir d'une conversation charmante et d'un sourire qui m'accompagna toute la soirée...

## ET UN DERNIER HOMMAGE À MICHEL PEYROT

La recherche du troquet où avait été tourné en 1957 le film *Le Beau Serge* par Claude Chabrol me conduisit à plonger dans le Limousin profond. En l'occurrence, la Creuse. « C'est à Sardent », me précisèrent Pierre et Isabelle Cognard, mes grands amis espérantistes qui vivent aux environs de Limoges. Venu donc tout exprès de Paris dans le cadre de la réalisation de mon anthologie des bistrots et cafés du monde, et ravi de revoir par la même occasion Pierre et Isabelle, ces généreux amis qui accueillirent Bernard Pouchèle au bout de ses dix ans de vagabondage. C'est chez eux que Bernard écrivit son premier merveilleux roman, *L'Étoile et le Vagabond*.

Quant au *Beau Serge*, je me souvenais fort bien des scènes tournées dans ce vieux bistrot aux tonalités noir et blanc très crues, façon Duvivier ou Grémillon. C'est dans ce cadre que s'affrontaient Gérard Blain et Jean-Claude Brialy et que résonnait le rire cristallin de l'immense Bernadette Lafont.

Pierre m'avait dit : « Pas d'enseigne, c'est derrière la pompe à essence, facile à trouver »...

Pas déçu du voyage. C'était le troquet de village idéal. Bien sombre, probablement pas repeint depuis l'époque de Martin Nadaud, célèbre maçon et député creusois, auteur de l'historique saillie : « Quand le bâtiment va, tout va ! » – et toc ! pour la culture. Un superbe comptoir en étain très travaillé s'y gondolait doucettement tandis que la vénérable comtoise, atteinte par Alzheimer, ne savait plus depuis longtemps dans quel siècle on était. En face, la haute cheminée et, au centre de la salle, sous les poutres patinées, deux immenses tables vides. Ce dimanche matin, j'étais le seul consommateur assis, me sentant vaguement orphelin, alors que six à sept clients s'agglutinaient au comptoir. Dehors, il gelait à pierre fendre. L'église sonna l'heure de l'apéro. Midi. Je commandais un « casa », histoire de marquer ma différence avec les buveurs de Ricard au comptoir. Je devinai rapidement quelle était leur activité dominicale. Des chasseurs, la poisse ! Grâce ma petite réserve de clichés et préjugés, grâce à mon catalogue de jugements un poil hâtifs, dogmatiques et réducteurs, je brossai rapidement le portrait robot de l'ennemi : gros beauf, viandard, macho réac obtus... Pour la photo, ça paraissait mal barré. Deuxième pastis pour me donner une contenance, puis je réclamai *La Montagne* pour attirer l'attention. Rien qui fit pour autant bouger les lignes. Si j'avais demandé *La Voix du Nord*, *Le Télégramme* ou pire, *Le Monde*, peut-être ! Troisième pastis pour affronter le désastre. Je ne savais vraiment pas comment entamer le dialogue. On m'ignorait totalement. Le grand voyageur, l'homme aux semelles de vent, le Rimbaud du Limousin, paralysé par une épouvantable timidité, paralysé par les barrières culturelles... Ridicule !

Après une heure à cogiter sur la situation, j'entamai le quatrième « jaune », noyé cette fois jusqu'au bord pour qu'il dure plus longtemps. Ça sentait la Bérézina. Quoique le souvenir de cette référence historique me rappela douloureusement que les soldats de Napoléon, justement, ne souhaitaient pas rompre la glace... Je m'apprêtais à lever le camp quand, dans un ultime sursaut d'honneur, par une sorte de réflexe de survie, je décidais d'affronter le comptoir. Tenter d'engager la conversation, brûler une dernière cartouche... Quand je pense qu'en Irlande, au bout de deux minutes, on connaît tous les gens d'un pub par leur prénom... Mais passons. C'est alors que par miracle, je croisai un des regards de cette joyeuse bande. À ce stade de déchéance personnelle, où puisai-je la force de soutenir ce regard ? Et ce fut la bombe, ou plutôt la phrase qui allait faire bouger les lignes : « Vous n'êtes pas au moins un de ces écolos anti-chasseurs ? »... Le miracle, saisir la balle – ou plutôt la cartouche – au bond...

« Non. Je ne chasse pas, mais je respecte profondément les traditions rurales et le travail de ceux qui régulent la nature, ceux qui savent repérer un vieux cerf ou une bête blessée ou malade... ». Démago !

« Et pour vous prouver ma bonne foi et ma sincérité, j'offre une tournée ! » Gagnant ! Je l'ai joué à la Pouchèle, direct, franc du collier. Derrière le magnifique comptoir trônait le patron, Michel Peyrot. Il s'avéra être un personnage tonique et généreux avec ça. Après ma tournée, il remit la sienne. J'eus tôt fait de révéler l'objet de ma mission : publier un ouvrage honorant les bistrots du monde, ces « derniers refuges de l'amitié et de la convivialité » (comme je devais l'écrire plus tard dans toutes mes dédicaces).

*Le café de Michel Peyrot, Sardent, Creuse*

Alors que je m'extasiai devant la beauté du comptoir (un vrai Nectoux), Michel Peyrot me raconta qu'un Américain lui avait proposé un paquet de « bonaparte » pour l'acquérir – ça se passait bien avant l'euro. Pour tout l'or du monde, il ne l'aurait pas cédé ! Pour mon enquête, il me livra quelques adresses de rades antédiluviens dans le département. Une partie de l'après-midi s'écoula ainsi entre anecdotes de bistrots, brèves de comptoir et séances photos avec des acteurs adorables et désormais complices.

Au dixième *pastaga,* je décidai de filer. Marcher un peu dans la campagne pour me dégriser avant de regagner Limoges et retrouver mes amis. Ce qui n'était pas de trop...

La photo du bistrot de Sardent se révéla l'une des plus attachantes de mon album et, encore plus, celle de Michel Peyrot, rayonnant, explosant dans un formidable éclat de rire. Et pourtant, il s'en fallut de peu qu'elles figurent dans la catégorie « pas nées » de ce chapitre.

Michel Peyrot nous a quittés en mai 2015. Tous les journaux couvrirent l'événement et soulignèrent ô combien le village, la région et au-delà, perdirent plus qu'un bistrot emblématique, mais aussi une partie de son âme, un morceau de sa culture...

# PONDICHÉRY !

Pondichéry (*Puducherry* en indien) est l'un des cinq anciens comptoirs français d'Inde (avec Mahé, Karikal, Yanaon et Chandernagor), siège de la Compagnie française des Indes orientales créée par Colbert en 1654. La présence française prit fin 300 ans après (en 1954). C'est une des rares villes indiennes possédant un plan en damier. Nombreuses traces de la colonisation : son monument aux morts de la guerre 1914-1918, sa statue de Jeanne d'Arc, ses rues Suffren, Romain-Rolland, de la Marine, Mahé de la Bourdonnais, François-Martin, son église Notre-Dame-des-Anges, le vieux cimetière colonial et, bien entendu, nombre d'édifices et de demeures de style français. Un grand lycée français et une Alliance française dynamique complètent le tableau. Chose curieuse, si pas mal de signes physiques y demeurent, la ville s'est totalement indianisée en termes de mœurs et traditions, contrairement à Goa qui a conservé nombre de traditions portugaises (certes pour beaucoup métissées, comme la cuisine et les fêtes). Cependant, il y règne une atmosphère tout à fait particulière, bien à elle, indéfinissable, un charme un peu suranné. On y rencontre encore quelques vieux soldats franco-pondichériens ayant « fait l'Indo ». J'allais oublier la pétanque, voilà bien un ultime et solide vestige culturel ! Il existe même une équipe nationale indienne que l'on vit débarquer à Marseille une année pour un championnat du monde. Vannée par certains Marseillais, mais elle sut tenir son rang...

En principe, dans les bars et les restos, on ne sert plus d'alcool après 22h. C'est ainsi qu'un restaurateur compatissant me servit une bière bien fraîche dans... un service à thé !

**NUITS FRANCHEMENT PAS TORRIDES !**

Sympathique réunion de travail à l'office du tourisme. Son directeur me demanda si j'avais un programme précis pour la soirée. Subodorant que la vie nocturne ne devait être guère palpitante à Pondy, repoussant l'ennuyeuse idée de visionner un film *bollywoodien* dans ma chambre standardisée, j'acceptai son invitation d'assister à la réunion mensuelle du *Rotary Club* local. L'occasion de faire des rencontres, d'aborder des sujets d'actualité, un peu de politique peut-être...

Elle réunit une bonne centaine de membres, hommes d'affaires, hauts fonctionnaires, grands commerçants, décideurs de la ville... À la tribune, un petit carton : *Mr Josse, french journalist*, à côté du *chairman* et du *treasurer*. Atmosphère anglophone, amicalement bruyante et bon enfant. Après les rapports d'activité usuels, le *chairman* me présente à l'assemblée et, au nom de l'association, me remercie de mon bon travail de communication en faveur de la ville, pour les touristes français. Le large sourire qui illumine mon visage se fige soudain... lorsqu'il annonce brutalement que je vais avoir l'honneur d'effectuer une intervention sur les liens culturels, historiques et indéfectibles entre l'Inde et la France !

Ce n'était nullement prévu, ma présence devant se limiter ce soir-là à rencontrer des gens et à échanger, éventuellement à glaner de bonnes infos pour mon guide. Pas plus. Si le directeur de l'office du tourisme m'avait prévenu, j'aurais préparé quelque chose. Là, nada ! Par Ganesh, mille ciels me tombaient sur la tête... Je me retrouvais dans la situation de Robert Donat – le héros du film de Hitchcock *Les Trente-neuf marches* – poursuivi par la police et qui se réfugie dans un théâtre. Sans le vouloir, il est poussé sur la scène et présenté comme le conférencier qui doit disserter devant le public, je ne me rappelle d'ailleurs plus sur quel sujet. Il improvise alors brillamment...

**AU SECOURS, À MOI LE MAHABHARATA !**

Ce qui n'est absolument pas mon cas... En dix secondes, je dois retrouver mes esprits, liquider la grosse boule qui bloque ma respiration, trouver un thème crédible... Sauvé par le gong du *mahabharata* ! Quelques années auparavant, j'avais admiré cette longue pièce montée par Peter Brook. Flamboyante épopée, bourrée de dieux, de héros et d'animaux fantastiques. Dans le même temps, œuvre intime avec des personnages profondément humains, fragiles... Je me rappelais surtout de l'*Indiade* (ou

*L'Inde de leurs rêves*) jouée par la troupe du Théâtre du Soleil et vue plus récemment... L'histoire de l'indépendance de l'Inde, du cruel conflit entre hindous et musulmans et de la partition... Dans les deux pièces, tourbillons de couleurs, musiques obsédantes, personnages tragiques... Je tenais le filon, même s'il était un peu hors sujet : raconter l'émotion qui s'empara de moi à la vue de ces pièces flamboyantes, livrant tant d'éléments de la culture indienne. Je butais bien entendu, de façon ridicule, sur la prononciation du nom de la pièce : « mahara...taba », puis probablement « ma... rabattata »... Peu importe, dès lors que je n'avais pas à dispenser un discours théorique construit et que je me contentais de décrire, les mots parvenaient à émerger. Et puis, en anglais, on a toujours l'impression de dire des choses intelligentes.

Je terminai mon calvaire en disant combien j'appréciais le livre de Tabucchi, *Nocturne indien*, que j'étais précisément en train de lire, et combien je m'identifiais au héros... Un homme à la recherche d'un ami disparu, probablement victime du syndrome indien (à ce propos, lire *Fous de l'Inde* de Régis Airault) et qui se perd à son tour dans les mystères de la culture et des traditions indiennes... J'ai achevé mon discours par une longue déclaration d'amour : plus je venais en Inde, moins je comprenais ce pays et plus il me fascinait... donnant envie de s'y égarer et d'y perdre ses repères...

Pour le coup, totalement hors sujet ! Mais à ses applaudissements sincères, je notai que le public ne semblait pas m'en avoir tenu rigueur...

Plus de 20 ans après, je me demande toujours par quel miracle je me sortis honorablement de ce guêpier.

# PORTRAITS ET COMPORTEMENTS DE ROUTARDS

Nous nous attacherons, par facilité (et manque d'imagination) à l'« *homo touristicus routardus* » : celui que nous rencontrons en voyage (par nous, il faut entendre « les vrais », ceux qui écrivent les guides). Voici, dans le désordre, quelques spécimens de portraits et comportements de Routards. Bien sûr, il y a des liaisons transversales entre les différents portraits dessinés ici. Surtout, le Routard connecté peut évidemment présenter, peu ou prou, quelques-unes des caractéristiques qui suivent...

**Le Routard connecté :** le petit dernier ! Arrivé sur ce vaste marché, un voyageur quand même un peu éloigné de ma sphère (c'est-à-dire de ma génération). Bon, maintenant, il est majoritaire. Ses indispensables accessoires : le smartphone, la tablette, et toutes les applis indispensables pour payer, se situer sur la carte grâce au GPS intégré et pour lire les QR Codes du monde entier... Son guide, virtuel : Internet ! Tous les blogs publiés en ligne en relation avec le pays visité, incluant les sites de comparateurs d'hébergements, d'échange d'appartements ou de maisons, des curiosités à découvrir absolument selon les villes choisies, photos à l'appui, le tout épinglé avant le départ dans sa liste des favoris. Sa logistique optimisée : billets d'avion électroniques, enregistrement et résa en ligne. Ses choix d'itinéraires : invariablement tous ceux qui lui offriront, à un moment donné de la journée, plusieurs spots Wifi gratuits pour, évidemment, se connecter ! Téléphoner pour raconter ce qu'il a vu, ce qu'il voit encore, agrémentant le propos par l'envoi via MMS de quelques selfies avec les derniers monuments visités et/ou magnifiques paysages traversés, pour confirmer une réservation de restaurant à la minute près, vérifier les horaires d'ouverture du musée local ou autres curiosités pour éviter de s'y déplacer si fermés, etc. Son voyage « nouvelles technologies » ainsi préparé, il aura le sentiment de ne rien pouvoir rater. Mais qu'en est-il vraiment ? Voici quelques travers... ou qualités qu'il peut revendiquer !

**Je blogue, donc je suis :** intéressante variété de connecté. Il peut se prendre parfois pour Kessel ou London. Ceci dit, pas désagréable en soi lorsque c'est bien écrit et, surtout, si c'est de l'honnête ressenti, une écriture vivante. Le désir de faire partager son plaisir de voyager et la richesse de ses rencontres est parfaitement honorable et permet au correspondant, à son tour, de voyager agréablement par procuration. Plus, bien entendu, l'aspect positif de susciter le désir de vivre les mêmes choses.

**Je selfie, donc je suis :** je m'avancerai sans crainte à dire que ce Routard connecté ne va pas tarder à tomber dans une sorte d'aliénation (avant le précipice). Ce photographe compulsif, accumulant des milliers de clichés de lui-même devant les plus beaux monuments du monde, risque sûrement de passer à côté des vraies émotions. Sans compter qu'il risque de perdre aussi la vie sans gloire, car à force de reculer pour obtenir le plus narcissique des clichés, il va immanquablement tomber dans le ravin... avant même d'avoir pu expédier la photo à ses amis ! C'est vraiment con !

**Le Routard humanitaire :** une catégorie en plein développement, celles et ceux qui veulent donner du sens à leur voyage. Je pars, je veux me rendre utile. Nombreuses formules, chantiers divers. Des organismes proposent d'intéressants programmes : creusements de puits, édification de mini-barrages, travaux agricoles. Une forme de tourisme solidaire. Suivant le degré d'implication ou de conviction, le voyage sera plus ou moins long. Variante un poil opportuniste peut-être, le voyage humanitaire qui valorisera un CV de grande école de commerce. Bon, on n'est pas là pour juger !

**Le Routard sénior :** de plus en plus nombreux, les Routards séniors ! Enfants du baby-boom (nés de 1945 à 1955, donc entre 60 et 70 ans, et parfois un peu au-delà). Ils sont d'abord apparus dans le courrier des lecteurs, depuis quelques années déjà. Curieusement, leurs lettres débutaient souvent par une phrase du genre : « Vous allez être surpris... ou vous n'allez pas le croire, mais malgré notre âge, ma femme et moi, nous sommes de furieux adeptes du Routard... » En ce cas, de leur part, le Routard était évidemment catalogué avant tout comme guide strictement pour les jeunes. Alors que, chacun le sait, la jeunesse est avant tout un état d'esprit. Bref, je les rencontrais également, au moment des dédicaces, dans les salons du livre ou du tourisme. Me racontant leurs aventures, le Routard en main...

En fait, rien d'étonnant à cela ! Nos baby-boomers, jeunes retraités, ont bénéficié des progrès de la médecine, beaucoup sont en bonne santé et en pleine forme. En outre, pour un certain nombre, deux points communs avec les étudiants : ils ont du temps et peu d'argent. Le Routard apparaît donc fort utile. Les seniors d'aujourd'hui, plus que les générations précédentes, ont conservé l'esprit jeune, beaucoup ayant d'ailleurs participé aux bouleversements culturels des années 1960-1970. Le rock, les mouvements beatnik et hippie, Mai 68, la contre-culture en général... Certains, libérés de leur travail, veulent aussi rattraper le temps perdu, d'autres, qui n'avaient pas les moyens de voyager, mettent désormais les bouchées doubles. Parmi ces nouveaux lecteurs, il y a pas mal de camping-caristes. Ceux qui voyagent « à la pépère », sillonnent les routes marocaines ou de l'Espagne du Sud (et se retrouvent à plusieurs dizaines, voire plusieurs centaines aux étapes, avec un grand sentiment de sécurité). D'autres, plus hardis, louent campers et camping-cars et filent affronter les routes chiliennes, argentines ou nord-américaines... Au salon du tourisme à Paris, j'avais rencontré un club de camping-caristes de Montauban d'une moyenne d'âge de... 72 ans qui préparaient leur voyage en Bolivie ! Enfin, nombreux sont celles et ceux qui continuent à partir sac au dos, découvrir le monde dans de vieux bus brinquebalants ou plus confortables (suivant leur budget). Parlant voyage avec Michel Bras, le pape, le gourou de la gastronomie de Laguiole, je fus surpris d'apprendre sa passion pour la photo et pour les voyages, qu'il effectuait totalement à la routarde ! D'ailleurs, Josette Sicsic, éminente sociologue du tourisme, me disait observer le nombre important de femmes seniors partant sac au dos sur les routes. Souvent divorcées ou veuves, plus nombreuses que les hommes (ces derniers, privilège de leur sexe, se remariant évidemment plus aisément !).

**Le Routard écolo :** population qui grandit. Le Routard écolo tente d'avoir une façon de voyager qui soit cohérente avec sa philosophie. Il prend le moins possible l'avion, à part les lignes transatlantiques, pour ne pas contribuer à l'augmentation du $CO_2$. Sur place, il privilégiera les transports en commun (bus, train, ferry) et évitera la voiture individuelle (à part le covoiturage de ville en ville). Il possède les chiffres en tête : le train dégage 35 fois moins de $CO_2$ que l'avion et le bus quatre fois moins. Avantage du bus, les contacts humains. Sans oublier que le vélo est de plus en plus populaire, ainsi que le voyage à pied.

Au plan hébergement, en Afrique, l'écolo choisira le campement en *banco* qui respecte l'architecture locale et, en général, qui est géré par les autochtones eux-mêmes. Même chose pour les hôtels, chambres d'hôtes et campings bâtis suivant des normes écologiques. Matériaux naturels pour la construction et le fonctionnement : chanvre pour l'isolement, large utilisation du bois, subtil système de ventilation par courants d'air, ventilo plutôt que l'air conditionné, chauffage à la sciure de bois (quand c'est possible), récupération des eaux de pluie, gestion de l'eau (pas de baignoires) et des déchets, économies d'énergie.

Pour la nourriture, utilisation de produits locaux, dont la production respecte les règles d'environnement. Respect de la nature et toutes ces sortes de choses... Dénonciation des nuisances sonores de type scooters de mer ou de rivière, quads pollueurs et destructeurs de dunes...

Le seul problème est que voyager écolo prend nécessairement du temps. Or, un certain nombre de voyageurs n'en possèdent pas beaucoup (pour raison de congés limités à cause du travail par exemple ou fractionnement des vacances). Comment éviter de louer un véhicule lorsqu'on a peu de jours pour visiter une région ou de prendre l'avion localement lorsqu'il y a de longues étapes ? Bien entendu, en bus, ça prendrait des dizaines d'heures !

Achat d'artisanat authentique, éviter les souvenirs fabriqués en Asie du Sud-Est. Visites qui permettent de se rendre compte de la réalité du pays, comme les usines de recyclage dans les bidonvilles indiens, les visites de favelas au Brésil, quand elles sont, évidemment, organisées par des organismes reversant une part importante des bénéfices aux associations humanitaires.

**Le Routard qui voyage ailleurs parce que ce n'est pas cher :** connecté ou pas, écolo ou pas, c'est une variété courante. Sa motivation est compréhensible. Ce qui l'est moins, c'est que cela devienne le but, la finalité du voyage. La recherche systématique du meilleur marché, assez logique lorsque l'on voyage avec un petit budget, devient inquiétante lorsqu'elle tourne à la névrose ou à l'obsession. Ainsi, lorsque l'on dîne avec d'autres routards, dans un bungalow de Kosamui ou de Bali, alors que les vaguelettes viennent tendrement vous lécher les pieds, on entend : « J'ai payé ça moins cher, dormi là moins cher »... Le « pas cher » devient l'unique conversation, l'exploit du jour, et malheur à vous si vous avez payé votre bungalow dix baths de plus parce que vous n'avez pas assez négocié le prix, lazzis et quolibets seront votre lot ! Celui-là, il m'énerve beaucoup !

**Le Routard ultra-gauche :** en dehors du radin pathologique, il existe une variété de Routard bizarre et un poil dogmatique : « l'ultra-gauche ». Je m'explique : voyager et manger au moindre coût devient la marque du vrai tiers-mondiste, celui qui colle totalement à la réalité sociale, à la réalité du pays. C'est, bien sûr, parfois un comportement proche de la démagogie. C'est ainsi que nous avons reçu des lettres nous traitant de vendus, de bourgeois, de traîtres à la cause routarde, parce que nous indiquions des restaurants « deux à trois fois plus chers que la normale ». Un exemple parmi des dizaines d'autres : à Cuzco (Pérou), deux établissements que j'ai eu l'honneur de tester, lettres d'injures à la main : dans l'un, j'ai payé l'équivalent de 2 €, dans l'autre 3 €, ce qui était évidemment 2 à 3 fois plus cher que la *picanderia* locale à 1 € ! Ladite *picanderia* étant une cantine de travailleurs n'ouvrant qu'à 15h et n'offrant qu'un plat très rustique. Il faut quand même, nous semble-t-il, rester dans de justes proportions.

**Le Routard « néo-colo » :** il voyage à la dure, prend les bus bringuebalants locaux, mais conserve quand même intacte dans sa tête la position dominante que lui confère son pouvoir d'achat. Ainsi, alors que 30 personnes se serrent, debout dans le couloir central du véhicule, il laisse son gros sac occuper tout un siège, sous prétexte qu'il paie une place entière pour ce dernier. Génial, non ? Autre aspect du néo-colo : sachant qu'il tient l'autochtone à la gorge, il va marchander la langouste du pêcheur jusqu'au dernier centime, et, après un quart d'heure de palabres, revient triomphant de l'avoir eue pour rien. La variété paranoïaque du précédent est le routard persuadé que le marchandage est l'arme absolue contre l'arnaque, que « l'autre » veut systématiquement le rouler. Le « parano » n'a pas compris l'aspect de relation sociale, culturelle, voire le plus souvent ludique du marchandage, et va livrer un combat acharné contre l'ennemi. Ledit ennemi, ne comprenant évidemment pas l'agressivité de l'acheteur potentiel, voire sa méchanceté. Le routard parano ne cessant de penser, pendant la négociation : « Tu cherches à m'avoir, mais tu ne m'auras pas ! » en viendra à sous-évaluer le prix de l'objet convoité, et, de fait, à dévaluer le travail de l'artisan.

**Le Routard donneur de leçons :** il reproduit exactement les comportements des colonisateurs. Il sait, lui ! Dans une discussion avec le chef de village sahélien ou avec des Africains dans un taxi-brousse, c'est son point de vue qu'il tentera de placer avant tout, se privant ainsi de la parole de l'autre, de la richesse de son discours, de sa sagesse. Il y a aussi celui qui sait mieux que le guide local et va systématiquement le reprendre sur des détails dérisoires... Cette variété de Routard « professoral » se rencontre souvent.

**Le Routard qui voyage « comme à la maison » :** celui-là accepte de partir loin, y compris dans des conditions de voyage difficiles, mais il en refuse en fait les aléas. Il commence à bougonner si le taxi-brousse se traîne, à pester contre les pannes qui vont lui faire « perdre » une journée. Ce faisant, il se privera de regarder autour de lui. Du village où il est provisoirement arrêté, il ne verra ni ne percevra rien de la vie sociale environnante. Pour lui, c'est du temps perdu irrationnellement. Par manque d'adaptation aux circonstances locales, en refusant d'emblée par exemple une notion du temps différente de la sienne, il va souffrir. Le même, dans un autre contexte, méprisera le postier du fin fond de Sumatra qui n'arrive pas à établir une communication téléphonique avec son pays. Comme il n'aura pas non plus fait l'effort d'apprendre quelques mots locaux. Il s'énervera encore plus dans les situations d'incommunicabilité. Sa phrase favorite : « il n'y a rien à tirer de ces gens-là ! ». Incapable de sortir de ses schémas personnels, de s'adapter, manquant singulièrement de philosophie de l'existence, ce type de voyageur, s'il rejoint (ou se superpose avec) le « néo-colo », devient franchement odieux ! Il a oublié qu'à l'étranger, l'étranger, c'est lui !

**Le Routard qui connaît tout, ou que rien n'émeut, ou qui est désabusé :** variété courante, elle aussi. Issue le plus souvent de la petite bourgeoisie des villes. Particulièrement irritante. Désabusé « *at home* », le personnage l'est encore plus en voyage. Rien ne le touche vraiment, peu ou pas de manifestation d'enthousiasme... Revenu de tout, jamais étonné, il incarne finalement une forme d'élitisme. On se demande d'ailleurs pourquoi il va si loin pour souffrir ! Ce type de voyageur est incapable de laisser son mal-être au pays, pour vivre autre chose (alors que c'est aussi là le but du voyage).

**Le Routard dont on ne veut pas :** bien sûr, nous ne nous attarderons pas sur eux. Ils font scandaleusement un ostensible étalage de leur richesse. Se retrouvant subitement investis d'un immense pouvoir d'achat, ils se sentent du « pouvoir ». Nous glisserons aussi vite sur le « touriste sexuel », qui voyage pour les mêmes raisons. Il ne mérite pas qu'on s'attarde sur lui. Ça me rappelle d'ailleurs la polémique provoquée par Michel Houellebecq lors de la parution de son bouquin *Plateforme* il y a une quinzaine d'années. Il nous traitait de « connards humanitaires protestants » parce que nous dénoncions la prostitution (surtout celles des enfants en Thaïlande) dans nos guides. Philippe avait vertement renvoyé Houellebecq dans ses cordes, cassé ses arguments et toute l'équipe l'avait soutenu dans ce combat.

Ces gens-là ne font pas partie de notre lectorat, c'est évident ! Sinon, on les rembourse tout de suite !

**Le Routard idéal :** attardons-nous plutôt sur celui qui voyage « bien » : philosophe dans les inévitables endroits « touristiques », il cherchera par ailleurs systématiquement à sortir des sentiers battus. Il sait que c'est la voie de la rencontre riche, des rapports vrais. C'est quelqu'un d'ouvert, de curieux, d'enthousiaste. Grosse qualité : il sait écouter. Il connaît assez bien les tares des pays dominants, monopolisateurs de la parole, donneurs de leçons. De même est-il conscient que le rapport à l'autre est de toute façon extrêmement biaisé, à cause de la différence des pouvoirs d'achat. Dans le tiers-monde, même le plus pauvre des Occidentaux sera le plus riche, et le rapport se révélera d'emblée inégal. Aussi va-t-il au moins se faire le plus discret possible. Il se pliera aux coutumes locales, et non l'inverse. S'il ne peut les accepter d'emblée, il va néanmoins chercher à les comprendre, laissant préjugés et idées toutes faites à la frontière. S'adaptant à sa nouvelle notion du temps, au rythme du pays où il se trouve, il s'épargnera une grande partie des frustrations, des incompréhensions les plus fréquentes qui frappent le voyageur. S'étant enquis des coutumes et traditions locales, il évitera si possible les gaffes grossières, les maladresses qui peuvent faire perdre les acquis d'une rencontre. Enfin, il prendra garde de ne pas promener un regard condescendant sur ses compatriotes, touristes, eux (puisque lui voyage !) : ce serait là réintroduire une forme d'élitisme bon teint.

Non, avec une large dose d'humour, un bon sens de l'autodérision, attentif, humaniste (normal, quoi !) l'« *homo touristicus routardus* » se donne quelques chances de réussir son voyage : en retrouvant le plaisir de la rencontre et de la convivialité, en s'enrichissant auprès des autres cultures, en relativisant son propre mal de vivre par rapport à des situations plus tragiques, tout en arrivant à ne jamais perdre de vue la notion d'inégalité de l'échange avec les pays du Sud... Mais au fait, je suis un poil naïf, cet « *homo touristicus routardus perfectissimus* » existe-t-il vraiment ?

# PORTUGAL RÉVOLUTIONNAIRE

Comment qualifier l'été 1975 ? Tellurique, fantastique, exceptionnel, merveilleux... ? Comment décrire sans contenir la passion, sans se censurer, sans avoir peur de se lâcher, cette extraordinaire révolution portugaise se déroulant sous nos yeux depuis le 25 avril 1974 ? Certes, cette première année 1974 fut fabuleuse, mais 1975 encore bien plus. Pour les gens de ma génération, un souvenir absolument intact... Pas un chant, pas un slogan, pas un cri, pas un rugissement, pas un mouvement extatique de foule, pas une musique, pas une couleur, pas une fresque murale qui ait disparu de nos mémoires ! Intacts, vivants, des souvenirs qui font remonter des volutes d'immense plaisir, à en avoir la chair de poule. Un pays en pleine ivresse de la liberté retrouvée, inventant un authentique pouvoir populaire, focalisant tous les espoirs des Européens qui veulent en finir avec le vieux monde...

## LE 16 JUILLET, PAS SEULEMENT LA FÊTE DE NUESTRA SENHORA DO CARMO !

Et un 16 juillet 1975 à marquer d'une pierre blanche. Une date qui mériterait une statue géante, au pied de laquelle brûleraient éternellement des tonnes d'encens et des milliers de bougies...

Ce 16 juillet 1975 au matin, je débarquai à Lisbonne et plongeai immédiatement dans l'effervescence de la révolution. Dans l'après-midi allait se dérouler une énorme manifestation contre le pouvoir socialiste accusé de freiner, voire de trahir la révolution. Mon éternelle baraka. Pour la première fois, les soldats, toutes armes confondues, armée de terre, marins, aviateurs allaient descendre dans la rue pour manifester. Avec ma copine Dorothée, nous assistions à la mise en place du cortège. Quel premier rang séduisant, fascinant... Des soldats beaux comme des camions. Tous magnifiques avec, sous des bérets sexy excessivement rétrécis au lavage, des cheveux mi-longs, encadrant des visages lumineux, des sourires corrupteurs, des regards vainqueurs et, ultime coquetterie, un petit foulard vert autour du cou mignon comme tout ! Certes,

*16 juillet 1975, manifestation de soldats à Lisbonne*

un look un brin macho sympa et les couilles en breloque, mais même mes copines féministes, en ces moments d'anthologie, ne trouvaient rien à redire...

Il y avait là Dinis de Almeida, un des jeunes capitaines du 25 avril sur son véhicule blindé, discutant avec ses hommes. J'immortalisai la scène. Malheureux ! Un moment d'inattention qui faillit me coûter cher. Un immense marin, au sourire ravageur, mi-Errol Flynn mi-Warren Beatty, s'est emparé de Dorothée et l'a intégrée au premier rang de la manif. Et mon tout s'ébranla dans une clameur gigantesque, avec une « Doddy » rayonnante (c'était son diminutif, à ma copine) au bras des plus beaux mecs de la terre. Ça m'a un poil gâché mon plaisir, obligé de surveiller, de temps à autre, de mon trottoir, qu'on n'allait pas me l'enlever, voire me la tirer... Atmosphère indescriptible, foule littéralement soulevée, transcendée par cette énorme force qui grondait et montait en puissance. Irrésistiblement.

Je récupèrai ma Doddy in extremis à la fin de la manif. Ouf !

## LA PRISE DU PALAIS D'HIVER DE SÃO BENTO !

Ce furent ensuite, dans le jour déclinant, avec un coucher de soleil d'enfer sur le Tage, les chars qui se mirent en branle vers la colline de São Bento, le parlement portugais. Couverts de soldats, auxquels s'accrochaient des civils enthousiastes. Les chenilles des chars, glissant sur les pavés, projettaient désormais des gerbes d'étincelles dans cette nuit joyeuse, furieuse, apocalyptique...

Lisbonne appartient au peuple : désormais, tout semblait possible !

Excellent papier d'ailleurs de Dominique Pouchin dans *Le Monde* du lendemain, avec en énormes lettres, ce titre magnifique : « La Prise du Palais d'hiver de São Bento »... Le nec plus ultra, la quintessence du journalisme, le summum de la compréhension d'un événement... Ce qui, je l'appris plus tard, provoqua la fureur et les protestations de Mario Soares, le Premier ministre socialiste. Il osa même demander à André Fontaine, le directeur du *Monde,* le renvoi du journaliste. On n'y croit pas !

En tout cas, je confirme, dans l'article, par la puissance de l'événement, la juste référence à la révolution russe. Cette soirée fut à jamais l'une des plus marquantes, l'une des plus jouissives de ma vie, l'une des plus... (pardon, je demande le droit, parfois, à un peu de grandiloquence !).

**EN GUISE D'ÉPILOGUE...**

Après ces vacances studieuses de lutte de classe internationale, je rentrai à Paris pour reprendre mon boulot à Draeger, ma petite imprimerie chérie. Et les copains de m'accueillir de façon ironique. « Écoute Josse, on croyait s'être débarrassé de toi pour un bon mois (surtout les petits chefs) et voilà qu'au premier soir de ce jour de délivrance, tu réapparais sous forme de zoom à la télé dans une manif au Portugal ! Mais tu ne te reposes jamais ?! »

Le plus drôle, c'est qu'il m'arriva la même chose l'année suivante, lors de mes vacances en Irlande. Une coïncidence incroyable. Le premier jour de mon arrivée à Dublin, l'ambassadeur de Grande-Bretagne fut assassiné par l'IRA... Je vous laisse imaginer les *gossips* que cela suscita à la boîte.

Et au retour, j'eus du mal à convaincre certains camarades que je n'y étais strictement pour rien !

# PORTUGALIA

Lisbonne, août 1975. Au sommet du Bairro Alto, notre hôtel porte le joli nom de *Santa Catarina*. Le Bairro Alto, c'est un charmant désordre de ruelles fatiguées que tentent de grimper des tramways hors d'âge, un festival de balcons surchargés de linge et d'odeurs de sardines grillées... Le meilleur endroit pour jouir des nuits mauresques et félines lisboètes, nappées d'adorables douceurs océanes. Coïncidence comme je les aime (ou hasard objectif), l'hôtel est situé juste en face de l'imprimerie du *Jornal do Commercio* (le grand journal économique national, genre *Les Échos*). Évidemment, à l'époque ouvrier du livre, vous vous en doutez, je ne manquai pas de prendre rapidement contact avec mes camarades imprimeurs du crû. Accueil internationaliste enthousiaste de rigueur. On m'expliqua qu'ouvriers et journalistes venaient de signer avec leur patron une charte éditoriale quasi anti-capitaliste, ce qui, pour un journal économique, prête à sourire. Preuve en tout cas de l'incroyable rapport de force de la classe ouvrière portugaise à ce moment-là ! Je sympathisai surtout avec Arturo et Emilio, deux ouvriers typo, membres du MRPP, organisation politique marxiste-léniniste maoïste, dont la seule et unique tâche consistait à dénoncer de façon virulente le parti « cunhaliste », c'est-à-dire le parti communiste portugais (du vieux stalinien Alvaro Cunhal, mais opiniâtre résistant à la dictature salazariste). À signaler qu'un des dirigeants du MRPP ne fut autre que José Manuel Barroso, ancien de la Commission européenne et entré récemment… à la banque Goldman Sachs (putain, ça sent le super conflit d'intérêts !). À l'époque, certains groupes d'extrême gauche soupçonnaient même le MRPP de recevoir de l'argent de la CIA dans le seul but d'affaiblir le PC portugais, donc également le mouvement populaire. Peu importe, Arturo et Emilio étaient deux militants sincères et dévoués. Je leur fis état des luttes dans l'imprimerie en France, notamment dans ma boîte (à Draeger ainsi qu'au *Parisien libéré*). Ils me proposèrent de faire en septembre, dans les locaux du *Jornal do Commercio*, une expo

*Atelier de teinturerie* Portugalia, *Lisbonne*

sur les luttes du Livre en France et je leur promis de leur envoyer, à mon retour en France, tout le matériel nécessaire.

### *O POVO ARMADO JAMAIS SERA VENCIDO !*

Un matin, je m'apprêtais à prendre un café avec mes deux camarades, lorsqu'une étrange mobilisation attira mon attention. Des soldats stationnaient devant une boutique de la *Portugalia*, juste à côté de l'hôtel.

Une certaine animation régnait dans la boutique. Emilio m'expliqua que la *Portugalia* était une chaîne de teintureries qui recueillaient les vêtements à nettoyer et dont une grosse partie était traitée dans une usine en banlieue. Problème : l'argent gagné par les boutiques ne remontait quasiment plus vers l'usine et les ouvrières n'étaient pas payées depuis deux mois. Les gérants prétendaient que les affaires marchaient beaucoup moins bien, mais se sucraient tranquillement au passage. Une délégation d'ouvrières se rendit alors auprès du COPCON, prestigieux bras armé de la révolution et dirigé par le très populaire général Otelo de Carvalho. Celui-ci mit immédiatement à leur disposition un commando armé, chargé de récupérer dans chaque boutique l'argent ainsi malhonnêtement thésaurisé. Comme journaliste, je demandai l'autorisation de les accompagner lors de leur intervention dans la boutique suivante. Ainsi eus-je le privilège d'assister à une utilisation particulièrement démocratique de l'armée au bénéfice du peuple. L'arrivée spectaculaire des soldats, les visages livides des gérants réacs obligés de livrer le contenu des caisses et parfois, sous la menace, l'argent dissimulé, me réjouirent particulièrement. Mais pas autant que ces ouvrières accompagnant le commando, visages radieux et tenant là une superbe revanche sur leurs exploiteurs... Venant après les expropriations des terres des latifundiaires (gros propriétaires terriens), les occupations de maisons vides, les nouveaux rapports de force dans les usines en faveur des travailleurs, la fin du climat policier..., cette insolite expression du pouvoir populaire symbolisa longtemps pour moi la richesse et l'originalité de la révolution portugaise. Comment oublier également, comment ne pas continuer à vivre de façon intense, l'extraordinaire atmosphère de liberté quasi insurrectionnelle de ce mois d'août 1975 ? Aujourd'hui, souvenirs et émotion demeurent intacts ! Ils contribuent depuis à entretenir mes rêves de Grand Soir, même si je pense que notre génération ne le connaîtra pas...

Dix ans ou mille ans, de toute façon, on ne lâchera rien !...

# POTOSÍ

La Bolivie possède plusieurs records : La Paz, la capitale la plus haute du monde ; Uyuni, le plus grand désert de sel ; Titicaca, le plus haut lac navigable ; une insolite marine de guerre – alors que le pays n'a plus d'accès à la mer depuis 1878 –, et le nombre le plus élevé de coups d'État – au moins 150 ! Mais au diable les records. La Bolivie possède aussi un fascinant Altiplano, paysage immuable et glacé que semblent protéger les dents acérées et cristallines des sommets andins. On y sent battre violemment le pouls des empires précolombiens, on y découvre les merveilleuses villes coloniales espagnoles édifiées grâce au travail forcé, construites avec le sang et la sueur des Indiens. C'est précisément l'une de ces villes, Potosí, qui fut à l'origine de l'immense richesse de l'Espagne coloniale et constitue aujourd'hui l'un des joyaux du patrimoine mondial de l'Unesco, qui nourrissait depuis longtemps mes rêves. Potosí, qui figure au *Guinness Record Book* comme la ville de plus de 100 000 habitants la plus haute du monde – 4 080 m.

C'est un lama égaré qui, en 1545, conduisit un jeune paysan de l'Altiplano jusqu'à une grotte à flanc de montagne dont les parois scintillaient étrangement. C'est ainsi

*Photographe de rue, Potosí*

que fut fortuitement découvert le *Cerro Rico* – la colline riche –, le plus riche filon d'argent d'Amérique qui devait faire la fortune de l'Espagne... Au point que Charles Quint fit de Potosí la seule ville impériale d'Amérique du Sud.

## AH, LE BON TEMPS DU TRAIN !

Lorsque j'entrepris de m'y rendre, en 1991, il existait encore un train La Paz-Potosí. Je ne me souviens plus si je pris la 2e ou la 3e classe. En tout cas, j'eus la mauvaise surprise de constater que quelques vitres du wagon étaient disjointes et que celle qui se trouvait à ma hauteur fermait carrément mal. Un filet d'air glacial me rappela tout au long du voyage que nous étions en juillet, en plein hiver austral. À cette époque, si durant la journée, on bénéficie d'un soleil relativement clément et d'un beau ciel bleu, la nuit, en revanche, la température tombe nettement en dessous de zéro... Et c'est à peine si le wagon était chauffé. Et je m'aperçus vite que mon gros anorak ne me protégeait pas suffisamment du froid qui s'installait insidieusement en dessous de ma doudoune. Je comprenais maintenant pourquoi la grande majorité de mes voisins avaient emporté une couverture avec eux. Je résolus alors de me couvrir mieux et entrepris de vider mon sac à dos pour en extraire mes derniers pulls et chemises de laine, les ultimes chaussettes de rechange, et jusqu'à mon deuxième jean, que j'enfilai difficilement sur le premier... Mais cet empilement n'était pas encore suffisant et je me mis à claquer des dents, ne pouvant bien entendu pas plonger dans un sommeil réparateur qui m'eût aidé à échapper au froid.

Je me trouvais bien seul dans cet environnement glacial quand se produisit un de ces gestes magnifiques qui vous font reprendre confiance dans l'humanité, si jamais on en doute. Mon voisin, un vénérable Indien à la face parcheminée, passa sa couverture derrière mon dos et me serra contre lui. Bienheureux et partageux « saint Martin des Andes », sorte de brave Auvergnat à la Brassens, grâce à qui je pus bénéficier de quelques minutes de bienfaisant sommeil avant l'arrivée à Potosí au terme d'une nuit un peu éprouvante.

## DÉCOUVERTE D'UNE « RICHE » COLLINE...

Épique débarquement sur le quai de la gare, le sac léger, avec l'impression d'être une espèce de bibendum boursouflé, engoncé que j'étais dans tous mes vêtements. Comme d'habitude, je retrouvai mes marques rapidement et un taxi m'emporta vers un hostal de la vieille ville. Je choisis le jésuitique Compañia de Jesús, en hommage à mon très catholique et charitable voisin. Premier objectif de la journée, la célèbre Casa de la Moneda, le plus grand et important monument civil colonial des Amériques. C'est précisément ici qu'on frappait la monnaie impériale sur d'antiques presses, longtemps manœuvrées par des esclaves, avant que des mulets, puis des machines à vapeur ne les remplacent à partir de 1869... Pinacothèque et musée m'intéressèrent, bien sûr, mais la visite du légendaire Cerro Rico constituait ma principale quête...

La « riche colline » fut exploitée pendant plus de trois siècles. On dit qu'elle comprenait au moins 5 000 galeries et des milliers d'entrées. Dans les premiers temps, les colons espagnols eurent recours à la *mita*, travail forcé par alternance dans les mines. Les conditions de travail étaient effroyables. Des dizaines de milliers d'Indiens aymaras, quechuas et aussi des esclaves noirs arrachés à l'Afrique mouraient autant d'épuisement qu'empoisonnés par les vapeurs de mercure utilisé pour traiter le minerai d'argent. Bien que prétendant que ce n'était bon ni pour le moral ni pour la santé – du moins la leur – les exploitants des mines encouragèrent la mastication des feuilles de coca, coupe-faim idéal et connues pour leurs vertus énergétiques. Bien entendu, cette indispensable denrée n'était pas donnée mais vendue par les maîtres. La moralité capitaliste était donc sauve : les esclaves devaient acheter la drogue leur permettant de supporter leur esclavage !

Cependant, les filons commencèrent à s'épuiser et dans la deuxième moitié du XX$^{e}$ siècle nombre de mines furent abandonnées. Quelques gisements d'étain permirent de continuer l'exploitation jusqu'à l'épuisement final. Les autorités boliviennes encouragèrent alors les mineurs à continuer malgré tout à travailler sous forme de coopérative, à essayer de grappiller quelques minéraux de-ci de-là... En fait, plus qu'une coopérative, cette association dont l'existence perdure n'est rien d'autre qu'un groupement de laissés-pour-compte tentant de survivre comme ils le peuvent. Le prix de la dynamite déduit, il ne leur reste guère qu'une petite poignée de dollars gagnés quotidiennement, mais c'est de toute façon plus que le salaire minimum payé dans d'autres professions.

Pourquoi un tel acharnement à demeurer dans un environnement aussi peu prometteur qu'hostile ? En discutant avec certains mineurs, j'ai réalisé que leur motivation est autant – sinon plus – affaire d'identité qu'économique. Ils veulent demeurer fidèles à leurs pères et grands-pères qui travaillèrent à la mine. C'est pour eux un important motif de fierté en même temps qu'une façon d'occuper une place dans l'espace social bolivien. Aujourd'hui, les coopératives emploient environ 6 000 personnes.

## UNE VISITE PAS VRAIMENT DE TOUT REPOS !

Dans les années 1990 débutèrent les visites touristiques du Cerro Rico, assurées essentiellement par des guides individuels. Le nôtre, Eduardo, était fils d'un mineur mort à 35 ans dans l'écroulement d'une galerie. Pour les autres, l'espérance de vie n'allait guère au-delà de 45-50 ans en raison, surtout, de la silicose provoquée par l'inhalation de poussières de silice. À l'époque, on descendait visiter la mine sans équipement. Pas de combinaison, pas de casque, pas de masque anti-poussière... Au fond, on prenait conscience des épouvantables conditions de travail : système d'aération primitif, étayage « rustique » défiant les normes de sécurité, galeries de plus en plus basses et étroites au point d'être obligé de se plier en deux pour avancer dans des flaques d'eau boueuses et polluées, échelles raides pour passer d'un niveau à l'autre. Et cela jusqu'à

450 m de profondeur ! Plus nous descendions, plus l'air devenait irrespirable... Et gare au wagonnet scélérat qui vous brisait la jambe sans prévenir. Atmosphère oppressante. Entre le *soroche*, le confinement, l'air chargé de poussières irritantes dû au salpêtre des explosions et la... chaleur, ce fut panique à bord. Après 100 m de descente, en proie à une violente crise de claustrophobie, je fis part à Eduardo de mon désir de remonter. Le compte était bon. Nous avions été témoins de suffisamment de choses aussi terribles qu'émouvantes pour comprendre que les conditions de travail étaient apocalyptiques. Pour remonter, nous dûmes partager de rudes ou précaires échelles avec des mineurs portant parfois des charges de minerai de 20 à 30 kilos sur le dos. Nous réalisions que ce que nous respirions si péniblement pendant deux heures était le lot quotidien des mineurs pendant des dizaines d'années de labeur. Et pourtant, malgré ce triste sort, nous étions accueillis par les bonjours de bienvenue, les gestes amicaux et les sourires éclairant des visages sombres et noirs, sans doute reconnaissants à leur ami Edouardo de nous faire connaître la réalité de leur impitoyable univers. Cette proximité nous donna la chance d'assister au rituel des offrandes à *el Tio* – l'oncle – une divinité protectrice des mines. On dépose à ses pieds feuilles de coca, cigarettes, alcool autour de 90 °... après en avoir pris une bonne lampée ! Scène émouvante que je me crus obligé d'immortaliser, ce qui inévitablement rata. Ce n'était pas la première fois. Je n'ai jamais réussi à prendre une bonne photo dans des moments très forts, poignants ou violemment affectifs. Comme s'il existait une impossibilité à fixer une émotion sur négatif, comme si prendre une photo et vivre en même temps cette émotion se révélait contradictoire !

## UNE VISITE DÉSORMAIS PLUS INSTITUTIONNALISÉE

Aujourd'hui, en 2017, les visites des mines continuent. Mais ce sont désormais des agences qui les organisent. Les guides sont souvent d'anciens mineurs. Visite de deux à quatre heures suivant les agences. Certaines fournissent casques, combinaison, bottes. Sinon, mettez vos plus vieux vêtements et de bonnes chaussures. Oubliez votre mauvaise conscience d'aller observer de près la misère. Il s'agit non seulement d'une riche expérience humaine qui fait concrètement prendre conscience de la dureté de certaines existences (et relativement, de notre chance d'y échapper), mais c'est aussi un modeste complément de revenu pour les mineurs.

Durant la visite, il faut bien suivre leurs conseils. On vous explique qu'il faut marcher vite, être discret et tout faire pour ne pas gêner et casser le rythme de travail des mineurs. Choisissez plutôt la visite du matin car il y a moins d'explosions. Apportez quelques feuilles de coca et des cigarettes, vous aurez sûrement l'occasion d'en offrir. Sachez tout de même que ce n'est absolument pas une promenade de santé ni un musée. Vous vous trouvez exactement dans les mêmes conditions de vie que les mineurs... le travail en moins, bien sûr ! N'oubliez pas, non plus, que les problèmes de sécurité sont réels, bien qu'un bon guide sait quel boyau éviter en fonction des explosions et de la charge de travail. La respiration peut vraiment devenir oppressante, car on marche très souvent plié en deux, on se cogne partout. Expérience absolument déconseillée aux claustrophobes, donc ! Pour les autres, il est certain que vous ressortirez différents de cette éprouvante descente initiatique.

## ET QUOI D'AUTRE DANS LE COIN ?

En plus de la mine, si vous êtes en mal de sensations, la *Fiesta del Espiritu* du 1er août vous procurera votre content d'émotions. Ce jour-là, on égorge des vigognes et on badigeonne les murs de la mine de leur sang. Hommage à la Pachamama, la déesse terre mère, aujourd'hui assimilée à la Sainte-Vierge, pour obtenir sa protection et garantir la rentabilité de la mine.

Images fortes garanties. En revanche, j'ai raté la journée du *Tinku*. Au nord de Potosí, une fois par an, dans un grand champ, deux communautés paysannes s'affrontent à poings nus, à coups de pieds et de pierres. Le pugilat, qui n'est pas sans rappeler l'antique soule de nos villages gascons, est en principe interdit par les autorités. Mais peut-on interdire une tradition remontant aux Incas ? Pour cet exercice, les paysans sont curieusement coiffés d'un casque ressemblant à la montera des conquistadors espagnols. Ils portent également un tablier de cuir. Tous les coups sont permis, le sang coule inévitablement. Il ira nourrir le sol et également honorer la Pachamama pour obtenir de meilleures récoltes. On pense que c'est aussi une façon de liquider les tensions entre les communautés pendant une journée et d'être ainsi en paix et serein le reste de l'année. Toute la sainte journée, la *chicha*, sorte de bière de maïs, coule à flots, histoire d'échauffer les esprits et d'encourager les combattants. Le soir, on rentre chez soi bras dessus bras dessous.

Cela m'a rappelé d'autres événements relevant de la même philosophie... Comme la journée du *Pasola* sur l'île indonésienne de Sumba – voir plus loin – qui voit deux villages s'affronter violemment toute une journée à coup de lances... Comme le Tinku, elle n'a pas lieu à date fixe et est donc difficilement programmable. Éternelle frustration d'un auteur de guide qui ne peut pas toujours prévoir ses voyages en fonction des fêtes ou des événements culturels, ou qui les ratent lorsqu'elles sont dépendantes du bon vouloir de la lune, des astres ou des grands prêtres...

Autre rendez-vous bolivien qui, pour le coup, ne manque pas de sel, le *salar de Uyuni*, le plus grand lac salé du monde sur 12 500 km$^2$. L'équivalent de deux départements français. Le « Ténéré blanc », comme disent les anciens combattants de la route. La luminosité et la réverbération y sont telles qu'en fixant l'horizon, on croit distinguer la courbe de la terre...

Et, plus au sud, le magnifique *Sud Lipez*, mais là ce sera pour le tome 2 de mes souvenirs...

# POUCHÈLE BERNARD

## UNE VIE DE HASARDS OBJECTIFS...

Bernard Pouchèle, un personnage entré par effraction dans ma vie ! 1989 : bicentenaire de la Révolution française, et pas seulement. Révolution dans ma vie singulière de vagabond ADF (avec domicile fixe). Au salon du Livre de Limoges, je signe, à l'accoutumée, mes guides de voyage. À ma droite, un docteur à la retraite et son premier ouvrage, *Comment soigner le rhume des foins par les bains de siège*, à ma gauche, un curieux personnage qui accroche immédiatement mon regard : Bernard Pouchèle.

Mais je cerne vite l'inhabituel individu, ses rouflaquettes hors normes, un visage taillé et raviné par les intempéries, les changements climatiques, les nourritures improbables et les aubes blêmes sans café... Lu quelques lignes de son *L'Étoile et le Vagabond*, distillé rapidement ses métaphores brillantes, ses piques, ses saillies, son humour, bref, un mec pas comme les autres. À qui je propose de partager la conférence que je dois donner dans l'après-midi : *La Route et le Voyage*. Parce que s'il y a quelqu'un qui peut parler de la route, c'est bien Pouchèle. On ne dort pas impunément pendant 10 ans dans tous les abribus et presbytères de l'hexagone sans acquérir un peu d'expérience...

Il y a du monde. Une féministe de choc attaque Bernard violemment, arguant le peu de femmes sur la route. Erreur de cible ! Il n'en est pas responsable, mais en énumère pédagogiquement toutes les raisons, avec des pointes discrètes d'humour et d'ironie, sans véhémence, dans le souci de fournir une vraie réponse... Bingo, ce jour-là, le choc ! Il y aura désormais un avant-Pouchèle et un après-Limoges... Déjà une ville que j'aime bien. Certes, elle a eu le mauvais goût de passer à droite aux dernières élections, mais demeure un symbole de la résistance et, avant tout, la patrie de l'un de mes résistants préférés, Georges Guingouin (avec Geronimo, Louise Michel, Bobby Sands, Mandela et tant d'autres...). En outre, avec les Célestins, elle possède la plus belle gare de France (encore que celle de Metz... bon, on ne va pas polémiquer !).

## AMI. PLUS QU'UN AMI !

Ce jour-là, je me suis fait un véritable ami. Cette rencontre va bouleverser ma confortable situation de notable du voyage et ouvrir 25 ans de remise en cause des dogmes, des clichés et des préjugés qu'on trimballe un peu tous... Elle va également favoriser plus de deux décennies d'échanges, de riche et fructueuse collaboration

ON TE REVERRAS
VIVE
SERGE
BRAVO
COOL
des vagues
THOMAS
IL T'AIME
SI TU VEUX

intellectuelle, littéraire, humaine, pleine d'affection et d'écoute. Mais aussi des débats abrupts sur des problèmes de société, des questions politiques, mais toujours traités fraternellement. À Paris, à Sablé, ville d'une chaleureuse hospitalité, nombre des admirateurs de sa plume, fascinés par son charisme et son extraordinaire personnalité, deviennent à leur tour ses amis. Côtoyer Bernard, créer, écrire avec lui, me valait d'incroyables moments de grâce, d'où je sortais en lévitation. Bernard, intelligence aiguë, intelligence du cœur, stupéfiante mémoire, se montrait captivant par sa culture littéraire, son style, sa démarche intellectuelle. Dommage, d'ailleurs, que *La Flamande*, l'un de ses chefs-d'œuvre, merveilleusement écrit, n'ait pas eu le succès qu'il méritait. Alors, on était bien obligé de lui pardonner ses défauts. Eh oui, il était parfois agaçant dans son rapport aux autres… Citons d'abord le plus pénible et le plus stressant, son hypocondrie (comme on dit !). Puis un certain égocentrisme (qu'il niait, bien sûr), ses yeux de cocker triste pour qu'on l'aide à boucler ses fins de mois (parfois presque du chantage), son irritant côté assisté quand il s'agissait de lui appeler un taxi ou toute autre tâche simplissime… Parfois aussi ses exigences d'enfant gâté… qu'il n'avait pas été, bien sûr (sur sa rude enfance, lire – ou relire ! – *Pouch ou l'enfance du vagabond*). Mais comment lui en vouloir ? Car on lui pardonnait facilement, en raison de son charisme, sa façon de toucher les autres par ses mots, par sa franchise, son absence d'hypocrisie et de langue de bois. Il transforma la vie de plus d'un(e) d'entre nous, nous amenant à réfléchir, à évoluer, à nous débarrasser de bien des idées réacs ou obsolètes…

Il me faisait penser à Terence Stamp, le héros de *Théorème* de Pasolini, qui séduisait, bousculait, métamorphosait les gens d'une même famille (la métaphore s'arrête là, on n'a pas couché ensemble, encore que…). Oui, Pouchèle, quelque part, a contribué à changer notre existence : il nous a tous rendus meilleurs, décelant ce qu'il y avait de plus riche en nous (qui était souvent enfoui depuis longtemps, un talent particulier par exemple, l'écriture pour certains…).

## SAVOIR DIRE NON PARFOIS

Seulement, il fallait savoir lui dire non aussi, s'affranchir un poil. Pas facile avec ce sacré bonhomme. J'ai mis longtemps, avec lui. Jusqu'au jour où j'ai compris son rôle exact dans cet « après-1989 », année qui chamboula mon existence. Bernard, ce fut en définitive le père que je m'étais choisi. Celui qui aide à se construire, qui offre des instruments pour comprendre le monde. Il transmettait son savoir et ses émotions avec générosité.

Je lui voue à jamais une reconnaissance infinie. Dire qu'il me manque, non pas vraiment, parce qu'en vérité, il est toujours là, dans mon bureau, énorme (c'est sûr, il prenait de la place), moins omniprésent désormais. Dans l'écriture, plutôt ange gardien… Il m'apprit pour toujours la franchise, la modestie, le doute, le travail du style ; le tout enrobé d'une affection inépuisable qui m'accompagna longtemps. Je fus contraint cependant de prendre un peu plus de distance émancipatrice avec lui les derniers temps, me désenvoûter en quelque sorte... Liquider le père, non, ça serait un peu fort quand même, quoique ! Enfin, de mon côté, sans lui, je devenais « grand »...

Et puis, au terme de sa vie, il suscitait l'admiration en faisant coexister deux choses si antinomiques : un corps qui se délitait totalement, de cruelles souffrances physiques et un esprit vif, toujours en éveil, une prodigieuse inspiration littéraire, vivante, une plume intacte.

Merci Bernard, ce dernier *Tour des Flandres* effectué ensemble, cet ultime voyage dans l'écriture et l'amitié, quel beau cadeau !

**CLAP, LE MOT FIN !**

Et puis après avoir tant crié au loup, en 2013, il a lâché son crayon pour de bon le premier jour d'un voyage que j'effectuais à Madrid... *Mourir à Madrid* : non mais, là encore, quel sens du télescopage ! Toujours ses éternels clins d'œil, son sens de la dérision... Subtile vengeance aussi ? Aller savoir... car, de fait, il m'a privé d'enterrement, le bougre, de *speech* émouvant et sans doute grandiloquent... Il m'a empêché de sombrer dans le pathos, peut-être... Privé de la gloire de l'encenser, sûrement ! Sacré Pouch, en fait, t'es un malin. Ultime entourloupe, tu m'as bel et bien évité de matérialiser ta disparition. Du coup, je suis presque certain que tu as tranquillement repris la route. Bon, donne de temps à autre de tes nouvelles, hein !

En fait, de tes nouvelles, j'en ai eu tout au long de l'écriture de ce livre de souvenirs. Tu n'as jamais cessé d'être présent... Je te soupçonne même d'avoir parfois guidé ma main, d'avoir « pouchélisé » certaines phrases...

Et à propos, rendez-vous au prochain Salon du livre de Limoges, hein, pas de lapin !

# Q COMME...

## QU'EST-CE QU'UN GUIDE DE VOYAGE ?

Sans développer longtemps ce thème, voici en quelques traits ce qu'ont été les premiers guides : d'abord récits fantasmés de voyageurs, puis descriptions peut-être détaillées, mais souvent désincarnées, des pays visités. Coutumes et traditions n'étaient décrites que parce qu'elles étaient pittoresques et folkloriques (ah, ils dansent bien, « ils » ont ça dans le sang, « ils » ont de beaux costumes, etc.). Le ton était souvent paternaliste, parfois méprisant pour des populations bizarres qu'on ne comprennait pas bien ou dont on avait peur. En cela, concernant les pays du Sud, les guides des générations entre 1850 et 1960 reflètaient inévitablement le rapport colonial du visiteur au visité, peu de pays du Sud étant alors indépendants (Afrique et Asie notamment).

Il y eut l'époque des gros guides culturels (Nagel, Fodor, Guide Bleu), accumulations savantes de descriptions où aucune pierre ne manquait aux pyramides et aucune statue dans les églises. On s'y efforçait aussi d'employer une attitude de neutralité complète concernant le régime politique des pays traités (ce qui correspondait parfois à une forme de complicité) ou, suivant l'idéologie de l'auteur, on prenait carrément parti.

### UNE NOUVELLE GÉNÉRATION DE VOYAGEURS

Avec les années 1960, est apparue, enfin, une nouvelle génération de voyageurs aux motivations très différentes. Si jusqu'alors, les intentions du visiteur correspondaient à l'équation suivante : « On veut des loisirs (nécessité de se dépayser, de faire autre chose) et on va voyager (moyen à peu près sûr de garantir le dépaysement) », le « nouveau » voyageur est devenu plus exigeant. D'abord, le jeune qui « taille la route », le

Routard demande une foule de détails techniques : le meilleur moyen de transport, pour tel continent, le meilleur localement, le moins cher, la prophylaxie des maladies tropicales, les conseils d'hygiène, le mode de logement, le budget pour tel ou tel pays... C'est facile aujourd'hui, il est de plus en plus connecté. Puis, la demande s'affine, on veut du culturel, mais plus asséné à coup de longues descriptions ou d'accumulation de vieilles pierres. On veut aussi des éléments qui permettent de mieux comprendre les gens qu'on va rencontrer, d'éviter les malentendus et les gaffes entre cultures (et traditions inévitablement différentes). On se rend compte ainsi que les autochtones n'apparaissent plus comme des éléments folkloriques, mais comme des gens auxquels on va s'imposer, qui existent comme individus à part entière. Souvent confrontés à leur propre mal de vivre chez eux, les « nouveaux voyageurs » s'en vont voir ailleurs comment les autres vivent et, éventuellement s'enrichir à leur contact, apprendre à voir les choses différemment, à vivre autrement.

## À NOUVELLE CONCEPTION DU VOYAGE, NOUVEAU GUIDE !

Devant les nouvelles exigences morales et matérielles du voyageur, l'auteur de guides de voyage se trouve confronté à une nouvelle approche de son travail. Il refuse d'écrire des ouvrages sur les dictatures les plus sanglantes et les régimes les plus inhumains (l'Espagne de Franco, le Chili de Pinochet, l'Afrique du Sud de l'apartheid). Évidemment, on est obligé de hiérarchiser l'horreur (Amnesty révèle que 100 pays sur les 156 de l'ONU commettent des atteintes aux droits de l'homme).

Il présente les pays du point de vue historique et économique, mais cette fois le plus possible du point de vue des opprimés. Il rappelle ainsi tous les côtés horribles de la colonisation (massacres, pillage économique, liquidation des cultures des peuples soumis et son corollaire, introduction de l'idéologie du colonisateur). Il étaye sa démonstration si possible à travers des exemples édifiants et peu connus, comme la cruelle colonisation espagnole en Amérique du Sud, l'introduction de l'esclavage par les Français, les Anglais, les Portugais..., les dizaines de milliers de morts pour la construction des chemins de fer africains, jusqu'à d'incroyables petits faits historiques comme l'étonnante aventure de la colonne Voulet-Chanoine au Niger (révélée après plusieurs dizaines d'années de censure militaire)... Les exemples ne manquent guère !

Il ne manque pas non plus de rappeler les nombreux actes de résistance du colonialisme. Un guide sur la Nouvelle-Calédonie qui ne dirait rien sur les nombreuses révoltes et tentatives de liquidation du peuple canaque ne mériterait que notre mépris !

Il présente des coutumes et des traditions autrement que sous l'aspect folklorique, en les reliant à la vie sociale, à l'histoire, aux conditions qui ont présidé à leur émergence. De même, il décrit les interdits autrement que par « il ne faut pas faire ceci ou cela », mais en expliquant leur contexte sociologique, avec une démarche pédagogique.

Étant l'outil du tourisme individuel, le guide est évidemment contre la conception du tour organisé, clé en main, bien aseptisé et qui ne conçoit la rencontre des populations locales que dans des contextes bien encadrés. Un guide se devra d'indiquer au contraire tous les moyens enrichissants permettant la rencontre. Par exemple, favoriser le voyage par les transports locaux. Outre que l'on retrouve ainsi la notion du temps, c'est une fantastique école de contact (bus bringuebalant, pirogue, taxi-brousse...). Il pourra favoriser également les modes de transport qui respectent le rythme de vie du pays (balade à vélo dans la brousse qui permet de relier les villages entre eux dans le Sahel, randonnées à pied, etc.).

## UN MAXIMUM D'INFOS SUR LES TRADITIONS, LES COUTUMES...

Le corollaire de cette attitude, c'est d'apporter un maximum d'informations qui non seulement assurent techniquement le succès du voyage, mais permettent d'éviter les gaffes, les incompréhensions, voire des erreurs graves. Ça paraît idiot à dire, mais il faut rappeler des choses aussi élémentaires que celle de respecter la pudeur des gens. Les rapports à la nudité, au corps, ne sont évidemment pas les mêmes partout. Quand on part seul dans les villages, dans les îles très peu touristiques, il convient de s'enquérir des rituels locaux : aller voir le chef du village d'abord. S'il y a nécessité d'apporter un cadeau, lequel ? Si c'est du tabac, quelle marque ? Chez les Dogons, avant de photographier quoi que ce soit, il faut demander aux anciens sous leur *togura* (lieu sacré des palabres). Enfin, ne pas partir les mains vides : quand vous êtes invités à manger dans un village des Andes ou du Burkina, le repas est toujours pris sur l'essentiel. Il n'y a pas de superflu. Aussi faudra-t-il conseiller d'emporter son riz et des paquets de thé (pour le Sahel voltaïque par exemple) ou du sucre pour offrir en échange. Avantage : c'est un rapport de troc auquel les populations locales sont habituées et ça évite les rapports d'argent, toujours corrupteurs.

Un guide, sans tomber dans le côté moralisant, se devra de rappeler quelques vérités bonnes à dire. « À l'étranger, l'étranger c'est vous ! » C'est à nous de nous plier aux coutumes locales, pas l'inverse. Il faut donc oublier habitudes, tics, manières, préjugés, dès le passage de la frontière. Un voyageur qui se dit tiers-mondiste véhicule nécessairement des tares des pays dominants : donneur de leçons, monopole de la parole, etc. On donnera donc un maximum de conseils pour éviter les comportements néo-colonialistes. On se rappellera qu'il faut avant tout savoir écouter (et que c'est, au bout du compte, bien plus enrichissant !).

Sinon l'échange sera inégal, voire nul. On se rappellera que même le plus pauvre chez nous est dix, cinquante, voire cent fois plus fortuné que dans un pays du Sud et qu'il faut éviter toute attitude ostentatoire, toute provocation. Sans démagogie, il convient de se faire humble, tout petit. En n'oubliant jamais que, de toute façon, on sera toujours le plus riche et que le rapport sera inégal. Alors, autant être le plus discret possible !

Le guide favorisera également les formes de développement touristique mises en place par les villageois eux-mêmes. Par exemple, en Casamance, l'accent sera mis sur les campements intégrés en banco (respectant l'architecture locale) et permettant l'autogestion de l'infrastructure touristique. De même pour les coopératives d'artisanat. Un guide se fera l'écho des initiatives humanitaires. Quand c'est possible, il donnera des adresses des organismes de solidarité, d'échanges, etc. Parfois, il peut même être à l'origine d'initiatives locales : par exemple, apporter des médicaments à telle institution ou, au moins, laisser les siens avant de partir.

## LES LIMITES D'UN GUIDE DE VOYAGE

Elles sont nombreuses et évidentes. Même si on en rêve, un ouvrage destiné au grand public ne peut pas bien entendu se transformer en pamphlet anticolonialiste. Toute la difficulté réside donc dans la capacité à distiller sans dogmatisme, de façon subtile, des positions idéologiques progressistes sur certains problèmes liés au tiers-monde. Ça permet ainsi de faire avancer les mentalités, sans jamais oublier qu'il doit toujours être, avant tout, un instrument de présentation et de découverte du pays concerné.

Nous sommes conscients qu'un guide participe de toute manière à la pénétration de l'idéologie occidentale. Alors, nous essayons qu'il colle le plus possible aux réalités, qu'il présente le plus honnêtement possible les pays concernés et qu'il puisse restituer le mieux possible toutes leurs richesses culturelles et humaines (tourisme et sous-développement, voilà le vrai débat en fait !).

En tant que rédacteur en chef des Guides du Routard, j'ai eu longtemps conscience que de nombreux points énumérés dans ce chapitre manquaient encore dans certains de nos ouvrages. C'est que la prise de conscience s'effectue progressivement, au fur et à mesure, au fil des voyages dans les pays du Sud. Le guide de voyage parfait, il n'existera probablement jamais...

# R COMME...

## RECIFE

1982 fut pour moi l'année du Brésil. Le guide n'existait pas, il fallait le créer. Vaste entreprise nécessitant quatre semaines sur place. Du concentré pour découvrir un véritable continent en sautant de vol en vol.

Et voilà que ça recommence ! Comment résumer en un chapitre la profusion de souvenirs qui remontent du fond de mes tripes quand j'évoque ce fabuleux pays ? Il me faudrait bien un volume entier pour évoquer la culture, la musique, les traditions, les religions, les espaces sauvages de ce pays-monde. Mon Dieu, que choisir ? Eh bien, ça sera Recife, pour son carnaval qui a su conserver une spontanéité populaire à nulle autre pareille... Et aussi Olinda, tout à côté, un des bijoux architecturaux du pays.

### DÉCOUVERTE DU *CANDOMBLÉ*

À propos de Dieu, des religions et des rituels, justement, la rencontre avec les cultes afro-brésiliens, nommés ici *candomblé, umbanda, xango, caboclo* indien, suivant les régions, fut pour mois un grand choc. Que dis-je, un séisme culturel... Ce culte syncrétique appelé aussi *santeria* à Cuba et *vaudou* à Haïti est né de la rencontre créative entre les rites animistes africains – le seul bagage que les esclaves ont pu emporter avec eux – et le catholicisme qui leur fut imposé par le baptême dès leur arrivée. Eh oui, c'est là aussi une des hypocrisies du système esclavagiste. On exploitait cruellement les corps, mais on sauvait les âmes... Ou plutôt l'église les annexait pour mieux asseoir son pouvoir.

Bon, d'autres que moi ont décrit ces cultes atypiques peu connus en Europe. Si vous voulez en savoir plus dirigez-vous vers les excellents ouvrages de Roger Bastide et de Pierre Verger et complétez vos connaissances avec l'excellent Routard *Brésil.*

Pour résumer, les esclaves importés au Brésil étaient essentiellement des Yorubas originaires du golf de Guinée – Nigéria, Bénin (ex-Dahomey) – et aussi, plus au sud, de l'actuelle Angola. Ils croyaient en de nombreux dieux-esprits incarnés dans les composantes de la nature : terre, forêts, eaux douces, mer, vent, tempêtes, foudre, colère, brousse, fer... auxquels ils prêtaient une volonté et des désirs. Dans ces cultures qui perdurent encore en Afrique, il est possible d'aller à la rencontre de ces forces appelées au Brésil *orixá* – ou *orisha* – par le moyen de la transe au cours de laquelle elles prennent possession des corps. Par parenthèse ethnologique, c'est un processus inverse de celui des chamanes d'Asie ou d'Amérique qui pratiquent la transe hallucinatoire pour s'envoler consulter les esprits, pas pour qu'ils les possèdent.

Au Brésil comme dans toutes les zones esclavagistes, les esclaves furent soumis à un génocide culturel. Afin qu'ils ne fussent plus que des outils pour l'enrichissment de leurs maîtres, on les priva de ce qui fait la plus grosse part de notre humanité : liens familiaux, culturels, linguistiques, identitaires.

Mais on ne pouvait leur enlever la mémoire profonde de leur relation spécifique à l'au-delà et au surnaturel. Soumis à une évangélisation forcée, par ruse ou par simple processus d'adaptation, ils acceptèrent les saints chrétiens, mais ils les intégrèrent à leur univers mental en en faisant des *orishas*... Exactement comme les peuples européens qui transformèrent les anciens dieux païens en saints et en démons.

Ainsi, *Iemanja*, déesse de la mer, est-elle assimilée à Notre-Dame du Rosaire ; *Iansã* qui incarne le vent et les tempêtes est une réplique de sainte Barbe ; *Xangô,* la foudre, se confond avec Jean le Baptiste ; *Omolú,* la mort, la maladie, a remplacé saint Lazare ou saint Jérôme, et quelques autres... Seul *Exu,* le plus puissant des *orishas* – il est l'intermédiaire entre les dieux et les hommes – ne possède pas de saint équivalent. Mais ce n'est, là aussi qu'une transposition du dieu suprême qui existe aussi dans la tradition africaine. La différence avec le dieu des chrétiens, c'est que cette sorte de Grand Manitou n'a aucun pouvoir sur les actions des hommes, cette tâche étant dévolue aux esprits et donc, ici, aux *orishas.*

Cette adaptation géniale permit aux esclaves de continuer à pratiquer leurs rituels sans risque et de pouvoir conserver ainsi un minimum d'identité culturelle. Si le *candomblé* de Salvador, l'*umbanda* de Rio de Janeiro et São Paulo, le rite *xango* de Recife reposent à peu près sur les mêmes principes, en revanche, les rituels, les niveaux d'invocation des esprits, les sacrifices d'animaux diffèrent souvent, même au sein d'une même ville... Ce qui n'a rien d'étonnant, car la plupart des croyants, même lorsqu'ils pratiquent une religion universelle, préfèrent prier des entités de proximité. C'est pourquoi, en Europe, on trouve partout des saints attachés à une paroisse précise comme Notre-Dame de Paris, Notre-Dame de la Garde, Notre-Dame du Puy... ou Saint Antoine de Padoue.

## *CANDOMBLÉ,* MODE D'EMPLOI

La « paroisse » du *candomblé* ou du *xango* s'appelle un *terreiro*. La hiérarchie des prêtres comme celle des fidèles s'y décline en sept niveaux, dont le plus élevé est le *pai de santo* – le père de saint, et non la paire de seins –, appelé également *babaloa, babalorixá, padrinho de umbanda,* etc., dans les autres variantes de rites afro-brésiliens.

Ce jour-là, à Recife, très motivé, je m'étais mis en quête d'une cérémonie de *candomblé* – ou si vous préférez de *xango*. L'employé de l'hôtel m'informa que les grandes cérémonies publiques, dénommées ici « toqué », étaient souvent annoncées dans la presse... Bingo ! Le journal local arborait un petit encadré annonçant un *toqué* dans une lointaine banlieue. Je me fis décrire l'itinéraire qui constituait déjà une épreuve initiatique : deux bus, une traversée de favela, au moins 1h30 de trajet. Je ne suis pas sûr qu'aujourd'hui, en ces temps de haute insécurité, je tenterais l'aventure. Mais en ces débuts des années 1980, dans des villes à risque disons « normal », la parano n'était guère de mise ! Petite aventure quand même. Et petit pincement au cœur à la tombée de la nuit. Sentiment vite dissipé lorsque, m'assurant d'avoir grimpé à bord du bon bus, je tombai sur une personne fort sympathique qui se rendait elle-même au *toqué* en question...

Le site du *terreiro* n'avait rien d'un bel édifice de style baroque portugais ni même moderne. C'était plutôt un immense hangar terne et sans âme. Cependant, les quelque 300 personnes qui y vibrionnaient et les couleurs éblouissantes de la cérémonie me firent vite oublier la banalité du cadre. Par un de ces hasards bienvenus qui jalonnent les « scoops » du Routard, ce jour-là, un 16 juillet, on fêtait *Oxum*, la déesse des eaux douces, incarnée par *Nuestra Senora de Carmo*. Sa couleur étant le jaune, la salle resplendissait de toutes les nuances de jaune possibles et, plus encore, de l'or éblouissant des magnifiques vêtements portés par nombre de fidèles.

À mon arrivée, je m'étais présenté au maître de cérémonie, le *pai de santo*. « Pierre, journaliste français, ravi, fier de transmettre la culture brésilienne en France ! » L'accueil fut chaleureux et l'autorisation me fut donnée de photographier. Tout baignait dans l'huile. J'entrai alors dans une intense phase d'observation, attentif aux mouvements des personnes, me pénétrant de la ferveur ambiante rythmée par les *atabaqués*, trois tambours pas encore trop assourdissants. Je volais ici et là quelques photos, mais pas trop. Sensible à l'ambiance, je préférais imprimer dans mon esprit mes observations et mes émotions ! Les chants et les danses invitaient les *orishas* et la déesse à pénétrer le *terreiro*. Pour leur en donner l'envie et les séduire, le sol croulait sous des monceaux d'offrandes, de fleurs et de fruits... dans tous les tons de jaunes possibles évidemment : ananas, bananes, citrons, mangues bien mûres, mêlés aux herbes et aux fumées d'encens... Le premier *orisha* sollicité est bien sûr *Exu*, censé ouvrir la voie aux autres. Je ne tardai pas à réaliser que quelques-unes de ces surnaturelles entités s'étaient déjà faufilées parmi nous. Certains des fidèles commençaient à manifester un état d'exaltation caractéristique puis à tourner autour de la salle, animés de gestes amples et saccadés, tandis que la musique des *atabaqués* devenait de plus en plus endiablée, avec un tempo plus syncopé entrecoupé parfois de brusques chutes de tensions et de changements de rythme... À ce stade d'étonnement et de surprise, je ne tardai pas à sympathiser avec ma jolie voisine, une des rares participantes blanches de l'assistance. Prof de philo égarée dans ce temple de l'irrationnel, son anglais parfait me permit de mieux comprendre les rites. Les fidèles en transe étaient à certains moments happés par le *pai de santo* qui leur susurrait à l'oreille des conseils, des avis, ayant interprété le sens de certaines de leurs gesticulations... Il connaissait, semble-t-il, chacun de ses fidèles, leurs problèmes familiaux ou professionnels, trouvait les mots pour soulager leur peine en leur redonnant confiance. En bon rationaliste européen, j'interprétais ces rituels comme une forme habile de contrôle social. Soudain, un des rares hommes en transe de la ronde qui comptait une vingtaine de personnes, se montra brutal, très agressif. Ses vociférations devenaient insupportables. Comment maîtriser une telle situation ? La tension devenait paroxystique, amplifiée, du reste, par le rythme complice des *atabaqués* redoublant d'intensité. C'est alors que quelques femmes sortant du public entourèrent « l'enragé », lui prodiguant caresses et douces paroles, le dorlotant comme un enfant... Et miracle ! Brusquement ses gestes s'adoucirent, sa parole s'éteignit et le corps se cala sur un niveau de transe socialement acceptable. Ce qui permit au possédé de réintégrer la ronde, entouré de l'affection des autres participants. L'*orisha* avait été dompté, sa violence canalisée...

## OÙ DESCARTES NE ME RENDIT PAS NÉCESSAIREMENT SERVICE !

À ce moment-là, la puissance des *atabaqués*, la force des chants, des cris, des rires avait atteint son paroxysme. Quant à moi, le corps en sueur et en proie aux émotions les plus vives, je n'y voyais plus très clair dans ma tête. Mon souffle se faisait de plus en plus haletant. J'avais déjà dû perdre un bon litre d'eau. Je n'étais plus vraiment spectateur de cet envoûtant spectacle dans lequel à mon corps – mollement – défendant, j'étais à présent entré. En proie à une sorte d'hébétude, je sentis quelque chose choir mollement sur mon épaule. C'était une belle étole tissée de fils dorés. Je la pris dans mes mains, observant la foule autour de moi. Et là, tournés vers moi, il y avait un délicieux sourire et des yeux pleins d'amour... Désemparé, presque paniqué, je l'interrogeais du regard en lui désignant l'étole. Qu'en fais-je ? Bouleversante et adorable réponse. De la main, d'un geste sensuel et savoureux, elle m'enjoignit de m'essuyer...

Et puis, soudain, une sorte de décharge électrique dans mon bras me fit sortir de mon somnambulisme. Ma séduisante philosophe de voisine m'offrit deux yeux exorbités d'une blancheur lumineuse... avant de rejoindre la ronde de plus en plus dense des possédés, me laissant seul, déstabilisé, orphelin...

À ce stade, j'étais proche de la suffocation. Tout tourbillonnait, mon corps ne m'appartenait plus... La musique roulant en flots enveloppants me soulevait, me poussait, me tirait, m'ordonnait de rejoindre la folle ronde extatique... NON ! NON ! NON ! Pas moi ! pas moi ! pas moi ! Misérable touriste, petit blanc voyeur d'une culture qui n'est pas la tienne... Descartes, au secours ! L'invocation très personnelle de cet *orisha* rationaliste à perruque, inconnu au Panthéon brésilien, fonctionna bizarrement. Et la tension diminua brutalement. Je pus ainsi assister plus « sereinement » à la fin de la première partie de la cérémonie. Il était déjà 3h du matin. Toute l'assemblée sortit alors du *terreiro* et s'entassa dans de vieux bus hors d'âge et brinquebalants, des camions et pick-up cacochymes et des voitures à bout de souffle.

Sur la banquette arrière d'un des bus, je me retrouvai coincé entre deux femmes en transes hoquetant et tenant sur la tête des paniers d'offrandes. Pour l'une, une cruche de *cachaça* en plus, peut-être pour la route. J'eus tôt fait de sentir, cahots du véhicule et hoquets de la dame aidant, le liquide s'épancher sur moi... Toute la cérémonie se délocalisait vers une petite rivière, à une dizaine de kilomètres du *terreiro*, pour y livrer les offrandes à *Nuestra Señora de Carmo*, alias *Oxum*, déesse des eaux douces.

À peine arrivés sur une petite plage, grands et petits possédés se ruèrent dans l'eau, s'aspergeant en chantant et en riant, poussant dans le courant les corbeilles chargées de fruits et de fleurs, jusqu'à ce qu'éclate dans la touffeur de la nuit noire, un de ces légendaires et violents orages tropicaux du *Norte Este*. Les lamés des robes dorées répondaient magnifiquement aux éclairs zébrant l'horizon, transformant ces jeux aquatiques insolites dans lequel le tonnerre se mêlait aux cris de joie, en un spectacle dantesque... Puis, comme obéissant à un mystérieux signal, tonnerre, éclairs, cris et gesticulations cessèrent. La fête était finie. Chacun commença à regagner les véhicules. De mon côté, craignant un *after* pouvant m'emmener encore plus loin, je hélai un taxi pour regagner mon *Quatro Rodas*, un de ces hôtels internationaux confortables, sans âme et aseptisés.

## C'EST SÛR MAINTENANT, TROP DE RATIONALITÉ TUE...

Seul dans ma chambre, tandis que le jour se levait, je me demandai si tout cela avait été bien réel. Avec quand même l'impression d'avoir manqué quelque chose... Pourquoi cette résistance à l'appel qui m'avait été lancé. Pourquoi ce sursaut de quant-à-soi raisonnable ? Bon sens ?... Ma position d'observateur, de photographe, et sans doute aussi mon statut de représentant de la modernité rationaliste m'avaient d'emblée mis à l'écart du jeu. Suffisamment en tout cas pour tuer ma spontanéité...

Quelques jours plus tard, rencontrant un *pai de santo*, je lui fis part de cette séquence exceptionnelle de ma vie et l'interrogeai : était-il possible pour un Français, complètement étranger à cette religion, de succomber ainsi à l'atmosphère extraordinaire du lieu, de rentrer en transe, comme les autres, les vrais fidèles du *terreiro* ? Il répondit avec un petit sourire : « Les *orishas* ignorent probablement la nationalité des fidèles, ils remarquent en toute simplicité une structure vide, disponible et frappent naturellement à la porte... Vous n'avez pas répondu à leur sollicitation, c'est dommage ! »... Il aurait pu ajouter, comme Karl Marx, « L'histoire ne repasse pas deux fois les mêmes plats ! »...

J'ai assisté lors d'autres voyages à une demi-douzaine de cérémonies de *candomblé* et d'*umbanda.* Le phénomène ne s'est jamais reproduit. J'avais à l'évidence laissé passer ma chance ! Depuis, un vieux regret me poursuit, ramenant néanmoins un souvenir plein d'une douce émotion et de tendresse, faisant résonner dans ma tête les roulements de ces satanés *atabaqués.* Et puis, je sens encore dans mon bras ce tressaillement électrique sous la main pressante de ma jolie philosophe... Brésil sacré, sacré Brésil !

# S COMME...

## SOATANANA

À une quarantaine de kilomètres à l'ouest de Fianar (centre de Madagascar) se trouve l'étonnant village de Soatanana (environ 10 000 habitants). Pourquoi étonnant ? Parce qu'il est régi en grande partie par l'Église Fifohazana (le Réveil), une église protestante dans le courant évangélique (le village possède aussi une petite minorité catholique). L'adhésion massive de la population d'un village à une religion chrétienne, le fait qu'elle modèle totalement l'organisation sociale d'une communauté, n'est pas chose courante. Ici, la vie est vraiment collective : économie gérée par un conseil des anciens, lycée, transports, dispensaire, assistance aux vieillards et aux plus démunis, tout est privé et organisé par cette Église pour le bien-être de la population. Un genre de « communisme religieux » sans goulag... Ce qui crée un fort lien identitaire et social de la population. Autres caractéristiques, les fidèles sont habillés tout de blanc, symbole de la pureté. Cependant, pas facile d'accéder au village : pas de transports publics, auto-stop très aléatoire, vélo impossible (trop de pentes infranchissables sous le cagnard)... Seule

*Sur la route du marché, Soatanana*

solution : chartériser un taxi-brousse. Approche d'ailleurs superbe, au long de falaises abruptes de granit, à travers des terres rouge sang.

## QUEL JOUR ? UN DIMANCHE ASSURÉMENT !

Si pouvez programmer la visite, choisissez plutôt un dimanche pour sa grand-messe de 10h. Juste avant, possibilité d'assister à l'arrivée des fidèles à travers le village, tout de blanc vêtus (plus le *satroka*, genre de canotier de paille et un grand châle couleur ivoire). À la sortie, impressionnante et joyeuse procession (ne manquent que les grabataires et les bébés). C'est également un exceptionnel spectacle graphique et coloré, ainsi offert par ces milliers de fidèles, dont la longue toge blanche lumineuse contraste fort avec le rouge franc des demeures traditionnelles et des ruelles en latérite. La messe se tient quant à elle dans une immense basilique, d'où les chants pleins de ferveur communicative élèveraient l'âme des lecteurs les plus endurcis.

Chaleureusement reçu par le pasteur auquel je me suis présenté, j'étais le seul visiteur ce dimanche et j'eus vraiment l'impression de bénéficier d'une attention particulière. Durant l'office, rayonnement des fidèles, atmosphère chargée d'une spiritualité joyeuse. Certes, le village est très pauvre, à l'unisson avec le reste du pays, mais les gens ne sont ni tristes ni accablés.

## UNE INVITATION DÉCONCERTANTE

Et cela ne les empêche pas de souvent proposer un repas aux visiteurs après la cérémonie. En fait, les habitants ne participent pas au repas, ils y assistent. C'est ainsi que je me retrouvai seul dans une grande salle avec une centaine de fidèles qui m'observaient. Ce dimanche, pour m'honorer, on avait installé une petite table sur une estrade et les mets m'étaient apportés au fur et à mesure. Pas de vis-à-vis, pas d'interlocuteur avec qui échanger... Seul sur cette estrade, aimablement cerné, point de mire de l'assistance curieuse, souriante et silencieuse. Drôle d'impression : un représentant du Nord riche et nanti, invité par les gens du Sud parmi les plus démunis de la terre. Gêné, non, pas le terme exact. Intimidé oui, toujours étonné de cette merveilleuse qualité d'accueil des gens les plus déshérités ! Mais pour combien de temps ?

## CÉRÉMONIES EN DANGER !

Si l'isolement du village et la faiblesse touristique du pays les préservent encore, que dire de bien d'autres lieux dans le monde ? J'ai le souvenir de maintes cérémonies perverties, gâchées, vidées de leur sens par le tourisme dit « de masse » ! C'est le cas par exemple si on veut assister à une messe chantée en gospel à New York. Dans les plus grandes églises de Harlem (telle l'Abyssinian Baptist Church), les offices du dimanche connaissent désormais des conditions d'accueil de plus en plus rudes. Étant donné leur énorme succès (parfois des cars entiers d'agences surgissent aux offices), un service d'ordre a été mis en place, avec entrée spécifique pour les touristes. Parqués sans ménagement dans un coin, ils peuvent parfois attendre près d'une heure, avant de s'entendre dire qu'il n'y a plus de place... Avec un code vestimentaire digne d'une boîte de nuit ultra *hype* ! Là, on sent la saturation, une irritation montante des autorités de l'Église devant une invasion qui, à l'évidence, perturbe les cérémonies. Je vous donne un truc : essayez plutôt les petites églises de quartier où l'accueil est encore familial. Avec quand même une règle : on reste le temps de la cérémonie pour ne pas la perturber par des allées et venues intempestives...

**BOUDDHISTES GUÈRE ÉPARGNÉS !**

Citons encore la traditionnelle *Tak Bat*, « l'aumône des Moines » à Luang Prabang (Laos). Une vingtaine de moines alignés et assis dans la rue, leur écuelle à la main, sont prêts à recevoir la nourriture distribuée par les « paroissiens ». Ce rituel, pratiqué de très bonne heure le matin depuis la nuit des temps, voit désormais arriver des cohortes de touristes tout émoustillés à l'idée de placer une poignée de riz dans l'écuelle des moines (riz fourni par les agences, c'est dans le programme !), de mettre leur appareil photo sous leur nez, de faire crépiter les flashs, d'effectuer d'indécents *selfies*... Tout cela gênant gravement le rituel, le désacralisant, au point que les autorités religieuses envisageaient récemment d'abandonner la rue pour que le millénaire rituel se déroule dans de sereines conditions...

# SOPHIE SAROFF

S'il est deux quartiers chargés d'histoire à New York, ce sont bien l'East Village et le Lower East Side, quartiers de Manhattan, délimités par la 14th Street au nord, East Broadway au sud, le Bowery à l'ouest, l'East River à l'est. Les vagues d'immigration y amenèrent Ukrainiens, Polonais, Juifs d'Europe centrale, Irlandais, Portoricains... La partie supérieure du quartier, pendant du Greenwich Village vers l'est, prit le nom de East Village. Il devint dans les années 1960, le refuge des artistes, écrivains, poètes, jazzmen fuyant Greenwich devenu à leurs yeux très cher et trop bourgeois. L'East Village se transforma ainsi en pôle de la bohème radicale et de la contre-culture... On y trouvait notamment des leaders de la *Beat Generation* (comme Allen Ginsberg), du mouvement féministe (Emma Goldman, Kate Millett) et du syndicalisme révolutionnaire (comme Sophie Saroff). Me sachant désireux de mieux connaître le quartier, deux bons amis à moi, Suzan et Mike McCulloug (Irlando-Americains de la 3e génération qui habitaient Thompskins Square), me mirent sur la piste de Sophie Saroff, une des dernières figures historiques du quartier.

Elle était née en 1898 à Brusilov (Ukraine), dans un *shtetl*, un village juif dont son père était le forgeron. Elle échappa à une épidémie de rougeole qui tua des centaines d'enfants (dont une de ses sœurs), puis aux pogroms frappant le village (sa sœur aînée et sa mère en furent victimes). En 1912, alors âgée de 14 ans, elle émigra en Amérique et devint ouvrière dans les *sweat shops* de Manhattan. Elle y développa rapidement ses qualités d'agitatrice et de syndicaliste, nouant une solide amitié avec Emma Goldman (fameuse féministe anarchiste) et John Reed (jeune journaliste, témoin plus tard de la révolution russe et qui devint célèbre avec son livre *Dix jours qui ébranlèrent le monde,* dont Warren Beatty tira un film très émouvant, *Reds,* à revoir !). Puis elle adhère au Parti socialiste américain qu'elle quitte au moment de la révolution russe. Dirigeante active du syndicat des ouvrières du textile, elle organise des ventes de charité pour aider la jeune Russie soviétique et y envoyer des vivres, rencontre le poète Maïakovski, mène les luttes lors des années de la Grande Dépression suivant la crise de 1929 et organise le soutien à la jeune république espagnole dans les années 1936-39... C'est cette femme presque légendaire que je vais rencontrer en cette fin des années 1980 dans son petit logement du Lower East Side.

*Avec Sophie Saroff,*
*Lower East Side, New York*

**RENCONTRE AVEC L'HISTOIRE...**

Elle est déjà âgée de 88 ans. Le cœur battant, je sonne à l'appartement. Une toute petite femme m'ouvre la porte. Je n'en perçois d'abord qu'une belle tête surmontée d'un casque de cheveux blancs ondulés ; son visage serein s'illumine d'un immense sourire. Aussitôt, elle me rappelle de façon saisissante May Picqueray, vieille militante anarchiste de la même génération (et qui fut 20 ans correctrice au *Canard Enchaîné*)... Une collègue au passé politique d'une incroyable richesse, du temps où je militais au syndicat des correcteurs CGT.

Intérieur petit, mais chaleureux, envahi par les livres, de nombreuses photos, d'affiches et les souvenirs de tous ses combats (les derniers : contre la guerre du Vietnam, puis avec son comité de locataires, contre les expulsions de familles pauvres). Sophie est une délicieuse bavarde : en quelques rencontres, se dévide sa vie étonnamment riche. Plusieurs fois, je me retrouve au bord des larmes, une grosse boule dans la gorge. Notamment lorsqu'elle me raconte ses grandes années militantes. Entre autres, comme si ça c'était passé hier, la scission du parti socialiste américain au moment de la révolution russe. En compagnie de John Reed, elle quitte le congrès. Elle eut une fille qu'elle appela Proleta. Puis, un autre point fort de la conversation, son voyage en Espagne en 1986, invitée par le gouvernement de Felipe González à l'occasion du cinquantenaire de la révolution espagnole (elle organisa à l'époque des colonies de vacances pour les orphelins républicains). C'était la première fois qu'elle prenait l'avion, accompagnée de vétérans de la brigade Lincoln. Lorsqu'ils marchaient ensemble dans les rues de Madrid, les gens les accostaient et les embrassaient en les remerciant avec effusion. Un journaliste interrogea l'un des vétérans, qui perdit un bras à la terrible bataille de l'Èbre : « Quelle impression cela fait-il de revenir, 50 ans après ? ». Ce dernier répond avec un sourire malicieux : « Je suis prêt à offrir le bras qui me reste, si c'est nécessaire ! »... Moments très forts. Et Sophie, cet émouvant livre d'histoire, continue de dérouler ses pages sublimes. En fait, je ne peux poser de questions que lorsqu'elle revient de la cuisine ou découpe délicatement la carpe farcie :

« Vous n'êtes jamais retournée en Ukraine ?

– Une seule fois, à Kiev l'année dernière, en voyage organisé. À la fin du voyage, j'ai d'ailleurs demandé au chauffeur, à tout hasard, si Brusilov, mon village natal, était loin de Kiev. Il me répondit, pas loin, à peine 80 km. Mais ça fait au moins quatre jours de charrette, lui dis-je. J'avais toujours dans la tête ma vision de petite fille. Le chauffeur a bien ri, mais moi, j'étais un peu triste, n'ayant plus le temps de m'y rendre en voiture... »

J'ai dîné une dernière fois avec Sophie en 1997, un an avant son décès (à un mois de ses 100 ans). Elle me conseilla d'aller en pèlerinage à l'angle de la 3e avenue et de la 13e rue est (au nº 210, me précise-t-elle). « C'est là qu'habitait ma copine Emma Goldman, pas loin d'ici. Son mari est allé en prison pour avoir tenté d'assassiner un gros industriel. À propos, le type s'appelait Frick, ça s'invente pas ! ». On peut aujourd'hui visiter son musée d'art à New York. Il faut reconnaître qu'il avait bon goût !

Et puis vient l'heure de se quitter. Je me lèvai et commençai à ranger les assiettes. Sophie me tança avec un petit sourire. « Pas de paternalisme avec moi, même à mon âge… je sais encore débarrasser une table et faire la vaisselle ! ».

# SOROCHE

Le *soroche* est le mot quechua pour désigner ce que nous appelons le « mal de l'altitude ». Il frappe ceux qui ont commis l'imprudence de prendre trop vite de l'altitude, sans transition pour s'acclimater. Pour certains sujets sensibles, le malaise peut commencer dès 2 000 m, pour d'autres à 3 000 m. Il n'apparaît qu'après quelques heures. C'est ainsi que les passagers d'un téléphérique grimpant à très haute altitude, mais y restant peu de temps, sont en principe épargnés par le *soroche*. Au début, les symptômes sont classiques : des maux de tête qui s'amplifient progressivement, des nausées, une grande fatigue, des pertes d'équilibre, des menaces d'évanouissement… Mais ça peut mal se terminer, avec de très graves risques d'œdème du cerveau ou des poumons ! Il suffit cependant de redescendre rapidement pour que les symptômes disparaissent.

C'est ainsi qu'au début des années 2000, j'entrepris un voyage de réactualisation de la partie nord du Routard *Chili*. Ainsi, après le fabuleux désert d'Acatama, direction le magnifique lac de Chungara, à 4 500 m d'altitude, près de la frontière bolivienne. De Tacna, au niveau de la mer, la montée se fait en six heures. La raison aurait dû m'imposer, en cours de route, une nuit d'adaptation dans un village autour de 2 500-3 000 m d'altitude. Mais un programme ultra chargé me fit négliger cette primordiale précaution.

## CHANGEMENTS DE TEMPS MORTELS

Le lac de Chungara, l'un des plus hauts du monde, est dominé par les silhouettes enneigées des volcans Parinacota et Sajama qui se reflètent dans des eaux d'un bleu profond. Par mauvais temps, ce qui était le cas ce jour-là, le paysage devient âpre, mélancolique. En outre, au bord du lac, scène pathétique, une femelle vigogne venait d'accoucher d'un petit, mort-né. Hurlements de douleur de l'animal qui, paniqué, tentait de réveiller son petit… Mon cœur se serra et le paysage, pourtant poignant et grandiose, prit alors une teinte macabre…

Le temps gris, froid et humide qui avait prévalu jusqu'alors avait été un complice efficace contre le *soroche*. Ça, je l'ignorais, bien sûr. J'accueillis donc avec soulagement le soleil qui se mit soudain à taper dans l'immense ciel devenu bleu. Cependant, en

*Le lac de Chungara, Nord Chili*

moins de 10 minutes, ma tête commença à tourner et les premières nausées apparurent, suivies de violents vertiges. Mon guide sortit de la voiture une petite bonbonne d'oxygène très rustique. Insuffisant, ça ne fonctionnait pas. Il ne restait qu'une seule solution, redescendre le plus vite possible à 2 000 m pour réoxygéner mon sang. Je fis presque une syncope dans le véhicule. Mon corps désormais me lâchait totalement : transpiration à gros bouillons, vomissement sur le tableau de bord, pisse et chiasse d'enfer courant le long des jambes... Ça fuyait de partout. Envie aussi de me cogner la tête contre le pare-brise, tant le mal de tête devenait intolérable. La honte absolue. Mon guide s'affolait et j'eus droit à une course de côte à l'envers... La descente à 2 000 m, puis le retour à Arica stoppèrent net le processus du *soroche*. Restaient une voiture aux senteurs de bétaillère et une sévère gueule de bois.

### PÉCHÉ DE GOURMANDISE

Quelques années plus tard, je fus frappé par un *soroche* d'un autre type, à Cuzco, au Pérou (pourtant à 3 000 m d'altitude seulement). J'avais ce jour-là oublié un des conseils fondamentaux du Routard : à l'arrivée, en haute altitude, manger extrêmement léger. Au moins le premier jour. Et non se précipiter dans un restaurant, par professionnalisme et gourmandise, afin de tester le meilleur *churrasco à rodizio* de la ville... Syncope carabinée en sortant de table. Un brave taxi m'allongea dans son véhicule et prit soin de moi. La fin d'après-midi fut, par force, paisible sur mon lit d'hôtel pour souffler et récupérer.

Les conseilleurs ne sont jamais les payeurs ! Les cordonniers sont les plus mal chaussés... Autant de proverbes que je connais pourtant bien...

# SQUAT A LONDRES

J'ai toujours une pensée émue pour Londres. Tout simplement parce que ce fut, fin 1979, ma première mission pour le Routard. Une mission qui tombait en pleine effervescence rock et punk, dans un pays qui se débattait dans une crise économique sans pareil. Depuis mai, Margaret Thatcher était au pouvoir, commençant à mettre en place sa rude politique d'austérité, avec pour victimes, en premier lieu, les classes populaires .

Le mouvement punk avait pris naissance en 1976 à Hampstead, dans la banlieue nord, bastion des artistes fauchés et des squatters. Là, au 39 New Court, deux squatters, Sid Vicious et Johnny Rotten, écrivirent leur premier single : « *Anarchy in the UK* »... Trois ans après, les punks étaient encore au sommet de leur notoriété (malgré le déclin qui s'annonçait) et occupaient largement l'espace culturel. Mais ce sont les *Clash* qui m'intéressèrent et en premier lieu Joe Strummer, le génial chanteur du groupe. 1979, c'est aussi l'arrivée de leur mythique *London Calling*, avec en couverture (imitée graphiquement du premier album d'Elvis), la photo de Paul Simonon fracassant sa guitare au cours d'un concert au Palladium, à New York. En fait, la musique punk avait montré ses limites subversives. Les *Clash* introduisent des thèmes nettement plus politiques dans leurs chansons, chômage, tensions raciales, solidarité internationale, drogues... Quelques jours après mon arrivée à Londres, j'eus ainsi la chance d'assister à l'un de leurs concerts au légendaire Hammersmith Palais... Existe-t-il meilleure façon de débuter une mission ?

## IL EST TOUT À FAIT JUSTE D'OCCUPER UNE MAISON VIDE !

Autre phénomène social d'ampleur, le *squat* ! Face à la spéculation immobilière qui ravageait Londres, devant le montant scandaleux des loyers, inabordables pour la majorité des gens, squatter une maison ou un immeuble abandonné devint la seule possibilité pour se loger. Le mouvement avait démarré dans l'après-68 anglais sous la forme de la *London Squatter Campaign*, puis au fil des années, il prit de l'ampleur. À l'aube des années 1980, des dizaines de milliers de Londoniens squattaient des logements, soutenus par une vieille loi du XIV^e^ siècle reconnaissant comme légitime d'occuper des maisons vides... dans certaines circonstances, à certaines conditions, du moment que ça ne lèse personne. Surtout, ne pas se faire prendre au moment d'entrer dans l'habitation, aucun représentant de la loi ne pouvant vous en déloger ensuite. Le squat était devenu l'immense refuge des exclus, des laissés-pour-compte, des révoltés de l'ère Thatcher...

Une énorme effervescence sociale, culturelle et artistique accompagna naturellement le mouvement... Tout s'y mélangea, politique radicale, manifs, *street art*, musique, performances, alcool, drogues, sexe...

Retour à Paris et écriture du guide dans une superbe fièvre épistolaire, comme en état second... Le métier se présentait merveilleusement bien. Ces deux phénomènes, musique radicale et squat, allaient désormais occuper une place importante dans le guide *Londres*. Aucun autre guide à l'époque ne leur consacrait autant de place... J'y fournis aussi des renseignements techniques, les quartiers et les rues les plus squattés, des adresses, des coordonnées pour avoir plus d'infos... Quasiment un mode d'emploi pour « expats » français en mal de logement et d'activités culturelles intéressantes...

## À PARIS, ÇA VA ÊTRE AUSSI LE « CLASH » !

Ce qui ne plut guère outre-Manche ! L'ambassade britannique et l'office du tourisme de la perfide Albion envoyèrent des courriers de protestation chez Hachette pour réclamer la suppression de textes faisant gravement l'apologie de l'illégalité...

Philippe Gloaguen, qui fut même été convoqué par l'Office du Tourisme, était embêté. Il me demanda ce que j'en pensais. Comme vous l'imaginez, je réagis avec violence : « Il est hors de question de céder au diktat de cette salope de Thatcher qui vient de laisser mourir dix patriotes irlandais ! »... Philippe reprit la balle au bond : « Justement, je sais que c'est limite, mais il y a quand même tes textes sur l'Irlande, non ! ». Je répondis « Oui, quel rapport ? »... « Eh bien, ils ne sont pas franchement pro-anglais, là tu as une vraie liberté. Alors, je propose qu'on retire le texte sur les squats. Certes, c'est chiant, mais on n'en mourra pas et puis tu peux continuer à dénoncer la politique britannique dans le guide *Irlande* »...

Ce jour-là, je découvris l'art du compromis. Nous n'avions pas, à l'époque, le même rapport de forces qu'aujourd'hui. Les squats en échange de l'Irlande. Un guide qui devait me donner par la suite mille bonheurs et faire beaucoup, beaucoup plus de voyageurs heureux... Le deal me parut correct !

En écrivant cette anecdote, je réécoutais *London Calling*... Cela fit remonter des moments délicieux... *« The ice age is coming, the sun is zooming in/Engines stop running and the wheat is growing thin/A nuclear error, but I have no fear/Cause London is drowing/I, I live by the river »*... [Car Londres est en train de se noyer et je vis près de la rivière]

Joe Strummer habitait à l'époque Chelsea, à deux pas de la Tamise...

# SUMBA

L'une des îles les moins connues du Nusa Tengara (ex-Petites îles de la Sonde) est Sumba. Une île à 70 % animiste. D'ailleurs, je m'interroge : Bali est hindouiste, Sumbawa musulmane, Florès majoritairement chrétienne et Sumba animiste... Pour quelles étonnantes raisons, une île se donne-t-elle à une religion plutôt qu'à une autre ? Bon, à creuser.

Sumba donc, que Georges Breguet, un ami de longue date (éminent spécialiste de l'Indonésie et des *ikats* – ces magnifiques tissus traditionnels à Bali et autres îles de la Sonde), me conseilla vivement de visiter.

Un vrai choc ! Sumba se caractérise surtout par la richesse de ses traditions et rituels. Une religion appelée ici *marapu.* Culte sacré de la famille, nom collectif donné pour le premier ancêtre de chaque clan de Sumba et les esprits qui lui sont liés. Dans l'immense demeure sumbanaise, une pointe effilée jaillit du toit : elle contient ce *marapu*, accumulation depuis des générations des souvenirs des ancêtres, petits trésors de la famille, pierres sacrées, fétiches, le tout enfermé dans un sac. À la longue, la famille ne sait même plus ce qu'il contient. Le *marapu* conditionne tout. Les paysans doivent ainsi se concilier les esprits des générations précédentes, car ils garantissent la santé de leurs descendants et le succès des récoltes. Autre caractéristique originale : le culte des morts. Comme chez les Torajas des Célèbes, les Sumbanais entretiennent des rapports très distanciés aux richesses. Contrairement à l'Occident, ici, nobles et rajas furent longtemps enterrés avec leurs biens les plus précieux : *ikats* élaborés, bijoux, objets de valeur, bétel pour le voyage (dans le temps, une esclave aussi pour la route)... Beaucoup de buffles étaient sacrifiés à cette occasion (bon, moins aujourd'hui, les autorités y ont mis le holà !). Le prestige ne réside donc pas dans la possession de la richesse, mais dans la façon de la dilapider à sa mort.

En outre, c'est une extraordinaire culture mégalithique. Les morts reposent sous d'énormes « tombeaux-dolmens ». Pas de cimetières séparés, ils sont disséminés dans les villages pour éviter les pillages. Jadis, des carrières, on extrayait des pierres tombales pesant jusqu'à 30 tonnes et il fallait plusieurs centaines d'hommes pour les tirer jusqu'au village. On avait ainsi la garantie que ce couvercle résisterait bien au pied de biche des malandrins. Beaucoup de tombeaux sont sculptés et décorés de figures géométriques, mystérieux graphismes, formes zoomorphes... Aujourd'hui, on a laissé tomber les plans de carrière, les tombeaux sont désormais édifiés en béton... tout fout le camp !

## UN TRUC À ÉTUDIER POUR ÊTRE TRANQUILLE TOUTE L'ANNÉE !

Mais à Sumba, c'est la tradition du *pasola* qui me motiva le plus. Cet événement rassemble deux villages (l'un de la montagne, l'autre de la côte) qui vont se « faire la guerre » pendant toute une journée. Le *pasola* est l'héritier culturel des guerres d'autrefois, réminiscence des combats qui opposaient jadis les villages ou les petits royaumes à propos de vol de bétail, de femmes, de problèmes d'extension de territoire... Dans une grande plaine, les deux camps s'affrontaient alors à coups de lances acérées et tentaient de rapporter des têtes d'ennemis au village. Au moins huit, chiffre obligatoire qui correspondait aux huit étapes du voyage des premiers habitants vers Sumba. On les accrochait alors à un arbre (l'arbre à crânes est un motif qu'on retrouve souvent sur les *ikats*).

Aujourd'hui, on ne vise plus à rapporter des têtes dans son camp, les lances ne possèdent plus de pointes de fer mortelles, mais des bouts en bois arrondis. Cependant, ça n'empêche pas quelques yeux crevés et quelques blessures plus ou moins graves. Nécessité d'ailleurs que le sang coule un peu et nourrisse la terre pour être sûr d'obtenir de bonnes récoltes. En fait, cette journée d'affrontement tient lieu, en quelque sorte, d'exutoire, de catharsis. Elle a pour but d'évacuer toutes les frustrations, les contentieux, les différends... Elle permet à toute l'agressivité de s'exprimer et de se

*Village traditionnel de Sumba*

vider en une seule journée et d'éviter les tensions le reste de l'année ! Ce simulacre de combat n'ôte d'ailleurs rien au caractère finalement assez violent du rituel : charges spectaculaires sous une pluie de lances, courses poursuites, cris, foule en délire... Atmosphère absolument unique !

## HÉLAS, UNE DATE FORT ALÉATOIRE !

Cette grande fête se déroule chaque année vers février-mars. Cependant, il n'y a pas de date fixe. Ce sont les grands prêtres du *marapu*, les chamanes, qui la décident en fonction d'un rituel très précis (huit jours environ après la pleine lune du deuxième mois de l'année solaire, dite « lune d'équinoxe »). De plus, les chamanes guettent un signe venant de la mer : l'invasion sur les plages du sud-ouest de milliers de vers marins multicolores (appelés *nyales*). Leur nombre, leur comportement, tout est interprété pour connaître l'avenir, le succès des récoltes, comme les catastrophes... La réflexion dure quelques jours. Lorsque la date est enfin décidée, la fête peut alors commencer. Elle se déroule de façon décalée dans trois ou quatre villages (le plus important à Wanokoka, en mars en principe).

Et c'est cette approximation de la date du *pasola* qui m'a fait louper l'événement. J'ai attendu en croisant les doigts jusqu'à mon départ de l'île. Mais il s'est déroulé cinq jours après (salauds de vers !). Fatalement, date impossible à préciser une semaine avant. Ce qui d'ailleurs, ennuyait fortement les agences de voyages et les croisiéristes. Eh oui, comment le programmer dans les brochures touristiques ? Eh bien, les agences commirent le crime fatal : organiser des faux *pasola*... Bien sûr, avec une grossière mise en scène, sans la magie du rituel, sans l'émotion, les tensions, les rires, sans l'exceptionnelle atmosphère de la fête... S'accompagnant d'une débile foire commerciale, avec vendeurs de colifichets et autre bimbeloterie de tourisme. En s'appuyant sur des chefs de village et des chamanes corrompus prêts à vider de son sens, à brader cette tradition millénaire.

Ajoutez à ce noir tableau le prosélytisme des Églises protestantes évangéliques visant à liquider le *marapu* pour s'implanter. Sans oublier la razzia des armes et antiquités de l'île par des marchands sans scrupules et le tableau sera complet. Ainsi, voulant acheter un beau poignard et quelques jolis objets liés au bétel dans une humble boutique de Waikabubak, je m'entendis dire que la presque totalité du magasin avait été achetée par un antiquaire londonien !

## BON, ON A FAILLI QUAND MÊME PERDRE UN LECTEUR !

Enfin, deux ans après mon passage, la lettre d'un lecteur me rassura un peu sur les dangers d'acculturation trop rapide à Sumba. Lettre à la tonalité assez dramatique. Voici ce qu'il nous révéla : « Attention, si vous semblez costaud, mesurez 1m90, arborez une barbe opulente aux reflets roux et un port de tête altier, attention, voici ce qui va vous arriver ! »... Et le lecteur de nous narrer sa mésaventure : arrivant dans un village de l'Ouest, il sentit rapidement monter une hostilité. Surtout de la part des enfants qui s'enfuyaient en criant, tandis que d'autres commençaient à lui jeter des pierres. Les adultes s'en mêlaient à leur tour, avec la volonté de le saisir et de lui arracher la langue. C'est le raja, le chef du village, qui le sauva et le tira de cette tragique situation. Explication : notre lecteur présentait les mêmes caractéristiques physiques que le croquemitaine local, celui dont on menace les enfants pas sages. Probable portrait du cruel colon batave qui exploita ignominieusement la population il y a longtemps, et dont l'image négative se transmit dans les légendes et l'imagerie populaire à travers les siècles...

Conclusion : la modernisation à marche forcée imposée par la mondialisation et souhaitée par les autorités locales ne peut forcer les rythmes de l'histoire, bousculer trop vite les traditions, liquider l'inconscient populaire... Ouf !

# SYMDROME DE STENDHAL

Syndrome de Stendhal ? Mais encore... Qu'a donc à voir l'auteur de *Le Rouge et le Noir* avec ce curieux syndrome ? Stendhal, en 1817, lors d'un voyage à Florence, avait écrit dans l'ouvrage *Rome, Naples et Florence*, qu'il avait éprouvé dans l'église de Santa Croce une forte émotion accompagnée d'un épuisement soudain et de vertiges... Devant une *Descente du Christ* de Bronzino, il devait carrément défaillir. Se souvenant, il écrivait : « J'étais dans une sorte d'extase, la vie était épuisée en moi. Je marchais avec la crainte de tomber ». C'est donc le syndrome, décrit par Stendhal, qui définit le mieux cet état bizarre, cette émotion brutale, ce choc qui déstabilise lorsqu'on reçoit en pleine figure l'extrême beauté d'une œuvre d'art ou d'un paysage somptueux. Cet ensemble de symptômes décrits médicalement se manifeste de diverses manières : palpitations du cœur, soudain essoufflement, vertiges, exaltation inhabituelle, trop forte émotion, pleurs, tremblements, délires, hystérie, jusqu'à la syncope... Bien entendu, à des degrés divers ! Outre Stendhal, dans ce puritain XIX^e^ siècle, la vision brutale de corps nus sublimes pouvait aussi provoquer quelques émois violents et incontrôlés chez les jeunes Anglaises. Ce que traduit précisément le trouble de Lucy Honeychurh, l'héroïne du beau film de James Ivory, *Chambre avec vue,* découvrant la sensualité de l'Italie et, à Florence, celle du *David* de Michel-Ange.

## BON, CONCRÈTEMENT, ÇA SE MANIFESTE COMMENT ?

Ce syndrome, qui ne commença à être étudié par la médecine qu'à la fin des années 1970, demeure malgré tout assez rare. Il n'est réellement « diagnostiqué » annuellement que chez quelques centaines de personnes. La majorité des visiteurs, devant toutes les merveilles du monde, se contentent d'une émotion légitime, plus ou moins forte, teintée bien sûr de plaisir, mais sans aller jusqu'à la pâmoison...

Ce jour d'avril 2003, en mission de réactualisation du guide *Florence,* j'avais le moral dans les socquettes et mal au dos. Temps pourri, pluie fine et glaciale comme il arrive parfois en Toscane, en ce mois hésitant à accepter le printemps. Objectif : le couvent San Marco où je n'avais pas remis les pieds depuis une bonne vingtaine d'années. Ce couvent possède deux grandes qualités : on ne s'y bouscule pas comme aux Offices et il propose certaines des plus riches œuvres de Guidolino di Pietro – plus connu sous le nom de Fra Angelico. Arrivé dès l'ouverture, je fus probablement le premier visiteur de la journée. Dans ce couvent dominicain du XIII$^{e}$ siècle, Fra Angelico livra un maximum de chefs-d'œuvre. Il décora notamment de nombreuses cellules de moines. D'autres éblouissants artistes y travaillèrent aussi. Entre autres, Fra Bartolomeo – disciple de Savonarole – et Ghirlandaio dont la sublime *Cène,* au début de la visite, n'éveilla pourtant chez moi, guère plus que quelques frémissements...

Le dos brisé, trempé et claquant des dents, j'entrepris de monter péniblement l'escalier menant aux cellules des moines. Totalement seul, j'affrontais ce vaste et interminable escalier dans une noire et déprimante pénombre. Mais soudain, un caprice de la météo vint déchirer cette atmosphère sinistre... Un cumulus s'étant fâché avec son nimbus, ce divorce provisoire bouscula la marche de la morose matinée. Un soudain flamboyant rai de soleil transperça l'immense baie de l'escalier, inondant de sa lumière dorée l'escalier, occupant tout l'espace... Puis, comme s'il avait été envoyé là tout exprès pour me redonner goût à l'art et à la vie, le puissant rayon poursuivit sa course et s'en alla illuminer la première fresque du palier. C'était une des plus belles *Annonciation* qu'il m'ait été donné d'admirer. Sans doute pas aussi éblouissante que celles du Prado et de Cortone, mais, dans l'état de détresse où je me trouvais, elle me sembla la plus belle du monde... Peinte à fresque sur le mur extérieur d'une cellule, l'or éblouissant des auréoles, contrastant avec un style d'une grande sincérité, était davantage de nature à éblouir les yeux qu'à faire passer un message spirituel...

## OÙ LES BAIES DES COUVENTS NE SONT PAS AUSSI IMPÉNÉTRABLES QUE LES VOIES DU SEIGNEUR...

Touché en plein cœur ! Cette scène me fit défaillir. Je m'effondrai sur les marches, vaincu par la puissance d'une incroyable beauté. Je ne suis pas Stendhal, bien sûr, et toute comparaison ne serait que vilement flatteuse. Mais je dois à la vérité d'écrire que ce que j'éprouvai à ce moment-là correspondait très exactement au fameux syndrome. Une montée de sanglots me submergea, avant de me sentir porté par une vague de plénitude. La lumière qui baignait le tableau irradiait aussi mon moral. Dans ce genre de moment magique, on peine à percevoir la limite entre le caractère propre d'une œuvre et l'émotion de celui qui la contemple. Jouissance libératrice... Réchauffé par la brûlante lumière qui avait envahi l'escalier, nullement dérangé par des visiteurs intempestifs, je pus jouir intégralement de ce moment de grâce, m'amusant à détailler les points forts du tableau, les différences avec les autres œuvres sur le même sujet. Ici, la richesse du décor des ailes, ses lumineuses couleurs, les voluptueux plissés de la tunique, l'absence d'Adam et Ève chassés du paradis (contrairement aux autres Annonciations). Moi qui passe ma vie à me battre contre les désastreuses conséquences de l'aliénation religieuse, je jouissais sans état d'âme de l'une des conséquences de cette aliénation : la peinture religieuse. Je suis partagé par une dilemme identique devant la cathédrale de Reims, la magnificence des vitraux Renaissance d'Arnaud de Mols dans celle d'Auch, la sublime harmonie de la mosquée des Omeyades à Alep, celle d'El Azar au Caire, ou encore dans les temples hindouistes. En remerciant le ciel, de très mauvaise foi, que les civilisations religieuses nous aient légué un si merveilleux héritage... D'ailleurs, ne serait-ce pas là bien la preuve que les gens ne croient pas vraiment à ce en quoi ils disent croire. S'ils n'avaient aucun doute sur l'existence des dieux, ils n'auraient pas besoin de prouver leur foi en construisant des temples ou en faisant de la peinture...

Soyez cependant sans crainte, en ce matin de pluie glacée florentine, mon petit quart d'heure stendhalien ne m'a laissé aucune séquelle. Je n'ai pas non plus été touché par le syndrome de Paul Claudel, phénomène obscur qui amena l'auteur du *Partage de Midi* à chuter brutalement dans une bigoterie profonde, un soir de Noël derrière un pilier de Notre-Dame. En repentance des misères qu'il avait fait subir à sa sœur Camille, peut-être ?

Je quittai le couvent totalement rasséréné. Ah divine Florence ! Sublime Toscane !

## EN PRIME, QUELQUES AUTRES SYNDROMES (rapidement !)

Ma description du syndrome de Stendhal serait incomplète si j'oubliais de mentionner les autres syndromes du même genre : syndrome de Jérusalem, syndrome indien et, le petit dernier, le syndrome de Paris.

**Le syndrome de Jérusalem** est un trouble assez fréquent et fort bien décrit par les psychiatres israéliens. Il touche généralement des chrétiens, mais aussi des juifs, emportés par le souffle mystique de la cité sainte. Déjà habitées par une foi ardente, ces personnes se « lâchent » dans les lieux saints, se laissant aller à des manifestations aussi bruyantes que gesticulantes dans les lieux publics, déclamant des passages de la Bible, tentant des sermons de rue... Leur syndrome se caractérise aussi par une obsession de la pureté qui se manifeste par de nombreuses ablutions quotidiennes. Ces pèlerins de l'extrême revêtent parfois des toges blanches et des sandales très bibliques. Certains, plus rarement, se prennent pour le Christ, Marie ou un des prophètes de leur choix. Et, bizarrement, rarement pour Joseph ! Un service de l'hôpital Kfar Shaul recueille annuellement quelques dizaines des cas les plus graves. Pour les médecins de cet établissement, le plus dur est de discerner les vrais des faux prophètes. Jésus, qui doit revenir à la fin des temps, y effectuera probablement un séjour avant d'être clairement identifié...

**Le syndrome indien** frappe logiquement les voyageurs se rendant en Inde. Régis Airault, ancien médecin-psychiatre au consulat de France à Bombay, le décrit de façon érudite et détaillée dans son ouvrage *Fous de l'Inde – Délires d'Occidentaux et sentiment océanique*. Grosso modo, le visiteur, d'abord fasciné par l'Inde, perd progressivement pied. Face à l'étrangeté du pays, de ses coutumes et traditions, face à la pauvreté, à la foule, au vacarme, à l'agitation insensés des rues, à la chaleur humide et l'omniprésence de la mort, le voyageur perd facilement ses repères, se laissant parfois aller à des délires mystiques. Heureusement, ces troubles disparaissent généralement dès le retour dans la mère patrie.

**Le syndrome de Paris** frappe surtout les visiteurs japonais. Rêvant depuis longtemps de Paris, ils idéalisent totalement cette ville. Beaucoup en sont encore au joyeux Paris de Montparnasse et de Montmartre, celui des bistrots littéraires, d'Hemingway, de Picasso, de Modigliani et... d'Amélie Poulain. Mais cette vision romantique et fantasmée, entretenue par la presse japonaise, se cogne à une cruelle réalité : celle d'un Paris dur et peu accueillant, tendu, égoïste, sale, des habitants peu serviables et on en passe. Ce qui déconcerte le plus, ce sont les attitudes brutales, le manque de savoir-vivre, la rudesse des discussions, les comportements tellement différents de la tradition japonaise. Sans compter, les petits escrocs, petites frappes et voyous divers profitant de la « naïveté » des jeunes Japonaises pour les mener en bateau et les arnaquer. Les illusions se fracassent sur une réalité en béton. La déception, qui peut virer au drame, est alors proportionnelle à la force du mythe.

# T COMME...

## TAXI-BROUSSE

En Afrique de l'Ouest, le taxi-brousse, pour une expérience, c'est une expérience ! Il faut au moins en prendre au moins un dans sa vie. Cela dit, tout dépend de l'état du véhicule et de son ancienneté. L'expérience varie aussi selon le pays, la périodicité des départs, l'importance du trajet... Sur les « lignes » les plus fréquentées, les antiques breaks Peugeot 504 et 505, les fameuses « Pigeot » réputées increvables, sont aujourd'hui souvent remplacées par des Mercedes, Opel ou Toyota dernier cri et l'attente se révèle minime. En revanche, sur des trajets marginaux, l'état du taxi se révèle plus rustique et le temps d'attente parfois interminable. En effet, en maints endroits, le véhicule ne part qu'une fois rempli, le moindre espace vide devant impérativement être comblé par un bébé ou un passager de petite taille... Trois passagers devant en plus du chauffeur, cinq derrière minimum sur chaque banquette. Devant, c'est un peu moins serré. Comptez un supplément de 1 000 FCFA – 1,50 € – pour un peu plus de confort. Vous pouvez aussi acheter et occuper une place – ou deux – en plus, selon vos moyens... Je réservai donc pour ce trajet au Bénin une place devant et attendit dehors que le taxi se remplisse. Quand soudain, il démarra et disparut... avec mon sac à bord ! Je fus « rassuré » par un autre passager souriant et confiant : « C'est rien, il est parti chercher de l'essence au Nigéria ! »...

### UN TOUR DE PISTE HOMÉRIQUE !

Dans les années 1980, la ligne entre Malanville (à la frontière du Niger et du Nigéria) et Cotonou, capitale du Bénin, était une route de légende. 740 km de pistes très dégradées à certains moments et des conditions de voyage et de confort à la limite des capacités humaines ordinaires... Des dizaines d'histoires circulaient sur les conducteurs les plus fous, les accidents les plus meurtriers... Le nom des véhicules était d'ailleurs tout un programme : « La Mort m'en fout ! », « Dieu est avec moi »...

C'est ainsi que je me lançai dans un des voyages en taxi-brousse les plus chaotiques de ma longue histoire d'amour avec l'Afrique de l'Ouest. Je pris place devant, contre la fenêtre de façon à profiter de l'air et avoir une chance d'être éjecté le premier en cas de pépin. Je ne manquai pas de m'interroger sur la grosse liasse de billets de 1 000 FCFA accrochée avec un élastique au pare-soleil du conducteur. J'en compris l'utilité au premier contrôle policier : ces billets étaient destinés à graisser la patte du pandore pour éviter que sa grande conscience professionnelle ne découvre un problème ou un élément du véhicule ne fonctionnant pas correctement ! Parfois, il y avait trois contrôles dans le même village : à l'entrée la police, au milieu la gendarmerie, à la sortie la douane... Il arriva même que le conducteur, d'un geste routinier, prenne un billet dans sa liasse et le glisse dans la chemise du policier dormant profondément sur sa chaise ou sur sa moto. J'ai compté une bonne vingtaine de contrôles avant d'arriver à Cotonou.

## ABSOLUMENT SE TENIR À CARREAU !

Je m'endormis plusieurs fois durant le trajet. Parfois lourdement, au point de ne pas m'apercevoir que, lors d'un arrêt, un nouveau passager était venu me voler ma place près de la fenêtre. Lorsque je rouvris les yeux, mon sang se glaça : l'intrus tenait une vitre sur les genoux ! Je me vis, en une fraction de seconde, en cas de coup de frein brutal, subir le sort réservé à Louis XVI et à sa charmante épouse en 1793. J'exigeai de passer immédiatement à l'arrière et d'abandonner mes droits de passager privilégié, suscitant l'incompréhension du chauffeur...

Le voyage se termina normalement, sans incident notable, les yeux gorgés de scènes normales d'animaux tués en bord de route, de taxis en panne – d'essence, de roue de secours, d'amortisseurs ayant rendu l'âme, d'autres bizarrement sur le toit... L'arrivée à Cotonou fut l'une des plus bienveillantes qui soient. Une immense banderole nous accueillit : « Mort aux traîtres ».

Elle me rappela qu'à l'époque le Bénin vivait sous un régime progressiste militaire marxiste-léniniste (1974-1990).

*Bonjour commandant Kérékou !*

# TICHIT

Je pèse mes mots : le désert mauritanien se révèle être l'un des plus fascinants au monde. Grand comme deux fois la France, capable d'offrir une infinité de visages différents et pas seulement une monotone succession de dunes, aussi belles soient-elles, sur des centaines de kilomètres… J'en profite pour rendre grâce à Maurice Freund, fondateur de l'agence associative Le Point de Mulhouse, qui ouvrit la Mauritanie aux Routards grâce à ses vols sur Atar. Je n'évoquerai ici que l'Adrar et le Tagant. Ces deux régions abritent deux villes emblématiques, Chinguetti et Tichit, connues pour leurs merveilleuses bibliothèques du désert. Chinguetti, septième ville de l'islam, fut un centre culturel et religieux très important qui abrita jusqu'au XVIII^e^ siècle nombre de savants, philosophes, écrivains et poètes… Y planent encore les mannes de Théodore Monod qui vint souvent herboriser dans le coin. Enfin, « herboriser » est une façon de parler pour une zone où l'herbe ne pousse qu'après les pluies d'hiver. Aujourd'hui, la ville lutte contre l'avancée inexorable des sables et tente de protéger ses précieux manuscrits avec l'aide de l'Unesco. Certaines familles ouvrent leurs bibliothèques privées. Autant d'occasions de tenir entre ses mains d'inestimables livres de sciences ou de médecine, rédigés au moment où, au Moyen Âge européens, on s'échinait à s'étriper et s'entretuer, plutôt que de penser, disserter et écrire. Si Chinguetti est relativement accessible, il faut, pour se rendre à Tichit, l'autre capitale des livres du désert, monter une quasi-expédition… Pas de routes, pas de pistes, seulement de vagues repères pour les conducteurs de 4x4 : un tronc d'arbre malingre ici, un bidon d'essence abandonné là, ou encore une cabane de berger en ruine, quelques tas de pierres aux emplacements stratégiques. D'où la nécessité de partir avec quelqu'un de très expérimenté.

De Chinguetti à Tichit, il faut deux jours de voyage à travers des géographies somptueuses. Vastes étendues de pierres plates noires totalement lisses, abrasées par le vent de sable. Sortes de lacs placides d'un noir étincelant ressemblant à des patinoires aux contrastes de couleurs fabuleux, où l'on se prend à rêver à de gracieux ballets, d'aériennes figures, dans les teintes d'incendie des soirs déclinants. Féérie du désert, lorsque ces lacs noirs sont peu à peu engloutis par les *barkhanes*, langues de sable d'un orange vif, en forme de croissant de lune, formées par les vents du désert. Fabuleux, aussi, les restes du néolithique, espaces couverts de pierres taillées et haches polies, pointes de flèche, débris de meules et de mortiers… Et toujours d'immenses dunes mouvantes dorées auxquelles succéderont de spectaculaires gorges, puis d'impressionnantes étendues de falaises rugueuses, de crêtes acérées, de massifs de pierres tranchantes si hostiles aux pneumatiques. Puis une nouvelle dépression sableuse…

*Ramassage de l'amersal, désert de Tichit, Mauritanie*

## RENCONTRE AVEC DES TRADITIONS MILLÉNAIRES...

L'occasion de rencontrer également ces tribus nomades qui, depuis la nuit des temps, errent dans le désert pour ramasser l'*amersal,* croûte de terre salée, brisée en petits morceaux, mise en sacs, transportée en caravane et vendue aux éleveurs à Néma, Aïoun el Atrous ou au Mali. Ils la mélangent à l'alimentation de leur bétail, convaincus de l'effet bienfaisant des minéraux qu'elle contient pour la santé de leurs bêtes.

Nature merveilleusement incohérente, désordre minéral débridé menant enfin à Tichit, remarquable cité datant du XII^e^ siècle, l'oasis la plus isolée du désert mauritanien. Vers l'est, plus de 3 000 km de plage ininterrompue ! Elle est coincée entre mer de sable d'une blancheur immaculée et plateau pierreux. L'arrivée y est souvent dramatique, car les vents de sable peuvent être terribles dans le coin. Ciel plombé, palmiers blanchis sous une croûte de poussière, silhouettes fantomatiques dans une espèce d'horizon brouillé...

Tichit, l'un des plus grands relais pour les caravanes qui, il y a cinq siècles, reliaient le Soudan au Sud marocain. L'antique cité offre son architecture unique de demeures en pierre sèche grise et schiste vert, dessinant d'élégantes formes géométriques. Remarquable mosquée, également. Mais très vite éclate aussi son côté pathétique de ville presque abandonnée, oubliée, ignorée des caravanes, elles-mêmes en voie de disparition... En outre, elle ne s'est toujours pas remise des terribles pluies et inondations qui la frappèrent en 1999. Un vrai drame pour les bibliothèques du désert. Nombre de maisons furent inondées, noyant et dispersant les livres, sans compter les toits qui s'effondrèrent et ensevelirent tous ces merveilleux manuscrits et incunables... Il y a aujourd'hui plus de ruines que de maisons debout.

Notre visite à la bibliothèque de Dade Ould Ydda, la plus riche de la ville, fut à la fois un véritable crève-cœur et une leçon de courage et d'abnégation. Dade Ould Ydda, l'un des savants et lettrés parmi les plus respectés de Mauritanie, 15 ans après la catastrophe, était toujours en train de tenter de reconstituer sa bibliothèque. Un toit s'était effondré sur son inestimable collection. Âgé de plus de 90 ans, aveugle, il était entouré de jeunes lettrés qui lui lisaient les pages sauvées des eaux. Et d'indiquer ainsi à quel ouvrage elles pouvaient appartenir, patiemment, jour après jour... Véritablement émouvant de tenir dans ses mains un traité de médecine ou de pharmacopée, enluminé ou calligraphié, vieux de plusieurs siècles. Ou encore un vénérable livre du soufisme du XV^e^ siècle en peau de gazelle... Plus étonnant, un ouvrage de poésie décrivant la beauté de la femme et miraculeusement sauvé des eaux !

Une discussion entre mon guide et le lettré me transporta au comble de l'émotion. Leurs familles possédaient des liens lointains, Dad Ould Ydda connaissait bien son père. Ils tombèrent dans les bras l'un de l'autre, s'étreignirent en pleurant...

La magie du désert m'a toujours fait craquer !

# TOKYO

Là, j'y vais d'une auto-critique complète ! Oui, je vais à Canossa, le front bas, en kimono élimé et pieds nus. J'ai craché sur le Japon pendant des dizaines d'années. Et avec quelques bonnes raisons : les filets dérivants qui étouffent les dauphins et la surpêche dans les pays du Sud qui les prive de leurs ressources halieutiques, le massacre des baleines et des forêts (chez les autres !), les discriminations contre les Burakumins au Japon, le révisionnisme historique (les « incidents » de Nankin... 200 000 morts), la « discipline » imbécile dans les usines... et j'en passe ! Toutes bonnes raisons certes, mais je n'avais jamais mis les pieds au Japon. Embêtant. Fallait quand même un jour aller voir de près pour consolider le jugement. L'occasion se présenta. C'est ainsi qu'en 2006, j'effectuai un voyage de prospection pour déterminer si la destination méritait un Routard. Des libraires bien au fait des flux touristiques et des demandes de leurs clients nous avaient indiqué qu'il y avait plus qu'un frémissement pour le Japon. Et surtout l'axe Tokyo-Kyoto.

Et là, je suis tombé de l'armoire. Sans remettre en cause toutes les bonnes raisons évoquées plus haut, je dus rapidement reconnaître que j'affrontais une autre réalité, un tout autre pays que le Japon détesté. Je dus complètement changer de logiciel. En outre, débarquer au moment des « cerisiers en fleurs », allait me donner une vision du pays encore plus éloignée de mes préjugés...

## TOKYO EN FLEURS, TOKYO BONHEUR !

Ma première impression correspondit un peu à l'image de chaos urbain, voire apocalyptique façon *Blade Runner* que j'attendais. En venant de Narita, pendant une heure, on n'échappe pas à l'interminable traversée des banlieues, à la jungle d'autoroutes, de voies ferrées et de gratte-ciel... Quelques chiffres aident à comprendre : Tokyo, c'est 13 millions d'habitants, et le grand Tokyo... 30 millions ! Deuxième impression pas si terrifiante que ça : petit hôtel dans le quartier d'Asakusa, bien situé, pas loin du magnifique parc d'Ueno et de l'adorable « village » de Yanaka... Asakusa lui-même se révèle particulièrement attachant. On est au cœur de l'ancienne Shitamachi, la ville basse, abritant le temple le plus fameux de Tokyo. Maisons basses et petits immeubles alternent dans les ruelles étroites et fleuries bordées de vénérables boutiques traditionnelles, exhalant un doux parfum suranné... Quelques immeubles en verre, mais jamais très hauts. Agréable atmosphère populaire et commerçante. À un vol de cygne, le village de Yanaka, miraculeusement rescapé du séisme de 1923 et des bombardements de la dernière guerre, se révèle une véritable oasis urbaine,

*Promenade vespérale à pas comptés, Tokyo*

un quartier horizontal avec un maximum de belles demeures en bois où s'intercalent mignons petits temples et minicimetières de voisinage.

## UNE VILLE FINALEMENT ASSEZ HUMAINE !

Et on se rend vite compte que les quartiers à dimension humaine, vivants, conviviaux, bucoliques sont bien plus nombreux qu'on ne le pense. Kagurazaka et ses ruelles piétonnières fleuries, bordées d'adorables restos enchantent à son tour, ainsi que Ryogoku, Harajuku... Tous les grands quartiers modernes tels Shinjuku, Shibuya, Ikebukuro regorgent de mini quartiers horizontaux, de micro villages à parcourir gaiement à pied ou à vélo...

À Shibuya, au cœur de la plus grande concentration de grands magasins, à 100 m de l'un des carrefours les plus fréquentés au monde, on découvre des ruelles totalement hors du temps, recélant des cafés lilliputiens de quatre mètres carrés maximum : sept client(e)s sur la banquette, un comptoir, une patronne et le huitième client dans le chambranle de la porte. Quant au quartier de Golden Gay qui jouxte le célèbre Kabuki-cho, il fut pour moi une énorme surprise. Un ami me l'avait indiqué, précisant : « Surtout, va au minuscule troquet *La Jetée,* tenue par la charmante Tomoyo Kawai, francophile, francophone et cinéphile. Apporte-lui un petit souvenir français, un camembert, un sauciflard... Peut-être trinqueras-tu avec Coppola (qui y possède sa bouteille), Tarantino ou Wim Wenders qui y passent entre deux tournages. Pierre Barouh venait en voisin... Ça fait tout juste quatre mètres carrés, comme les cent autres bars du Golden Gay... » Ces bars sont les derniers vestiges des cantines qui nourrissaient les ouvriers des gigantesques chantiers de reconstruction après la Seconde Guerre mondiale.

Ravissement donc que de découvrir ces miniquartiers antédiluviens, ayant conservé pieusement leur personnalité. Étonnant de tomber inopinément sur Omoide Yokocho (appelé jadis « Piss Alley »), ensemble compact d'une quarantaine de ministrestos vieillots et rustiques, à seulement 200 m de la gare de Shinjuku, l'une des plus grandes et modernes du monde (3 millions de passagers, 52 sorties !)... Non, on n'y déverse plus son trop-plein d'*Asahi* ou de *Sapporo* dans l'allée centrale, mais le charme, le pittoresque, l'authenticité demeurent intacts...

## LE HANAMI, À L'OMBRE DES CERISIERS EN FLEURS...

Énorme surprise aussi, voire déflagration atomique, de découvrir, en me baguenaudant dans le parc de Ueno, un Tokyo à un million d'années-lumière de mes clichés ! Autour du 1er avril (non, ce n'est pas une blague), des dizaines de milliers d'habitants de la ville squattent les cerisiers pour une semaine. C'est le *hanami.* Le cerisier en fleurs (*sakura* en japonais) incarne la fin de l'hiver et l'avènement tant attendu du printemps. On suit à la télé, sur Internet, sur son téléphone mobile l'évolution de l'éclosion des bourgeons. On guette le premier pétale qui tombe. Les familles au complet étendent des nappes (ou réservent de grandes bâches bleues) et s'installent au pied des cerisiers (qui ne produisent pas de fruits) pour de vertigineux pique-niques où le saké coule à flots. On rit, on plaisante, on chante... Si un pétale tombe dans un verre, c'est, dit-on, chance pour toute l'année. Lorsque les pétales commencent à se détacher en masse, c'est le *sakurafubuki*, une sorte de « tempête de neige ». Atmosphère indescriptible ! Moments magiques ! J'errai entre les familles, totalement fasciné par cette image inimaginable du Japon, refusant sans cesse les invitations à trinquer. À la fin, je craquai néanmoins pour l'un des nombreux groupes d'étudiants mêlés aux familles particulièrement jovial, bruyant, tentateur. Je vis rapidement le piège se refermer sur moi, mon après-midi de travail dévasté et le « béret serré » le lendemain. Au bout d'une heure, j'eus un mal fou à m'extirper du piège... Frustré, comme d'habitude, de ne pas pouvoir jouir pleinement, pour des motifs professionnels, de ces moments exceptionnels jusqu'au bout...

Précieux conseil : s'enquérir, dès qu'elles sont disponibles, des dates précises de floraison, afin de mieux préparer son voyage.

# TOMBOUCTOU

Fascinante Tombouctou ! Cité mythique du Mali, ville sainte au XVI<sup>e</sup> siècle, reine des universités coraniques et capitale du monde afro-musulman (sur 100 000 habitants, 20 % étudiaient le droit et la théologie), elle est également un important carrefour commercial des célèbres caravanes du sel venant de Taoudeni. Interdite aux non-musulmans, elle avait envoûté René Caillé, premier Européen à y pénétrer en 1828 au péril de sa vie, grâce à mille ruses... Son journal reste un chef-d'œuvre extrêmement riche en fines observations sur les sociétés arabes et les échanges de civilisation au Sahara dans l'ère précoloniale. Aujourd'hui, malgré l'avancée du désert, malgré les vicissitudes politiques et la cruelle période de l'occupation djihadiste, environ 50 000 personnes continuent à s'accrocher à la ville aux 333 saints... Peut-être ce vieux proverbe local l'explique-t-il : « Le sel vient du Nord, l'or vient du Sud, l'argent vient du pays des Blancs, mais la parole de Dieu, les choses saintes, les contes jolis, on ne les trouve qu'à Tombouctou »...

Mais au fond, que reste-t-il de cette ville, aujourd'hui ? Très peu de vestiges de sa splendeur passée, pas d'architecture exceptionnelle, pas de prestigieuse mosquée comme celle de Djenné. Alors, pourquoi continue-t-on à fantasmer sur cette ville ? Essentiellement parce que c'est une cité qui possède encore un intense pouvoir d'évocation et qui continue à exciter l'imagination. Inconsciemment, on suit l'ombre de René Caillé, premier Blanc à y avoir pénétré. Pour le voyageur, c'est aussi sa difficile approche qui fait rêver. Il est exclu d'arriver en avion, bien entendu. Éloge du mystère et de la lenteur, l'accès par bateau se révèle totalement magique. On remonte le Niger en découvrant l'extraordinaire vie du fleuve. De juillet à octobre, pendant la saison des pluies, les gros bateaux peuvent naviguer. Quand la paix sera revenue, il sera plutôt conseillé de louer à plusieurs une grosse pirogue (avec pilote et cuisinier) depuis Mopti. Avantage : elles peuvent circuler presque toute l'année.

## LA RICHE VIE DU FLEUVE

Pêcheurs bozos et bergers peuls sont les rois du fleuve ; les uns fournissent le poisson, les autres le lait de leurs bêtes. Les Bozos, d'origine mandingue, semi-nomades, suivent les crues du fleuve, vivant dans des huttes primitives et vendant le produit de leur pêche (surtout des capitaines) aux pirogues de passage. La pêche à « l'épervier »

*Tombouctou, vue générale*

reste un réjouissant et élégant spectacle, le filet s'envolant de façon harmonieuse dans l'air, comme une grande aile (cependant, la technique la plus performante est le barrage de nasses). Aux étapes, on s'enivre de couleurs : la palette illimitée du commerce fluvial, les chatoyants tissus peuls, les calebasses regorgeant de beaux primeurs, tout cela dans les caquètements des futurs « poulets bicyclettes » des gargotes du fleuve... En période de hautes eaux, le lac Debo (240 km avant Tombouctou) se prend pour la mer et peut s'étendre sur des dizaines de kilomètres. Pendant la saison sèche, on doit parfois descendre dans l'eau pour pousser la pirogue au milieu des milliers d'oiseaux qui peuplent le lac. Ils sont tous là, d'ailleurs : cormorans, pélicans, aigrettes, hérons, marabouts, ibis, canards siffleurs... Ainsi qu'en hiver, les oiseaux migrateurs. Parfois, on croise quelques dos ronds d'hippopotames. Le soir, on se délecte de bivouacs enchanteurs sur la rive, où le capitaine grille au feu de bois la prise du jour, achetée au pêcheur bozo. On boira le *koundou*, une boisson sucrée fabriquée à partir d'une herbe aquatique, le *pondo* (appelé aussi *bourgou* par les Peuls)...

Arrivée à Kabara, le port de Tombouctou (à une douzaine de kilomètres). Certains voyageurs ayant trop rêvé sur la ville se disent déçus de leur première vision ! Je le reconnais, elle n'est pas très spectaculaire, c'est avant tout une atmosphère. Je me suis laissé aller, le nez en l'air, à la recherche de l'histoire, des multiples clins d'œil et signes qu'elle recèle. Elle fourmille de détails et d'images insolites et abrite également les demeures d'explorateurs (Ibn Battuda, le grand Routard marocain, à mon sens moins truqueur que Marco Polo, passa ici avant vous vers 1353), les belles portes ouvragées, les vieux petits métiers... En l'absence de prestigieuse mosquée comme celle de Djenné, j'ai succombé au charme discret des mosquées de poche, comme celle de Djingarey Ber (la mosquée du vendredi), véritable joyau architectural de style soudanais. À l'intérieur, entre les gros piliers de banco, j'ai joui sereinement de la fraîche, douce et poétique pénombre, trouée seulement par de bienheureux puits de lumière. Bien entendu, c'était dans le temps... Tombouctou retrouvera-t-elle un jour sa bienheureuse sérénité ?

Si je reviens un jour, ça sera après la saison des pluies, au moment de la réfection du minaret (les moignons de bois qui dépassent permettant l'opération). Des piscines de banco sont créées pour ravaler les façades dégradées. Tout le monde participe, c'est une vraie petite fête ! Quant à la quinzaine de mausolées détruits par les djihadistes en 2012, beaucoup ont été reconstruits et quelques bibliothèques privées permettent, sur demande, d'admirer les célèbres manuscrits de Tombouctou, certains remontant au XIV$^{e}$ siècle... Peut-être un traité original d'Avicenne ou d'Averroès, rêvons un peu ! Cette ville, qui a su résister à tout, continue aujourd'hui d'abreuver solidement notre imaginaire !

# U COMME...

## UZUPIS

Géniale l'idée du mec qui a créé *Courrier International* ! Cette sélection d'articles tirés des meilleurs journaux mondiaux (ou d'excellentes et humbles gazettes), traitant de sujets originaux, liés étroitement à la vie sociale et culturelle propre au pays et dont les échos nous parviennent rarement dans la presse traditionnelle. C'est ainsi qu'au début des années 2000, je tombai un jour sur un article évoquant la création de la « République indépendante d'Uzupis », un important quartier de Vilnius (Lituanie). Quartier très pauvre, abandonné successivement pendant la période soviétique et celle succédant à l'effondrement de l'URSS et des pays de l'Est. Situé dans une boucle de la rivière Vilnia, relié au centre par trois ponts, c'est un ancien village d'artisans posé sur une douce colline, animé de petits moulins à eau, mélange de bâtisses modestes, d'entrepôts et de petits palais des XV$^{e}$ et XIX$^{e}$ siècles... Au fil de l'histoire, le quartier fut totalement oublié par les pouvoirs publics, les demeures en bois ou torchis se dégradant et ne bénéficiant d'aucun progrès matériel (souvent accès à l'eau et aux toilettes uniquement dans les cours). Cependant, on y trouvait des loyers dérisoires ainsi que des espaces verts et jardins en abondance, ce qui n'avait pas échappé à de nombreux artistes à la recherche d'atmosphères et de lieux inspirateurs. Finalement, révoltée, excédée d'être ainsi honteusement négligée, sa population (environ 12 000 habitants) décida de déclarer son indépendance, de se séparer de Vilnius et de gérer ses affaires elle-même. Une constitution en 41 points fut discutée adoptée, gravée dans le bronze et placardée dans les rues les plus importantes.

Difficile de résister à l'envie de citer quelques points de cette constitution. Article 1 : « Les gens ont le droit de vivre près de la rivière Vilnia et celle-ci a le droit de couler près du peuple... ». Plus loin, des articles précisent : « Les gens ont le droit de faire des erreurs... d'aimer... de ne pas être aimés... d'être insignifiants... de partager ce qu'ils ont... de ne pas partager ce qu'ils n'ont pas... ». Mais j'adore l'article 13 : « Un chat a le droit de ne pas aimer son maître, mais en période de difficultés, il lui doit assistance ! ». Enfin, l'article 41 résume la philosophie de cette république : « Ne te rend pas ! »...

**UNE DÉCOUVERTE BOULEVERSANTE !**

Après avoir passé le « poste-frontière » du café *Uzupio* et sa pancarte routière « RÉPUBLIQUE INDÉPENDANTE D'UZUPIS », le vagabondage mène à des rues grises aux façades fatiguées, percées de dents creuses, de passages effondrés, de jardins libertaires. Parfois apparaît un bout de rue en cours de rénovation, un petit palais baroque tout juste restauré, suivi d'un autre transformé en HLM pendant la période soviétique et dont on devine, sous la crasse, l'élégante architecture. C'est là que je sympathisai avec un autochtone curieux de connaître les raisons de mon intérêt pour le quartier, ainsi que les nombreuses photos prises dans cours sordides, aristocratiques escaliers et romantiques ou sauvages jardins-dépotoirs... « Je travaille sur la mémoire, dis-je, l'histoire, les vieux métiers qui disparaissent, les gens, leurs rêves... Je tente aussi de saisir des télescopages photographiques insolites, des atmosphères poétiques, bizarres, des lieux étonnants hors du temps »... Mon enthousiasme, ma démarche durent lui plaire puisqu'il me proposa de me montrer un truc exceptionnel, mais d'abord de prendre un thé chez lui. Irruption brutale dans un des premiers films de Nikita Mikhalkov, un pur décor stalinien des années 1950 : papier peint fleuri désuet totalement passé, ameublement ouvrier et populaire typique (le pire des soldes du faubourg Saint-Antoine), reproduction d'icônes poussiéreuses, antique samovar et, exceptionnellement, l'eau au robinet ! Le luxe, quoi...

Puis nous sortîmes sur le balcon-véranda. Mon hôte posa une vieille échelle contre le mur, y grimpa, souleva une trappe au plafond et m'invita à monter à mon tour. On accédait ainsi aux combles du palais... Immense volume, quatre ou cinq mètres de hauteur, poutres de chêne énormes étayant une large toiture. Et là, au milieu, dans la pénombre, la surprenante présence de trois petites maisons en dur. Pas plus de 12 mètres carrés chacune, avec même un semblant de toit de tuiles d'où émergeait une étroite cheminée en fer. « Ici vécurent clandestinement trois familles juives de 1941 à 1943 », me dit l'ami. Combles inchauffables durant les longs hivers, d'où l'idée des petites maisons pour maintenir la chaleur. Les provisions et le charbon pour les poêles étaient livrés discrètement par certains voisins compatissants.

Ces contemporains de la famille Franck finirent cependant par être un jour dénoncés et déportés. Plus de 50 ans après, il me sembla que les combles se mettaient à nouveau à respirer, à se remplir de très discrets bruits domestiques et des rires soigneusement étouffés des enfants...

Submergé par l'émotion, je ne songeai même pas à prendre une photo...

# V COMME...

## VINCENNES-PARIS VIII

À la mi-2016, Arte proposa un étonnant voyage dans le bois de Vincennes. Il s'agissait, comme jadis les explorateurs dans la forêt profonde d'Amazonie à la recherche de quelque cité perdue, de retrouver « l'Université perdue » de Paris VIII. Le chef de l'expédition n'était pas Harrison Ford, mais Virginie Linhart, exploratrice des « années 1968 », auteur d'ouvrages pointus sur les héritiers de cette féconde période. Pour avoir été l'un des premiers étudiants inscrits à Paris VIII, je fus très naturellement contacté par Virginie afin de témoigner de l'existence de cette mythique université disparue. Ou plutôt pour témoigner de la disparition d'un prodigieux lieu de fermentation culturelle né après 1968 et qui, à l'aube des années 1980, fut livré aux bulldozers giscardiens protégés par des centaines de policiers. Elle fut balayée en deux jours par le cyclone de l'anti-culture dans une France qui ne se reconnaissait plus du tout dans les folles utopies de la contre-culture et qui, reniant ce qui avait fait sa réputation planétaire, se vautrait désormais avec une délectation morbide dans la médiocrité des années fric de la décennie 80.

Vaguement curieux et inquiet, le cœur plein de souvenirs brûlant encore sous la cendre des « nécessités du quotidien », muni d'une version poche de *Comment survivre en milieu nostalgique,* je grimpai, non sans une certaine appréhension, dans la machine à remonter le temps de Virginie...

**VINCENNES, UNE INVENTION GÉNIALE !**

Par un bel après-midi de printemps ensoleillé, le cœur chaviré, je débarquai dans une immense clairière aux hautes herbes percées de chemins improbables où couraient d'étranges Indiens en vêtements fluo, tensiomètre au bras, mais sans plume dans les bandanas... « C'est là », soupira Virginie. Contrairement à Coba dans le Yucatan, où il avait suffi de gratter la gangue de terre et d'écarter les broussailles pour redécouvrir les vestiges de la cité maya, ici rien. Plus une pierre, plus un caillou, pas une seule fondation. Nada, que dalle ! Et pourtant, le paysage, ou plutôt celui de mes souvenirs, commençait à s'animer, restituant des formes, des sons, des architectures... Miracle des paysages réinventés, mythifiés par l'émotion de la nostalgie. Là, bien sûr, c'était le grand bassin de la fac, ici les bâtiments des salles de cours ou s'agitaient de drôles de sorciers du savoir, plus loin la crèche des petits, le resto universitaire, le souk...

Vincennes-Paris VIII avait été une idée d'Edgar Faure, aussi opportuniste que génial ministre de l'Éducation qui voulut répondre de façon intelligente aux aspirations et aux revendications étudiantes de Mai 68. Une université dite expérimentale, dépoussiérée, ouverte aux grands courants de pensée politiques et philosophiques qui traversaient le monde, transformant totalement les rapports enseignants-étudiants, bouleversant les modes de notation et d'évaluation des études, etc. Et surtout ouverte aux non-bacheliers déjà dans la vie active, et largement aux étudiants étrangers. Une aubaine pour moi, misérable bac moins trois à l'époque, nanti du seul BEPC et de deux années d'études au collège technique des Arts Graphiques Corvisart. Traînant un vieux regret de n'avoir fait ni philo ni études supérieures, cette fac fut pour moi une belle occasion de revanche. De résilience, comme disent les psys. Pendant quatre ans, je hantai la fac le soir de 19h à 22h, le samedi matin et quelques après-midi en semaine. Comme des milliers d'autres non-bacheliers hyper motivés, enthousiastes, assoiffés de connaissances... Militant politique également, membre de la cellule Vincennes de Révolution, j'alliais consciencieusement et sans aucune contradiction organique, activisme politique et études, capable de préparer un exposé sur le *Black Panther Party* et un meeting de protestation contre la répression qui, dans le même temps, s'abattait sur eux aux États-Unis...

**VINCENNES... LA VRAIE VIE !**

Vincennes fut l'exemple unique au monde d'une subtile articulation entre l'utopie et le réel. La « vraie vie », la question sociale, la volonté de s'en sortir et la soif de connaissances juste pour le plaisir étaient ici des éléments parfaitement imbriqués dans une dynamique harmonieuse. Les profs étaient hyper compétents, accessibles, ouverts, généreux... En littérature anglo-américaine, quelle chance d'avoir eu Jean Gattegno, si didactique, si attachant, spécialiste de Lewis Carroll et d'Oscar Wilde ; Pierre Dommergues, qui nous a quittés en 2016, était le merveilleux spécialiste de la culture et de la contre-culture américaine. Le département des Études anglophones était à l'époque dirigé par Bernard Cassen, qui fut par la suite directeur du *Monde diplo* et fondateur d'*Attac* ; Jean-Michel Palmier nous permit d'approfondir Herbert Marcuse, Wilhem Reich, Georg Lukács, ces grands penseurs des années 1960 qui esquissèrent une vision du marxisme compatible avec la liberté des esprits comme celle des corps.

Comment oublier les deux très chaudes UV sur l'Irlande avec Maurice Goldring, lui qui penchait pour une solution réformiste et pacifique improbable en Irlande du Nord et nous qui soutenions le Sinn Fein et la lutte armée de l'IRA. Fantastiques et parfois rudes batailles politiques entre nous, mais toujours respectueuses de la qualité de l'adversaire ! Il y eut aussi des invités prestigieux comme Noam Chomsky. En philo, Henri Weber, plein d'humour, nous livra la véritable version de la mort de Trotsky. Ce n'était pas Ramón Mercader qui avait fracturé le crâne de Lev Davidovitch Bronstein avec un piolet sur ordre de Staline. Le piolet lui était tombé dessus alors qu'il rangeait son matériel de montagne dans une armoire. Version historique tout aussi improbable que celle, bien réelle, qui vit Henri Weber, alors compagnon d'Alain Krivine à la tête de la Ligue communiste révolutionnaire, faire par la suite une très bourgeoise carrière de sénateur socialiste...

Il y avait surtout tous les profs dont on suivait les cours en auditeurs libres, strictement pour le plaisir. Gilles Deleuze, Georges Lapassade, Alain Badiou, A. M. Macchiocchi, Daniel Bensaïd, François Châtelet et tant d'autres. Je garderai longtemps en mémoire le génial cours de Lucien Goldman sur Pascal qui n'était pourtant pas ma tasse de thé à l'époque !

Quatre ans de bonheur intellectuel total, quatre ans à s'enivrer de tous les savoirs, sans jamais oublier de se battre pour les peuples opprimés et les grévistes en lutte contre la misère, pour la dignité. Quatre ans à penser qu'on allait contribuer à changer le monde...

**VINCENNES, L'ASCENSEUR SOCIAL DE RÊVE !**

En ce printemps 2016, dans cette clairière sauvage entourée désormais de grands arbres, où la nature avait eu le temps de reprendre le dessus, caressant les hautes herbes, j'enterrai définitivement l'idée de retrouver un souvenir physique de ma fac.

À ceux qui prétendirent que Vincennes-Paris VIII n'était pas « rentable », je réponds que cette fac pas comme les autres me permit d'obtenir une licence d'enseignement grâce à laquelle j'ai pu pratiquer quelques années le beau métier d'instituteur. Mais surtout, j'y ai acquis une ouverture d'esprit et une exceptionnelle curiosité pour la culture et les idées, de riches méthodes d'analyse, une vraie capacité à appréhender les grands problèmes du monde, l'apprentissage de l'écriture à travers tracts, articles de journaux, cris d'indignation, de révolte. Sur le plan humain, j'ai participé à toutes sortes de projets et d'utopies irréalisables, acceptant désordres et échecs pour en retirer des enseignements positifs.

Vincennes-Paris VIII, ce fut un ascenseur social de rêve qui donna sens à nos vies de la plus belle manière... Ce n'est pas rien, c'est même tout !

Merci Virginie pour ce beau et nostalgique voyage dans le temps... Merci d'avoir rappelé qu'il y eut un jour dans ce qui est aujourd'hui une mer de chlorophylle, une fantastique usine à fabriquer du savoir et de l'humanité... Certes, il y avait aussi cette vision peu ragoûtante de murs peinturlurés, tagués et graffités. Il manquait bien quelques pieds de table dont on imagine quel usage on en faisait dans les manifs, ou les contre-manifs contre les fafs. Et j'ignore ce que devenaient les poignées de porte. Mais ce lieu n'en fut pas moins une fabrique de bonheur et de sens pour des milliers d'individus qui y trouvèrent matière à combler leurs aspirations intellectuelles autant que sociales et ont pu ainsi changer le cours d'une existence qui, sans la fac de Vincennes, aurait sans doute été beaucoup plus terne. J'en suis le vivant témoignage.

# VINGT-CINQ, RUE JOUFFROY

Ce fut une idée bêtasse, une de celles qui vous viennent inopinément en tête… Aller voir à quoi ressemblait aujourd'hui le 25, rue Jouffroy – Paris XVII^e^. C'est là qu'habitait la famille de mon père dans les années 1920-1940. Comme ça, un p'tit voyage, un p'tit clin d'œil du côté de la branche populaire et parisienne de mes ancêtres, juste pour consolider mon identité. À savoir, j'ai une partie petite bourgeoisie militaire coloniale par ma mère (voir le chapitre « Ah ! tout ce que je dois à ma maman ») et une partie ouvrière par mon père…

Ainsi, je m'aperçus progressivement que cette origine ouvrière prenait une place de plus en plus importante dans ma vie. Comme si elle légitimait un peu les nombreux engagements de mon existence, sociaux, philosophiques, politiques…

Ma grand-mère paternelle était ouvrière corsetière. Après avoir longtemps travaillé en atelier, elle ouvrit sa propre boutique rue Jouffroy. Oh, une toute petite, avec un tout petit logement, au point que l'un des trois fils Josse était obligé de déplier chaque soir son lit au milieu de la boutique. J'appris de mon père que grand-mère avait un caractère assez dur, même très autoritaire. Mon grand-père était caissier à la Banque de France. Pendant la Grande Guerre, il se battit sur le front d'Orient, où il perdit la majorité de ses camarades (surtout à cause de la terrible grippe espagnole). Il en revint brisé comme beaucoup. La vie ne dut donc pas être facile rue Jouffroy pour les trois frères. Roger, l'aîné, fit une école de mécanique et commença à travailler chez Renault comme dessinateur industriel ; mon père fit Estienne, section reliure et Camille, le cadet, devint menuisier-ébéniste.

Mon père, plus tard, évolua professionnellement. Il ne resta pas longtemps relieur. Après avoir obtenu une capacité en droit, il devint conseiller juridique, puis représentant de commerce, et enfin directeur commercial dans différentes entreprises… Il était souvent absent de la maison et ne s'intéressait guère à notre scolarité. Il possédait dans le salon « son » fauteuil Pullman, avec interdiction de s'y asseoir, même lorsqu'il était en voyage ! En outre, la communication avec lui ne se révéla pas d'une grande richesse. Très à droite, assez flambeur, il nous apparaissait, à mes frères et moi, comme une sorte de statue du Commandeur aux idées bien arrêtées (surtout en politique) et qui avait toujours raison sur tout. Bref, dialogue quasiment impossible, aucun échange d'idées...

Mais ici, pas de malentendu, un simple constat, pas vraiment un règlement de comptes. Histoire d'être *fair,* de consacrer un peu de place à mon père, dans cet ouvrage, quand même. Comme il y en a beaucoup pour maman, rééquilibrer les choses. En lui reconnaissant au moins un côté positif : me permettre de revendiquer une origine ouvrière. Je l'insère ainsi dans mon histoire. À bon compte. On est quittes !

Au 25, rue Jouffroy, aujourd'hui, pas l'ombre d'une baleine... Juste une gaie boutique de fleurs.

# W COMME...

## WAYNA PICCHU

Le Wayna Picchu, c'est l'énorme pain de sucre qui surplombe le Machu Picchu, au Pérou. Il offre la vue la plus fantastique sur le site (ainsi que sur la vallée de l'Urubamba), celle qu'on retrouve sur tous les catalogues de voyage. Mais la grimpette, d'une heure environ, ne se révèle pas de tout repos... Elle comporte de vertigineux passages, particulièrement étroits et délicats, longeant parfois des ravins avec mille mètres d'à pic. D'autres nécessitent l'aide de câbles et de cordes pour avancer. La pente est souvent très raide, il faut donc avoir de bonnes chaussures et surtout, ne pas être, mais absolument pas être sujet au vertige.

Aujourd'hui, vu le nombre d'accidents survenus par le passé, les autorités ont instauré un numerus clausus : 400 personnes maximum par jour, en deux vagues de

*Le Machu Picchu vu du Wayna Picchu, Pérou*

200 personnes. Réservation obligatoire, bien sûr, et jusqu'à 15 jours d'avance en haute saison. De plus, nécessité d'écrire son nom sur un cahier à l'aller et de le parapher au retour. De mon temps (j'adore dire ça !), il y a plus de 20 ans, la visite était libre et, à vrai dire, le sentier finissait par être passablement encombré et tout à fait dangereux.

## DEPUIS CETTE ÉPOQUE, JE HAIS LE MOT « GRÉGAIRE »

J'avais devant moi, en rangs serrés, un imposant groupe de femmes japonaises et je me demandais si certaines d'entre elles n'avaient pas confondu la montée du Wayna Picchu avec la plage de Barranco à Lima. Beaucoup de mocassins et de fines savates, certes décorées et aux jolies couleurs, mais vraiment peu adaptées au terrain. Plus inquiétant, je notais leur marche grégaire par petits groupes compacts. C'était une façon de se rassurer, mais si dans l'adversité en général, on se serre les coudes, en montagne, ce n'est vraiment guère conseillé ! Je n'eus pas le temps de disserter longtemps sur cette manière si imprudente d'aborder une telle randonnée. Nous abordions une section particulièrement délicate : sentier de moins d'un mètre de large et méchamment empierré, pas de garde-fou, à-pic vertigineux… L'une des touristes nipponnes dérapa et bouscula sa voisine toute proche…

Plus de 20 ans se sont écoulés depuis le drame, mais j'ai toujours dans l'oreille le cri d'horreur qui jaillit à ce moment et qui résonna sourdement dans la montagne. Les sauveteurs arrivèrent promptement, mais avec des longueurs de corde dérisoires. Leur mine déconfite faisait peine à voir. J'appris que deux jours furent nécessaires pour récupérer le corps…

En 2015, mon fils Vincent partit seul visiter le Pérou et je lui prodiguai, en père responsable, tous les bons conseils d'usage. J'insistai notamment sur l'extrême prudence à adopter pour grimper le Wayna Picchu, ma mémoire en ayant gardé un trop vif souvenir. Mais je dois bien avouer que, depuis mon périple péruvien, je n'étais pas au courant du numerus clausus ni de la réservation obligatoire pour l'ascension. Personnellement, devant l'impossibilité de grimper le pain de sucre, j'aurais tout benoîtement renoncé, ne me reprochant sans doute que cette impréparation fort peu professionnelle… Mais pas Vincent, qui contourna le guichet d'entrée par la montagne à travers les taillis et récupéra le sentier en cours de route. Il m'affirma qu'il le fit sans risque, mais je ne pus m'empêcher de frémir ! À ma question : « Mais comment as-tu fait pour signer le cahier au retour de l'excursion ? ». Avec ce sourire malicieux que je lui envie parfois, il répondit qu'il avait pointé avec assurance une case du cahier, signé promptement, et négligé, bien sûr, de montrer son passeport…

J'avoue aujourd'hui que ce n'est plus de l'envie que m'inspire son insolent manque de surmoi, mais de la pure jalousie…

Sacré Vincent !

# X COMME…

## XINJIANG

C'est une des cinq régions autonomes de Chine, celle la plus à l'ouest. Appelée également « Turkestan oriental », dont la capitale est Ürümqi. Plus de deux fois grande comme la France, spacieuse donc, ce qui permit d'y faire exploser plus de 40 bombes atomiques. On y compte environ 22 330 000 habitants, à majorité ouïghoure et musulmane (45 %) contre 41 % de Hans. Les Ouïghours parlent une langue d'origine turque. La région est très riche en pétrole et en gaz.

En 1949, on ne comptait que 200 000 Hans, mais une politique forcenée de colonisation a contribué à porter ce chiffre aujourd'hui à dix millions ! Pour le pouvoir central, depuis l'annexion de la région après la victoire de la révolution, il fallait tuer dans l'œuf toute velléité d'indépendance et, comme au Tibet, noyer le peuple ouïghour sous les Hans et accentuer à marche forcée le processus d'assimilation. D'ailleurs, depuis une vingtaine d'années, manifestations, révoltes et attentats sont récurrents et la répression est terrible. La pratique du ramadan est sévèrement combattue, une lourde pression pèse sur les enseignants et les étudiants, menacés de perdre leur emploi ou de ne pas obtenir leur diplôme s'ils le suivent. On y trouve les camps de travail les plus durs de Chine et les militants des droits de l'homme sont particulièrement réprimés…

**ADIEU KASHGAR !**

C'est une région qui m'a fait longtemps rêver, grâce à Martine, ma tendre épouse. Elle eut la chance de visiter Kashgar, la grande ville du Sud, dans les années 1980… À l'époque, la vieille ville de Kashgar attirait déjà quelques Routards, venant surtout du Pakistan, tout proche. Elle me décrivit avec passion les pittoresques demeures de terre bordant les ruelles étroites, la chaleureuse atmosphère orientale et le charme de son bazar, le rythme nonchalant de la ville, la forte personnalité de ce Moyen-Orient chinois. De superbes portes en bois ciselé s'ouvraient sur de jolies et fraiches courettes. Avant elle, Ella Maillart tomba également amoureuse de Kashgar. Hélas, ces dernières années, les autorités chinoises ont liquidé la vieille ville et bétonné à tout va pour détruire le mode de vie ouïghour, effacer toute identité orientale de la région. Sous prétexte de modernisation bien sûr, mais personne n'est dupe !

## ADIEU QUARTIERS OUÏGHOURS DE PÉKIN !

Si je fais une croix sur Kashgar, en me disant qu'il y a fort peu de chances que j'y aille un jour, en revanche, je regretterai beaucoup les quartiers ouïghours de Pékin. C'est Abel Segretin, un ami de ma rue à Paris, alors correspondant de *Libé* en Chine qui me les fit connaître. Des mini Kashgar aux ruelles étroites et à l'habitat rustique et, ça m'avait frappé, bourrés de minuscules restos populaires. Beaucoup possédaient leur propre petit four à pain et nous y mangions une cuisine, certes assez roborative, mais parfumée et délicieuse... Dans un resto un poil plus classe, je me rappelle avoir dégusté un ragoût de pénis de taureau, probablement un des trucs les plus goûteux jamais testés !

Le soir, au soleil couchant, la légère poussière soulevée par la foule dans les ruelles enfiévrées et la fumée des brochettes, alliées à la joyeuse animation des repas en plein air, nous donnaient l'agréable sensation de voyager très loin de Pékin, dans une contrée improbable, chaleureuse et intemporelle... Aujourd'hui, ces quartiers ont été brutalement rayés de la carte. Des planificateurs politiques un peu demeurés ont pensé qu'en liquidant son environnement, on peut faire disparaître un peuple, occulter son existence, résoudre le problème... Cette très grossière naïveté de bureaucrates, voire même de politique d'État, m'a toujours étonné.

Bon, pas très positive cette anecdote... Elle ne laisse guère d'espoir. Voilà, j'avais juste envie d'un petit coup de gueule !

# Y COMME…

## YANGSHUO

Yangshuo, Dali, Shangri-La et tant d'autres villes anciennes de Chine du Sud furent, aux temps préhistoriques de l'industrie touristique chinoise (au fond à peine 25 ans), d'adorables petites cités au charme intact. Il faisait bon y souffler un peu entre les visites de deux écrasantes mégalopoles, c'était délicieux de jeter son sac dans l'une des modestes mais accueillantes pensions routardes.

Lovée dans un méandre de la rivière Li, au pied de luxuriants pains de sucre (qu'on peut également admirer sur les billets de 20 yuans), la ville étalait langoureusement ses rues et ruelles bordées de vénérables demeures en bois et de gargotes d'un autre temps… Et patatras, devenue destination de masse pour les Chinois des grandes villes, Yangshuo s'est muée en un gigantesque emporium, les enseignes en plastique, les néons braillards dissimulant de plus en plus les délicates façades de bois sombre ciselé. On a creusé le sol, élevé de monstrueux centres commerciaux qui en ont enfanté d'autres…

**C'EST VRAI QU'ON EST TOUT PETIT !**

Bon, bon, fin du Bureau des Pleurs. Comme je faisais remarquer à un aimable commerçant qu'une telle métamorphose risquait, par un bouche-à-oreille très négatif, de détourner de Yangshuo les touristes français (et européens en général), il partit d'un immense éclat de rire : vous n'y êtes pas, vous rêvez, vous représentez si peu de chose dans l'économie locale… Vous n'êtes qu'un pourcentage ridicule en termes de dépenses par rapport aux 400 ou 500 millions de Chinois de la classe moyenne. Ce qui

*Paysan, région de Yangshuo*

nous fait réellement vivre, c'est le marché intérieur ! Bon, Pierrot, rhabillé pour l'hiver, le prochain coup, tu ramèneras pas ta fraise...

Je partis ruminer mes inconséquentes remarques et tombai inévitablement sur l'un des luxueux centres commerciaux ouverts récemment. Dans une démarche totalement masochiste, j'y pénétrai quand même, pour voir, comme ça ! Pas de surprise. Immenses volumes, marbres étincelants, lustres de cristal, dorures partout (même la rampe et les marches des escaliers mécaniques en bronze doré)... Au centre, un café avec des tables sur des balancelles au-dessus du vide où de jeunes cadres épanouis tentaient de séduire de jolies et élégantes *executive women*. Et, bien entendu, la dictature des marques s'étalant tout au long du *mall* de façon arrogante. Saturé de *bling-bling*, je fuyai. Et là, de l'autre côté de la rue... le Nirvana, l'atoll salvateur, la bouffée d'authentique : la façade crasseuse et incongrue du marché municipal.

## UNE VIE DE CHIEN !

Tout à coup, envie d'une Chine ancienne, d'images en voie de disparition, de parfums de fleurs, de fruits bizarres aux teintes inhabituelles, de fragrances nouvelles ou d'odeurs fortes, de lieux en tout cas plus vrais, moins aseptisés. Je m'y précipitai... Pas déçu du voyage. Le miroir inversé de mon centre commercial. La même photo aurait pu être prise sous Sun Yat-Sen. Un côté « Dernière Séance » d'un cinéma à bout de souffle, image d'un monde révolu, dernier râle avant d'expirer (en fait, même pas sûr !)... Sol en terre battue, flaques d'eau éparses, monceaux de fanes et d'épluchures, amoncellement de cartons d'emballage...

Le marché populaire dans toute son humble splendeur, qui ne s'est guère aperçu que la ville avait grandi et évolué sans lui ! Plus on s'enfonçait dans le marché, plus le décalage avec le mall de l'autre côté de la rue paraissait béant. Et là, dans la partie la plus crasseuse, la plus décadente, une scène incroyable : des cages en bambou d'où émergeaient groins humides, oreilles flapies, regards bouleversants de tristesse, pelages flétris... Des compressions à la César, mais vivantes, pathétiques, d'où partaient des lamentations presque inaudibles, ce qui les rendaient d'autant plus insupportables... Au moins 10, voire 20 chiens par cages... Bon sang, mais c'est bien sûr, la boucherie canine ! Avec là, derrière les cages, dans une pénombre humide, exhalant des remugles de sang, de tripes, de merde, de pisse, de dégueulis de bêtes stressées, les exécuteurs de basses œuvres zigouillant, égorgeant, dépeçant à même le sol boueux, puis plongeant dans l'eau bouillante ces pauvres corps blanchis. L'un d'entre eux trônait d'ailleurs sur une des cages servant de comptoir, artistiquement disposé comme s'il dormait, pour appâter le chaland. Dix millimètres au-dessus des prochaines victimes. Quelle perversité ! Ces naïves bêtes avaient-elles d'ailleurs conscience que leurs jappements plaintifs se révélaient totalement inutiles pour attirer l'attention de leur congénère prêt à la consommation ?

**CHINE, BIEN PLUS QU'UNE TERRE DE CONTRASTES !**

Je compris un peu ce jour-là ce que j'aimais dans ce pays (entre autres). Une société capable d'offrir, dans le même temps, une Chine déjà presque dans le XXII<sup>e</sup> siècle et cependant encore sous les Qing... d'un trottoir à l'autre ! Ces contradictions incroyables, ce grand écart surréaliste permanent, on le rencontre à tout moment. Me vinrent alors à l'esprit ces paysans vivant encore dans des troglos à 30 km de grandes villes et, à Shanghaï, ces *hutongs* crapoteux et si vivants, encore visibles depuis ma chambre d'hôtel du Bund. Alors, pour me dépayser encore plus, je louai un vélo et partis me perdre dans la campagne alentour, à la recherche d'autres paysages de la Chine éternelle : adorables villages intacts, petits marchés locaux (sans étals canins), placides buffles raclant les rizières, dans le cadre somptueux des pains de sucre légendaires... Objectif Moonhill ! Allez, encore mieux, Liugong et ses vénérables demeures séculaires aux toits qui rebiquent, aux tuiles patinées, aux rues délicieusement paisibles.

Pas de doute, le temps a fait ici une sage pause. Laissons-nous donc envahir, quelques minutes, quelques heures par cette douce sérénité...

# YÉMEN

Le Yémen fait partie de ces destinations mythiques dont on rêve, ou plutôt dont on rêvait, car aujourd'hui la guerre a fait de ce pays une destination hautement improbable. Subjugués par les aventures d'Henri de Monfreid, les errances de Rimbaud, la légende de la reine de Saba, combien de voyageurs n'ont-ils pas fantasmé sur cette « Arabie heureuse » ? L'architecture y est unique, les paysages à couper le souffle et le peuple, ou plutôt les peuples, plongent leurs racines dans les très anciennes traditions de l'Orient mystérieux. C'est Pasolini qui, le premier, me fit rêver. Le bougre, il savait choisir ses décors de film. Pour ses *Mille et Une Nuits*, il tourna à Sanaa, une des villes les plus fascinantes au monde, mais aussi à Shibam dans l'Adramaout. Sannaa semble avoir été laissée intacte par le temps : hautes bâtisses à la sublime architecture de terre, portes et fenêtres ourlées de blanc, décors et graphismes délicats sur les façades... Dans le soleil couchant, l'immense variété des ocres y prend des teintes d'incendie.

Le charme incomparable de ses villes, des paysages à tomber à la renverse et ses traditions tribales aux coutumes surprenantes font du Yémen une des rares destinations où le dépaysement est total. D'autant plus que l'une de ces coutumes, plutôt originale, consistait, lorsqu'un problème politique surgissait entre une tribu et le pouvoir central, à enlever quelques touristes ou coopérants pour s'en servir d'objets de

*Paysannes traditionelles, vallée de Wadi Doan, Yémen*

négociation afin de satisfaire quelque « légitime revendication » et d'obtenir quelques liquidités au passage. Pendant longtemps, tout se passa fort bien. Règles de l'hospitalité obligent, les otages étaient bien traités, voire choyés, et repartaient après un temps raisonnable, souvent avec des cadeaux pleins les bras, enchantés d'avoir vécu un grand moment d'aventure. Le syndrome de Stockholm quoi ! L'enlèvement romantique au Yémen fut donc longtemps la seule crainte des touristes… et peut-être leur rêve secret. Pour le reste, on y trouvait très peu de banditisme classique et l'on pouvait accéder à presque toutes les régions du pays. Le patron de l'agence qui organisait mon circuit me proposa deux types de chauffeurs-guide : l'un totalement anglophone, mais imbu de lui-même et pas très souple, l'autre, gentil comme tout, mais pour qui la langue de Shakespeare était un quasi-mystère. Il me conseilla le gentil et il eut mille fois raison…

## CHOISIR, C'EST ÉLIMINER (VIEIL APHORISME LACANIEN)

Le premier geste de tout Yéménite qui se respecte est de partir de bon matin acheter son *qat* (ou *khat*) au marché. Cette feuille stimulante et euphorisante qu'on mâche pour en extraire tout le jus est une sorte d'amphétamine naturelle. Ses propriétés disparaissent assez vite, c'est pourquoi il faut la consommer fraîche et s'approvisionner quotidiennement. Le pays en est le premier producteur mondial et exportateur. Plus de 70 % des Yéménites consomment le qat dont le commerce représente entre 6 % et 10 % du produit intérieur brut, occupant 15 % de la main-d'œuvre et absorbant 30 %

de l'eau pour la faire pousser, dit-on ! La plante se consomme depuis le XIIIe siècle au moins…

Je laissai donc mon chauffeur partir faire son indispensable achat. Mais il ne revint qu'au bout d'une heure et je me sentis obligé de le recadrer, lui expliquant que je travaillais à l'écriture d'un guide, que le programme était serré et que sa petite escapade ne devait pas se renouveler. Sa réponse fut imparable : « Oui, je comprends, mais je dois choisir les meilleures feuilles, tester, comparer, négocier le prix.
– Pas de problème, répondis-je, demain je t'accompagne, on achète de suite la meilleure qualité, comme ça pas de perte de temps ! »

Impressionnant, le marché de *qat*. Il m'a même semblé, à leurs yeux rougis, à leur pas hésitant, que les ânes « qataient » également, se nourrissant des vieilles branches jetées dans les allées du marché…

Mohand ne semblait pas vraiment réjoui du cadeau que je lui faisais. Ne plus pouvoir prendre le temps de marchander en papotant avec ses amis le privait d'une partie de sa sociabilité… Qu'importe, mission du Routard avant tout !

Elle nous menait ce jour-là à la mythique Shaharah. À 3 000 m d'altitude, le village est le plus haut du pays. Première difficulté, il nous fallait l'accord de la tribu qui gérait la route montant au village. Or la tribu en question était en conflit avec les pouvoirs locaux. Le climat était mauvais et mieux valait renoncer. Mohand proposa donc un autre itinéraire par une piste pas trop roulante sur le territoire d'une autre tribu. Elle n'était à ce moment-là en bisbille avec personne et le racket était raisonnable. Nous laissâmes notre véhicule pour un des 4x4 de la tribu et en route ! En fait de route, c'était une piste absolument exécrable ! Épouvantable, même. De longs passages parsemés d'énormes blocs de pierre qu'il fallait surmonter ou parfois contourner à moins de 10 km/h. Au point que, las d'être secoué, je marchais de temps en temps à côté du véhicule. Nous flirtions sans cesse avec des ravins abyssaux. Mais Mohand, qui décidément ne pensait qu'à ça, m'indiqua que l'une des petites vallées en contrebas produisait la meilleure AOC de qat du pays. Comme depuis le début du voyage, pour harmoniser nos relations, je *qatais* de concert avec lui, l'idée me vint d'aller en cueillir quelques feuilles pour tester… Mais comme pris de panique, il me hurla d'y renoncer. Il y avait, disait-il, des guetteurs bien planqués dans la montagne et je risquais de prendre une balle. Je n'insistai pas. Du reste, l'amertume du *qat, in fine*, n'avait pas complètement séduit mes papilles…

**BIENVENU ENFIN À SHAHARAH…**

Grosse émotion, enfin, lorsqu'apparut Shaharah, nid d'aigle sur sa fantastique falaise que les Ottomans ne réussirent jamais à prendre. La vallée qui y mène gagna de ce fait le surnom de « tombeau des Turcs ». Harmonieuses façades, débauche d'oculi et de meurtrières, de frises de pierres ciselées, d'encorbellements raffinés, souvent surlignés de blanc. Il restait bien quelques traces de la guerre civile de 1994, mais les vastes citernes destinées à recueillir les eaux de pluie, les rustiques ruelles étaient bien conservées, offrant un camaïeu de tous les ocres où glissaient les ombres noires et furtives des femmes allant puiser l'eau. Scène biblique, ou plutôt coranique. Que dire aussi de ce pont de pierre du XVII^e^ siècle, reliant le village à une autre montagne et dont l'arche d'une admirable élégance enjambe le précipice !

La soirée se déroula entre *qateurs*, avec des gens du village dans l'unique et crasseux *foundouk* où je devais passer la nuit. Gros tas de feuilles au milieu d'une douzaine de personnes, la kalachnikov calée entre les jambes, sauf pour les joueurs de *oud* bien entendu... Tout le monde ruminait, la joue gonflée à l'extrême. À force de mâcher, certaines peaux sont devenues d'une finesse inouïe, quasi diaphane. Ce fut encore raté pour la photo de ma vie : un des derniers rais de soleil passant à travers la pièce transperçait la joue monstrueusement dilatée d'un des protagonistes, évoquant un énorme ballon rose irisé et lumineux. Stupéfiant de beauté étrange. Je songeai à Cartier Bresson qui disait que l'on fait une photo extraordinaire par an et dix bonnes... Raté donc !

Le lendemain, séance de rattrapage en parcourant Shaharah à l'aube. Un pur bonheur de photographe. Mais pour les autres aussi. Le soleil enflammait les façades, se jouant des dernières brumes matinales dans les horizons lumineux du « tombeau des Turcs » et sur l'arche vénérable. « Tous les matins du monde », disiez-vous ?... Celui-ci fut l'un des plus poignants de ma vie.

## EN FAIT, J'ADORE LES MARIAGES. TOUJOURS SURPRENANTS !

De retour à Sanaa, Jérôme, l'un de mes contacts, me proposa d'assister le soir-même au mariage de l'un des fils de Ali Abdallah Saleh, le président de la République du Yémen, l'homme le plus riche du pays, à l'époque en place depuis... 1978 (après la révolution de 2011, il dut quitter le pouvoir et il est aujourd'hui allié à la rébellion houthie). Je lui objectai que, malgré ma notoriété, je n'avais pas reçu de carton d'invitation. Mais il m'assura que cela ne posait aucun problème. Étant en train d'écrire une biographie du président, il avait ses entrées... Dans le palais, c'était la fête. À la sortie du marié, plusieurs centaines de kalachnikovs crépitèrent vers le ciel et je m'attendis à voir tomber une volée de pigeons ou de nuages.

Pour atteindre le *mafraj*, la salle des hommes et, surtout, de réception des visiteurs, il fallut grimper plusieurs étages et passer autant de barrages d'hommes en armes. Du reste plutôt bienveillants. Jérôme, un habitué du palais, y était connu comme le houblon. Ou plutôt comme le *qat*, la bière faisant défaut. Tout en haut, dans le *mafraj* animé et bourdonnant, une trentaine de notables accroupis, *qataient* ou bavardaient. On me fit asseoir à la droite du président qui, en ayant fini avec son interlocuteur de gauche, se tourna vers moi avec un sourire affable. Moment incroyable, totalement tétanisant. C'était comme si je me retrouvais soudain l'égal des grands de ce monde. Je parvins à peine à articuler : *« I'm a french travel book writer, nice to meet you »*. Affligeant de banalité, mais qu'avais-je de plus à dire ? Heureusement, Jérôme prit place près de moi et entama un petit échange salvateur jusqu'au moment où le président se tourna poliment avec le même sourire, vers le nouveau visiteur de gauche... Ouf !

## BALADE DANS LA VIEILLE VILLE

Enfin, repartir, loin de ces mondanités vers mes montagnes et leurs aubes divines. À y réfléchir, stupéfiant Yémen, quand même, avec tous ces hommes en armes, la traditionnelle *jambiya* – poignard dont le fourreau traditionnel est en corne de rhinocéros provenant du braconnage – à la ceinture. Et toutes ces femmes en *niqab*, vagues noires et ondoyantes sur les façades dorées des villes...

Pour l'heure, visiter Sanaa. Outre Mohand, mon chauffeur, j'enrôlais un guide local professionnel. Dans la vieille ville, il me conduisit vers le Gaa-el Jawoud, l'ancien quartier juif, totalement vidé de sa communauté désormais. J'appris que mon guide avait rendez-vous ce jour-là avec l'une de ses trois ou quatre femmes au grand marché. Tout à coup, il s'exclama « la voilà ! ». La voilà, la voilà, euh, j'en apercevais bien une bonne centaine, et lui demandait ingénument : « Diantre, comment fais-tu pour la reconnaître dans cette lointaine nuée de corbeaux ? – *I can smell her!* », répond-il laconiquement. Pas forcément délicat, mais sûrement vrai puisqu'il se dirigea d'un pas assuré vers l'une des créatures masquées...

## EN ROUTE POUR SAADA ET LA DERNIÈRE COMMUNAUTÉ JUIVE DU PAYS

Le lendemain, départ pour Saada, la grande ville du Nord. Ville également d'un charme fou, remarquable pour sa ceinture de remparts en argile du XIVe siècle et le pittoresque quartier juif abritant encore, à l'époque, avec quelques villages alentour, la dernière communauté juive du Yémen. Moins de mille personnes, vestige de ceux qui refusèrent de quitter le pays au moment de l'opération « Tapis volant » au début de 1950. Près de 50 000 Juifs yéménites gagnèrent alors le jeune État d'Israël par un pont aérien, à l'exception d'une partie de la communauté de Saada, réputée pour ses orfèvres, bijoutiers et artistes réalisant vitraux et décors en stuc. Pourquoi n'étaient-ils pas partis eux aussi vers Israël ? Parce que les échos qu'ils avaient eus de l'arrivée de leurs coreligionnaires en terre promise n'étaient pas encourageants. Ces Juifs traditionalistes aux mœurs jugées primitives par l'establishment ashkénaze avaient du mal à s'intégrer.

À l'époque, le quartier juif offrait des images bibliques d'artisans fabriquant de magnifiques boîtes à bijoux niellées ou filigranées, avec des gestes et des outils millénaires. Et la coexistence semblait harmonieuse entre les deux communautés. Comme ce fut le cas par le passé dans de nombreux pays musulmans malgré la *dimmitude* qui assignait un statut discriminatoire aux juifs et aux chrétiens. Vision biblique encore, lors de la balade sur les remparts au soleil couchant, intemporel moment, étrangement chargé de poésie et de spiritualité... Alors que de noirs nuages s'amoncelaient déjà sur le Yémen, un an à peine avant la catastrophe, Al Qaïda perpétra son premier attentat sanglant contre le bateau USS Cole, dont l'explosion dans le port d'Aden fit 17 morts et 50 blessés. Ce fut ensuite la révolte des *houthis*, Yéménites du Nord apparentés à une branche du chiisme, et le départ définitif des derniers juifs du Yémen, contraints de choisir entre la conversion à l'islam et l'exil.

## VERS LE MANHATTAN DU DÉSERT...

Un autre temps fort de ce voyage fut la traversée de l'un des déserts les plus brûlants du monde, le Rub-al Khali, grand comme la France, à cheval sur l'Arabie saoudite et le Yémen. Le départ eut lieu de Marib, ancienne capitale du royaume mythique de la reine de Saba. Après négociation avec la tribu locale pour la traversée, il nous en coûta seulement 250 $, un vrai prix d'ami pour un 4x4 avec accompagnateur garantissant la sécurité entre Marib et Shabwa, la porte d'entrée de la vallée de l'Hadramaout. Ancienne portion de la route de l'encens, les 400 km furent avalés en une dizaine d'heures. Il fallait jadis 70 jours aux caravanes pour amener l'encens de Shabwa à Gaza...

Fascinant Hadramaout ! Surnommée très justement, le « Manhattan du désert », Shibam est l'une des plus belles villes qu'on connaisse et la plus ancienne cité de gratte-ciel au monde, avec ses immeubles en terre de sept à huit étages, serrés les uns contre les autres, partant à l'assaut du ciel et évoquant une ville-forteresse. De loin, dans sa mer de sable, l'impression d'y débarquer en bateau me rappelait quelque chose !

Cerise sur le *kunafah* ou le *halawat Guzar*, délicieux gâteaux yéménites, le Wadi Doan est une vallée sublime au sud de Shibam. Avant d'y plonger, du haut du plateau, il faut contempler le panorama qui s'ouvre sur des cirques or et ocre stupéfiants. Longtemps interdite, la vallée ne possédait pas de route. Il fallait nécessairement suivre le fond de l'oued, en été seulement, car inaccessible et dangereux pendant la saison des pluies. Au cœur de larges vallées fertiles ou d'étroits défilés, on y découvre à présent les demeures pompeuses de riches expatriés ayant souvent fait fortune en Indonésie. Certaines portions du paysage prennent un aspect Disneyland des Mille et une Nuits, longue théorie de palais d'opérette accrochés à la falaise, débauche de teintes pastel ou pétantes, verts délirants, jaunes criards, bleu layette, rose bonbon...

En outre, on y respire, paraît-il, l'air le plus pur du monde. Les fleurs y sont rares mais des plus odorantes, ce qu'apprécient vivement les petites butineuses locales, produisant un miel subtil, incroyables associations de délicats parfums se vendant quasi au prix du caviar. Le meilleur de la planète, dit-on ! Yasser Arafat s'en faisait livrer et se régalait d'une grande louche chaque matin...

Une image incroyable me fit sortir un moment de ma torpeur. Un bataillon de sorcières tout en noir, masquées et affublées d'un haut chapeau conique barrait l'horizon. Pas un centimètre de peau visible par 45 ° à l'ombre ! « Gilda rurales » aux gants fins et sombres, agitant élégamment faucilles et serpettes et s'activant à quelques travaux des champs. J'immortalisai ce tableau peu commun depuis la voiture, ce qui me valut en retour une volée de pierres, accompagnée, sans doute, de quelques vilains sorts en représailles de ce crime…

## PAS MALIN D'AVOIR FAIT RÊVER LE LECTEUR !

Désolé pour cette appétissante mise en bouche, car la suite du repas est remise aux calendes grecques. Inscrit désormais au tableau très « noir » du ministère des Affaires étrangères, le Yémen est totalement déconseillé aux visiteurs pour cause de rébellion *houthie* et de guerre civile, avec son cortège d'enlèvements, attentats, assassinats, piraterie maritime, bombardements criminels de sites archéologiques par l'aviation saoudienne qui n'épargne pas les populations civiles. Le Yémen est désormais le siège social d'Al Qaïda dans la Péninsule arabique…

Hé ! Dieu ou Allah ou Yhavé, mais qu'est-ce que vous attendez pour leur dire d'arrêter ?

# Z COMME...

## ZINDER

Je rêvais depuis longtemps de Zinder, première capitale du Niger jusqu'en 1926. La ville est située à 900 km à l'est de Niamey, pas loin de la frontière avec le Nigéria. En attendant de m'y rendre, j'étais à Agadès, aux portes de l'Aïr et du désert. Au mitan des années 1980, pour se rendre à Zinder depuis Agadès, il n'existait pas de transports en commun, pas de bus, quasiment pas de taxis-brousse. Seule solution, le camion de marchandises, inconfortable, très lent et pas du tout bon marché. Plus de 600 kilomètres de mauvaise piste à avaler et au moins 15 heures de route dans le meilleur des cas.

L'arrière du camion, déjà chargé d'une montagne de ballots, prétendait encore accueillir une bonne cinquantaine de candidats au voyage. De fait, il existait « trois classes » de passagers. Une longue barre de fer au-dessus des marchandises permettait aux premiers occupants de s'agripper fermement et de dominer la situation, les suivants devaient s'accrocher aux ficelles des ballots comme à des bouées de sauvetage. Les derniers arrivés s'accrochaient comme ils le pouvaient, à la ridelle, aux vêtements des voisins et à la bienveillance d'Allah le miséricordieux. Avant de monter, j'eus une pensée un peu acrimonieuse pour les copains qui m'enviaient, pensant qu'au Routard, on était en quelque sorte toujours en vacances !

**UNE BABEL JEUNE ET ÉTUDIANTE...**

Une telle promiscuité favorise naturellement la convivialité. J'avais des voisins délicieux et aimablement bavards. Lycéens, jeunes étudiants, âgés d'environ 18 ans, ils retournaient au lycée de Zinder après leurs congés scolaires. Voilà des gamins qui, à

18 ans, parlaient déjà cinq langues. D'origine touareg, leur langue maternelle était le tamasheq. Dérivé du mot « tamazight », c'est une variante du berbère qui compte environ un million de locuteurs. Scolarisés, ils avaient appris les deux langues nationales du Niger : le haoussa et le français. Musulmans, ils lisaient et parlaient couramment l'arabe. Enfin, très proches du bac, ils possédaient de sérieuses notions d'anglais et, en prime, probablement des bouts de dialectes locaux... Cela me rappelait les collègues maliens de mon atelier d'imprimerie (voir le chapitre « Aventures dans la classe ouvrière »). À l'époque, beaucoup d'entre eux parlaient français, bambara, sarakolé, arabe et des bouts de mandingue, peul, etc. De quoi rabattre le caquet de tous ceux qui, comme un ancien président de la République, ne veulent voir de l'Afrique qu'un continent qui ne serait pas « rentré dans l'histoire ».

En milieu de parcours, une vingtaine de personnes descendit du camion sans que, pour autant, la densité de l'occupation fût réduite. Ces 15 heures de cohabitation furent particulièrement enrichissantes. Je pus constater, une fois de plus, la grande patience des Africains et leur gentillesse naturelle. Pas de plaintes à propos des conditions de transport quand même sacrément rustiques, ni de l'exploitation assez scandaleuse de leurs compatriotes par les propriétaires de taxis-brousse et de camions qui abusent de leur monopole. Une sorte de fatalisme de bon aloi animait mes compagnons de route, n'affectant nullement leur bonne humeur. Je vous rassure : je ne fis aucune agitation politique à bord. En revanche, avec mes petits lycéens et étudiants, on évoqua avec franchise la politique néo-coloniale de la France, ainsi que bien d'autres sujets de société.

## APRÈS LA POUSSIÈRE DE LA PISTE, LE GRANIT DE LA VILLE, LES ORS D'UN PALAIS...

À l'arrivée, je fus invité à passer ma première nuit à Zinder dans la case de l'un de mes compagnons de voyage. Le lendemain, je découvris la ville. Surtout le vieux quartier de Birni, ses lambeaux de remparts en banco, ses pittoresques demeures insérées entre d'impressionnants blocs de granit. Puis je rendis visite au sultan de Zinder en son palais. Affable et ravi que l'on écrive des choses bien sur sa ville, je le quittai gratifié de deux magnifiques poignards aux manches particulièrement travaillés.

Je fis ensuite une rencontre étonnante. John, un jeune Américain en mission à Zinder, appartenait au *Peace Corps*, ce « corps de la Paix » américain qui permet à de jeunes volontaires d'outre-Atlantique de vivre durant un an une expérience aventureuse, en principe au service d'une cause humanitaire. Tronche de hippie, bandana sur de longs cheveux, lunettes d'intello, jean et chemise à carreaux, John avait une mission rêvée : distiller la culture étatsunienne, faire aimer son pays... pour, bien sûr, contrebalancer l'influence française ! Au cours d'une balade à cheval dans la brousse, nous eûmes des discussions animées devant quelques *Flag* et John me donna plein de tuyaux pour le guide : les meilleurs *maquis*, artisans, boutiques insolites, architectures dignes d'intérêt. Un après-midi de rêve. Cependant, j'appris plus tard par un pote coopérant de

Niamey que ce sympathique garçon était également le très officieux agent régional de la CIA. Bluffé, je ne m'en étais pas douté un seul instant. Mais en y réfléchissant, c'est bien normal. Si les espions avaient des têtes d'espions, cela se saurait. Quelques années plus tard, je narrai l'anecdote à un copain qui avait été coopérant en Mauritanie. Il me raconta qu'à la fin des années 1970 à Nouakchott, c'était aussi un volontaire du « corps de la Paix » qui vendait sur catalogue du matériel militaire américain à l'armée mauritanienne. « Si tu veux la paix, prépare la guerre » dit le proverbe. Certes, mais sous couvert de paix, il en est qui s'enrichissent en préparant les guerres.

# ZÉ PAS FINI !

Je n'eus pas que Robert Stevenson, Joseph Conrad, Jack London, Nicolas Bouvier, Blaise Cendrars, Victor Segalen et tant d'autres, comme nourritures spirituelles pour alimenter mon imaginaire. Il y eut également Alexandre Dumas, plutôt habitué à croiser le fer, mais aussi féru de voyages et qui écrivit, en 1859, un superbe *Voyage au Caucase*. Écrit au jour le jour, bourré d'incroyables anecdotes, de rencontres extraordinaires et d'épouvantables galères... Et puis, mon pote Tintin, dont deux albums me firent délicieusement voyager : *Le Lotus bleu* (avec son contexte politique) et *Le Temple du Soleil*. Ce dernier était plein d'un exotisme torride, de sites faisant rêver, même si faire balader lamas et huanacos sur le port de Barranco paraissait un poil incongru. Tout comme laisser supposer que les Incas ne connaissaient pas le phénomène des éclipses – pour mieux mettre en valeur le « génie » de Tintin – , alors qu'en matière d'astronomie, ils étaient quand même largement supérieurs aux misérables petits touristes !

Bon, broutilles, comparées au plaisir procuré par tous ces voyages dans de mystérieuses et séduisantes contrées...

À propos de Tintin, en janvier 2017, dans les derniers jours, je me rendis visite à l'expo *Hergé* à Paris. Naturel hommage à un homme qui façonna tant de vocations ! Juste avant de quitter le Grand Palais, je tombai sur une espèce de message, de bilan tout en simplicité du géant de la BD. Une déclaration reproduite dans *La Libre Belgique* du 30 décembre 1975 : « Tintin m'a rendu heureux. J'ai fait de mon mieux ce que je fais et ça n'a pas toujours été facile... Mais je me suis beaucoup amusé et, en plus, comme le disait Sacha Guitry, on m'a payé pour le faire. C'est un comble, non ? »

Curieusement, je n'eus qu'à remplacer le mot « Tintin » par « le Routard »...

Ça m'allait tout fait à bien !

# MAIL ART

Le principe du *mail art*
se révèle assez simple :
transformer son courrier ou ses colis
en « objet à rêver »,
en « chose artistique »…

AOF
1 fr. 50
RF
SENEGAL
POSTES
AFRIQUE OCCIDENTALE FRANÇAISE
RF
10F
450 CFA
SENEGAL
La Linguère
Avec mes plus exotiques et chaleureuses salutations. Pierre.
La Casamance, c'est un fabuleux fleuve de 300 km de long, autour duquel s'est greffé un fantastique réseau de canaux, affluents et bolongs... Plages superbes et sauvages mangroves complètent le tableau.
La Casamance
JOSSE
DESTINATAIRE
SENEGAL 370F
La Poste
Lutte contre l'excision
ZIGUINCHOR ESCALE
15 FEV 2006
Pierre JOSSE
5, rue Bézout
75014 PARIS
(FRANCE)

NIPPON 50
日本郵便
NIPPON 20
NIPPON 10
JAPAN
NIPPON 50
日本郵便
NIPPON 50
日本郵便
Douce Christine, mille bises affectueuses du papa vagabond. J'avoue que ce voyage
au Japon m'en a mis plein la tronche et les mirettes ! Assez déstabilisé le Josse...
J'espère que cette carte pleine de rêves d'enfants saura t'atteindre. Re bises. Papa
PAR AVION
To: Christine JOSSE
21 av. du Peuple-Belge
59000 Lille
(FRANCE)

AIR mail
PAR AVION
7500 K
LAO PDR
VIENTIANE - MOSCOW
01-05/07/2006
13.12.2007
3100K
POSTE LAO
KOR NUKKUY
POSTE LAO
KOR P'CHOR
3500K
POSTE LAO
KOR
2800K
POSTE LAO
YAO
2700K
POSTE LAO
HMONG

Unità
ata da Antonio Gramsci nel 1924
Posteitaliane
€ 0,05
ITALIA
€ 0,20
AERONAUTICA MILITARE
PATTUGLIA ACROBATICA NAZIONALE
ITALIA € 0,60
Maria Carta
CONCIMI NON PROIETTILI
PRATOBELLO 1970
SARDEGNA
Hommage à Garibaldi, Gramsci, Maria Carta et aux citoyens d'Orgosolo...

To: JOSSE
Hallé, 75014 PARIS (FRANCE)
hommage à Géronimo !
... et un clin d'oeil au rhythm & blues
AIR MAIL
DINAH WASHINGTON
CLYDE McPHATTER
RHYTHM & BLUES SINGER, 1932-1972
RITCHIE VALENS
OTIS REDDING
USA 29
USA 1¢
American Kestrel
YUMA
YUMA DESERT
Imperial Dam
Laguna Dam
IMPERIAL SAND DUNES REC. AREA
MESA

To: JOSSE
rue Bezou
75014 PARIS
(FRANCE)
PAR AVION
AIR MAIL
This is Post Art
HONG KONG, CHINA
$3
$1.80
RED-WHISKERED BULBUL
ROSEATE TERN
P. JOSSE
BT91297137
毛泽东1893-1976
UNITED STATES OF AMERICA
AE 63861957 B
ONE HUNDRED DOLLARS
THIS NOTE IS LEGAL TENDER FOR ALL DEBTS, PUBLIC AND PRIVATE
FRANKLIN

ČESKÁ REPUBLIKA
"Pita" par Rudolf Koppitz, le plus grand photographe autrichien (d'origine tchèque)...
The Moravian Gallery in Brno
Louis Chiron 1899-1979
Art
Welcome to Brno
Rudolf Kremlička
PAR CHEMIN DE FER
NON, PAR AVION!
Grands noms de la peinture tchèque... surtout les trente premières années du XXe siècle... On s'incline littéralement devant les toiles de Emil Filla, Antonín Procházka, Bohumil Kubišta (beau nom pour un cubiste)... Sans oublier Jan Zrzavý, J. Čapek, J. Šíma...
Vive la peinture tchèque!
hommage à
Rudolf Kremlička / 1886–1932
graffiti relevé à Brno
Emil Orlik par Josef Hoffmann (1903)
PRIORITAIRE
PLEASE TO SEND TO:
Pierre JOSSE
5, rue Bezout
75014 PARIS
(FRANCE)

SERVICE
INDIA
SERVICE
15.00 भारत INDIA
जे आर डी टाटा JRD TATA
4.00 भारत INDIA
होमी जहांगीर भाभा HOMI JAHANGIR BHABHA
15.00 भारत INDIA
जे आर डी टाटा JRD TATA
MEDIEVAL SCULPTURE
भारत INDIA
le conducteur de train en gare d'Agra et la paysanne de Pushkar
PLEASE TO SEND TO :
Catherine LEMOINE
MAISON de la PRESSE
16, av. René-Coty
75014 PARIS
(FRANCE)
sweet Kate, with a lot of hot and mystical kisses. See you soon... Your so beloved wanderer...!
AIR MAIL

Femmes égyptiennes
à travers les
temps...
EGYPT
LAILA MOURAD
MOTHER'S DAY 21-3-1957
REFUGEES
NOFRET
AIR MAIL
PARIS
(FRANCE)
PAR AVION

MAROC
ROYAUME DU MAROC

Dear and beloved Family, many tender thoughts, many sweet Kisses from Dad! See you soon...
PLEASE SEND TO:
Martine, Vincent, Thomas
JOSSE
4, villa Hallé
75014 PARIS (FRANCE)
PAR AVION
AIR MAIL
INDIA
BUTTERFLY
C V RAMAN
MOTHER TERESA
RAJIV GANDHI

On n'est pas sérieux quand on a dix-sept ans
A. Rimbaud
rmeur du Val
CHARLEVILLE-MÉZIÈRES
Rimbaud
ILLE-MÉZIÈRES
08-VOUZIERS 24-9 2009 ARDENNES
L'Eternité
Elle est retrouvée.
Quoi ? - L'Eternité.
C'est la mer allée
Avec le soleil
Âme sentinelle,
Murmurons l'aveu
C'est un trou de verdure où chante une
Accrochant follement aux herbes des
D'argent ; où le soleil, de la montagne
Luit : c'est un petit val qui mousse de
humains suffrages,
Des communs élans
Là tu te dégages
Et voles selon.
Puisque de vous seules,
Braises de satin,
Le Devoir s'exhale
Sans qu'on dise : enfin.
Là pas d'espérance,
Nul orietur.
Science avec patience,
Le supplice est sûr.
Elle est retrouvée
PAR CHEMIN DE FER
J. Arthur RIMBAUD
37 ANS.
10 novembre 1891
Priez pour lui
RIMBAUD 1854-1891

BELLE-ILE
R.F.
belle-île
1€

NEW ORLEANS
AIR MAIL
Bourbon St
PLEASE SEND TO
Pierre Josse
5, rue Bezout
75014 PARIS
(FRANCE)

Éire
€0.05
Phoca vitulina
Rón Beag • Common Seal
Anguilla anguilla
Eascann • European Eel
Éire
StandardPost
ERRE-MÊLE!
PLEASE SEND TO
Martine, Vincent, Thomas
JOSSE
4, villa Hallé
75014 PARIS
(FRANCE)
IRELAND

TRES PESOS
PAR AVION
CUBA CORREOS 1995 15
CENTENARIO DEL CINE
Juste après la Révolution, Ernesto Che Guevara est nommé gouverneur de la Banque centrale. Les billets, fort beaux, sont encore imprimés aux USA et ils sont signés "Che" !!
La jeunesse est la flamme prolétarienne de la révolution !
Feliz anno 2014 del compagnero Pedro
Mil besos...
Cuba
REPUBLIQUE FRANÇAISE
LA POSTE
LP 1.10 EUR
LETTRE PRIORITAIRE
LA POSTE 38295A
FRANCE
27-1 2014
Ala cara Catarina LEMOINE
Maison de la Presse
16, av. René-Coty
75014 PARIS (FRANCIA)

40ème anniversaire
de la révolution
de 1974-1975...
A ...et un souffle de liberté sur l'Europe!
força
do povo
4.50 Portugal
PRIMEIRO ANIVERSÁRIO DO MOVIMENTO DE 25 DE ABRIL DE 1974
SOCIALISMO
VIVA A GUINÉ INDEPENDENTE
COMPLETA INDEPENDÊNCIA dos POVOS
T.JOSSE
CORREIOS
25 DE ABRIL 1974-2014
N20g PORTUGAL
Portugal
E20g RAFTING
MFA 1975 1$50
DINAMIZAÇÃO CULTURAL
MFA
ctt Porto 21 de Março de 1975
ESCLARECIMENTO CÍVICO
MFA, POVO
POVO, MFA
CORREIO DE PORTUGAL
•primeiro dia de circulação•
PORTUGAL
MFA. POVO
POVO. MFA
1975 • 1$50
1975 • 3$00
1975 • 4$50
DESTINATAIRE :
Martine, Vincent, Thomas
JOSSE,
4, villa Hallé
75014 PARIS (FRANCE)
Mille bises septentrionales et affectueuses... The Dad!

# REMERCIEMENTS

*À Philippe Gloaguen, « vieux » complice, qui m'a donné les moyens, au long de toutes ces années, d'accumuler tant de riches expériences et de rencontres extraordinaires...*

*Un grand merci à Nathalie Pujo, à Catherine Julhe et à l'équipe de fabrication pour la chaleureuse et complice atmosphère de travail qui baigna l'élaboration de cet ouvrage vagabond.*

*Et de grands remerciements à ceux, celles qui m'accordèrent généreusement lecture avisée et bons conseils :*
*Jean-Moïse Braitberg*
*Anne Bernard-Hesnard*
*Josette Sicsic*
*Martine Partrat*
*Christine Chaudet*
*Françoise Vibert-Guigue*
*Michel Ricard*

*... Sans oublier Tintin (en particulier* Le Lotus Bleu *et* Le Temple du Soleil*), Monsieur Lipman (mon prof de français en 5ᵉ), Jack London, Nicolas Bouvier, Victor Segalen, Robert Stevenson, Joseph Conrad, Blaise Cendrars (et bien d'autres dont Pierre Benoît !) et... Théodore Monod qui m'a donné envie d'aller herboriser dans les dunes mauritaniennes si, dans mes quatre-vingt-dix ans, je manquais de perspectives...*

Édité par Hachette Livre (58, rue Jean-Bleuzen, CS 7007, 92178 Vanves Cedex, France)
Photogravure par Nord Compo à Villeneuve-d'Ascq (59)
Imprimé en Espagne par Unigraf (38, av. Camara de la Industria – Poligono Industrial Arroyomolinos, 28938 Mostoles, Madrid)
Achevé d'imprimer le 16 mars 2017
I.S.B.N. 978-2-01-244076-0
35/3034/3
Dépôt légal : mars 2017